2024年版

电网生产技改项目单项工程参考造价

国网安徽省电力有限公司经济技术研究院 组编

中国电力出版社
CHINA ELECTRIC POWER PRESS

内容提要

为科学开展电网生产技术改造项目造价管理工作，国网安徽省电力有限公司数智配网部组织国网安徽省电力有限公司经济技术研究院和中国能源建设集团安徽省电力设计研究院有限公司等单位，编制完成了《电网生产技改项目单项工程参考造价（2024年版）》。

本书共分为总论、交流变（配）电专业、交流继电保护专业和输电线路专业4部分，覆盖10~500kV电压等级（330kV除外），涉及12类设备、171个典型生产技术改造项目方案，每个典型方案均包含设备范围、主要技术条件、概算书、电气设备材料和工程量等内容。

本书可供电网技改工程建设管理、设计、施工、监理、造价咨询等单位造价管理人员及其他相关人员使用。

图书在版编目（CIP）数据

电网生产技改项目单项工程参考造价：2024年版 / 国网安徽省电力有限公司经济技术研究院组编. -- 北京 : 中国电力出版社，2025. 3. --ISBN 978-7-5198-9348-4

Ⅰ. F426.61

中国国家版本馆CIP数据核字第202477CA70号

出版发行：中国电力出版社
地　　址：北京市东城区北京站西街19号（邮政编码100005）
网　　址：http://www.cepp.sgcc.com.cn
责任编辑：张　瑶（010-63412503）
责任校对：黄　蓓　郝军燕　李　楠
装帧设计：赵丽媛
责任印制：石　雷

印　　刷：三河市万龙印装有限公司
版　　次：2025年3月第一版
印　　次：2025年3月北京第一次印刷
开　　本：787毫米×1092毫米　16开本
印　　张：34.75
字　　数：699千字
定　　价：180.00元

编写单位

组长单位 国网安徽省电力有限公司经济技术研究院

成员单位 中国能源建设集团安徽省电力设计院有限公司

编委会

主　任 张允林　郝韩兵

副主任 李　涛　黄道友　周海鹏

委　员 罗　沙　方登洲

主　编 刘士李　杨　帆

副主编 陈付雷　李建青

参　编 高　象　汪辰晨　蒋　伟　唐　越　方天睿　魏海燕　夏慧聪
施晓敏　马仕洲　许家俊　徐少华　沈　思　康　健　赵迎迎
郝　雨　付安媛　赵　晨　杨　莹　许雅平　汪　井　沈晨姝
霍　浩　陈正鹏　夏　凡　毕昌伟　吕海涛　李　荣　于启万
方隽杰　崔　宏　万一荻　夏雅利　陆欣欣　王　琼　江　琼
吴应华　陈　焱　龚凌燕　刘　想　潘正中　陈　娟

前言

电网设备技术改造是落实国家电网有限公司（简称国家电网公司）设备全寿命周期管理要求，充分发挥设备最大利用价值，保障电网、设备安全运行，加快推进坚强智能电网建设的重要手段。近年来，随着国家电力体制改革的不断深化，对国家电网公司电网运营安全、质量、效率和效益的管理要求不断提升，也对生产技术改造项目精准投资、精益管理提出更高要求。

生产技术改造工程典型造价是国家电网公司规范项目管理、提高投资效益、实现精准投资的重要基础。为科学开展电网生产技术改造项目造价管理工作，国网安徽省电力有限公司数智配网部组织国网安徽省电力有限公司经济技术研究院和中国能源建设集团安徽省电力设计院有限公司等单位，依据国家最新定额标准，结合安徽地区电网生产技术改造项目建设实际，在充分调研、精心比选、反复论证的基础上，历时23个月，编制完成了《电网生产技改项目单项工程参考造价（2024年版）》（简称《2024年版参考造价》）。《2024年版参考造价》充分考虑了国网安徽省电力有限公司电网生产技术改造管理实际，以单项工程为计价单元，优化提炼出具有一定代表性的项目典型方案，依据相关设计规程规范、建设标准和现行的概预算等编制依据，编制形成针对性典型造价。

《2024年版参考造价》共分为总论、交流变（配）电专业、交流继电保护专业和输电线路专业4部分，覆盖10～500kV电压等级（330kV除外），涉及12类设备、171个典型生产技术改造项目方案，每个典型方案均包含设备范围、主要技术条件、概算书、电气设备材料和工程量等内容。

《2024年版参考造价》编制过程中广泛征求和综合了各方面的意见和建议，对各部分内容进行了认真调研和反复推敲、测算，在内容组织编排上进行了改进和创新，并在修改完善中迅速落实国家“营改增”税制改革相关要求，体现了生产技术改造工程典型造价编制的适应性、时效性、规范性，使造价标准更加科学合理、贴近工程实际，为项目规划、储备、计划、实施等各阶段管理提供参考，也为生产技术改造工程造价分析奠定了坚实基础。

因时间和编者水平关系，书中难免存在疏漏之处，敬请各位读者批评指正。

编　者

2025年2月

目录

第一部分

总　论

第 1 章　概述

为进一步提高电网生产技术改造工程项目立项阶段和可行性研究阶段经济评价与财务分析的合理性，国网安徽省电力有限公司（简称国网安徽电力）委托国网安徽省电力有限公司技术经济研究院收集整理 2023 年 1 ~ 12 月期间各类电网生产技术改造典型工程，统一技术原则和工程取费标准，科学编制形成《电网生产技改项目单项工程参考造价（2024 年版）》（简称《2024 年版参考造价》）。

技改工程项目立项阶段和可行性研究阶段需要做经济评价和财务合理性分析，而目前技术改造工程并无对应典设和通用造价，导致项目前期经济合理性无参考标准。另外，实际技改工程的改造内容不同，很多工程都涉及多种主设备的更换，类似工程对比的方式并不适用，给可研阶段造价合理性的说明造成困难。针对存在的问题，安徽公司开展了深入和广泛的调研工作，对关键环节严格把关，编制了《2024 年版参考造价》，并保证最终成果的科学性、合理性。

《2024 年版参考造价》共分为总论、交流变（配）电专业、交流继电保护专业、输电线路专业 4 个部分，结合 2020 年新版预规及配套概预算定额，梳理安徽地区常用技改项目的典型设计方案，应用生产技改项目造价分析数据拆分理念，分电压等级和改造类型，提出编制常规典型方案对应的工程参考价。本书旨在通过科学合理的造价标准，为可研阶段技改工程造价合理性提供对比分析的依据，同时为供电公司规划、储备、计划、实施等各阶段的合理安排提供参考。

第 2 章　典型造价编制工作过程

《2024 年版参考造价》编制工作于 2022 年 8 月启动，2024 年 6 月形成最终成果，期间召开 6 次研讨会，明确各阶段工作任务，对典型方案、概算编制原则和典型造价进行评审，以提高典型造价科学性、正确性和合理性，具体编制过程如下：

2022 年 8 月 10 日，在合肥召开了《2024 年版参考造价》编制工作启动会议，会议明确了生产技术改造典型造价编制的总体思路、工作方案、编制原则，明确各阶段的工作目标。

2022 年 12 月 14 日，在合肥召开《2024 年版参考造价》编制工作第一次研讨会。会议审定主要技术条件、主要内容，明确概算编制原则及设备材料价格依据。

2023 年 1 月 5 日，在合肥召开《2024 年版参考造价》编制工作第二次研讨会，会议确定了典型造价框架格式及概算编制原则。

2023 年 1 月 19 日，组织专家在合肥召开《2024 年版参考造价》编制工作第三次研讨会。会议针对技术改造典型方案提出相关指导意见，明确了编制依据和取费原则。

2023 年 8 月 15～31 日，组织宿州供电公司、黄山供电公司、滁州供电公司 3 家单位，对典型造价的工程量和定额取费征求修改意见。国网安徽电力组织各编制单位梳理修改意见，形成意见讨论稿。

2023 年 9 月 4 日，在和合肥召开《2024 年版参考造价》第四次研讨会，分专业对工程典型方案的构成和数量、典型造价的工程量和定额计费进行讨论确认。

2023 年 9 月 25 日～10 月 27 日，组织各参编单位在合肥召开集中修订会，根据第四次研讨会的审定意见，对交流变（配）电、交流继电保护、输电线路工程 3 个专业生产技术改造典型造价进行修改完善，完成《2024 年版参考造价》。

2024 年 1 月 3 日，在合肥召开《2024 年版参考造价》第五次研讨会，讨论典型造价汇编相关内容。会后国网安徽电力依据相关意见，组织各编制单位集中进行完善。

2024 年 4 月 2 日，在合肥召开《2024 年版参考造价》第六次研讨会。会议审查文档格式，典型方案内容、技术条件、费用水平等信息，并针对典型方案提出相关指导意见。

2024 年 6 月 5～25 日，在合肥组织各参编单位召开集中修订会，根据审稿会意见，对《2024 年版参考造价》进行修改完善。

第3章　典型造价总说明

《2024年版参考造价》编制严格执行国家有关法律法规、《电网技术改造工程预算编制与计算规定2020年版)》(简称《预规》)和配套定额，设备材料以2024年为价格水平基准年，结合实际工程情况，形成典型造价方案、确定典型造价编制依据。概算书的编制深度和内容符合《预规》的要求，表现形式遵循《预规》规定的表格形式、项目划分及费用性质划分原则。

3.1　典型方案形成过程

交流变（配）电工程、交流继电保护工程、架空输电线路工程典型方案从实际工程选取，参考安徽地区电网生产技术改造工程类型确定，典型方案形成过程如下：

（1）典型方案选择原则。根据造价水平相当的原则，兼顾应用率，进行科学、合理地归并，确保方案的典型性。

（2）典型方案选取。以安徽地区常见工程为基础，充分考虑地区差异，整理分析典型工程，按专业类型及工程规模形成主体框架。

（3）典型方案确定。根据安徽地区、各电压等级电网生产技术改造工程特点，以单项工程为计价单元，优化提炼出具有一定代表性的典型方案，对于不常见、样本积累少、个体差异较大的特高压改造、直流系统改造、组合电器改造等类型暂不纳入典型方案。

（4）典型方案主要技术条件。明确典型方案的主要技术条件，确定各方案边界值、组合原则及表现形式。

（5）典型方案主要内容。明确典型方案的主要内容，确定各方案具体工作内容。

3.2　编制依据

（1）《电网技术改造工程预算编制与计算规定（2020年版）》。电网技术改造工程费用性质划分、费用组成内容等均在《预规》中规定，电气工程概算定额子目设置和概算定额子目的工作内容是根据预规有关费用性质划分和建筑与安装项目划分的规定确定的。

（2）《电网技术改造工程概算定额（2020年版）第一册建筑工程》《电网技术改造工程概算定额（2020年版）第二册电气工程》《电网技术改造工程概算定额（2020年

版）第五册调试工程》《电网技术改造工程概算定额（2020 年版）第六册通信工程》。

（3）人材机价格。

1）设备材料价格：采用国网 2024 年第 1 季度电网工程设备材料信息价，不全的部分由国网 2024 年设备材料采购价、往期技改工程结算设备价格补充。

2）调整文件：定额人材机调整系数和建筑工程施工机械调整执行电力工程造价与定额管理总站《关于发布 2020 版电力技术改造和检修工程概预算定额 2023 年下半年价格水平调整系数的通知》（定额［2024］3 号）。

3）装置性材料价格执行《电力建设工程装置性材料综合预算价格》和《电力建设工程装置性材料预算价格（2018 年版）》。

4）建筑材料市场价按合肥市 2024 年 6 月信息价计列。

（4）工程量。工程量计算基于近年安徽电网常见技改工程施工图设计图纸，以及概算定额中的工程量计算规则。无图纸工程采用界定工作内容和范围的设定工程。

交流变（配）电工程选用的施工图纸有 500kV 变压器更换、220kV 变压器更换、110kV 变压器更换、35kV 变压器更换、35kV 电抗器更换、10kV 电抗器更换、500kV 断路器更换、220kV 断路器更换、110kV 断路器更换、35kV 断路器更换、10kV 断路器更换、500kV 隔离开关更换、220kV 隔离开关更换、110kV 隔离开关更换、35kV 隔离开关更换、10kV 隔离开关更换、35kV 高压开关柜更换、10kV 高压开关柜更换、500kV 电流互感器更换、220kV 电流互感器更换、110kV 电流互感器更换、35kV 电流互感器更换、10kV 电流互感器更换、500kV 电压互感器更换、220kV 电压互感器更换、110kV 电压互感器更换、35kV 电压互感器更换、10kV 电压互感器更换、35kV 并联电容器（框架式）更换、35kV 并联电容器（集合式）更换、10kV 并联电容器（框架式）更换、10kV 并联电容器（集合式）更换、500kV 避雷器更换、220kV 避雷器更换、110kV 避雷器更换、35kV 避雷器更换。

交流继电保护工程选用的施工图纸有 500kV 主变压器保护更换、220kV 主变压器保护更换、110kV 主变压器保护更换、35kV 主变压器保护更换、10kV 主变压器保护更换、500kV 母差保护更换、220kV 母差保护更换、110kV 母差保护更换、500kV 线路保护更换、220kV 线路保护更换、110kV 线路保护更换、35kV 线路保护更换、10kV 线路保护更换。

输电线路工程选用的施工图纸有 500kV 杆塔改造、220kV 杆塔改造、110kV 杆塔改造、35kV 杆塔改造、500kV 更换导线、220kV 更换导线、110kV 更换导线、35kV 更换导线、更换普通地线、更换光缆、500kV 更换线路避雷器、220kV 更换线路避雷器、110kV 更换线路避雷器、35kV 更换线路避雷器、500kV 更换绝缘子、220kV 更换绝缘子、110kV 更换绝缘子、35kV 更换绝缘子。

（5）建筑、安装工程费取费基数及费率。安徽省为 I 类地区，本书执行 I 类地区取费，取费表见表 3-1 和表 3-2。

表 3-1　　　建筑、安装工程费取费基数及费率一览表（变电）

<table>
<tr><th colspan="3" rowspan="2">项目名称</th><th colspan="2">建筑工程</th><th colspan="2">安装工程</th></tr>
<tr><th>取费基数</th><th>费率（%）</th><th>取费基数</th><th>费率（%）</th></tr>
<tr><td rowspan="7">直接费</td><td rowspan="7">措施费</td><td>冬雨季施工增加费</td><td>人工费 + 机械费</td><td>2.45</td><td>人工费 + 机械费</td><td>3.2</td></tr>
<tr><td>夜间施工增加费</td><td>人工费 + 机械费</td><td>0.54</td><td>人工费 + 机械费</td><td>1.96</td></tr>
<tr><td>施工工具用具使用费</td><td>人工费 + 机械费</td><td>2.39</td><td>人工费 + 机械费</td><td>3.16</td></tr>
<tr><td>临时设施费</td><td>人工费 + 机械费</td><td>11.7</td><td>人工费 + 机械费</td><td>7.45</td></tr>
<tr><td>施工机构转移费</td><td>人工费 + 机械费</td><td>1.22</td><td>人工费 + 机械费</td><td>3.87</td></tr>
<tr><td>安全文明施工费</td><td>人工费 + 机械费</td><td>14.39</td><td>人工费 + 机械费</td><td>9.48</td></tr>
<tr><td>多次进场增加费</td><td>人工费 + 机械费</td><td>0.72</td><td>人工费 + 机械费</td><td>1.14</td></tr>
<tr><td rowspan="3">间接费</td><td rowspan="2">规费</td><td>社会保险费</td><td>人工费 ×1.12</td><td>26</td><td>人工费 ×1.15</td><td>26</td></tr>
<tr><td>住房公积金</td><td>人工费 ×1.12</td><td>12</td><td>人工费 ×1.15</td><td>12</td></tr>
<tr><td colspan="2">企业管理费</td><td>人工费 + 机械费</td><td>36.3</td><td>人工费 + 机械费</td><td>29.35</td></tr>
<tr><td colspan="3">利润</td><td>人工费 + 机械费</td><td>14.93</td><td>人工费 + 机械费</td><td>7.76</td></tr>
<tr><td colspan="3">税金</td><td>直接费 + 间接费 + 利润</td><td>9</td><td>直接费 + 间接费 + 利润</td><td>9</td></tr>
</table>

表 3-2　　　安装工程费取费基数及费率一览表（线路）

<table>
<tr><th colspan="3" rowspan="2">项目名称</th><th colspan="2">安装工程</th></tr>
<tr><th>取费基数</th><th>费率（%）</th></tr>
<tr><td rowspan="6">直接费</td><td rowspan="6">措施费</td><td>冬雨季施工增加费</td><td>人工费 + 机械费</td><td>2.83</td></tr>
<tr><td>施工工具用具使用费</td><td>人工费 + 机械费</td><td>3.06</td></tr>
<tr><td>临时设施费</td><td>人工费 + 机械费</td><td>8.51</td></tr>
<tr><td>施工机构转移费</td><td>人工费 + 机械费</td><td>1.43</td></tr>
<tr><td>安全文明施工费</td><td>人工费 + 机械费</td><td>11.31</td></tr>
<tr><td>多次进场增加费</td><td>人工费 + 机械费</td><td>0.89×（N−1）</td></tr>
<tr><td rowspan="3">间接费</td><td rowspan="2">规费</td><td>社会保险费</td><td>人工费 ×1.05</td><td>26</td></tr>
<tr><td>住房公积金</td><td>人工费 ×1.05</td><td>12</td></tr>
<tr><td colspan="2">企业管理费</td><td>人工费 + 机械费</td><td>25.69</td></tr>
<tr><td colspan="3">利润</td><td>人工费 + 机械费</td><td>9.88</td></tr>
<tr><td colspan="3">税金</td><td>直接费 + 间接费 + 利润</td><td>9</td></tr>
</table>

注　N 为实际进出场次数，一进一出记取 1 次，第 1 次进出场费用已包含在施工机构迁移费中。

（6）拆除工程费取费基数及费率见表 3–3 和表 3–4。

表 3–3 拆除工程费取费基数及费率一览表（变电）

项目名称			建筑工程		安装工程	
			取费基数	费率（%）	取费基数	费率（%）
直接费	措施费	冬雨季施工增加费	人工费 + 机械费	2.85	人工费 + 机械费	1.71
		施工工具用具使用费	人工费 + 机械费	5.51	人工费 + 机械费	2.07
		临时设施费	人工费 + 机械费	13.67	人工费 + 机械费	7.03
		安全文明施工费	人工费 + 机械费	14.39	人工费 + 机械费	9.48
间接费	规费	社会保险费	人工费 ×1.12	26	人工费 ×1.15	26
		住房公积金	人工费 ×1.12	12	人工费 ×1.15	12
	企业管理费		人工费 + 机械费	40	人工费 + 机械费	27.85
利润			人工费 + 机械费	8.71	人工费 + 机械费	7.09
税金			直接费 + 间接费 + 利润	9	直接费 + 间接费 + 利润	9

表 3–4 拆除工程费取费基数及费率一览表（线路）

项目名称			安装工程	
			取费基数	费率（%）
直接费	措施费	冬雨季施工增加费	人工费 + 机械费	1.75
		施工工具用具使用费	人工费 + 机械费	0.65
		临时设施费	人工费 + 机械费	4.17
		安全文明施工费	人工费 + 机械费	11.31
间接费	规费	社会保险费	人工费 ×1.05	26
		住房公积金	人工费 ×1.05	12
	企业管理费		人工费 + 机械费	17.13
利润			人工费 + 机械费	5.24
税金			直接费 + 间接费 + 利润	9

（7）其他费用取费基数及费率见表 3–5。

表 3-5　　其他费用取费基数及费率一览表

序号	项目名称	编制依据及计算说明	费率（%）
2	项目管理费		
2.1	管理经费	建筑工程费＋安装工程费＋拆除工程费	3.53
2.2	招标费	建筑工程费＋安装工程费＋拆除工程费	1.81
2.3	工程监理费	建筑工程费＋安装工程费＋拆除工程费	4.41
2.4	设备监造费	设备购置费	0.5/0.8
3	项目技术服务费		
3.1	前期工作及评审费	建筑工程费＋安装工程费	3.05
3.2	工程勘测设计费		
3.2.2	设计费		《预规》中差额费率
3.3	设计文件评审费		
3.3.1	初步设计文件评审费	基本设计费	3.5
3.3.2	施工图文件评审费	基本设计费	3.8
3.4	施工过程造价咨询及竣工结算审核费	建筑工程费＋安装工程费＋拆除工程费	0.53
3.5	工程检测费		
3.5.1	工程质量检测费	建筑工程费＋安装工程费	0.15
3.6	技术经济标准编制费	建筑工程费＋安装工程费＋拆除工程费	0.1

注　500kV 工程设备监造费费率为 0.5%，220kV 及以下工程设备监造费费率为 0.8%。

（8）人、机调整系数见表 3-6 和表 3-7。

表 3-6　　人、机调整系数一览表（变电）

类别	技改工程		拆除工程	
	建筑	安装	建筑	安装
人工费调整系数（%）	6.63	7.12	6.63	7.12
机械费调整系数（%）		500kV:5.97 220kV:7.31 110kV/35kV:6.81		7.32

表 3-7　　人、机调整系数一览表（线路）

类别	技改工程	拆除工程
	安装	安装
人工费调整系数（%）	7.12	7.12
材机调整系数（%）	500kV:7.31 220kV:6.97 110kV/35kV:6.63	6.56

（9）主要电气设备价格见表 3-8 ~ 表 3-10。

表 3-8　　交流变（配）电专业主要电气设备价格一览表

序号	设备名称	电压等级	型号	单位	单价
一	变压器	500kV	500kV，334MVA，单相，500/220/35，无励磁，自耦	台 / 单相	920.1
		220kV	220kV，240MVA，三相，220/110/35，有载	组	814.5
		110kV	110kV，50MVA，110/35/10，有载	组	294.9
		35kV	35kV，20MVA，35/10，有载	组	130.1
二	电抗器	35kV	AC35kV，60Mvar，油浸，铁芯	组	195.0
		10kV	AC10kV，6Mvar，干式，铁芯	组	62.2
三	断路器	500kV	SF_6 瓷柱式断路器，4000A，63kA	台	69.1
		220kV	SF_6 瓷柱式断路器，4000A，50kA	台	24.7
		110kV	SF_6 瓷柱式断路器，3150A，40kA	台	11.8
		35kV	SF_6 瓷柱式断路器，2500A，40kA	台	9.0
		10kV	真空瓷柱式断路器，1250A，25kA	台	1.0
四	隔离开关	500kV	4000A，63kA，综合	台	39.5
		220kV	4000A，50kA，综合	台	23.4
		110kV	3150A，40kA，综合	台	10.5
		35kV	2500A，40kA，综合	台	6.4
		10kV	1250A，31.5kA，综合	台	1.6
五	高压开关柜	35kV	1250A，31.5kA，真空，馈线柜	面	18.6
		10kV	1250A，31.5kA，真空，馈线柜	面	7.3
六	电流互感器	500kV	油浸式	台	23.8
		220kV	油浸式	台	5.6

续表

序号	设备名称	电压等级	型号	单位	单价
六	电流互感器	110kV	油浸式	台	3.2
		35kV	油浸式	台	3.4
		10kV	干式	台	1.1
七	电压互感器	500kV	电容式	台	13.4
		220kV	电容式	台	5.3
		110kV	电容式	台	5.3
		35kV	电容式	台	5.5
		10kV	电磁式	台	0.6
八	并联电容器	35kV	框架，10MVA	台	24.7
		35kV	集合，10MVA	台	69.2
		10kV	框架，10MVA	台	24.43
		10kV	集合，6MVA	台	38.1
九	避雷器	500kV		只	7.6
		220kV		只	1.1
		110kV		只	0.6
		35kV		只	0.3

表 3-9　交流继电保护专业主要电气设备价格一览表　金额单位：万元

序号	设备名称	电压等级	型号	单位	单价
一	主变压器保护	500kV		套	25.71
		220kV		套	12.34
		110kV		套	7.55
		35kV		套	3.35
		10kV		套	3
二	母差保护	500kV		套	13.32
		220kV		套	11.09
		110kV		套	7.85
三	线路保护	500kV		套	10.17
		220kV		套	9.6
		110V		套	5.76
		35kV		套	2.62
		10kV		套	2.156

表 3-10　　输电线路专业主要电气设备价格一览表　　金额单位：万元

序号	设备名称	电压等级	型号	单位	单价
一	避雷器	500kV		只	5
		220kV		只	0.51
		110V		只	0.31
		35kV		只	0.17
二	绝缘子	500kV		支	0.128
		220kV		支	0.030
		110V		支	0.021
		35kV		支	0.008
三	塔材		角钢塔	t	0.767
			钢管塔		0.923
			钢管杆		0.765
四	导线	500kV	钢芯铝绞线，4×JL/G1A，630/45	t	2
			钢芯铝绞线，4×JL/G1A，400/35		1.99
		220kV	钢芯铝绞线，2×JL/G1A，630/45	t	2
			钢芯铝绞线，2×JL/G1A，400/35		1.99
		110kV	钢芯铝绞线，2×JL/G1A，300/40	t	1.91
			钢芯铝绞线，JL/G1A，300/40		1.91
			钢芯铝绞线，JL/G1A，400/35		1.99
		35kV	钢芯铝绞线，JL/G1A，240/30	t	1.92
五	地线		铝包钢绞线，150	t	1.88
			铝包钢绞线，120	t	1.84
六	OPGW		OPGW，72 芯	km	1.72
			OPGW，48 芯	km	1.60
七	挂线金具			t	2.2

3.3　典型造价编制相关说明

典型造价编制过程中通过广泛调研，明确了各专业设计方案的主要技术条件，确定了工程造价的编制原则及依据，具体如下：

（1）各典型造价技术方案中的环境条件按安徽地区典型条件考虑，各参数假定条件为地形：平原；地貌：Ⅲ类土；海拔：2000m 以下；气温 −20～+45℃；污秽等级：Ⅰ。

（2）建筑材料按不含税价考虑，电气设备主要材料按含税价考虑。

（3）变电站工程电气设备按供货至现场考虑，按 0.7% 计列卸车和保管费。

（4）设计费除计列基本设计费外，同时计列了施工图预算编制费和竣工图文件编制费，施工图预算编制若由施工队伍编制不应列入设计费中。

（5）多次进场增加费考虑综合情况，多次进场增加次数按 1 次进行计列。

（6）总费用中不计列基本预备费。

（7）典型方案库中拆除工程余土外运运距按 20km 考虑，设备不考虑二次运输。

（8）典型方案工程量表与典型方案电气设备材料表中序号列显示内容包含项目划分的序号、定额编码、物料编码。其中项目划分的序号、定额编码与《预规》及定额保持一致，物料编码与国家电网公司现行物料清册系统编码一致，其中国家电网公司现行物料清册无编码的物资属于自定义编码，如控制电缆。

（9）根据《预规》与定额要求需对定额进行调整时，在定额序号前标“调”字，同时分别注明人材机的调整系数，其中 R 表示人工费，C 表示材料费，J 表示机械费。根据实际情况，无与实际工作内容完全一致的定额，需套用相关定额或其他定额时，在定额序号前标“参”。根据实际情况，定额中的人材机与定额子目明细不同时，套用此定额在定额序号前加“换”。

3.4　典型造价编码规则

工程类别、电压等级、项目名称编码规则见表 3-11 ~ 表 3-13。

表 3-11　　工程类别编码规则

交流变（配）电专业					
工程类别	更换变压器	更换电抗器	更换断路器	更换隔离开关	更换高压开关柜
代码	A	B	C	D	E
工程类别	更换电流互感器	更换电压互感器	更换并联电容器	更换避雷器	
代码	F	G	H	I	
交流继电保护专业					
工程类别	更换主变压器保护	更换母差保护	更换线路保护		
代码	J	K	L		
输电线路专业					
工程类别	杆塔改造	更换导线	更换普通地线	更换光缆	更换线路避雷器
代码	M	N	O	P	Q
工程类别	更换绝缘子				
代码	S				

表 3-12　　电压等级编码规则　　电压单位：kV

交流变（配）电专业					
工程类别	更换变压器	更换电抗器	更换断路器	更换隔离开关	更换高压开关柜
电压等级	500/220/110/35	35/10	500/220/110/35/10	500/220/110/35/10	35/10
工程类别	更换电流互感器	更换电压互感器	更换并联电容器	更换避雷器	
电压等级	500/220/110/35/10	500/220/110/35/10	35/10	500/220/110/35	
交流继电保护专业					
工程类别	更换主变压器保护	更换母差保护	更换线路保护		
电压等级	500/220/110/35/10	500/220/110	500/220/110/35/10		
输电线路专业					
工程类别	杆塔改造	更换导线	更换普通地线	更换光缆	更换线路避雷器
电压等级	500/220/110/35	500/220/110/35	—	—	500/220/110/35
工程类别	更换绝缘子				
电压等级	500/220/110/35				

表 3-13　　项目名称编码规则

交流变（配）电专业					
项目名称	更换变压器	更换电抗器	更换断路器	更换隔离开关	更换高压开关柜
代码	ZB	BK	DLQ	KG	KGG
项目名称	更换电流互感器	更换电压互感器	更换并联电容器	更换避雷器	
代码	CT	PT	C-1/C-2	BLQ	
交流继电保护专业					
项目名称	更换主变压器保护	更换母差保护	更换线路保护		
代码	ZBBH	MCBH	XLBH		

续表

输电线路专业					
工程类别	杆塔改造	更换导线	更换普通地线	更换光缆	更换线路避雷器
代码	GTSD/GTPY	DXSD/DXPY	GWSD/GWPY	OPSD/OPPY	BLQSD/BLQPY
工程类别	更换绝缘子				
代码	JYZSD/JYZPY				

3.5　典型造价一览表

典型造价一览表为各专业方案总览，包含方案编号、项目名称、电压等级、型号、单位、单位造价，详见表 3-14 ～表 3-16。

表 3-14　　交流变（配）电专业典型造价一览表

方案编号	项目名称	电压等级	型号	单位	单位造价
A-500-ZB	更换变压器	500kV	500kV，334MVA，单相，500/220/35，无励磁，三绕组自耦	万元 / 组	3215.73
A-220-ZB		220kV	220kV，240MVA，三相，220/110/35，有载，三绕组	万元 / 组	1007.15
A-110-ZB		110kV	110kV，50MVA，110/35/10，有载，三绕组	万元 / 组	403.79
A-35-ZB		35kV	35kV，20MVA，35/10，有载	万元 / 组	174.71
B-35-DK	更换电抗器	35kV	AC35kV，60Mvar，油浸，铁芯	万元 / 组	238.49
B-10-DK		10kV	AC10kV，6Mvar，干式，铁芯	万元 / 组	83.98
C-500-DLQ	更换断路器	500kV	SF_6 瓷柱式断路器，4000A，63kA	万元 / 台	128.02
C-220-DLQ		220kV	SF_6 瓷柱式断路器，4000A，50kA	万元 / 台	55.35
C-110-DLQ		110kV	SF_6 瓷柱式断路器，3150A，40kA	万元 / 台	31.57
C-35-DLQ		35kV	SF_6 瓷柱式断路器，2500A，40kA	万元 / 台	20.37
C-10-DLQ		10kV	真空瓷柱式断路器，1250A，25kA	万元 / 台	7.51
D-500-KG	更换隔离开关	500kV	4000A，63kA，综合	万元 / 台	87.65
D-220-KG		220kV	3150A，50kA，综合	万元 / 台	51.05
D-110-KG		110kV	3150A，40kA，综合	万元 / 台	25.9
D-35-KG		35kV	2500A，40kA，综合	万元 / 台	14.08
D-10-KG		10kV	1250A，31.5kA，综合	万元 / 台	7.93

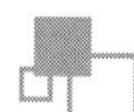

续表

方案编号	项目名称	电压等级	型号	单位	单位造价
E-35-KGG	更换高压开关柜	35kV	1250A，31.5kA，真空，馈线柜	万元 / 面	22.28
E-10-KGG		10kV	1250A，31.5kA，真空，馈线柜	万元 / 面	9.53
F-500-CT	更换电流互感器	500kV	油浸式	万元 / 台	58.46
F-220-CT		220kV	油浸式	万元 / 台	25.65
F-110-CT		110kV	油浸式	万元 / 台	16.82
F-35-CT		35kV	油浸式	万元 / 台	10.14
F-10-CT		10kV	干式	万元 / 台	5.19
G-500-PT	更换电压互感器	500kV	电容式	万元 / 台	46.72
G-220-PT		220kV	电容式	万元 / 台	24.66
G-110-PT		110kV	电容式	万元 / 台	18.87
G-35-PT-1		35kV	电容式	万元 / 台	12.03
G-10-PT		10kV	电磁式	万元 / 台	5.56
H-35-C-1	更换并联电容器	35kV	框架，10MVA	万元 / 组	59.6
H-35-C-2		35kV	集合，10MVA	万元 / 组	110.08
H-10-C-1		10kV	框架，10MVA	万元 / 组	51.07
H-10-C-2		10kV	集合，6MVA	万元 / 组	65.57
I-500-BLQ	更换避雷器	500kV	—	万元 / 只	35.95
I-220-BLQ		220kV	—	万元 / 只	16.87
I-110-BLQ		110kV	—	万元 / 只	9.86
I-35-BLQ		35kV	—	万元 / 只	3.99

表 3-15　　交流继电保护专业典型造价一览表

方案编号	项目名称	电压等级	单位	单位造价
J-500-ZBBH	更换主变压器保护	500kV	万元 / 间隔	125.77
J-220-ZBBH		220kV	万元 / 间隔	76.45
J-110-ZBBH		110kV	万元 / 间隔	26.53
J-35-ZBBH		35kV	万元 / 间隔	12.21
J-10-ZBBH		10kV	万元 / 间隔	10.54

续表

方案编号	项目名称	电压等级	单位	单位造价
K-500-MCBH	更换母差保护	500kV	万元 / 组	129.81
K-220-MCBH		220kV	万元 / 组	37.03
K-110-MCBH		110kV	万元 / 组	19.54
L-500-XLBH	更换线路保护	500kV	万元 / 间隔	51.2
L-220-XLBH		220kV	万元 / 间隔	43.73
L-110-XLBH		110V	万元 / 间隔	14.16
L-35-XLBH		35kV	万元 / 间隔	10.19
L-10-XLBH		10kV	万元 / 间隔	9.08

表 3-16 输电线路专业典型造价一览表

方案编号	方案名称	电压等级	地形	型号	单位	单位造价
M-500-GTSD-DHZXJGT630	新建 500kV 单回直线角钢塔 4×630（山地、丘陵）	500kV	山地、丘陵	单回直线角钢塔（4×630）	万元 / 基	59.84
M-500-GTSD-DHZXJGT400	新建 500kV 单回直线角钢塔 4×400（山地、丘陵）	500kV		单回直线角钢塔（4×400）	万元 / 基	52.87
M-500-GTSD-DHNZJGT630	新建 500kV 单回耐张角钢塔 4×630（山地、丘陵）	500kV		单回耐张角钢塔（4×630）	万元 / 基	82.87
M-500-GTSD-DHNZJGT400	新建 500kV 单回耐张角钢塔 4×400（山地、丘陵）	500kV		单回耐张角钢塔（4×400）	万元 / 基	67.48
M-500-GTSD-SHZXJGT630	新建 500kV 双回直线角钢塔 4×630（山地、丘陵）	500kV		双回直线角钢塔（4×630）	万元 / 基	98.35
M-500-GTSD-SHZXJGT400	新建 500kV 双回直线角钢塔 4×400（山地、丘陵）	500kV		双回直线角钢塔（4×400）	万元 / 基	90.13
M-500-GTSD-SHNZJGT630	新建 500kV 双回耐张角钢塔 4×630（山地、丘陵）	500kV	平地、河网	双回耐张角钢塔（4×630）	万元 / 基	172.9

续表

方案编号	方案名称	电压等级	地形	型号	单位	单位造价
M-500-GTSD-SHNZJGT400	新建 500kV 双回耐张角钢塔 4×400（山地、丘陵）	500kV		双回耐张角钢塔（4×400）	万元 / 基	151.08
M-500-GTPY-DHZXJGT630	新建 500kV 单回直线角钢塔 4×630（平地、河网）	500kV	平地、河网	单回直线角钢塔（4×630）	万元 / 基	34.98
M-500-GTPY-DHZXJGT400	新建 500kV 单回直线角钢塔 4×400（平地、河网）	500kV	平地、河网	单回直线角钢塔（4×400）	万元 / 基	34.94
M-500-GTPY-DHNZJGT630	新建 500kV 单回耐张角钢塔 4×630（平地、河网）	500kV	平地、河网	单回耐张角钢塔（4×630）	万元 / 基	53.55
M-500-GTPY-DHNZJGT400	新建 500kV 单回耐张角钢塔 4×400（平地、河网）	500kV	平地、河网	单回耐张角钢塔（4×400）	万元 / 基	46.15
M-500-GTPY-SHZXJGT630	新建 500kV 双回直线角钢塔 4×630（平地、河网）	500kV	平地、河网	双回直线角钢塔（4×630）	万元 / 基	77.74
M-500-GTPY-SHZXJGT400	新建 500kV 双回直线角钢塔 4×400（平地、河网）	500kV	平地、河网	双回直线角钢塔（4×400）	万元 / 基	69.82
M-500-GTPY-SHNZJGT630	新建 500kV 双回耐张角钢塔 4×630（平地、河网）	500kV	平地、河网	双回耐张角钢塔（4×630）	万元 / 基	128.5
M-500-GTPY-SHNZJGT400	新建 500kV 双回耐张角钢塔 4×400（平地、河网）	500kV	平地、河网	双回耐张角钢塔（4×400）	万元 / 基	107.3
M-220-GTSD-DHZXJGT400	新建 220kV 单回直线角钢塔 2×400（山地、丘陵）	220kV	山地、丘陵	单回直线角钢塔（2×400）	万元 / 基	28.45
M-220-GTSD-DHNZJGT400	新建 220kV 单回耐张角钢塔 2×400（山地、丘陵）	220kV	山地、丘陵	单回耐张角钢塔（2×400）	万元 / 基	36.92
M-220-GTSD-SHZXJGT630	新建 220kV 双回直线角钢塔 2×630（山地、丘陵）	220kV	山地、丘陵	双回直线角钢塔（2×630）	万元 / 基	39.26

续表

方案编号	方案名称	电压等级	地形	型号	单位	单位造价
M-220-GTSD-SHZXJGT400	新建 220kV 双回直线角钢塔 2×400（山地、丘陵）	220kV	山地、丘陵	双回直线角钢塔（2×400）	万元 / 基	36.22
M-220-GTSD-SHNZJGT630	新建 220kV 双回耐张角钢塔 2×630（山地、丘陵）	220kV		双回耐张角钢塔（2×630）	万元 / 基	76.44
M-220-GTSD-SHNZJGT400	新建 220kV 双回耐张角钢塔 2×400（山地、丘陵）	220kV		双回耐张角钢塔（2×400）	万元 / 基	61.21
M-220-GTPY-DHZXJGT400	新建 220kV 单回直线角钢塔 2×400（平地、河网）	220kV	平地、河网	单回直线角钢塔（2×400）	万元 / 基	20.01
M-220-GTPY-DHNZJGT400	新建 220kV 单回耐张角钢塔 2×400（平地、河网）	220kV		单回耐张角钢塔（2×400）	万元 / 基	24.82
M-220-GTPY-SHZXJGT630	新建 220kV 双回直线角钢塔 2×630（平地、河网）	220kV		双回直线角钢塔（2×630）	万元 / 基	31.63
M-220-GTPY-SHZXJGT400	新建 220kV 双回直线角钢塔 2×400（平地、河网）	220kV		双回直线角钢塔（2×400）	万元 / 基	27
M-220-GTPY-SHNZJGT630	新建 220kV 双回耐张角钢塔 2×630（平地、河网）	220kV		双回耐张角钢塔（2×630）	万元 / 基	51.9
M-220-GTPY-SHNZJGT400	新建 220kV 双回耐张角钢塔 2×400（平地、河网）	220kV		双回耐张角钢塔（2×400）	万元 / 基	45.38
M-220-GTPY-SHZXZJT630	新建 220kV 双回直线窄基钢管塔 2×630（平地、河网）	220kV		双回直线窄基钢管塔（2×630）	万元 / 基	54.49
M-220-GTPY-SHZXZJT400	新建 220kV 双回直线窄基钢管塔 2×400（平地、河网）	220kV		双回直线窄基钢管塔（2×400）	万元 / 基	53.12

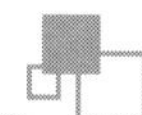

续表

方案编号	方案名称	电压等级	地形	型号	单位	单位造价
M-220-GTPY-SHNZZJT630	新建 220kV 双回耐张窄基钢管塔 2×630（平地、河网）	220kV	平地、河网	双回耐张窄基钢管塔（2×630）	万元 / 基	68.5
M-220-GTPY-SHNZZJT400	新建 220kV 双回耐张窄基钢管塔 2×400（平地、河网）	220kV		双回耐张窄基钢管塔（2×400）	万元 / 基	57.12
M-220-GTPY-SHZXGGG630	新建 220kV 双回直线钢管杆 2×630（平地、河网）	220kV		双回直线钢管杆（2×630）	万元 / 基	37.28
M-220-GTPY-SHZXGGG400	新建 220kV 双回直线钢管杆 2×400（平地、河网）	220kV		双回直线钢管杆（2×400）	万元 / 基	35.42
M-220-GTPY-SHNZGGG630	新建 220kV 双回直线钢管杆 2×630（平地、河网）	220kV		双回耐张钢管杆（2×630）	万元 / 基	62.86
M-220-GTPY-SHNZGGG400	新建 220kV 双回耐张钢管杆 2×400（平地、河网）	220kV		双回耐张钢管杆（2×400）	万元 / 基	53.45
M-110-GTSD-DHZXJGT240	新建 110kV 单回直线角钢塔 2×240（山地、丘陵）	110kV	山地、丘陵	单回直线角钢塔（2×240）	万元 / 基	15.6
M-110-GTSD-DHZXJGT300	新建 110kV 单回直线角钢塔 1×300（山地、丘陵）	110kV		单回直线角钢塔（1×300）	万元 / 基	13.18
M-110-GTSD-DHNZJGT240	新建 110kV 单回耐张角钢塔 2×240（山地、丘陵）	110kV		单回耐张角钢塔（2×240）	万元 / 基	21.16
M-110-GTSD-DHNZJGT300	新建 110kV 单回耐张角钢塔 1×300（山地、丘陵）	110kV		单回耐张角钢塔（1×300）	万元 / 基	18.93
M-110-GTSD-SHZXJGT240	新建 110kV 双回直线角钢塔 2×240（山地、丘陵）	110kV		双回直线角钢塔（2×240）	万元 / 基	25.66
M-110-GTSD-SHZXJGT300	新建 110kV 双回直线角钢塔 1×300（山地、丘陵）	110kV		双回直线角钢塔（1×300）	万元 / 基	17.81

续表

方案编号	方案名称	电压等级	地形	型号	单位	单位造价
M-110-GTSD-SHNZJGT240	新建 110kV 双回耐张角钢塔 2×240（山地、丘陵）	110kV	山地、丘陵	双回耐张角钢塔（2×240）	万元 / 基	35.64
M-110-GTSD-SHNZJGT300	新建 110kV 双回耐张角钢塔 1×300（山地、丘陵）	110kV	山地、丘陵	双回耐张角钢塔（1×300）	万元 / 基	25.85
M-110-GTPY-DHZXJGT240	新建 110kV 单回直线角钢塔 2×240（平地、河网）	110kV	平地、河网	单回直线角钢塔（2×240）	万元 / 基	11.89
M-110-GTPY-DHZXJGT300	新建 110kV 单回直线角钢塔 1×300（平地、河网）	110kV	平地、河网	单回直线角钢塔（1×300）	万元 / 基	10.78
M-110-GTPY-DHNZJGT240	新建 110kV 单回耐张角钢塔 2×240（平地、河网）	110kV	平地、河网	单回耐张角钢塔（2×240）	万元 / 基	17.05
M-110-GTPY-DHNZJGT300	新建 110kV 单回耐张角钢塔 1×300（平地、河网）	110kV	平地、河网	单回耐张角钢塔（1×300）	万元 / 基	16.09
M-110-GTPY-SHZXJGT240	新建 110kV 双回直线角钢塔 2×240（平地、河网）	110kV	平地、河网	双回直线角钢塔（2×240）	万元 / 基	15.59
M-110-GTPY-SHZXJGT300	新建 110kV 双回直线角钢塔 1×300（平地、河网）	110kV	平地、河网	双回直线角钢塔（1×300）	万元 / 基	14.37
M-110-GTPY-SHNZJGT240	新建 110kV 双回耐张角钢塔 2×240（平地、河网）	110kV	平地、河网	双回耐张角钢塔（2×240）	万元 / 基	30.37
M-110-GTPY-SHNZJGT300	更换 110kV 双回耐张角钢塔 1×300（平地、河网）	110kV	平地、河网	双回耐张角钢塔（1×300）	万元 / 基	24.48
M-110-GTPY-SHZXGGG240	新建 110kV 双回直线钢管杆 1×240（平地、河网）	110kV	平地、河网	双回直线钢管杆（2×240）	万元 / 基	23.02
M-110-GTPY-SHZXGGG300	新建 110kV 双回直线张钢管杆 1×300（平地、河网）	110kV	平地、河网	双回直线钢管杆（1×300）	万元 / 基	19.16

续表

方案编号	方案名称	电压等级	地形	型号	单位	单位造价
M-110-GTPY-SHNZGGG240	新建 110kV 双回耐张钢管杆 1×240（平地、河网）	110kV	平地、河网	双回耐张钢管杆（2×240）	万元 / 基	31.26
M-110-GTPY-SHNZGGG300	新建 110kV 双回耐张钢管杆 1×300（平地、河网）	110kV		双回耐张钢管杆（1×300）	万元 / 基	27.17
M-35-GTSD-DHZXJGT	新建 35kV 单回直线角钢塔（山区、丘陵）	35kV	山地、丘陵	单回直线角钢塔	万元 / 基	20.82
M-35-GTSD-DHNZJGT	新建 35kV 单回耐张角钢塔（山区、丘陵）	35kV		单回耐张角钢塔	万元 / 基	25.02
M-35-GTPY-DHZXJGT	新建 35kV 单回直线角钢塔（平地、河网）	35kV	平地、河网	单回直线角钢塔	万元 / 基	7.17
M-35-GTPY-DHNZJGT	新建 35kV 单回耐张角钢塔（平地、河网）	35kV		单回耐张角钢塔	万元 / 基	15.61
M-35-GTPY-DHZXGGG	新建 35kV 单回直线钢管杆（平地、河网）	35kV		单回直线钢管杆	万元 / 基	9.59
M-35-GTPY-DHNZGGG	新建 35kV 单回耐张钢管杆（平地、河网）	35kV		单回耐张钢管杆	万元 / 基	13.11
N-500-DXSD-4×630	更换 500kV4×630 导线（山地、丘陵）	500kV	山地、丘陵	钢芯铝绞线，4×JL/G1A，630/45	万元 /km	89.57
N-500-DXSD-4×400	更换 500kV4×400 导线（山地、丘陵）			钢芯铝绞线，4×JL/G1A，400/35	万元 /km	65.14
N-500-DXPY-4×630	更换 500kV4×630 导线（平地、河网）		平地、河网	钢芯铝绞线，4×JL/G1A，630/45	万元 /km	86.89
N-500-DXPY-4×400	更换 500kV4×400 导线（山地、丘陵）			钢芯铝绞线，4×JL/G1A，400/35	万元 /km	62.69

续表

方案编号	方案名称	电压等级	地形	型号	单位	单位造价
N-220-DXSD-2×630	更换220kV2×630导线（山地、丘陵）	220kV	山地、丘陵	钢芯铝绞线，2×JL/G1A，630/45	万元/km	48.09
N-220-DXSD-2×400	更换220kV2×400导线（山地、丘陵）			钢芯铝绞线，2×JL/G1A，400/35	万元/km	35.31
N-220-DXPY-2×630	更换220kV2×630导线（平地、河网）		平地、河网	钢芯铝绞线，2×JL/G1A，630/45	万元/km	46.36
N-220-DXPY-2×400	更换220kV2×400导线（平地、河网）			钢芯铝绞线，2×JL/G1A，400/35	万元/km	33.83
N-110-DXSD-2×240	更换110kV2×240导线（山地、丘陵）	110kV	山地、丘陵	钢芯铝绞线，2×JL/G1A，240/30	万元/km	26.65
N-110-DXSD-1×300	更换110kV1×300导线（山地、丘陵）			钢芯铝绞线，1×JL/G1A，300/40	万元/km	18.68
N-110-DXPY-2×240	更换110kV2×240导线（平地、河网）		平地、河网	钢芯铝绞线，2×JL/G1A，240/30	万元/km	25.29
N-110-DXPY-1×300	更换110kV1×300导线（平地、河网）			钢芯铝绞线，1×JL/G1A，300/40	万元/km	17.69
N-35-DXSD-1×240	更换35kV1×240导线（山地、丘陵）	35kV	山地、丘陵	钢芯铝绞线，1×JL/G1A，240/30	万元/km	15.52
N-35-DXPY-1×240	更换35kV1×240导线（平地、河网）		平地、河网	钢芯铝绞线，1×JL/G1A，240/30	万元/km	14.53
P-GWSD-150	更换150mm^{2}普通地线工程（山地、丘陵）		山地、丘陵	铝包钢绞线，150	万元/km	6.52
P-GWPY-150	更换150mm^{2}普通地线工程（平地、河网）		平地、河网	铝包钢绞线，150	万元/km	6.13

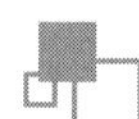

续表

方案编号	方案名称	电压等级	地形	型号	单位	单位造价
P-GWSD-120	更换 120mm^2 普通地线工程（山地、丘陵）	35kV	山地、丘陵	铝包钢绞线，120	万元 /km	6.2
P-GWPY-120	更换 120mm^2 普通地线工程（平地、河网）		平地、河网	铝包钢绞线，120	万元 /km	5.82
P-OPSD-72	更换 72 芯光缆工程（山地、丘陵）		山地、丘陵	OPGW，72 芯	万元 /km	10
P-OPPY-72	更换 72 芯光缆工程（平地、河网）		平地、河网	OPGW，72 芯	万元 /km	9.32
P-OPSD-48	更换 48 芯光缆工程（山地、丘陵）		山地、丘陵	OPGW，48 芯	万元 /km	9.07
P-OPPY-48	更换 48 芯光缆工程（平地、河网）		平地、河网	OPGW，48 芯	万元 /km	8.46
Q-500-BLQSD	更换 500kV 线路避雷器工程（山地、丘陵）	500kV		交流避雷器，AC500kV，396kV，硅橡胶，1050kV，不带间隙	万元 / 台	7.04
Q-500-BLQPY	更换 500kV 线路避雷器工程（平地、河网）			交流避雷器，AC500kV，396kV，硅橡胶，1050kV，不带间隙	万元 / 台	6.91
Q-220-BLQSD	更换 220kV 线路避雷器工程（山地、丘陵）	220kV		交流避雷器，AC220kV，204kV，硅橡胶，592kV，不带间隙	万元 / 台	1.35
Q-220-BLQPY	更换 220kV 线路避雷器工程（平地、河网）			交流避雷器，AC220kV，204kV，硅橡胶，592kV，不带间隙	万元 / 台	1.31
Q-110-BLQSD	更换 110kV 线路避雷器工程（山地、丘陵）	110kV		交流避雷器，AC110kV，102kV，硅橡胶，296kV，不带间隙	万元 / 台	0.9

续表

方案编号	方案名称	电压等级	地形	型号	单位	单位造价
Q-110-BLQPY	更换 110kV 线路避雷器工程（平地、河网）	110kV	平地、河网	交流避雷器，AC110kV，102kV，硅橡胶，296kV，不带间隙	万元 / 台	0.88
Q-35-BLQSD	更换 35kV 线路避雷器工程（山地、丘陵）	35kV		交流避雷器，AC35kV，51kV，硅橡胶，134kV，不带间隙	万元 / 台	1.11
Q-35-BLQPY	更换 35kV 线路避雷器工程（平地、河网）			交流避雷器，AC35kV，51kV，硅橡胶，134kV，不带间隙	万元 / 台	1.1
S-500-JYZSD-NZBL	更换 500kV 耐张玻璃绝缘子串（山地、丘陵）	500kV		耐张玻璃绝缘子串	万元 / 基	38.07
S-500-JYZSD-NZC	更换 500kV 耐张瓷绝缘子串（山地、丘陵）			耐张瓷绝缘子串	万元 / 基	39.52
S-500-JYZSD-ZXBL	更换 500kV 直线玻璃绝缘子串（山地、丘陵）			直线玻璃绝缘子串	万元 / 基	4.4
S-500-JYZSD-ZXC	更换 500kV 直线瓷绝缘子串（山地、丘陵）			直线瓷绝缘子串	万元 / 基	5.3
S-500-JYZSD-ZXHC	更换 500kV 直线合成绝缘子串（山地、丘陵）			直线合成绝缘子串	万元 / 基	2.54
S-500-JYZPY-NZBL	更换 500kV 耐张玻璃绝缘子串（平地、河网）			耐张玻璃绝缘子串	万元 / 基	35.81
S-500-JYZPY-NZC	更换 500kV 耐张瓷绝缘子串（平地、河网）			耐张瓷绝缘子串	万元 / 基	37.27
S-500-JYZPY-ZXBL	更换 500kV 直线玻璃绝缘子串（平地、河网）			直线玻璃绝缘子串	万元 / 基	4.31

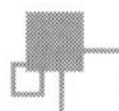

续表

方案编号	方案名称	电压等级	地形	型号	单位	单位造价
S-500-JYZPY-ZXC	更换 500kV 直线瓷绝缘子串（平地、河网）	500kV	平地、河网	直线瓷绝缘子串	万元 / 基	5.2
S-500-JYZPY-ZXHC	更换 500kV 直线合成绝缘子串（平地、河网）			直线合成绝缘子串	万元 / 基	2.45
S-220-JYZSD-NZBL	更换 220kV 耐张玻璃绝缘子串（山地、丘陵）	220kV		耐张玻璃绝缘子串	万元 / 基	13.59
S-220-JYZSD-NZC	更换 220kV 耐张瓷绝缘子串（山地、丘陵）			耐张瓷绝缘子串	万元 / 基	13.75
S-220-JYZSD-ZXBL	更换 220kV 直线玻璃绝缘子串（山地、丘陵）			直线玻璃绝缘子串	万元 / 基	1.81
S-220-JYZSD-ZXC	更换 220kV 直线瓷绝缘子串（山地、丘陵）			直线瓷绝缘子串	万元 / 基	2
S-220-JYZSD-ZXHC	更换 220kV 直线合成绝缘子串（山地、丘陵）			直线合成绝缘子串	万元 / 基	0.95
S-220-JYZPY-NZBL	更换 220kV 耐张玻璃绝缘子串（平地、河网）			耐张玻璃绝缘子串	万元 / 基	12.61
S-220-JYZPY-NZC	更换 220kV 耐张瓷绝缘子串（平地、河网）			耐张瓷绝缘子串	万元 / 基	12.81
S-220-JYZPY-ZXBL	更换 220kV 直线玻璃绝缘子串（平地、河网）			直线玻璃绝缘子串	万元 / 基	1.79
S-220-JYZPY-ZXC	更换 220kV 直线瓷绝缘子串（平地、河网）			直线瓷绝缘子串	万元 / 基	1.97
S-220-JYZPY-ZXHC	更换 220kV 直线合成绝缘子串（平地、河网）			直线合成绝缘子串	万元 / 基	0.94

续表

方案编号	方案名称	电压等级	地形	型号	单位	单位造价
S-110-JYZSD-NZBL	更换 110kV 耐张玻璃绝缘子串（山地、丘陵）	110kV		耐张玻璃绝缘子串	万元 / 基	5.57
S-110-JYZSD-NZC	更换 110kV 耐张瓷绝缘子串（山地、丘陵）		平地、河网	耐张瓷绝缘子串	万元 / 基	5.66
S-110-JYZSD-ZXHC	更换 110kV 直线合成绝缘子串（山地、丘陵）			直线合成绝缘子串	万元 / 基	0.72
S-110-JYZPY-NZBL	更换 110kV 耐张玻璃绝缘子串（平地、河网）			耐张玻璃绝缘子串	万元 / 基	5.17
S-110-JYZPY-NZC	更换 110kV 耐张瓷绝缘子串（平地、河网）			耐张瓷绝缘子串	万元 / 基	5.26
S-110-JYZPY-ZXHC	更换 110kV 直线合成绝缘子串（平地、河网）			直线合成绝缘子串	万元 / 基	0.7
S-35-JYZSD-NZHC	更换 35kV 耐张合成绝缘子串（山地、丘陵）	35kV		耐张合成绝缘子串	万元 / 基	3.45
S-35-JYZSD-ZXHC	更换 35kV 直线合成绝缘子串（山地、丘陵）			直线合成绝缘子串	万元 / 基	0.61
S-35-JYZPY-NZHC	更换 35kV 耐张合成绝缘子串（平地、河网）			耐张合成绝缘子串	万元 / 基	3.19
S-35-JYZPY-ZXHC	更换 35kV 直线合成绝缘子串（平地、河网）			直线合成绝缘子串	万元 / 基	0.6

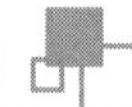

第 4 章　典型造价使用说明

4.1　应用范围

本专题典型方案造价主要应用于电网生产技改工程估（概）算编制与审核工作，指导编制单位编制电网生产技改工程估（概）算，审核单位对此审核实际工程费用，分析费用差异原因。

4.2　应用方法

第一步：分析实际工程的主要技术条件和工程参数。

第二步：根据实际工程的主要技术条件和工程参数，从典型方案库中选择对应方案；若典型方案库中无实际工程的技术条件，则采用类似技术条件的典型方案。

第三步：按照实际工程的工程参数，选择单个方案或多个方案进行拼接：

（1）更换单一构件。

1）选择方案：选取单个方案，并根据实际工程的情况，乘以构件数量，将工程量累加，得到拟编制工程的工程量。

2）取费及价格水平调整：根据当地取费要求、材机调价水平要求对方案进行调整。

3）工程量调整：根据实际工程与典型方案的差异，对工程量及物料进行调整，得出本体费用。

4）其他费用调整：根据实际工程所在区域调整典型方案中可调整的其他费用项，《预规》中规定的其他费用项计算标准不变，依此标准重新计算实际工程的其他费用。

（2）更换组合构件。

1）选择方案：选取多个方案，并根据实际工程的情况，每个方案乘以对应的构件数量，然后将各方案的工程量进行累加，拼接后得到拟编制工程的工程量。

2）取费及价格水平调整：根据当地取费要求、材机调价水平要求对方案进行调整。

3）工程量调整：根据实际工程与典型方案的差异，对工程量及物料进行调整，得出本体费用。

4）其他费用调整：根据实际工程所在区域调整典型方案中可调整的其他费用项，《预规》中规定的其他费用项计算标准不变，依此标准重新计算实际工程的其他费用。

第四步：得到实际工程的造价，并得出实际工程与典型方案的差异。

第二部分

交流变（配）电专业

第5章　更换变压器

5.1　典型方案

本典型方案为更换变压器工程，电压等级采用500、220、110、35kV。电气部分主变压器更换工程只考虑拆除原主变压器和主变压器三侧及中性点引下线、新上主变压器和主变压器三侧及中性点引下线，不考虑中性点成套装置更换或新建、排油充氮装置改造或新建、主变压器高中压侧跨线及绝缘子更换、主变压器低压侧支柱绝缘子和铜排拆除及新建、设备接地、绝缘护套等费用。

对于交流变（配）电工程，电气二次专业仅计列部分电缆量、必要的回路改造费用及配合更换或调整的二次配件费用，不计列端子箱、汇控柜、相关标牌及相关二次技改的装置设备等。

主变压器更换工程只考虑更换主变压器设备，不考虑更换主变压器断路器、新主变压器相关回路，本章在计列电缆量的同时还预留部分断路器机构二次回路配合费用，对于一些断路器较新的工程，该笔费用可以取消。对于避雷器更换工程，由于避雷器计数器一般安装在避雷器上，和避雷器配套使用，且该设备包含在避雷器本体中，因此本章在此类工程中还开列了避雷器计数器。其余交流变（配）电工程，本章中仅计列必要的二次回路电缆及电缆相关的防火、电缆沟盖板工程量。

土建部分主变压器更换工程只考虑拆除及新建主变压器基础、主变压器油池，以及因主变压器增容，主变压器油量增大需拆除及新建的事故油池，不考虑电缆沟恢复、地坪恢复、地基处理、土方外运等费用。

（1）主变压器基础：采用C30现浇混凝土基础，C15素混凝土垫层。油坑侧壁用MU15烧结煤矸石实心砖，M10水泥砂浆砌筑，1 ∶ 2水泥砂浆粉面，储油坑内铺设$\phi50\sim\phi80$清洁卵石。

（2）事故油池贮油量为最大一台含油设备油量的60%，采用C30现浇钢筋混凝土结构。

5.2　一次设备材料表

更换变压器工程典型方案电气一次设备材料表见表 5-1。

表 5-1　　　　更换变压器工程典型方案电气一次设备材料表

方案编号	项目名称	电压等级	单位	设备材料明细	数量
A-500-ZB	更换变压器	500kV	1 组	新上：500kV 单相油浸无励磁自耦变压器，334MVA，500/220/35	3 台
				新上：引下线 2×LGKK-600（高压侧）	1 组
				新上：引下线 2×NRLH58GJ-800/55（中压侧）	1 组
				新上：引下线 2×NRLH58GJ-1440/120（低压侧）	1 组
				新上：引下线 NRLH58GJ-1440/120（中性点）	1 组
		500kV	1 组	新上：接地引下线，热镀锌扁钢 80×10	200m
				新上：接地上引线，铜排 40×5	60m
				拆除：500kV 单相油浸无励磁自耦变压器，×××MVA，500/220/35	3 台
				拆除：引下线 2××××（高压侧）	1 组
				拆除：引下线 2××××（中压侧）	1 组
				拆除：引下线 2××××（低压侧）	1 组
				拆除：引下线 ×××（中性点）	1 组
A-220-ZB		220kV	1 组	新上：220kV 三相油浸有载变压器，240MVA，220/110/35	1 台
				新上：引下线 LGJ-630/45（高压侧）	1 组
				新上：引下线 2×LGJ-500/35（中压侧）	1 组
				新上：铜排 3×（TMY-125×10）（低压侧）	15m
				新上：引下线 LGJ-500/35（中性点）	2 组
				新上：接地引下线，热镀锌扁钢 80×8	100m
				新上：接地上引线，铜排 40×5	30m
				拆除：220kV 三相油浸有载变压器，×××MVA，220/110/35	1 台
				拆除：引下线 ×××（高压侧）	1 组

续表

方案编号	项目名称	电压等级	单位	设备材料明细	数量
A-220-ZB	更换变压器	220kV	1组	拆除：引下线 2×××× （中压侧）	1组
				拆除：铜排 ×××（低压侧）	15m
				拆除：引下线 ×××（中性点）	2组
A-110-ZB		110kV	1组	新上：110kV 油浸有载变压器，50MVA，110/35/10	1台
				新上：引下线 LGJ-240/30（高压侧）	1组
				新上：铜排 TMY-80×8（中压侧）	15m
				新上：铜排 2×（TMY-125×10）(低压侧）	15m
				新上：引下线 LGJ-240/30（中性点）	1组
				新上：接地引下线，热镀锌扁钢 60×6	100m
				新上：接地上引线，铜排 40×5	30m
				拆除：110kV 三相油浸有载变压器，×××MVA，110/35/10	1台
				拆除：引下线 ×××（高压侧）	1组
				拆除：引下线 2××××（中压侧）	1组
				拆除：铜排 ×××（低压侧）	15m
				拆除：引下线 ×××（中性点）	1组
A-35-ZB		35kV	1台	新上：35kV 油浸有载变压器，20MVA，35/10	1台
				新上：铜排 TMY-100×10（高压侧）	15m
				新上：铜排 TMY-100×10（低压侧）	15m
				新上：接地引下线，热镀锌扁钢 60×6	100m
				新上：接地上引线，铜排 30×4	30m
				拆除：35kV 油浸有载变压器，××MVA，35/10	1台
				拆除：铜排 ×××（高压侧）	15m
				拆除：铜排 ×××（低压侧）	15m

5.3　二次设备材料表

更换变压器工程典型方案电气二次设备材料表见表 5-2。

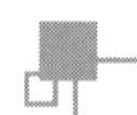

表 5-2　　　　更换变压器工程典型方案电气二次材料表

方案编号	项目名称	电压等级	单位	名称	单位	数量	备注
A-500-ZB	更换变压器	500kV	1 组	控制电缆	km	5	
				电力电缆	km	0.5	
				防火涂料	kg	55	
				防火堵料	kg	120	
				耐火包	kg	120	
				镀锌钢管	m	350	
				电缆沟掀盖板	m	500	
				断路器机构二次回路配合	项	1	5 万元
				防火隔板	m^2	30	
A-220-ZB		220kV	1 组	控制电缆	km	3	
				电力电缆	km	0.3	
				防火涂料	kg	35	
				防火堵料	kg	100	
				耐火包	kg	100	
				镀锌钢管	m	230	
				电缆沟掀盖板	m	300	
				断路器机构二次回路配合	项	1	3 万元
				防火隔板	m^2	20	
A-110-ZB		110kV	1 组	控制电缆	km	2	
				电力电缆	km	0.2	
				防火涂料	kg	20	
				防火堵料	kg	80	
				耐火包	kg	80	
				镀锌钢管	m	150	
				电缆沟掀盖板	m	300	
				断路器机构二次回路配合	项	1	3 万元

续表

方案编号	项目名称	电压等级	单位	名称	单位	数量	备注
A-110-ZB	更换变压器	110kV	1 组	防火隔板	m^2	20	
A-35-ZB		35kV	1 组	控制电缆	km	0.5	
				电力电缆	km	0.2	
				防火涂料	kg	10	
				防火堵料	kg	70	
				耐火包	kg	70	
				镀锌钢管	m	100	
				电缆沟掀盖板	m	100	
				断路器机构二次回路配合	项	1	2 万元
				防火隔板	m^2	10	

5.4　建筑工程量表

更换变压器工程典型方案建筑工程量表见表 5-3。

表 5-3　　　　　更换变压器工程典型方案建筑工程量表

序号	名称	单位工程量	单位	数量
A-500-ZB 新建量	主变基础		m^3	135
	直径 50 ~ 80 卵石		m^3	180
	主变油池	24m × 11m × 1.0m	个	1
	事故油池	8.6m × 3.8m × 5.5m	个	1
A-500-ZB 拆除量	主变基础		m^3	110
	直径 50 ~ 80 卵石		m^3	160
	主变油池	24m × 11m × 1.0m	个	1
	事故油池	7m × 3.5m × 5.0m	个	1
A-220-ZB 新建量	主变基础		m^3	45
	直径 50 ~ 80 卵石		m^3	50
	主变油池	14m × 9m × 1m	个	1
	事故油池	8.6m × 3.8m × 4.3m	个	1

续表

序号	名称	单位工程量	单位	数量
A-220-ZB 拆除量	主变基础		m^3	40
	直径 50 ~ 80 卵石		m^3	40
	主变油池	14m × 9m × 0.8m	个	1
	事故油池	8.6m × 3.8m × 3.8m	个	1
A-110-ZB 新建量	主变基础		m^3	30
	直径 50 ~ 80 卵石		m^3	30
	主变油池	10m × 9m × 0.7m	个	1
	事故油池	6.0m × 3.0 m × 3.5m	个	1
A-110-ZB 拆除量	主变基础		m^3	22
	直径 50 ~ 80 卵石		m^3	25
	主变油池	10m × 8m × 0.6m	个	1
	事故油池	5.4m × 2.4 m × 3.3m	个	1
A-35-ZB 新建量	主变基础		m^3	15
	直径 50 ~ 80 卵石		m^3	13
	主变油池	7m × 6m × 0.6m	个	1
	事故油池	3.5m × 1.8 m × 3.5m	个	1
A-35-ZB 拆除量	主变基础		m^3	10
	直径 50 ~ 80 卵石		m^3	12
	主变油池	7m × 5m × 0.5m	个	1
	事故油池	3.3m × 1.6m × 3.3m	个	1

5.5　概算书

概算投资为静态投资，更换变压器工程典型方案概算书包括总概算表、安装部分汇总概算表、建筑部分汇总概算表、拆除部分汇总概算表、其他费用概算表。基本方案 A-500-ZB、A-220-ZB、A-110-ZB、A-35-ZB 的上述概算表见表 5-4 ~ 表 5-23。

表 5-4 基本方案 A-500-ZB 总概算表 金额单位：万元

序号	工程或费用名称	含税金额	占工程静态投资的比例（%）	不含税金额	可抵扣增值税金额
一	建筑工程费	77.58	2.41	71.17	6.41
二	安装工程费	171.18	5.32	154.4	16.78
三	拆除工程费	25.94	0.81	23.8	2.14
四	设备购置费	2774.1	86.27	2455.4	318.7
	其中：编制基准期价差	17.27	0.54	17.27	
五	小计	3048.8	94.81	2704.77	344.03
	其中：甲供设备材料费	2789.57	86.75	2471.54	318.03
六	其他费用	166.93	5.19	157.35	9.58
七	基本预备费				
八	特殊项目				
九	工程静态投资合计	3215.73	100	2862.12	353.61
	其中：可抵扣增值税金额	353.61			353.61
	其中：施工费	264.24	8.22	237.83	26.41

表 5-5 基本方案 A-500-ZB 安装部分汇总概算表 金额单位：元

序号	工程或费用名称	安装工程费			设备购置费	合计
		主要材料费	安装费	小计		
	安装工程	176998	1534775	1711773	27741015	29452788
一	主变压器系统	39148	933173	972321	27741015	28713336
1	主变压器	39148	933173	972321	27741015	28713336
1.1	变压器本体	39148	933173	972321	27741015	28713336
六	电缆防护设施	137850	77941	215791		215791
1	电缆桥支架	131597	69477	201075		201075
2	电缆防火	6253	8464	14717		14717
九	调试		523660	523660		523660
1	分系统调试		87559	87559		87559
3	特殊调试		436101	436101		436101
	合计	176998	1534775	1711773	27741015	29452788

表 5-6　　基本方案 A-500-ZB 建筑部分汇总概算表　　金额单位：元

序号	工程或费用名称	设备费	主要材料费	建筑费	建筑工程费合计
	建筑工程		104730	671114	775844
二	主变压器及配电装置建筑		104730	671114	775844
1	主变压器系统		104730	671114	775844
1.2	主变压器设备基础		31153	140134	171287
1.3	主变压器油坑及卵石		73578	264766	338344
1.5	$180m^3$ 事故油池			266214	266214
	合计		104730	671114	775844

表 5-7　　基本方案 A-500-ZB 拆除部分汇总概算表　　金额单位：元

序号	工程或费用名称	拆除工程费
	拆除工程	259444
	建筑拆除	124878
二	主变压器及配电装置建筑	124878
1	主变压器系统	124878
1.1	构支架及基础	124878
	安装拆除	134566
一	主变压器系统	134566
1	主变压器	134566
1.1	变压器本体	134566
	合计	259444

表 5-8　　基本方案 A-500-ZB 其他费用概算表　　金额单位：元

序号	工程或费用项目名称	编制依据及计算说明	合价
1	建设场地征用及清理费		50000
1.2	施工场地租用费	50000 × 100%	50000
2	项目管理费		406543
2.1	管理经费	（建筑工程费 + 安装工程费 + 拆除工程费）× 3.53%	96971
2.2	招标费	（建筑工程费 + 安装工程费 + 拆除工程费）× 1.81%	49722
2.3	工程监理费	（建筑工程费 + 安装工程费 + 拆除工程费）× 4.41%	121145
2.4	设备材料监造费	设备购置费 × 0.5%	138705

续表

序号	工程或费用项目名称	编制依据及计算说明	合价
3	项目技术服务费		1212791
3.1	前期工作费	（建筑工程费＋安装工程费）×3.05%	75872
3.3	工程勘察设计费		1050869
3.3.2	设计费	设计费 ×100%	1050869
3.4	设计文件评审费		65011
3.4.1	初步设计文件评审费	基本设计费 ×3.5%	31170
3.4.2	施工图文件评审费	基本设计费 ×3.8%	33842
3.5	施工过程造价咨询及竣工结算审核费	（建筑工程费＋安装工程费＋拆除工程费）×0.53%	14559
3.7	工程检测费		3731
3.7.1	工程质量检测费	（建筑工程费＋安装工程费）×0.15%	3731
3.9	技术经济标准编制费	（建筑工程费＋安装工程费＋拆除工程费）×0.1%	2747
	合计		1669334

注　项目属于过程监理的，监理不参与项目可研及后续保修阶段，监理费乘以 0.85。

表 5-9　　基本方案 A-220-ZB 总概算表　　金额单位：万元

序号	工程或费用名称	含税金额	占工程静态投资的比例（%）	不含税金额	可抵扣增值税金额
一	建筑工程费	40.66	4.04	37.3	3.36
二	安装工程费	64.08	6.36	55.99	8.09
三	拆除工程费	12.25	1.22	11.24	1.01
四	设备购置费	818.57	81.28	724.53	94.04
	其中：编制基准期价差	7.82	0.78	7.82	
五	小计	935.56	92.89	829.06	106.5
	其中：甲供设备材料费	824.99	81.91	730.38	94.61
六	其他费用	71.59	7.11	67.49	4.1
七	基本预备费				
八	特殊项目				
九	工程静态投资合计	1007.15	100	896.55	110.6
	其中：可抵扣增值税金额	110.6			110.6
	其中：施工费	112.58	11.18	100.53	12.05

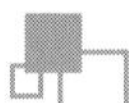

表 5-10　　基本方案 A-220-ZB 安装部分汇总概算表　　金额单位：元

序号	工程或费用名称	安装工程费			设备购置费	合计
		主要材料费	安装费	小计		
	安装工程	98671	542135	640806	8185725	8826531
一	主变压器系统	7466	249005	256471	8185725	8442196
1	主变压器	7466	249005	256471	8185725	8442196
1.1	变压器本体	7466	249005	256471	8185725	8442196
六	电缆防护设施	72854	45278	118132		118132
1	电缆桥支架	68476	39489	107965		107965
2	电缆防火	4379	5789	10167		10167
七	全站接地	18351	4391	22741		22741
1	接地网	18351	4391	22741		22741
九	调试		243461	243461		243461
1	分系统调试		48424	48424		48424
3	特殊调试		195037	195037		195037
	合计	98671	542135	640806	8185725	8826531

表 5-11　　基本方案 A-220-ZB 建筑部分汇总概算表　　金额单位：元

序号	工程或费用名称	设备费	主要材料费	建筑费	建筑工程费合计
	建筑工程		41042	365565	406606
二	主变压器及配电装置建筑		41042	365565	406606
1	主变压器系统		41042	365565	406606
1.2	主变压器设备基础		10384	46711	57096
1.3	主变压器油坑及卵石		30657	110319	140977
1.5	$140m^3$ 事故油池			208534	208534
	合计		41042	365565	406606

表 5-12　　基本方案 A-220-ZB 拆除部分汇总概算表　　金额单位：元

序号	工程或费用名称	拆除工程费
	拆除工程	122524
	建筑拆除	80410
二	主变压器及配电装置建筑	80410

续表

序号	工程或费用名称	拆除工程费
1	主变压器系统	80410
1.1	构支架及基础	80410
	安装拆除	42115
一	主变压器系统	42115
1	主变压器	42115
1.1	变压器本体	42115
2	合计	122524

表 5-13　　基本方案 A-220-ZB 其他费用概算表　　金额单位：元

序号	工程或费用项目名称	编制依据及计算说明	合价
1	建设场地征用及清理费		20000
1.2	施工场地租用费	20000×100%	20000
2	项目管理费		179555
2.1	管理经费	（建筑工程费＋安装工程费＋拆除工程费）×3.53%	41299
2.2	招标费	（建筑工程费＋安装工程费＋拆除工程费）×1.81%	21176
2.3	工程监理费	（建筑工程费＋安装工程费＋拆除工程费）×4.41%	51594
2.4	设备材料监造费	设备购置费 ×0.8%	65486
3	项目技术服务费		516379
3.1	前期工作费	（建筑工程费＋安装工程费）×3.05%	31946
3.3	工程勘察设计费		447789
3.3.2	设计费	设计费 ×100%	447789
3.4	设计文件评审费		27702
3.4.1	初步设计文件评审费	基本设计费 ×3.5%	13282
3.4.2	施工图文件评审费	基本设计费 ×3.8%	14420
3.5	施工过程造价咨询及竣工结算审核费	（建筑工程费＋安装工程费＋拆除工程费）×0.53%	6201
3.7	工程检测费		1571
3.7.1	工程质量检测费	（建筑工程费＋安装工程费）×0.15%	1571
3.9	技术经济标准编制费	（建筑工程费＋安装工程费＋拆除工程费）×0.1%	1170
	合计		715933

表 5-14　　　　基本方案 A-110-ZB 总概算表　　　　金额单位：万元

序号	工程或费用名称	含税金额	占工程静态投资的比例（%）	不含税金额	可抵扣增值税金额
一	建筑工程费	23.74	5.88	21.78	1.96
二	安装工程费	40.95	10.14	34.84	6.11
三	拆除工程费	5.56	1.38	5.1	0.46
四	设备购置费	296.37	73.4	262.32	34.05
	其中：编制基准期价差	4.94	1.22	4.94	
五	小计	366.62	90.79	324.04	42.58
	其中：甲供设备材料费	300.86	74.51	266.47	34.39
六	其他费用	37.17	9.21	35.03	2.14
七	基本预备费				
八	特殊项目				
九	工程静态投资合计	403.79	100	359.07	44.72
	其中：可抵扣增值税金额	44.72			44.72
	其中：施工费	67.27	16.66	58.96	8.31

表 5-15　　　　基本方案 A-110-ZB 安装部分汇总概算表　　　　金额单位：元

序号	工程或费用名称	安装工程费			设备购置费	合计
		主要材料费	安装费	小计		
	安装工程	82486	327049	409535	2963745	3373280
一	主变压器系统	1440	126416	127856	2963745	3091601
1	主变压器	1440	126416	127856	2963745	3091601
1.1	变压器本体	1440	126416	127856	2963745	3091601
六	电缆防护设施	47297	31017	78314		78314
1	电缆桥支架	43370	25800	69170		69170
2	电缆防火	3927	5217	9144		9144
七	全站接地	33749	7601	41350		41350
1	接地网	33749	7601	41350		41350
九	调试		162015	162015		162015

续表

序号	工程或费用名称	安装工程费			设备购置费	合计
		主要材料费	安装费	小计		
1	分系统调试		34704	34704		34704
3	特殊调试		127311	127311		127311
	合计	82486	327049	409535	2963745	3373280

表 5-16　　　　基本方案 A-110-ZB 建筑部分汇总概算表　　　　金额单位：元

序号	工程或费用名称	设备费	主要材料费	建筑费	建筑工程费合计
	建筑工程		25038	212383	237421
二	主变压器及配电装置建筑		25038	212383	237421
1	主变压器系统		25038	212383	237421
1.2	主变压器设备基础		6923	31023	37946
1.3	主变压器油坑及卵石		18116	65174	83290
1.5	$60m^3$ 事故油池			116185	116185
	合计		25038	212383	237421

表 5-17　　　　基本方案 A-110-ZB 拆除部分汇总概算表　　　　金额单位：元

序号	工程或费用名称	拆除工程费
	拆除工程	55598
	建筑拆除	34726
二	主变压器及配电装置建筑	34726
1	主变压器系统	34726
1.1	构支架及基础	34726
	安装拆除	20872
一	主变压器系统	20872
1	主变压器	20872
1.1	变压器本体	20872
	合计	55598

表 5-18　　基本方案 A-110-ZB 其他费用概算表　　金额单位：元

序号	工程或费用项目名称	编制依据及计算说明	合价
1	建设场地征用及清理费		15000
1.2	施工场地租用费	15000 × 100%	15000
2	项目管理费		92209
2.1	管理经费	（建筑工程费 + 安装工程费 + 拆除工程费）× 3.53%	24800
2.2	招标费	（建筑工程费 + 安装工程费 + 拆除工程费）× 1.81%	12716
2.3	工程监理费	（建筑工程费 + 安装工程费 + 拆除工程费）× 4.41%	30983
2.4	设备材料监造费	设备购置费 × 0.8%	23710
3	项目技术服务费		264459
3.1	前期工作费	（建筑工程费 + 安装工程费）× 3.05%	19732
3.3	工程勘察设计费		225387
3.3.2	设计费	设计费 × 100%	225387
3.4	设计文件评审费		13943
3.4.1	初步设计文件评审费	基本设计费 × 3.5%	6685
3.4.2	施工图文件评审费	基本设计费 × 3.8%	7258
3.5	施工过程造价咨询及竣工结算审核费	（建筑工程费 + 安装工程费 + 拆除工程费）× 0.53%	3724
3.7	工程检测费		970
3.7.1	工程质量检测费	（建筑工程费 + 安装工程费）× 0.15%	970
3.9	技术经济标准编制费	（建筑工程费 + 安装工程费 + 拆除工程费）× 0.1%	703
	合计		371668

表 5-19　　基本方案 A-35-ZB 总概算表　　金额单位：万元

序号	工程或费用名称	含税金额	占工程静态投资的比例（%）	不含税金额	可抵扣增值税金额
一	建筑工程费	9.27	5.31	8.5	0.77
二	安装工程费	15.18	8.69	12.03	3.15
三	拆除工程费	1.56	0.89	1.43	0.13
四	设备购置费	130.75	74.84	115.73	15.02

续表

序号	工程或费用名称	含税金额	占工程静态投资的比例（%）	不含税金额	可抵扣增值税金额
	其中：编制基准期价差	1.77	1.01	1.77	
五	小计	156.76	89.73	137.69	19.07
	其中：甲供设备材料费	132.55	75.87	117.32	15.23
六	其他费用	17.95	10.27	16.91	1.04
七	基本预备费				
八	特殊项目				
九	工程静态投资合计	174.71	100	154.6	20.11
	其中：可抵扣增值税金额	20.11			20.11
	其中：施工费	25.21	14.43	21.29	3.92

表 5-20　　基本方案 A-35-ZB 安装部分汇总概算表　　金额单位：元

序号	工程或费用名称	安装工程费			设备购置费	合计
		主要材料费	安装费	小计		
	安装工程	42440	109369	151808	1307505	1459313
一	主变压器系统		29338	29338	1307505	1336843
1	主变压器		29338	29338	1307505	1336843
1.1	变压器本体		29338	29338	1307505	1336843
六	电缆防护设施	20326	11155	31482		31482
1	电缆桥支架	18012	8272	26284		26284
2	电缆防火	2314	2883	5197		5197
七	全站接地	22113	5641	27754		27754
1	接地网	22113	5641	27754		27754
九	调试		63234	63234		63234
1	分系统调试		14238	14238		14238
3	特殊调试		48997	48997		48997
	合计	42440	109369	151808	1307505	1459313

表 5-21　　基本方案 A-35-ZB 建筑部分汇总概算表　　金额单位：元

序号	工程或费用名称	设备费	主要材料费	建筑费	建筑工程费合计
	建筑工程		6968	85713	92680
二	主变压器及配电装置建筑		6968	85713	92680
1	主变压器系统		6968	85713	92680
1.2	主变压器设备基础			19981	19981
1.3	主变压器油坑及卵石		6968	25067	32034
1.5	$22m^3$ 事故油池			40665	40665
	合计		6968	85713	92680

表 5-22　　基本方案 A-35-ZB 拆除部分汇总概算表　　金额单位：元

序号	工程或费用名称	拆除工程费
	拆除工程	15642
	建筑拆除	12742
二	主变压器及配电装置建筑	12742
1	主变压器系统	12742
1.1	构支架及基础	12742
	安装拆除	2900
一	主变压器系统	2900
1	主变压器	2900
1.1	变压器本体	2900
	合计	15642

表 5-23　　基本方案 A-35-ZB 其他费用概算表　　金额单位：元

序号	工程或费用项目名称	编制依据及计算说明	合价
1	建设场地征用及清理费		10000
1.2	施工场地租用费	10000×100%	10000
2	项目管理费		35823
2.1	管理经费	（建筑工程费＋安装工程费＋拆除工程费）×3.53%	9183
2.2	招标费	（建筑工程费＋安装工程费＋拆除工程费）×1.81%	4708

续表

序号	工程或费用项目名称	编制依据及计算说明	合价
2.3	工程监理费	（建筑工程费＋安装工程费＋拆除工程费）×4.41%	11472
2.4	设备材料监造费	设备购置费 ×0.8%	10460
3	项目技术服务费		133725
3.1	前期工作费	（建筑工程费＋安装工程费）×3.05%	7457
3.3	工程勘察设计费		117023
3.3.2	设计费	设计费 ×100%	117023
3.4	设计文件评审费		7240
3.4.1	初步设计文件评审费	基本设计费 ×3.5%	3471
3.4.2	施工图文件评审费	基本设计费 ×3.8%	3769
3.5	施工过程造价咨询及竣工结算审核费	（建筑工程费＋安装工程费＋拆除工程费）×0.53%	1379
3.7	工程检测费		367
3.7.1	工程质量检测费	（建筑工程费＋安装工程费）×0.15%	367
3.9	技术经济标准编制费	（建筑工程费＋安装工程费＋拆除工程费）×0.1%	260
	合计		179548

5.6　典型造价

更换变压器工程典型方案单位造价见表 5-24。

表 5-24　　更换变压器工程典型方案单位造价

方案编号	项目名称	电压等级	型号	单位	单位造价
A-500-ZB	更换变压器	500kV	500kV，334MVA，单相，500/220/35，无励磁，三绕组自耦	万元 / 组	3215.73
A-220-ZB		220kV	220kV，240MVA，三相，220/110/35，有载，三绕组	万元 / 组	1007.15
A-110-ZB		110kV	110kV，50MVA，110/35/10，有载，三绕组	万元 / 组	403.79
A-35-ZB		35kV	35kV，20MVA，35/10，有载	万元 / 组	174.71

第 6 章　更换电抗器

6.1　典型方案

本典型方案为更换电抗器工程，电压等级采用 35、10kV。电气部分只考虑拆除原电抗器和电抗器进线导线、新上电抗器和电抗器进线导线，不考虑设备接地、绝缘护套等费用。土建部分只考虑拆除及新建电抗器基础，不考虑地坪恢复、地基处理、土方外运等费用。

电抗器基础：采用 C30 现浇素混凝土，C15 素混凝土垫层。

6.2　一次设备材料表

更换电抗器工程典型方案一次设备材料表见表 6–1。

表 6–1　　　　更换电抗器工程典型方案一次设备材料表

方案编号	项目名称	电压等级	方案	单位	设备材料明细	数量
B–35–DK	更换电抗器	35kV	油浸	1 组	新上：35kV 三相油浸一体式并联电抗器，60000kvar，铁芯	1 台
					新上：设备间连线 2 × LGJ–500/35	1 组
					新上：接地引下线，热镀锌扁钢 80 × 10	50m
					新上：接地上引线，铜排 40 × 5	30m
					拆除：35kV 三相油浸一体式并联电抗器，60000kvar，铁芯	1 台
					拆除：设备间连线 × × ×	1 组
B–10–DK		10kV	干式铁芯	1 组	新上：10kV 三相干式无散热器并联电抗器，6000kvar，铁芯，不可控	1 台
					新上：设备间连线 YJV32–8.7/103 × 240	1 组

续表

方案编号	项目名称	电压等级	方案	单位	设备材料明细	数量
B-10-DK	更换电抗器	10kV	干式铁芯	1 组	新上：接地引下线，热镀锌扁钢 80×8	50m
					新上：接地上引线，铜排 40×5	30m
					拆除：10kV 三相干式无散热器并联电抗器，6000kvar，铁芯，不可控，户内	1 台
					拆除：设备间连线 YJV32-8.7/103××××	1 组

6.3　建筑工程量表

更换电抗器工程典型方案建筑工程量表见表 6-2。

表 6-2　　更换电抗器工程典型方案建筑工程量表

序号	名称	单位	数量
B-35-DK 新建量	电抗器基础	m^3	32
B-35-DK 拆除量	电抗器基础	m^3	30
B-10-DK 新建量	电抗器基础	m^3	20
B-10-DK 拆除量	电抗器基础	m^3	18

6.4　概算书

更换电抗器工程典型方案概算书包括总概算表、安装部分汇总概算表、建筑部分汇总概算表、拆除部分汇总概算表、其他费用概算表。基本方案 B-35-DK、B-10-DK 的上述概算表见表 6-3 ~ 表 6-12。

表 6-3　　基本方案 B-35-DK 总概算表　　金额单位：万元

序号	工程或费用名称	含税金额	占工程静态投资的比例（%）	不含税金额	可抵扣增值税金额
一	建筑工程费	4.79	2.01	4.39	0.4
二	安装工程费	15.83	6.64	14.52	1.31
三	拆除工程费	1.14	0.48	1.05	0.09
四	设备购置费	196.37	82.34	173.82	22.55

续表

序号	工程或费用名称	含税金额	占工程静态投资的比例（%）	不含税金额	可抵扣增值税金额
	其中：编制基准期价差	1.16	0.49	1.16	
五	小计	218.13	91.46	193.78	24.35
	其中：甲供设备材料费	196.37	82.34	173.82	22.55
六	其他费用	20.36	8.54	19.18	1.18
七	基本预备费				
八	特殊项目				
九	工程静态投资合计	238.49	100	212.96	25.53
	其中：可抵扣增值税金额	25.53			25.53
	其中：施工费	22.77	9.55	20.89	1.88

表 6-4　　基本方案 B-35-DK 安装部分汇总概算表　　金额单位：元

序号	工程或费用名称	安装工程费			设备购置费	合计
		主要材料费	安装费	小计		
	安装工程	5786	152535	158321	1963650	2121971
三	无功补偿装置	444	6122	6566	1963650	1970216
3	低压电抗器	444	6122	6566	1963650	1970216
七	全站接地	5342	2305	7646		7646
1	接地网	5342	2305	7646		7646
九	调试		144109	144109		144109
1	分系统调试		2105	2105		2105
3	特殊调试		142004	142004		142004
	合计	5786	152535	158321	1963650	2121971

表 6-5　　基本方案 B-35-DK 建筑部分汇总概算表　　金额单位：元

序号	工程或费用名称	设备费	主要材料费	建筑费	建筑工程费合计
	建筑工程		12453	35492	47945
二	主变压器及配电装置建筑		12453	35492	47945
5	低压电抗器		12453	35492	47945
	合计		12453	35492	47945

表 6-6　　基本方案 B-35-DK 拆除部分汇总概算表　　金额单位：元

序号	工程或费用名称	拆除工程费
	拆除工程	11411
	建筑拆除	8445
二	主变压器及配电装置建筑	8445
1	低压电抗器	8445
1.1	安装拆除	2967
	无功补偿装置	2967
二	低压电抗器	2967
	合计	11411

表 6-7　　基本方案 B-35-DK 其他费用概算表　　金额单位：元

序号	工程或费用项目名称	编制依据及计算说明	合价
1	建设场地征用及清理费		10000
1.2	施工场地租用费	10000 × 100%	10000
2	项目管理费		31042
2.1	管理经费	（建筑工程费 + 安装工程费 + 拆除工程费）× 3.53%	7684
2.2	招标费	（建筑工程费 + 安装工程费 + 拆除工程费）× 1.81%	3940
2.3	工程监理费	（建筑工程费 + 安装工程费 + 拆除工程费）× 4.41%	9600
2.4	设备材料监造费	设备购置费 × 0.5%	9818
3	项目技术服务费		162526
3.1	前期工作费	（建筑工程费 + 安装工程费）× 3.05%	6291
3.3	工程勘察设计费		145549
3.3.2	设计费	设计费 × 100%	145549
3.4	设计文件评审费		9004
3.4.1	初步设计文件评审费	基本设计费 × 3.5%	4317
3.4.2	施工图文件评审费	基本设计费 × 3.8%	4687
3.5	施工过程造价咨询及竣工结算审核费	（建筑工程费 + 安装工程费 + 拆除工程费）× 0.53%	1154
3.7	工程检测费		309
3.7.1	工程质量检测费	（建筑工程费 + 安装工程费）× 0.15%	309
3.9	技术经济标准编制费	（建筑工程费 + 安装工程费 + 拆除工程费）× 0.1%	218
	合计		203567

表 6-8　　　　　　基本方案 B-10-DK 总概算表　　　　　　金额单位：万元

序号	工程或费用名称	含税金额	占工程静态投资的比例(%)	不含税金额	可抵扣增值税金额
一	建筑工程费	3	3.57	2.75	0.25
二	安装工程费	8.04	9.57	7.38	0.66
三	拆除工程费	0.8	0.95	0.73	0.07
四	设备购置费	62.61	74.55	55.42	7.19
	其中：编制基准期价差	0.7	0.83	0.7	
五	小计	74.45	88.65	66.28	8.17
	其中：甲供设备材料费	62.64	74.59	55.45	7.19
六	其他费用	9.53	11.35	8.96	0.57
七	基本预备费				
八	特殊项目				
九	工程静态投资合计	83.98	100	75.24	8.74
	其中：可抵扣增值税金额	8.74			8.74
	其中：施工费	12.8	15.24	11.74	1.06

表 6-9　　　　　基本方案 B-10-DK 安装部分汇总概算表　　　　　金额单位：元

序号	工程或费用名称	安装工程费			设备购置费	合计
		主要材料费	安装费	小计		
	安装工程	5709	74662	80371	626052	706423
三	无功补偿装置	367	5077	5444	626052	631496
3	低压电抗器	367	5077	5444	626052	631496
七	全站接地	5342	2306	7648		7648
1	接地网	5342	2306	7648		7648
九	调试		67279	67279		67279
1	分系统调试		796	796		796
3	特殊调试		66483	66483		66483
	合计	5709	74662	80371	626052	706423

表 6-10　　基本方案 B-10-DK 建筑部分汇总概算表　　金额单位：元

序号	工程或费用名称	设备费	主要材料费	建筑费	建筑工程费合计
	建筑工程		7783	22182	29966
二	主变压器及配电装置建筑		7783	22182	29966
5	低压电抗器		7783	22182	29966
	合计		7783	22182	29966

表 6-11　　基本方案 B-10-DK 拆除部分汇总概算表　　金额单位：元

序号	工程或费用名称	拆除工程费
	拆除工程	8039
	建筑拆除	5067
二	主变压器及配电装置建筑	5067
5	低压电抗器	5067
	安装拆除	2972
三	无功补偿装置	2972
3	低压电抗器	2972
	合计	8039

表 6-12　　基本方案 B-10-DK 其他费用概算表　　金额单位：元

序号	工程或费用项目名称	编制依据及计算说明	合价
1	建设场地征用及清理费		10000
1.2	施工场地租用费	10000 × 100%	10000
2	项目管理费		16550
2.1	管理经费	（建筑工程费 + 安装工程费 + 拆除工程费）× 3.53%	4179
2.2	招标费	（建筑工程费 + 安装工程费 + 拆除工程费）× 1.81%	2143
2.3	工程监理费	（建筑工程费 + 安装工程费 + 拆除工程费）× 4.41%	5220
2.4	设备材料监造费	设备购置费 × 0.8%	5008
3	项目技术服务费		68761
3.1	前期工作费	（建筑工程费 + 安装工程费）× 3.05%	3365
3.3	工程勘察设计费		60565

续表

序号	工程或费用项目名称	编制依据及计算说明	合价
3.3.2	设计费	设计费 ×100%	60565
3.4	设计文件评审费		3747
3.4.1	初步设计文件评审费	基本设计费 ×3.5%	1796
3.4.2	施工图文件评审费	基本设计费 ×3.8%	1950
3.5	施工过程造价咨询及竣工结算审核费	（建筑工程费 + 安装工程费 + 拆除工程费）×0.53%	800
3.7	工程检测费		166
3.7.1	工程质量检测费	（建筑工程费 + 安装工程费）×0.15%	166
3.9	技术经济标准编制费	（建筑工程费 + 安装工程费 + 拆除工程费）×0.1%	118
	合计		95311

6.5　典型造价

更换电抗器工程典型方案单位造价见表 6-13。

表 6-13　　　　　　更换电抗器工程典型方案单位造价

方案编号	项目名称	电压等级	型号	单位	单位造价
B-35-DK	更换电抗器	35kV	AC35kV，60Mvar，油浸，铁芯	万元 / 组	238.49
B-10-DK		10kV	AC10kV，6Mvar，干式，铁芯	万元 / 组	83.98

第7章　更换断路器

7.1 典型方案

本典型方案为更换断路器工程，电压等级采用500、220、110、35、10kV。电气部分只考虑拆除原断路器和断路器两侧设备间连线、新上瓷柱式断路器和断路器两侧设备间连线，不考虑设备接地、绝缘护套等费用。土建部分只考虑拆除及新建断路器基础，不考虑地坪恢复、地基处理、土方外运等费用。

断路器基础：采用露明地脚螺栓基础，基础采用C30现浇混凝土，垫层采用C15混凝土。

7.2 一次设备材料表

更换断路器工程典型方案电气一次设备材料表见表7-1。

表7-1　　更换断路器工程典型方案电气一次设备材料表

方案编号	项目名称	电压等级	方案	单位	设备材料明细	数量
C-500-DLQ	更换断路器	500kV	SF_6瓷柱式	1台	新上：500kV SF_6瓷柱式断路器，4000A，63kA	1台
					新上：设备间连线2×NRLH58GJ-1440/120	2组
					新上：接地引下线，热镀锌扁钢80×10	50m
					新上：接地上引线，铜排40×5	30m
					拆除：500kV SF_6瓷柱式断路器，××××A，××kA	1台
					拆除：设备间连线2××××	2组
C-220-DLQ		220kV	SF_6瓷柱式	1台	新上：220kV SF_6瓷柱式断路器，4000A，50kA	1台
					新上：设备间连线2×LGJ-630/45	2组

续表

方案编号	项目名称	电压等级	方案	单位	设备材料明细	数量
C-220-DLQ	更换断路器	220kV	SF_6 瓷柱式	1 台	新上：接地引下线，热镀锌扁钢 80×8	50m
					新上：接地上引线，铜排 40×5	30m
					拆除：220kV SF_6 瓷柱式断路器，××××A，××kA	1 台
					拆除：设备间连线 2××××	2 组
C-110-DLQ		110kV	SF_6 瓷柱式	1 台	新上：110kV SF_6 瓷柱式断路器，3150A，40kA	1 台
					新上：设备间连线 LGJ-300/40	2 组
					新上：接地引下线，热镀锌扁钢 80×8	50m
					新上：接地上引线，铜排 40×5	30m
					拆除：110kV SF_6 瓷柱式断路器，××××A，××kA	1 台
					拆除：设备间连线 ×××	2 组
C-35-DLQ		35kV	SF_6 瓷柱式	1 台	新上：35kV SF_6 瓷柱式断路器，2500A，40kA	1 台
					新上：设备间连线 2×LGJ-500/35	2 组
					新上：接地引下线，热镀锌扁钢 80×10	50m
					新上：接地上引线，铜排 40×5	30m
					拆除：35kV SF_6 瓷柱式断路器，××××A，××kA	1 台
					拆除：设备间连线 ×××	2 组
C-10-DLQ		10kV	真空瓷柱式	1 台	新上：10kV 真空瓷柱式断路器，1250A，25kA	1 台
					新上：设备间连线 LGJ-500/35	2 组
					新上：接地引下线，热镀锌扁钢 60×6	50m
					新上：接地上引线，铜排 30×4	30m
					拆除：10kV 真空瓷柱式断路器，1250A，25kA	1 台
					拆除：设备间连线 ×××	2 组

7.3　二次设备材料表

更换断路器工程典型方案电气二次设备材料表见表 7-2。

表 7-2　　　　更换断路器工程典型方案电气二次设备材料表

方案编号	项目名称	电压等级	方案	单位	名称	单位	数量
C-500-DLQ	更换断路器	500kV	SF_6 瓷柱式	1 台	控制电缆	km	3
					电力电缆	km	0.3
					防火涂料	kg	50
					防火堵料	kg	100
					耐火包	kg	100
					镀锌钢管	m	300
					电缆沟掀盖板	m	300
					防火隔板	m^2	30
C-220-DLQ		220kV	SF_6 瓷柱式	1 台	控制电缆	km	1
					电力电缆	km	0.1
					防火涂料	kg	30
					防火堵料	kg	80
					耐火包	kg	80
					镀锌钢管	m	200
					电缆沟掀盖板	m	100
					防火隔板	m^2	20
C-110-DLQ		110kV	SF_6 瓷柱式	1 台	控制电缆	km	0.2
					电力电缆	km	0.1
					防火涂料	kg	18
					防火堵料	kg	70
					耐火包	kg	70
					镀锌钢管	m	130
					电缆沟掀盖板	m	100
					防火隔板	m^2	20
C-35-DLQ		35kV	SF_6 瓷柱式	1 台	控制电缆	km	0.2

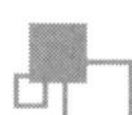

续表

方案编号	项目名称	电压等级	方案	单位	名称	单位	数量
C-35-DLQ	更换断路器	35kV	SF_6 瓷柱式	1 台	电力电缆	km	0.1
					防火涂料	kg	10
					防火堵料	kg	60
					耐火包	kg	60
					镀锌钢管	m	90
					电缆沟掀盖板	m	100
					防火隔板	m^2	10
C-10-DLQ		10kV	真空瓷柱式	1 台	控制电缆	km	0.2
					电力电缆	km	0.1
					防火涂料	kg	5
					防火堵料	kg	20
					耐火包	kg	20
					镀锌钢管	m	60
					电缆沟掀盖板	m	100
					防火隔板	m^2	10

7.4　建筑工程量表

更换断路器工程典型方案建筑工程量表见表 7-3。

表 7-3　　　　　更换断路器工程典型方案建筑工程量表

序号	名称	单位	数量
C-500-DLQ 新建量	断路器基础	m^3	28
C-500-DLQ 拆除量	断路器基础	m^3	25
C-220-DLQ 新建量	断路器基础	m^3	16
C-220-DLQ 拆除量	断路器基础	m^3	14
C-110-DLQ 新建量	断路器基础	m^3	12
C-110-DLQ 拆除量	断路器基础	m^3	10
C-35-DLQ 新建量	断路器基础	m^3	10

续表

序号	名称	单位	数量
C-35-DLQ 拆除量	断路器基础	m^3	8
C-10-DLQ 新建量	断路器基础	m^3	6
C-10-DLQ 拆除量	断路器基础	m^3	4.5

7.5　概算书

更换断路器工程典型方案概算书包括总概算表、安装部分汇总概算表、建筑部分汇总概算表、拆除部分汇总概算表、其他费用概算表。基本方案 C-500-DLQ、C-220-DLQ、C-110-DLQ、C-35-DLQ、C-10-DLQ 的上述概算表见表 7-4 ~ 表 7-28。

表 7-4　　基本方案 C-500-DLQ 总概算表　　金额单位：万元

序号	工程或费用名称	含税金额	占工程静态投资的比例（%）	不含税金额	可抵扣增值税金额
一	建筑工程费	4.2	3.28	3.85	0.35
二	安装工程费	35.78	27.95	33.98	1.8
三	拆除工程费	2.25	1.76	2.06	0.19
四	设备购置费	69.58	54.35	61.59	7.99
	其中：编制基准期价差	1.47	1.15	1.47	
五	小计	111.81	87.34	101.48	10.33
	其中：甲供设备材料费	78.6	61.4	71.02	7.58
六	其他费用	16.21	12.66	15.27	0.94
七	基本预备费				
八	特殊项目				
九	工程静态投资合计	128.02	100	116.75	11.27
	其中：可抵扣增值税金额	11.27			11.27
	其中：施工费	34.21	26.72	31.39	2.82

表 7-5　　基本方案 C-500-DLQ 安装部分汇总概算表　　金额单位：元

序号	工程或费用名称	安装工程费			设备购置费	合计
		主要材料费	安装费	小计		
	安装工程	101909	255891	357800	695837	1053637
二	配电装置	17198	48501	65699	695837	761536
2	屋外配电装置	17198	48501	65699	695837	761536
2.1	500kV 配电装置	17198	48501	65699	695837	761536
六	电缆防护设施	78923	46781	125705		125705
1	电缆桥支架	72977	38629	111606		111606
2	电缆防火	5946	8152	14099		14099
七	全站接地	5788	2345	8133		8133
1	接地网	5788	2345	8133		8133
九	调试		158263	158263		158263
1	分系统调试		9990	9990		9990
3	特殊调试		148274	148274		148274
	合计	101909	255891	357800	695837	1053637

表 7-6　　基本方案 C-500-DLQ 建筑部分汇总概算表　　金额单位：元

序号	工程或费用名称	设备费	主要材料费	建筑费	建筑工程费合计
	建筑工程		10896	31055	41952
二	主变压器及配电装置建筑		10896	31055	41952
2	500kV 构架及设备基础		10896	31055	41952
2.2	设备支架及基础		10896	31055	41952
	合计		10896	31055	41952

表 7-7　　基本方案 C-500-DLQ 拆除部分汇总概算表　　金额单位：元

序号	工程或费用名称	拆除工程费
	拆除工程	22529
	建筑拆除	7037
二	主变压器及配电装置建筑	7037

续表

序号	工程或费用名称	拆除工程费
2	500kV 构架及设备基础	7037
2.2	设备支架及基础	7037
	安装拆除	15492
二	配电装置	15492
2	屋外配电装置	15492
2.1	500kV 配电装置	15492
	合计	22529

表 7-8　　基本方案 C-500-DLQ 其他费用概算表　　金额单位：元

序号	工程或费用项目名称	编制依据及计算说明	合价
1	建设场地征用及清理费		10000
1.2	施工场地租用费	10000×100%	10000
2	项目管理费		44652
2.1	管理经费	（建筑工程费＋安装工程费＋拆除工程费）×3.53%	14907
2.2	招标费	（建筑工程费＋安装工程费＋拆除工程费）×1.81%	7643
2.3	工程监理费	（建筑工程费＋安装工程费＋拆除工程费）×4.41%	18623
2.4	设备材料监造费	设备购置费 ×0.5%	3479
3	项目技术服务费		107428
3.1	前期工作费	（建筑工程费＋安装工程费）×3.05%	12192
3.3	工程勘察设计费		86617
3.3.2	设计费	设计费 ×100%	86617
3.4	设计文件评审费		5359
3.4.1	初步设计文件评审费	基本设计费 ×3.5%	2569
3.4.2	施工图文件评审费	基本设计费 ×3.8%	2789
3.5	施工过程造价咨询及竣工结算审核费	（建筑工程费＋安装工程费＋拆除工程费）×0.53%	2238
3.7	工程检测费		600
3.7.1	工程质量检测费	（建筑工程费＋安装工程费）×0.15%	600
3.9	技术经济标准编制费	（建筑工程费＋安装工程费＋拆除工程费）×0.1%	422
	合计		162080

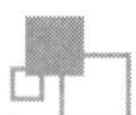

表 7-9　　基本方案 C-220-DLQ 总概算表　　金额单位：万元

序号	工程或费用名称	含税金额	占工程静态投资的比例（%）	不含税金额	可抵扣增值税金额
一	建筑工程费	2.4	4.34	2.2	0.2
二	安装工程费	18.75	33.88	17.39	1.36
三	拆除工程费	1.08	1.95	0.99	0.09
四	设备购置费	24.91	45	22.05	2.86
	其中：编制基准期价差	0.91	1.64	0.91	
五	小计	47.14	85.17	42.63	4.51
	其中：甲供设备材料费	27.23	49.2	24.36	2.87
六	其他费用	8.21	14.83	7.72	0.49
七	基本预备费				
八	特殊项目				
九	工程静态投资合计	55.35	100	50.35	5
	其中：可抵扣增值税金额	5			5
	其中：施工费	20.91	37.78	19.18	1.73

表 7-10　　基本方案 C-220-DLQ 安装部分汇总概算表　　金额单位：元

序号	工程或费用名称	安装工程费			设备购置费	合计
		主要材料费	安装费	小计		
	安装工程	39792	147707	187499	249132	436631
二	配电装置	3100	17805	20905	249132	270037
2	屋外配电装置	3100	17805	20905	249132	270037
2.1	220kV 配电装置	3100	17805	20905	249132	270037
六	电缆防护设施	31350	19041	50391		50391
1	电缆桥支架	27279	13564	40842		40842
2	电缆防火	4072	5477	9549		9549
七	全站接地	5342	2307	7649		7649
1	接地网	5342	2307	7649		7649
九	调试		108554	108554		108554
1	分系统调试		6900	6900		6900
3	特殊调试		101654	101654		101654
	合计	39792	147707	187499	249132	436631

表 7-11　　基本方案 C-220-DLQ 建筑部分汇总概算表　　金额单位：元

序号	工程或费用名称	设备费	主要材料费	建筑费	建筑工程费合计
	建筑工程		6226	17746	23972
二	主变压器及配电装置建筑		6226	17746	23972
2	220kV 构架及设备基础		6226	17746	23972
2.2	设备支架及基础		6226	17746	23972
	合计		6226	17746	23972

表 7-12　　基本方案 C-220-DLQ 拆除部分汇总概算表　　金额单位：元

序号	工程或费用名称	拆除工程费
	拆除工程	10777
	建筑拆除	3941
二	主变压器及配电装置建筑	3941
2	220kV 构架及设备基础	3941
2.2	设备支架及基础	3941
	安装拆除	6836
二	配电装置	6836
2	屋外配电装置	6836
2.1	220kV 配电装置	6836
	合计	10777

表 7-13　　基本方案 C-220-DLQ 其他费用概算表　　金额单位：元

序号	工程或费用项目名称	编制依据及计算说明	合价
1	建设场地征用及清理费		10000
1.2	施工场地租用费	10000 × 100%	10000
2	项目管理费		23662
2.1	管理经费	（建筑工程费 + 安装工程费 + 拆除工程费）× 3.53%	7845
2.2	招标费	（建筑工程费 + 安装工程费 + 拆除工程费）× 1.81%	4023
2.3	工程监理费	（建筑工程费 + 安装工程费 + 拆除工程费）× 4.41%	9801
2.4	设备材料监造费	设备购置费 × 0.8%	1993

续表

序号	工程或费用项目名称	编制依据及计算说明	合价
3	项目技术服务费		48394
3.1	前期工作费	（建筑工程费 + 安装工程费）× 3.05%	6450
3.3	工程勘察设计费		37883
3.3.2	设计费	设计费 × 100%	37883
3.4	设计文件评审费		2344
3.4.1	初步设计文件评审费	基本设计费 × 3.5%	1124
3.4.2	施工图文件评审费	基本设计费 × 3.8%	1220
3.5	施工过程造价咨询及竣工结算审核费	（建筑工程费 + 安装工程费 + 拆除工程费）× 0.53%	1178
3.7	工程检测费		317
3.7.1	工程质量检测费	（建筑工程费 + 安装工程费）× 0.15%	317
3.9	技术经济标准编制费	（建筑工程费 + 安装工程费 + 拆除工程费）× 0.1%	222
	合计		82056

表 7-14　　基本方案 C-110-DLQ 总概算表　　金额单位：万元

序号	工程或费用名称	含税金额	占工程静态投资的比例（%）	不含税金额	可抵扣增值税金额
一	建筑工程费	1.8	5.7	1.65	0.15
二	安装工程费	11.96	37.88	10.96	1
三	拆除工程费	0.62	1.96	0.57	0.05
四	设备购置费	11.92	37.76	10.55	1.37
	其中：编制基准期价差	0.62	1.96	0.62	
五	小计	26.3	83.31	23.73	2.57
	其中：甲供设备材料费	12.36	39.15	10.94	1.42
六	其他费用	5.27	16.69	4.95	0.32
七	基本预备费				
八	特殊项目				
九	工程静态投资合计	31.57	100	28.68	2.89
	其中：可抵扣增值税金额	2.89			2.89
	其中：施工费	14.94	47.32	13.71	1.23

表 7-15　　基本方案 C-110-DLQ 安装部分汇总概算表　　金额单位：元

序号	工程或费用名称	安装工程费			设备购置费	合计
		主要材料费	安装费	小计		
	安装工程	18227	101352	119579	119229	238808
二	配电装置	1218	9695	10913	119229	130142
2	屋外配电装置	1218	9695	10913	119229	130142
2.1	110kV 配电装置	1218	9695	10913	119229	130142
六	电缆防护设施	11667	7834	19501		19501
1	电缆桥支架	7887	2759	10646		10646
2	电缆防火	3781	5074	8855		8855
七	全站接地	5342	2306	7648		7648
1	接地网	5342	2306	7648		7648
九	调试		81517	81517		81517
1	分系统调试		4983	4983		4983
3	特殊调试		76534	76534		76534
	合计	18227	101352	119579	119229	238808

表 7-16　　基本方案 C-110-DLQ 建筑部分汇总概算表　　金额单位：元

序号	工程或费用名称	设备费	主要材料费	建筑费	建筑工程费合计
	建筑工程		4670	13309	17979
二	主变压器及配电装置建筑		4670	13309	17979
2	110kV 构架及设备基础		4670	13309	17979
2.2	设备支架及基础		4670	13309	17979
	合计		4670	13309	17979

表 7-17　　基本方案 C-110-DLQ 拆除部分汇总概算表　　金额单位：元

序号	工程或费用名称	拆除工程费
	拆除工程	6209
	建筑拆除	2815
二	主变压器及配电装置建筑	2815

续表

序号	工程或费用名称	拆除工程费
2	110kV 构架及设备基础	2815
2.2	设备支架及基础	2815
	安装拆除	3394
二	配电装置	3394
2	屋外配电装置	3394
2.1	110kV 配电装置	3394
	合计	6209

表 7-18　　基本方案 C-110-DLQ 其他费用概算表　　金额单位：元

序号	工程或费用项目名称	编制依据及计算说明	合价
1	建设场地征用及清理费		10000
1.2	施工场地租用费	10000×100%	10000
2	项目管理费		14971
2.1	管理经费	（建筑工程费＋安装工程费＋拆除工程费）×3.53%	5075
2.2	招标费	（建筑工程费＋安装工程费＋拆除工程费）×1.81%	2602
2.3	工程监理费	（建筑工程费＋安装工程费＋拆除工程费）×4.41%	6340
2.4	设备材料监造费	设备购置费 ×0.8%	954
3	项目技术服务费		27772
3.1	前期工作费	（建筑工程费＋安装工程费）×3.05%	4196
3.3	工程勘察设计费		21120
3.3.2	设计费	设计费 ×100%	21120
3.4	设计文件评审费		1307
3.4.1	初步设计文件评审费	基本设计费 ×3.5%	626
3.4.2	施工图文件评审费	基本设计费 ×3.8%	680
3.5	施工过程造价咨询及竣工结算审核费	（建筑工程费＋安装工程费＋拆除工程费）×0.53%	800
3.7	工程检测费		206
3.7.1	工程质量检测费	（建筑工程费＋安装工程费）×0.15%	206
3.9	技术经济标准编制费	（建筑工程费＋安装工程费＋拆除工程费）×0.1%	144
	合计		52743

表 7-19　　基本方案 C-35-DLQ 总概算表　　金额单位：万元

序号	工程或费用名称	含税金额	占工程静态投资的比例（%）	不含税金额	可抵扣增值税金额
一	建筑工程费	1.5	7.36	1.38	0.12
二	安装工程费	6.52	32.01	6	0.52
三	拆除工程费	0.55	2.7	0.5	0.05
四	设备购置费	9.06	44.48	8.02	1.04
	其中：编制基准期价差	0.38	1.87	0.38	
五	小计	17.63	86.55	15.9	1.73
	其中：甲供设备材料费	9.71	47.67	8.64	1.07
六	其他费用	2.74	13.45	2.58	0.16
七	基本预备费				
八	特殊项目				
九	工程静态投资合计	20.37	100	18.48	1.89
	其中：可抵扣增值税金额	1.89			1.89
	其中：施工费	7.92	38.88	7.27	0.65

表 7-20　　基本方案 C-35-DLQ 安装部分汇总概算表　　金额单位：元

序号	工程或费用名称	安装工程费			设备购置费	合计
		主要材料费	安装费	小计		
	安装工程	17740	47437	65177	90630	155807
二	配电装置	516	6815	7331	90630	97961
2	屋外配电装置	516	6815	7331	90630	97961
2.1	35kV 配电装置	516	6815	7331	90630	97961
六	电缆防护设施	11436	6636	18072		18072
1	电缆桥支架	9239	3844	13083		13083
2	电缆防火	2197	2792	4989		4989
七	全站接地	5788	2346	8134		8134
1	接地网	5788	2346	8134		8134
九	调试		31640	31640		31640
1	分系统调试		3162	3162		3162
3	特殊调试		28478	28478		28478
	合计	17740	47437	65177	90630	155807

表 7-21　　基本方案 C-35-DLQ 建筑部分汇总概算表　　金额单位：元

序号	工程或费用名称	设备费	主要材料费	建筑费	建筑工程费合计
	建筑工程		3892	11091	14983
二	主变压器及配电装置建筑		3892	11091	14983
2	35kV 构架及设备基础		3892	11091	14983
2.2	设备支架及基础		3892	11091	14983
	合计		3892	11091	14983

表 7-22　　基本方案 C-35-DLQ 拆除部分汇总概算表　　金额单位：元

序号	工程或费用名称	拆除工程费
	拆除工程	5547
	建筑拆除	2252
二	主变压器及配电装置建筑	2252
2	35kV 构架及设备基础	2252
2.2	设备支架及基础	2252
	安装拆除	3295
二	配电装置	3295
2	屋外配电装置	3295
2.1	35kV 配电装置	3295
	合计	5547

表 7-23　　基本方案 C-35-DLQ 其他费用概算表　　金额单位：元

序号	工程或费用项目名称	编制依据及计算说明	合价
2	项目管理费		9081
2.1	管理经费	（建筑工程费 + 安装工程费 + 拆除工程费）× 3.53%	3025
2.2	招标费	（建筑工程费 + 安装工程费 + 拆除工程费）× 1.81%	1551
2.3	工程监理费	（建筑工程费 + 安装工程费 + 拆除工程费）× 4.41%	3780
2.4	设备材料监造费	设备购置费 × 0.8%	725
3	项目技术服务费		18367
3.1	前期工作费	（建筑工程费 + 安装工程费）× 3.05%	2445

续表

序号	工程或费用项目名称	编制依据及计算说明	合价
3.3	工程勘察设计费		14047
3.3.2	设计费	设计费 ×100%	14047
3.4	设计文件评审费		869
3.4.1	初步设计文件评审费	基本设计费 ×3.5%	417
3.4.2	施工图文件评审费	基本设计费 ×3.8%	452
3.5	施工过程造价咨询及竣工结算审核费	（建筑工程费 + 安装工程费 + 拆除工程费）×0.53%	800
3.7	工程检测费		120
3.7.1	工程质量检测费	（建筑工程费 + 安装工程费）×0.15%	120
3.9	技术经济标准编制费	（建筑工程费 + 安装工程费 + 拆除工程费）×0.1%	86
	合计		27448

表 7-24　　基本方案 C-10-DLQ 总概算表　　金额单位：万元

序号	工程或费用名称	含税金额	占工程静态投资的比例（%）	不含税金额	可抵扣增值税金额
一	建筑工程费	0.9	11.98	0.83	0.07
二	安装工程费	3.95	52.6	3.6	0.35
三	拆除工程费	0.37	4.93	0.34	0.03
四	设备购置费	1.02	13.58	0.9	0.12
	其中：编制基准期价差	0.22	2.93	0.22	
五	小计	6.24	83.09	5.67	0.57
	其中：甲供设备材料费	1.67	22.24	1.48	0.19
六	其他费用	1.27	16.91	1.2	0.07
七	基本预备费				
八	特殊项目				
九	工程静态投资合计	7.51	100	6.87	0.64
	其中：可抵扣增值税金额	0.64			0.64
	其中：施工费	4.57	60.85	4.19	0.38

表 7-25　　基本方案 C-10-DLQ 安装部分汇总概算表　　金额单位：元

序号	工程或费用名称	安装工程费			设备购置费	合计
		主要材料费	安装费	小计		
	安装工程	13479	26005	39483	10151	49634
二	配电装置	516	3497	4013	10151	14163
2	屋外配电装置	516	3497	4013	10151	14163
2.2	10kV 配电装置	516	3497	4013	10151	14163
六	电缆防护设施	9812	6044	15856		15856
1	电缆桥支架	8155	3747	11902		11902
2	电缆防火	1657	2297	3954		3954
七	全站接地	3151	2109	5259		5259
1	接地网	3151	2109	5259		5259
九	调试		14355	14355		14355
1	分系统调试		3980	3980		3980
3	特殊调试		10375	10375		10375
	合计	13479	26005	39483	10151	49634

表 7-26　　基本方案 C-10-DLQ 建筑部分汇总概算表　　金额单位：元

序号	工程或费用名称	设备费	主要材料费	建筑费	建筑工程费合计
	建筑工程		2335	6655	8990
二	主变压器及配电装置建筑		2335	6655	8990
2	10kV 构架及设备基础		2335	6655	8990
2.2	设备支架及基础		2335	6655	8990
	合计		2335	6655	8990

表 7-27　　基本方案 C-10-DLQ 拆除部分汇总概算表　　金额单位：元

序号	工程或费用名称	拆除工程费
	拆除工程	3743
	建筑拆除	1267
二	主变压器及配电装置建筑	1267

续表

序号	工程或费用名称	拆除工程费
2	10kV 构架及设备基础	1267
2.2	设备支架及基础	1267
	安装拆除	2476
二	配电装置	2476
2	屋外配电装置	2476
2.1	10kV 配电装置	2476
	合计	3743

表 7-28　　基本方案 C-10-DLQ 其他费用概算表　　金额单位：元

序号	工程或费用项目名称	编制依据及计算说明	合价
2	项目管理费		5172
2.1	管理经费	（建筑工程费 + 安装工程费 + 拆除工程费）×3.53%	1843
2.2	招标费	（建筑工程费 + 安装工程费 + 拆除工程费）×1.81%	945
2.3	工程监理费	（建筑工程费 + 安装工程费 + 拆除工程费）×4.41%	2303
2.4	设备材料监造费	设备购置费 ×0.8%	81
3	项目技术服务费		7523
3.1	前期工作费	（建筑工程费 + 安装工程费）×3.05%	1478
3.3	工程勘察设计费		4822
3.3.2	设计费	设计费 ×100%	4822
3.4	设计文件评审费		298
3.4.1	初步设计文件评审费	基本设计费 ×3.5%	143
3.4.2	施工图文件评审费	基本设计费 ×3.8%	155
3.5	施工过程造价咨询及竣工结算审核费	（建筑工程费 + 安装工程费 + 拆除工程费）×0.53%	800
3.7	工程检测费		73
3.7.1	工程质量检测费	（建筑工程费 + 安装工程费）×0.15%	73
3.9	技术经济标准编制费	（建筑工程费 + 安装工程费 + 拆除工程费）×0.1%	52
	合计		12695

7.6　典型造价

更换断路器工程典型方案单位造价见表 7-29。

表 7-29　　更换断路器工程典型方案单位造价

方案编号	项目名称	电压等级	型号	单位	单位造价
C-500-DLQ	更换断路器	500kV	SF_6 瓷柱式断路器，4000A，63kA	万元 / 台	128.02
C-220-DLQ		220kV	SF_6 瓷柱式断路器，4000A，50kA	万元 / 台	55.35
C-110-DLQ		110kV	SF_6 瓷柱式断路器，3150A，40kA	万元 / 台	31.57
C-35-DLQ		35kV	SF_6 瓷柱式断路器，2500A，40kA	万元 / 台	20.37
C-10-DLQ		10kV	真空瓷柱式断路器，1250A，25kA	万元 / 台	7.51

第 8 章　更换隔离开关

8.1　典型方案

本典型方案为更换隔离开关工程，电压等级采用 500、220、110、35、10kV。电气部分只考虑拆除原隔离开关和隔离开关两侧设备间连线、新上隔离开关和隔离开关两侧设备间连线，不考虑设备接地、绝缘护套等费用。土建部分只考虑拆除及新建隔离开关基础，不考虑地坪恢复、地基处理、土方外运等费用。

隔离开关基础：采用露明地脚螺栓基础，基础采用 C30 现浇混凝土，垫层采用 C15 混凝土。

8.2　一次设备材料表

更换隔离开关工程典型方案电气一次设备材料表见表 8-1。

表 8-1　　更换隔离开关工程典型方案电气一次设备材料表

方案编号	项目名称	电压等级	单位	设备材料明细	数量
D-500-KG	更换隔离开关	500kV	1 台	新上：500kV 三相隔离开关，4000A，63kA，电动单臂垂直伸缩，单接地	1 台
				新上：设备间连线 2×NRLH58GJ-1440/120	1 组
				新上：接地引下线，热镀锌扁钢 80×10	50m
				新上：接地上引线，铜排 40×5	30m
				拆除：500kV 三相隔离开关，×××A，××kA，电动单臂垂直伸缩，单接地	1 台
				拆除：设备间连线 2××××	1 组
D-500-KG		500kV	1 台	新上：500kV 三相隔离开关，4000A，63kA，电动三柱水平伸缩，双接地	1 台

续表

方案编号	项目名称	电压等级	单位	设备材料明细	数量
D-500-KG	更换隔离开关	500kV	1 台	新上：引下线 2×NRLH58GJ-1440/120	1 组
				新上：设备间连线 2×NRLH58GJ-1440/120	2 组
				新上：接地引下线，热镀锌扁钢 80×10	50m
				新上：接地上引线，铜排 40×5	30m
				拆除：500kV 三相隔离开关，×××A，××kA，电动三柱水平伸缩，双接地	1 台
				拆除：引下线 2××××	1 组
				拆除：设备间连线 2××××	2 组
D-500-KG		500kV	1 台	新上：500kV 三相隔离开关，4000A，63kA，电动双柱水平伸缩，单接地	1 台
				新上：引下线 2×NRLH58GJ-1440/120	1 组
				新上：设备间连线 2×NRLH58GJ-1440/120	1 组
				新上：接地引下线，热镀锌扁钢 80×10	50m
				新上：接地上引线，铜排 40×5	30m
				拆除：500kV 三相隔离开关，×××A，××kA，电动双柱水平伸缩，单接地	1 台
				拆除：引下线 2××××	1 组
				拆除：设备间连线 2××××	1 组
				拆除：设备间连线 2××××	2 组
D-220-KG		220kV	1 台	新上：220kV 三相隔离开关，4000A，50kA，电动三柱水平旋转，双接地	1 台
				新上：设备间连线 2xNRLH58GJ-1440/120	2 组
				新上：接地引下线，热镀锌扁钢 80×10	50m
				新上：接地上引线，铜排 40×5	30m
				拆除：220kV 三相隔离开关，×××A，××kA，电动三柱水平旋转，双接地	1 台
				拆除：设备间连线 2××××	2 组
D-110-KG		110kV	1 台	新上：110kV 三相隔离开关，3150A，40kA，电动双柱水平旋转，双接地	1 台

续表

方案编号	项目名称	电压等级	单位	设备材料明细	数量
D-110-KG	更换隔离开关	110kV	1台	新上：设备间连线 LGJ-400/35	2组
				新上：接地引下线，热镀锌扁钢 80×8	50m
				新上：接地上引线，铜排 40×5	30m
				拆除：110kV 三相隔离开关，×××A，××kA，电动双柱水平旋转，双接地	1台
				拆除：设备间连线 ×××	2组
				拆除：设备间连线 ×××	2组
D-35-KG		35kV	1台	新上：35kV 三相隔离开关，2500A，40kA，电动双柱水平旋转，双接地	1台
				新上：设备间连线 2×LGJ-500/35	2组
				新上：接地引下线，热镀锌扁钢 80×8	50m
				新上：接地上引线，铜排 40×5	30m
				拆除：35kV 三相隔离开关，×××A，××kA，电动双柱水平旋转，双接地	1台
				拆除：设备间连线 ×××	2组
D-10-KG		10kV	1台	新上：10kV 三相隔离开关，1250A，31.5kA，电动双柱水平旋转，双接地	1台
				新上：设备间连线 2×LGJ-500/35	2组
				新上：接地引下线，热镀锌扁钢 80×8	50m
				新上：接地上引线，铜排 40×5	30m
				拆除：10kV 三相隔离开关，×××A，×××kA，电动双柱水平旋转，双接地	1台
				拆除：设备间连线 ×××	2组

8.3　二次设备材料表

更换隔离开关工程典型方案电气二次设备材料表见表 8-2。

表 8-2　　　　更换隔离开关工程典型方案电气二次设备材料表

方案编号	项目名称	电压等级	单位	名称	单位	数量
D-500-KG	更换隔离开关	500kV	1 台	控制电缆	km	1.5
				电力电缆	km	0.25
				防火涂料	kg	55
				防火堵料	kg	110
				耐火包	kg	100
				镀锌钢管	m	320
				电缆沟掀盖板	m	250
				防火隔板	m^2	30
D-220-KG		220kV	1 台	控制电缆	km	1.5
				电力电缆	km	0.25
				防火涂料	kg	35
				防火堵料	kg	90
				耐火包	kg	80
				镀锌钢管	m	210
				电缆沟掀盖板	m	250
				防火隔板	m^2	20
D-110-KG		110kV	1 台	控制电缆	km	0.6
				电力电缆	km	0.1
				防火涂料	kg	20
				防火堵料	kg	76
				耐火包	kg	70
				镀锌钢管	m	140
				电缆沟掀盖板	m	200
				防火隔板	m^2	20
D-35-KG		35kV	1 台	控制电缆	km	0.1
				电力电缆	km	0.1
				防火涂料	kg	15
				防火堵料	kg	65

续表

方案编号	项目名称	电压等级	单位	名称	单位	数量
D-35-KG	更换隔离开关	35kV	1 台	耐火包	kg	60
				镀锌钢管	m	95
				电缆沟揿盖板	m	100
				防火隔板	m^2	10
D-10-KG		10kV	1 台	控制电缆	km	0.05
				电力电缆	km	0.05
				防火涂料	kg	8
				防火堵料	kg	50
				耐火包	kg	50
				镀锌钢管	m	65
				电缆沟揿盖板	m	100
				防火隔板	m^2	10

8.4 建筑工程量表

更换隔离开关工程典型方案建筑工程量表见表 8-3。

表 8-3 更换隔离开关工程典型方案建筑工程量表

序号	名称	单位	数量
D-500-KG 新建量	隔离开关基础	m^3	52
D-500-KG 拆除量	隔离开关基础	m^3	50
D-220-KG 新建量	隔离开关基础	m^3	18
D-220-KG 拆除量	隔离开关基础	m^3	16
D-110-KG 新建量	隔离开关基础	m^3	8
D-110-KG 拆除量	隔离开关基础	m^3	6
D-35-KG 新建量	隔离开关基础	m^3	6
D-35-KG 拆除量	隔离开关基础	m^3	5
D-10-KG 新建量	隔离开关基础	m^3	6
D-10-KG 拆除量	隔离开关基础	m^3	4.5

8.5　概算书

更换隔离开关工程典型方案概算书包括总概算表、安装部分汇总概算表、建筑部分汇总概算表、拆除部分汇总概算表、其他费用概算表。基本方案 D-500-KG、D-220-KG、D-110-KG、D-35-KG、D-10-KG 的上述概算表见表 8-4 ~ 表8-28。

表 8-4　　基本方案 D-500-KG 总概算表　　金额单位：万元

序号	工程或费用名称	含税金额	占工程静态投资的比例（%）	不含税金额	可抵扣增值税金额
一	建筑工程费	7.79	8.89	7.15	0.64
二	安装工程费	25.48	29.07	23.26	2.22
三	拆除工程费	2.27	2.59	2.08	0.19
四	设备购置费	39.78	45.39	35.21	4.57
	其中：编制基准期价差	1.61	1.84	1.61	
五	小计	75.32	85.93	67.7	7.62
	其中：甲供设备材料费	43.33	49.44	38.35	4.98
六	其他费用	12.33	14.07	11.61	0.72
七	基本预备费				
八	特殊项目				
九	工程静态投资合计	87.65	100	79.31	8.34
	其中：可抵扣增值税金额	8.34			8.34
	其中：施工费	32.98	37.63	30.26	2.72

表 8-5　　基本方案 D-500-KG 安装部分汇总概算表　　金额单位：元

序号	工程或费用名称	安装工程费			设备购置费	合计
		主要材料费	安装费	小计		
	安装工程	90697	164095	254792	397765	652557
二	配电装置	31700	25472	57172	397765	454937
2	屋外配电装置	31700	25472	57172	397765	454937
2.1	500kV 配电装置	31700	25472	57172	397765	454937
六	电缆防护设施	53209	29911	83120		83120

续表

序号	工程或费用名称	安装工程费			设备购置费	合计
		主要材料费	安装费	小计		
1	电缆桥支架	47120	21567	68687		68687
2	电缆防火	6088	8344	14433		14433
七	全站接地	5788	2345	8133		8133
1	接地网	5788	2345	8133		8133
九	调试		106368	106368		106368
1	分系统调试		3330	3330		3330
3	特殊调试		103038	103038		103038
	合计	90697	164095	254792	397765	652557

表 8-6　基本方案 D-500-KG 建筑部分汇总概算表　金额单位：元

序号	工程或费用名称	设备费	主要材料费	建筑费	建筑工程费合计
	建筑工程		20236	57674	77910
二	主变压器及配电装置建筑		20236	57674	77910
2	500kV 构架及设备基础		20236	57674	77910
2.2	设备支架及基础		20236	57674	77910
	合计		20236	57674	77910

表 8-7　基本方案 D-500-KG 拆除部分汇总概算表　金额单位：元

序号	工程或费用名称	拆除工程费
	拆除工程	22699
	建筑拆除	14074
二	主变压器及配电装置建筑	14074
2	500kV 构架及设备基础	14074
2.2	设备支架及基础	14074
	安装拆除	8625
二	配电装置	8625
2	屋外配电装置	8625
2.1	500kV 配电装置	8625
	合计	22699

表 8-8　　基本方案 D-500-KG 其他费用概算表　　金额单位：元

序号	工程或费用项目名称	编制依据及计算说明	合价
1	建设场地征用及清理费		10000
1.2	施工场地租用费	10000×100%	10000
2	项目管理费		36641
2.1	管理经费	（建筑工程费 + 安装工程费 + 拆除工程费）×3.53%	12546
2.2	招标费	（建筑工程费 + 安装工程费 + 拆除工程费）×1.81%	6433
2.3	工程监理费	（建筑工程费 + 安装工程费 + 拆除工程费）×4.41%	15673
2.4	设备材料监造费	设备购置费 ×0.5%	1989
2.5	工程保险费		
3	项目技术服务费		76680
3.1	前期工作费	（建筑工程费 + 安装工程费）×3.05%	10147
3.3	工程勘察设计费		60078
3.3.2	设计费	设计费 ×100%	60078
3.4	设计文件评审费		3717
3.4.1	初步设计文件评审费	基本设计费 ×3.5%	1782
3.4.2	施工图文件评审费	基本设计费 ×3.8%	1935
3.5	施工过程造价咨询及竣工结算审核费	（建筑工程费 + 安装工程费 + 拆除工程费）×0.53%	1884
3.7	工程检测费		499
3.7.1	工程质量检测费	（建筑工程费 + 安装工程费）×0.15%	499
3.9	技术经济标准编制费	（建筑工程费 + 安装工程费 + 拆除工程费）×0.1%	355
	合计		123321

表 8-9　　基本方案 D-220-KG 总概算表　　金额单位：万元

序号	工程或费用名称	含税金额	占工程静态投资的比例（%）	不含税金额	可抵扣增值税金额
一	建筑工程费	2.7	5.29	2.48	0.22
二	安装工程费	16.4	32.13	14.93	1.47
三	拆除工程费	0.83	1.63	0.76	0.07

续表

序号	工程或费用名称	含税金额	占工程静态投资的比例（%）	不含税金额	可抵扣增值税金额
四	设备购置费	23.53	46.09	20.83	2.7
	其中：编制基准期价差	0.79	1.55	0.79	
五	小计	43.46	85.13	39	4.46
	其中：甲供设备材料费	26.95	52.79	23.85	3.1
六	其他费用	7.59	14.87	7.13	0.46
七	基本预备费				
八	特殊项目				
九	工程静态投资合计	51.05	100	46.13	4.92
	其中：可抵扣增值税金额	4.92			4.92
	其中：施工费	17.51	34.3	16.06	1.45

表 8-10　　基本方案 D-220-KG 安装部分汇总概算表　　金额单位：元

序号	工程或费用名称	安装工程费			设备购置费	合计
		主要材料费	安装费	小计		
	安装工程	57106	106915	164022	235336	399358
二	配电装置	5344	8652	13996	235336	249332
2	屋外配电装置	5344	8652	13996	235336	249332
2.1	220kV 配电装置	5344	8652	13996	235336	249332
六	电缆防护设施	45975	26939	72913		72913
1	电缆桥支架	41761	21270	63031		63031
2	电缆防火	4214	5669	9883		9883
七	全站接地	5788	2347	8135		8135
1	接地网	5788	2347	8135		8135
九	调试		68978	68978		68978
1	分系统调试		2300	2300		2300
3	特殊调试		66678	66678		66678
	合计	57106	106915	164022	235336	399358

表 8-11　　基本方案 D-220-KG 建筑部分汇总概算表　　金额单位：元

序号	工程或费用名称	设备费	主要材料费	建筑费	建筑工程费合计
	建筑工程		7005	19964	26969
二	主变压器及配电装置建筑		7005	19964	26969
2	220kV 构架及设备基础		7005	19964	26969
2.2	设备支架及基础		7005	19964	26969
	合计		7005	19964	26969

表 8-12　　基本方案 D-220-KG 拆除部分汇总概算表　　金额单位：元

序号	工程或费用名称	拆除工程费
	拆除工程	8334
	建筑拆除	4504
二	主变压器及配电装置建筑	4504
2	220kV 构架及设备基础	4504
2.2	设备支架及基础	4504
	安装拆除	3831
二	配电装置	3831
2	屋外配电装置	3831
2.1	220kV 配电装置	3831
	合计	8334

表 8-13　　基本方案 D-220-KG 其他费用概算表　　金额单位：元

序号	工程或费用项目名称	编制依据及计算说明	合价
1	建设场地征用及清理费		10000
1.2	施工场地租用费	10000×100%	10000
2	项目管理费		21317
2.1	管理经费	（建筑工程费＋安装工程费＋拆除工程费）×3.53%	7036
2.2	招标费	（建筑工程费＋安装工程费＋拆除工程费）×1.81%	3608
2.3	工程监理费	（建筑工程费＋安装工程费＋拆除工程费）×4.41%	8790
2.4	设备材料监造费	设备购置费 ×0.8%	1883

续表

序号	工程或费用项目名称	编制依据及计算说明	合价
3	项目技术服务费		44600
3.1	前期工作费	（建筑工程费 + 安装工程费）× 3.05%	5825
3.3	工程勘察设计费		35064
3.3.2	设计费	设计费 × 100%	35064
3.4	设计文件评审费		2169
3.4.1	初步设计文件评审费	基本设计费 × 3.5%	1040
3.4.2	施工图文件评审费	基本设计费 × 3.8%	1129
3.5	施工过程造价咨询及竣工结算审核费	（建筑工程费 + 安装工程费 + 拆除工程费）× 0.53%	1056
3.7	工程检测费		286
3.7.1	工程质量检测费	（建筑工程费 + 安装工程费）× 0.15%	286
3.9	技术经济标准编制费	（建筑工程费 + 安装工程费 + 拆除工程费）× 0.1%	199
	合计		75917

表 8-14　　基本方案 D-110-KG 总概算表　　金额单位：万元

序号	工程或费用名称	含税金额	占工程静态投资的比例（%）	不含税金额	可抵扣增值税金额
一	建筑工程费	1.2	4.63	1.1	0.1
二	安装工程费	9.24	35.68	8.44	0.8
三	拆除工程费	0.46	1.78	0.42	0.04
四	设备购置费	10.59	40.89	9.37	1.22
	其中：编制基准期价差	0.42	1.62	0.42	
五	小计	21.49	82.97	19.33	2.16
	其中：甲供设备材料费	11.67	45.06	10.33	1.34
六	其他费用	4.41	17.03	4.13	0.28
七	基本预备费				
八	特殊项目				
九	工程静态投资合计	25.9	100	23.46	2.44
	其中：可抵扣增值税金额	2.44			2.44
	其中：施工费	10.83	41.81	9.94	0.89

表 8-15　　基本方案 D-110-KG 安装部分汇总概算表　　金额单位：元

序号	工程或费用名称	安装工程费			设备购置费	合计
		主要材料费	安装费	小计		
	安装工程	25491	66954	92445	105936	198382
二	配电装置	1218	2994	4212	105936	110148
2	屋外配电装置	1218	2994	4212	105936	110148
2.1	110kV 配电装置	1218	2994	4212	105936	110148
六	电缆防护设施	18485	12630	31115		31115
1	电缆桥支架	14634	7466	22100		22100
2	电缆防火	3851	5164	9015		9015
七	全站接地	5788	2346	8134		8134
1	接地网	5788	2346	8134		8134
九	调试		48984	48984		48984
1	分系统调试		1661	1661		1661
3	特殊调试		47323	47323		47323
	合计	25491	66954	92445	105936	198382

表 8-16　　基本方案 D-110-KG 建筑部分汇总概算表　　金额单位：元

序号	工程或费用名称	设备费	主要材料费	建筑费	建筑工程费合计
	建筑工程		3113	8873	11986
二	主变压器及配电装置建筑		3113	8873	11986
2	110kV 构架及设备基础		3113	8873	11986
2.2	设备支架及基础		3113	8873	11986
	合计		3113	8873	11986

表 8-17　　基本方案 D-110-KG 拆除部分汇总概算表　　金额单位：元

序号	工程或费用名称	拆除工程费
	拆除工程	4623
	建筑拆除	1689
二	主变压器及配电装置建筑	1689

续表

序号	工程或费用名称	拆除工程费
2	110kV 构架及设备基础	1689
2.2	设备支架及基础	1689
	安装拆除	2934
二	配电装置	2934
2	屋外配电装置	2934
2.1	110kV 配电装置	2934
	合计	4623

表 8-18　　基本方案 D-110-KG 其他费用概算表　　金额单位：元

序号	工程或费用项目名称	编制依据及计算说明	合价
1	建设场地征用及清理费		10000
1.2	施工场地租用费	10000×100%	10000
2	项目管理费		11480
2.1	管理经费	（建筑工程费＋安装工程费＋拆除工程费）×3.53%	3850
2.2	招标费	（建筑工程费＋安装工程费＋拆除工程费）×1.81%	1974
2.3	工程监理费	（建筑工程费＋安装工程费＋拆除工程费）×4.41%	4809
2.4	设备材料监造费	设备购置费 ×0.8%	847
3	项目技术服务费		22623
3.1	前期工作费	（建筑工程费＋安装工程费）×3.05%	3185
3.3	工程勘察设计费		17302
3.3.2	设计费	设计费 ×100%	17302
3.4	设计文件评审费		1070
3.4.1	初步设计文件评审费	基本设计费 ×3.5%	513
3.4.2	施工图文件评审费	基本设计费 ×3.8%	557
3.5	施工过程造价咨询及竣工结算审核费	（建筑工程费＋安装工程费＋拆除工程费）×0.53%	800
3.7	工程检测费		157
3.7.1	工程质量检测费	（建筑工程费＋安装工程费）×0.15%	157
3.9	技术经济标准编制费	（建筑工程费＋安装工程费＋拆除工程费）×0.1%	109
	合计		44103

表 8-19　　基本方案 D-35-KG 总概算表　　金额单位：万元

序号	工程或费用名称	含税金额	占工程静态投资的比例（%）	不含税金额	可抵扣增值税金额
一	建筑工程费	0.9	6.39	0.83	0.07
二	安装工程费	4.46	31.68	4.08	0.38
三	拆除工程费	0.37	2.63	0.34	0.03
四	设备购置费	6.45	45.81	5.71	0.74
	其中：编制基准期价差	0.23	1.63	0.23	
五	小计	12.18	86.51	10.96	1.22
	其中：甲供设备材料费	6.86	48.72	6.07	0.79
六	其他费用	1.9	13.49	1.79	0.11
七	基本预备费				
八	特殊项目				
九	工程静态投资合计	14.08	100	12.75	1.33
	其中：可抵扣增值税金额	1.33			1.33
	其中：施工费	5.32	37.78	4.88	0.44

表 8-20　　基本方案 D-35-KG 安装部分汇总概算表　　金额单位：元

序号	工程或费用名称	安装工程费			设备购置费	合计
		主要材料费	安装费	小计		
	安装工程	15115	29487	44602	64549	109151
二	配电装置		2380	2380	64549	66929
2	屋外配电装置		2380	2380	64549	66929
2.1	35kV 配电装置		2380	2380	64549	66929
六	电缆防护设施	9773	5644	15418		15418
1	电缆桥支架	7469	2693	10161		10161
2	电缆防火	2305	2952	5257		5257
七	全站接地	5342	2306	7648		7648
1	接地网	5342	2306	7648		7648
九	调试		19156	19156		19156
1	分系统调试		1054	1054		1054
3	特殊调试		18103	18103		18103
	合计	15115	29487	44602	64549	109151

表 8-21　　基本方案 D-35-KG 建筑部分汇总概算表　　金额单位：元

序号	工程或费用名称	设备费	主要材料费	建筑费	建筑工程费合计
	建筑工程		2335	6655	8990
二	主变压器及配电装置建筑		2335	6655	8990
2	35kV 构架及设备基础		2335	6655	8990
2.2	设备支架及基础		2335	6655	8990
	合计		2335	6655	8990

表 8-22　　基本方案 D-35-KG 拆除部分汇总概算表　　金额单位：元

序号	工程或费用名称	拆除工程费
	拆除工程	3657
	建筑拆除	1407
二	主变压器及配电装置建筑	1407
2	35kV 构架及设备基础	1407
2.2	设备支架及基础	1407
	安装拆除	2250
二	配电装置	2250
2	屋外配电装置	2250
2.1	35kV 配电装置	2250
	合计	3657

表 8-23　　基本方案 D-35-KG 其他费用概算表　　金额单位：元

序号	工程或费用项目名称	编制依据及计算说明	合价
2	项目管理费		6098
2.1	管理经费	（建筑工程费 + 安装工程费 + 拆除工程费）× 3.53%	2021
2.2	招标费	（建筑工程费 + 安装工程费 + 拆除工程费）× 1.81%	1036
2.3	工程监理费	（建筑工程费 + 安装工程费 + 拆除工程费）× 4.41%	2525
2.4	设备材料监造费	设备购置费 × 0.8%	516
3	项目技术服务费		12890
3.1	前期工作费	（建筑工程费 + 安装工程费）× 3.05%	1635

续表

序号	工程或费用项目名称	编制依据及计算说明	合价
3.3	工程勘察设计费		9717
3.3.2	设计费	设计费 ×100%	9717
3.4	设计文件评审费		601
3.4.1	初步设计文件评审费	基本设计费 ×3.5%	288
3.4.2	施工图文件评审费	基本设计费 ×3.8%	313
3.5	施工过程造价咨询及竣工结算审核费	（建筑工程费 + 安装工程费 + 拆除工程费）×0.53%	800
3.7	工程检测费		80
3.7.1	工程质量检测费	（建筑工程费 + 安装工程费）×0.15%	80
3.9	技术经济标准编制费	（建筑工程费 + 安装工程费 + 拆除工程费）×0.1%	57
	合计		18988

表 8-24　　　基本方案 D-10-KG 总概算表　　　金额单位：万元

序号	工程或费用名称	含税金额	占工程静态投资的比例（%）	不含税金额	可抵扣增值税金额
一	建筑工程费	0.9	11.35	0.83	0.07
二	安装工程费	3.9	49.18	3.57	0.33
三	拆除工程费	0.27	3.4	0.25	0.02
四	设备购置费	1.56	19.67	1.38	0.18
	其中：编制基准期价差	0.22	2.77	0.22	
五	小计	6.63	83.61	6.03	0.6
	其中：甲供设备材料费	1.76	22.19	1.56	0.2
六	其他费用	1.3	16.39	1.23	0.07
七	基本预备费				
八	特殊项目				
九	工程静态投资合计	7.93	100	7.26	0.67
	其中：可抵扣增值税金额	0.67			0.67
	其中：施工费	4.87	61.41	4.47	0.4

表 8-25 基本方案 D-10-KG 安装部分汇总概算表 金额单位：元

序号	工程或费用名称	安装工程费			设备购置费	合计
		主要材料费	安装费	小计		
	安装工程	11761	27239	39000	15609	54609
二	配电装置		2380	2380	15609	17989
2	屋外配电装置		2380	2380	15609	17989
2.1	10kV 配电装置		2380	2380	15609	17989
六	电缆防护设施	6419	4052	10471		10471
1	电缆桥支架	4368	1403	5771		5771
2	电缆防火	2051	2649	4700		4700
七	全站接地	5342	2306	7648		7648
1	接地网	5342	2306	7648		7648
九	调试		18501	18501		18501
1	分系统调试		398	398		398
3	特殊调试		18103	18103		18103
	合计	11761	27239	39000	15609	54609

表 8-26 基本方案 D-10-KG 建筑部分汇总概算表 金额单位：元

序号	工程或费用名称	设备费	主要材料费	建筑费	建筑工程费合计
	建筑工程		2335	6655	8990
二	主变压器及配电装置建筑		2335	6655	8990
2	10kV 构架及设备基础		2335	6655	8990
2.2	设备支架及基础		2335	6655	8990
	合计		2335	6655	8990

表 8-27 基本方案 D-10-KG 拆除部分汇总概算表 金额单位：元

序号	工程或费用名称	拆除工程费
	拆除工程	2730
	建筑拆除	1267
二	主变压器及配电装置建筑	1267

续表

序号	工程或费用名称	拆除工程费
2	10kV 构架及设备基础	1267
2.2	设备支架及基础	1267
	安装拆除	1463
二	配电装置	1463
2	屋外配电装置	1463
2.1	10kV 配电装置	1463
	合计	2730

表 8-28　　基本方案 D-10-KG 其他费用概算表　　金额单位：元

序号	工程或费用项目名称	编制依据及计算说明	合价
2	项目管理费		5070
2.1	管理经费	（建筑工程费 + 安装工程费 + 拆除工程费）×3.53%	1790
2.2	招标费	（建筑工程费 + 安装工程费 + 拆除工程费）×1.81%	918
2.3	工程监理费	（建筑工程费 + 安装工程费 + 拆除工程费）×4.41%	2237
2.4	设备材料监造费	设备购置费 ×0.8%	125
3	项目技术服务费		7941
3.1	前期工作费	（建筑工程费 + 安装工程费）×3.05%	1464
3.3	工程勘察设计费		5231
3.3.2	设计费	设计费 ×100%	5231
3.4	设计文件评审费		324
3.4.1	初步设计文件评审费	基本设计费 ×3.5%	155
3.4.2	施工图文件评审费	基本设计费 ×3.8%	168
3.5	施工过程造价咨询及竣工结算审核费	（建筑工程费 + 安装工程费 + 拆除工程费）×0.53%	800
3.7	工程检测费		72
3.7.1	工程质量检测费	（建筑工程费 + 安装工程费）×0.15%	72
3.9	技术经济标准编制费	（建筑工程费 + 安装工程费 + 拆除工程费）×0.1%	51
	合计		13011

8.6 典型造价

更换隔离开关工程典型方案单位造价见表 8-29。

表 8-29 更换隔离开关工程典型方案单位造价

方案编号	项目名称	电压等级	型号	单位	单位造价
D-500-KG	更换隔离开关	500kV	4000A，63kA，综合	万元 / 台	87.65
D-220-KG		220kV	3150A，50kA，综合	万元 / 台	51.05
D-110-KG		110kV	3150A，40kA，综合	万元 / 台	25.9
D-35-KG		35kV	2500A，40kA，综合	万元 / 台	14.08
D-10-KG		10kV	1250A，31.5kA，综合	万元 / 台	7.93

第 9 章　更换高压开关柜

9.1　典型方案

本典型方案为更换高压开关柜工程，电压等级采用 35、10kV。电气部分只考虑拆除原高压开关柜、新上高压开关柜，不考虑开关柜进线铜排及支柱绝缘子、封闭母线桥等费用。更换开关柜工程方案不考虑建筑费用。

9.2　一次设备材料表

更换高压开关柜工程典型方案电气一次设备材料表见表 9–1。

表 9–1　　　　更换高压开关柜工程典型方案电气一次设备材料表

方案编号	项目名称	电压等级	方案	单位	设备材料明细	数量
E–35–KGG	更换高压开关柜	35kV	真空	1 面	新上：高压开关柜，AC35kV，馈线开关柜，小车式，1250A，31.5kA，真空	1 面
					拆除：高压开关柜，AC35kV，馈线开关柜，小车式，×××A，××kA，真空	1 面
E–10–KGG		10kV	真空	1 面	新上：高压开关柜，AC10kV，馈线开关柜，小车式，1250A，31.5kA，真空	1 面
					拆除：高压开关柜，AC10kV，馈线开关柜，小车式，×××A，××kA，真空	1 面

9.3　二次设备材料表

更换高压开关柜工程典型方案电气二次设备材料表见表 9–2。

表 9-2　　更换高压开关柜工程典型方案电气二次设备材料表

方案编号	项目名称	电压等级	方案	单位	名称	单位	数量
E-35-KGG	更换高压开关柜	35kV	真空	1 面	控制电缆	km	0.1
					电力电缆	km	0.1
					防火涂料	kg	30
					防火堵料	kg	80
					耐火包	kg	100
E-10-KGG		10kV	真空	1 面	控制电缆	km	0.1
					电力电缆	km	0.1
					防火涂料	kg	20
					防火堵料	kg	50
					耐火包	kg	70

9.4 概算书

更换高压开关柜工程典型方案概算书包括总概算表、安装部分汇总概算表、拆除部分汇总概算表、其他费用概算表。基本方案 E-35-KGG、E-10-KGG 的上述概算表见表 9-3 ~ 表 9-10。

表 9-3　　基本方案 E-35-KGG 总概算表　　金额单位：万元

序号	工程或费用名称	含税金额	占工程静态投资的比例（%）	不含税金额	可抵扣增值税金额
一	建筑工程费				
二	安装工程费	1.6	7.18	1.45	0.15
三	拆除工程费	0.07	0.31	0.06	0.01
四	设备购置费	18.77	84.25	16.61	2.16
	其中：编制基准期价差	0.04	0.18	0.04	
五	小计	20.44	91.74	18.12	2.32
	其中：甲供设备材料费	19.17	86.04	16.97	2.2
六	其他费用	1.84	8.26	1.74	0.1
七	基本预备费				
八	特殊项目				
九	工程静态投资合计	22.28	100	19.86	2.42
	其中：可抵扣增值税金额	2.42			2.42
	其中：施工费	1.27	5.7	1.17	0.1

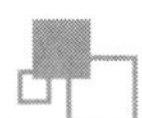

表 9-4　　基本方案 E-35-KGG 安装部分汇总概算表　　金额单位：元

序号	工程或费用名称	安装工程费			设备购置费	合计
		主要材料费	安装费	小计		
	安装工程	5501	10502	16004	187705	203709
二	配电装置		5504	5504	187705	193209
1	屋内配电装置		5504	5504	187705	193209
1.1	35kV 配电装置		5504	5504	187705	193209
六	电缆防护设施	5501	3944	9446		9446
1	电缆桥支架	4035	2383	6418		6418
2	电缆防火	1467	1561	3027		3027
九	调试		1054	1054		1054
1	分系统调试		1054	1054		1054
	合计	5501	10502	16004	187705	203709

表 9-5　　基本方案 E-35-KGG 拆除部分汇总概算表　　金额单位：元

序号	工程或费用名称	拆除工程费
	拆除工程	728
	安装拆除	728
二	配电装置	728
1	屋内配电装置	728
1.1	35kV 配电装置	728
	合计	728

表 9-6　　基本方案 E-35-KGG 其他费用概算表　　金额单位：元

序号	工程或费用项目名称	编制依据及计算说明	合价
2	项目管理费		3133
2.1	管理经费	（建筑工程费 + 安装工程费 + 拆除工程费）×3.53%	591
2.2	招标费	（建筑工程费 + 安装工程费 + 拆除工程费）×1.81%	303
2.3	工程监理费	（建筑工程费 + 安装工程费 + 拆除工程费）×4.41%	738
2.4	设备材料监造费	设备购置费 ×0.8%	1502

续表

序号	工程或费用项目名称	编制依据及计算说明	合价
3	项目技术服务费		15306
3.1	前期工作费	（建筑工程费＋安装工程费）×3.05%	488
3.3	工程勘察设计费		13162
3.3.2	设计费	设计费 ×100%	13162
3.4	设计文件评审费		814
3.4.1	初步设计文件评审费	基本设计费 ×3.5%	390
3.4.2	施工图文件评审费	基本设计费 ×3.8%	424
3.5	施工过程造价咨询及竣工结算审核费	（建筑工程费＋安装工程费＋拆除工程费）×0.53%	800
3.7	工程检测费		24
3.7.1	工程质量检测费	（建筑工程费＋安装工程费）×0.15%	24
3.9	技术经济标准编制费	（建筑工程费＋安装工程费＋拆除工程费）×0.1%	17
	合计		18439

表 9-7　　基本方案 E-10-KGG 总概算表　　金额单位：万元

序号	工程或费用名称	含税金额	占工程静态投资的比例（%）	不含税金额	可抵扣增值税金额
一	建筑工程费				
二	安装工程费	1.11	11.65	1.01	0.1
三	拆除工程费	0.07	0.73	0.06	0.01
四	设备购置费	7.32	76.81	6.48	0.84
	其中：编制基准期价差	0.02	0.21	0.02	
五	小计	8.5	89.19	7.55	0.95
	其中：甲供设备材料费	7.72	81.01	6.83	0.89
六	其他费用	1.03	10.81	0.97	0.06
七	基本预备费				
八	特殊项目				
九	工程静态投资合计	9.53	100	8.52	1.01
	其中：可抵扣增值税金额	1.01			1.01
	其中：施工费	0.77	8.08	0.71	0.06

表 9-8　　基本方案 E-10-KGG 安装部分汇总概算表　　金额单位：元

序号	工程或费用名称	安装工程费			设备购置费	合计
		主要材料费	安装费	小计		
	安装工程	5005	6051	11056	73209	84265
二	配电装置		2306	2306	73209	75515
1	屋内配电装置		2306	2306	73209	75515
1.1	10kV 配电装置		2306	2306	73209	75515
六	电缆防护设施	5005	3412	8417		8417
1	电缆桥支架	4035	2383	6418		6418
2	电缆防火	970	1029	1999		1999
九	调试		332	332		332
1	分系统调试		332	332		332
	合计	5005	6051	11056	73209	84265

表 9-9　　基本方案 E-10-KGG 拆除部分汇总概算表　　金额单位：元

序号	工程或费用名称	拆除工程费
	拆除工程	728
	安装拆除	728
二	配电装置	728
1	屋内配电装置	728
1.1	10kV 配电装置	728
	合计	728

表 9-10　　基本方案 E-10-KGG 其他费用概算表　　金额单位：元

序号	工程或费用项目名称	编制依据及计算说明	合价
2	项目管理费		1735
2.1	管理经费	（建筑工程费 + 安装工程费 + 拆除工程费）×3.53%	416
2.2	招标费	（建筑工程费 + 安装工程费 + 拆除工程费）×1.81%	213
2.3	工程监理费	（建筑工程费 + 安装工程费 + 拆除工程费）×4.41%	520
2.4	设备材料监造费	设备购置费 ×0.8%	586

续表

序号	工程或费用项目名称	编制依据及计算说明	合价
3	项目技术服务费		8525
3.1	前期工作费	（建筑工程费 + 安装工程费）× 3.05%	337
3.3	工程勘察设计费		6930
3.3.2	设计费	设计费 × 100%	6930
3.4	设计文件评审费		429
3.4.1	初步设计文件评审费	基本设计费 × 3.5%	206
3.4.2	施工图文件评审费	基本设计费 × 3.8%	223
3.5	施工过程造价咨询及竣工结算审核费	（建筑工程费 + 安装工程费 + 拆除工程费）× 0.53%	800
3.7	工程检测费		17
3.7.1	工程质量检测费	（建筑工程费 + 安装工程费）× 0.15%	17
3.9	技术经济标准编制费	（建筑工程费 + 安装工程费 + 拆除工程费）× 0.1%	12
	合计		10259

9.5 典型造价

更换高压开关柜工程典型方案单位造价见表 9-11。

表 9-11　　更换高压开关柜工程典型方案单位造价

方案编号	项目名称	电压等级	型号	单位	单位造价
E-35-KGG	更换高压开关柜	35kV	1250A，31.5kA，真空，馈线柜	万元 / 面	22.28
E-10-KGG		10kV	1250A，31.5kA，真空，馈线柜	万元 / 面	9.53

第 10 章　更换电流互感器

10.1　典型方案

本典型方案为更换电流互感器工程，电压等级采用 500、220、110、35、10kV。电气部分只考虑拆除电流互感器和电流互感器两侧设备间连线、新上电流互感器和电流互感器两侧设备间连线，不考虑设备接地、绝缘护套等费用。土建部分只考虑拆除及新建电流互感器支架及基础，不考虑地坪恢复、地基处理、土方外运等费用。

设备支架采用 ϕ400、电焊直缝圆形钢管柱，基础采用露明地脚螺栓基础，C30 混凝土现浇基础、C15 混凝土垫层。钢结构防腐：采用热镀锌防腐。

10.2　一次设备材料表

更换电流互感器工程典型方案电气一次设备材料表见表 10-1。

表 10-1　　更换电流互感器工程典型方案电气一次设备材料表

<table>
<tr><th>方案编号</th><th>项目名称</th><th>电压等级</th><th>方案</th><th>单位</th><th>设备材料明细</th><th>数量</th></tr>
<tr><td rowspan="6">F-500-CT</td><td rowspan="11">更换电流互感器</td><td rowspan="6">500kV</td><td rowspan="6">油浸式</td><td rowspan="6">1 台</td><td>新上：500kV 油浸电磁 CT，2×2000/1</td><td>1 台</td></tr>
<tr><td>新上：设备间连线 2×NRLH58GJ-1440/120</td><td>2 组</td></tr>
<tr><td>新上：接地引下线，热镀锌扁钢 80×10</td><td>50m</td></tr>
<tr><td>新上：接地上引线，铜排 40×5</td><td>20m</td></tr>
<tr><td>拆除：500kV 油浸电磁 CT，×××/1</td><td>1 台</td></tr>
<tr><td>拆除：设备间连线 2××××</td><td>2 组</td></tr>
<tr><td rowspan="5">F-220-CT</td><td rowspan="5">220kV</td><td rowspan="5">油浸式</td><td rowspan="5">1 台</td><td>新上：220kV 油浸电磁 CT，2×1250/5</td><td>1 台</td></tr>
<tr><td>新上：设备间连线 2×LGJ-630/45</td><td>2 组</td></tr>
<tr><td>新上：接地引下线，热镀锌扁钢 80×10</td><td>50m</td></tr>
<tr><td>新上：接地上引线，铜排 40×5</td><td>20m</td></tr>
<tr><td>拆除：220kV 油浸电磁 CT，×××/5</td><td>1 台</td></tr>
</table>

续表

方案编号	项目名称	电压等级	方案	单位	设备材料明细	数量
F-220-CT	更换电流互感器	220kV	油浸式	1 台	拆除：设备间连线 2××××	2 组
F-110-CT		110kV	油浸式	1 台	新上：110kV 油浸电磁 CT，2×800/5	1 台
					新上：设备间连线 2×LGJ-400/35	2 组
					新上：接地引下线，热镀锌扁钢 80×8	50m
					新上：接地上引线，铜排 40×5	20m
					拆除：110kV 油浸电磁 CT，×××/5	1 台
					拆除：设备间连线 2××××	2 组
F-35-CT		35kV	油浸式	1 台	新上：35kV 油浸电磁 CT，2×2000/1	1 台
					新上：设备间连线 NRLH58GJ-1440/120	2 组
					新上：接地引下线，热镀锌扁钢 80×10	50m
					新上：接地上引线，铜排 40×5	20m
					拆除：35kV 油浸电磁 CT，×××/1	1 台
					拆除：设备间连线 ×××	2 组
F-10-CT		10kV	干式	1 台	新上：10kV 干式电磁 CT，600/5	1 台
					新上：设备间连线 LGJ-300/40	2 组
					新上：接地引下线，热镀锌扁钢 80×8	50m
					新上：接地上引线，铜排 40×5	20m
					拆除：10kV 干式电磁 CT，×××/5	1 台
					拆除：设备间连线 ×××	2 组

10.3 二次设备材料表

更换电流互感器工程典型方案电气二次设备材料表见表 10-2。

表 10-2　　更换电流互感器工程典型方案电气二次设备材料表

方案编号	项目名称	电压等级	方案	单位	名称	单位	数量
F-500-CT	更换电流互感器	500kV	油浸式	1 台	控制电缆	km	1
					防火涂料	kg	60
					防火堵料	kg	110
					耐火包	kg	115
					镀锌钢管	m	300

续表

方案编号	项目名称	电压等级	方案	单位	名称	单位	数量
F-500-CT	更换电流互感器	500kV	油浸式	1 台	电缆沟掀盖板	m	150
					防火隔板	m^2	30
F-220-CT		220kV	油浸式	1 台	控制电缆	km	0.5
					防火涂料	kg	40
					防火堵料	kg	90
					耐火包	kg	95
					镀锌钢管	m	200
					电缆沟掀盖板	m	150
					防火隔板	m^2	20
F-110-CT		110kV	油浸式	1 台	控制电缆	km	0.2
					防火涂料	kg	20
					防火堵料	kg	75
					耐火包	kg	80
					镀锌钢管	m	130
					电缆沟掀盖板	m	50
					防火隔板	m^2	20
F-35-CT		35kV	油浸式	1 台	控制电缆	km	0.2
					防火涂料	kg	10
					防火堵料	kg	60
					耐火包	kg	65
					镀锌钢管	m	90

10.4　建筑工程量表

更换电流互感器工程典型方案建筑工程量表见表 10-3。

表 10-3　　更换电流互感器工程典型方案建筑工程量表

序号	名称	单位	数量	备注
F-500-CT 新建量	电流互感器支架	kg	700	直径 600mm 钢管 1 根
F-500-CT 拆除量	电流互感器支架	kg	630	拆除混凝土基础 6 立方
F-220-CT 新建量	电流互感器支架	kg	430	直径 400mm 钢管 1 根

续表

序号	名称	单位	数量	备注
F-220-CT 拆除量	电流互感器支架	kg	330	拆除混凝土基础 3 立方
F-110-CT 新建量	电流互感器支架	kg	350	直径 400mm 钢管 1 根
F-110-CT 拆除量	电流互感器支架	kg	300	拆除混凝土基础 3 立方
F-35-CT 新建量	电流互感器支架	kg	250	直径 300mm 钢管 1 根
F-35-CT 拆除量	电流互感器支架	kg	200	拆除混凝土基础 2 立方
F-10-CT 新建量	电流互感器支架	kg	220	直径 300mm 钢管 1 根
F-10-CT 拆除量	电流互感器支架	kg	180	拆除混凝土基础 2 立方

10.5 概算书

更换电流互感器工程典型方案概算书包括总概算表、安装部分汇总概算表、建筑部分汇总概算表、拆除部分汇总概算表、其他费用概算表。基本方案 F-500-CT、F-220-CT、F-110-CT、F-35-CT、F-10-CT 的上述概算表见表 10-4 ~ 表 10-28。

表 10-4　　基本方案 F-500-CT 总概算表　　金额单位：万元

序号	工程或费用名称	含税金额	占工程静态投资的比例（%）	不含税金额	可抵扣增值税金额
一	建筑工程费	1.19	2.04	1.09	0.1
二	安装工程费	23.93	40.93	21.87	2.06
三	拆除工程费	0.5	0.86	0.46	0.04
四	设备购置费	23.97	41	21.22	2.75
	其中：编制基准期价差	0.66	1.13	0.66	
五	小计	49.59	84.83	44.64	4.95
	其中：甲供设备材料费	26.7	45.67	23.63	3.07
六	其他费用	8.87	15.17	8.34	0.53
七	基本预备费				
八	特殊项目				
九	工程静态投资合计	58.46	100	52.98	5.48
	其中：可抵扣增值税金额	5.48			5.48
	其中：施工费	23.89	40.87	21.92	1.97

表 10-5　　基本方案 F-500-CT 安装部分汇总概算表　　金额单位：元

序号	工程或费用名称	安装工程费			设备购置费	合计
		主要材料费	安装费	小计		
	安装工程	67817	171482	239298	239666	478964
二	配电装置	29652	9154	38806	239666	278472
2	屋外配电装置	29652	9154	38806	239666	278472
2.1	500kV 配电装置	29652	9154	38806	239666	278472
六	电缆防护设施	33520	20179	53700		53700
1	电缆桥支架	27288	11664	38952		38952
2	电缆防火	6232	8515	14748		14748
七	全站接地	4644	1634	6278		6278
1	接地网	4644	1634	6278		6278
九	调试		140514	140514		140514
1	分系统调试		9990	9990		9990
3	特殊调试		130524	130524		130524
	合计	67817	171482	239298	239666	478964

表 10-6　　基本方案 F-500-CT 建筑部分汇总概算表　　金额单位：元

序号	工程或费用名称	设备费	主要材料费	建筑费	建筑工程费合计
	建筑工程			11894	11894
二	主变压器及配电装置建筑			11894	11894
2	500kV 构架及设备基础			11894	11894
2.2	设备支架及基础			11894	11894
	合计			11894	11894

表 10-7　　基本方案 F-500-CT 拆除部分汇总概算表　　金额单位：元

序号	工程或费用名称	拆除工程费
	拆除工程	4964
	建筑拆除	2219
二	主变压器及配电装置建筑	2219
2	500kV 构架及设备基础	2219

续表

序号	工程或费用名称	拆除工程费
2.2	设备支架及基础	2219
	安装拆除	2745
二	配电装置	2745
2	屋外配电装置	2745
2.1	500kV 配电装置	2745
	合计	4964

表 10-8　　基本方案 F-500-CT 其他费用概算表　　金额单位：元

序号	工程或费用项目名称	编制依据及计算说明	合价
1	建设场地征用及清理费		10000
1.2	施工场地租用费	10000×100%	10000
2	项目管理费		26174
2.1	管理经费	（建筑工程费＋安装工程费＋拆除工程费）×3.53%	9042
2.2	招标费	（建筑工程费＋安装工程费＋拆除工程费）×1.81%	4636
2.3	工程监理费	（建筑工程费＋安装工程费＋拆除工程费）×4.41%	11296
2.4	设备材料监造费	设备购置费 ×0.5%	1198
3	项目技术服务费		52521
3.1	前期工作费	（建筑工程费＋安装工程费）×3.05%	7661
3.3	工程勘察设计费		40371
3.3.2	设计费	设计费 ×100%	40371
3.4	设计文件评审费		2498
3.4.1	初步设计文件评审费	基本设计费 ×3.5%	1197
3.4.2	施工图文件评审费	基本设计费 ×3.8%	1300
3.5	施工过程造价咨询及竣工结算审核费	（建筑工程费＋安装工程费＋拆除工程费）×0.53%	1358
3.7	工程检测费		377
3.7.1	工程质量检测费	（建筑工程费＋安装工程费）×0.15%	377
3.9	技术经济标准编制费	（建筑工程费＋安装工程费＋拆除工程费）×0.1%	256
	合计		88694

表 10-9　　基本方案 F-220-CT 总概算表　　金额单位：万元

序号	工程或费用名称	含税金额	占工程静态投资的比例（%）	不含税金额	可抵扣增值税金额
一	建筑工程费	0.73	2.85	0.67	0.06
二	安装工程费	13.95	54.39	12.75	1.2
三	拆除工程费	0.46	1.79	0.42	0.04
四	设备购置费	5.65	22.03	5	0.65
	其中：编制基准期价差	0.49	1.91	0.49	
五	小计	20.79	81.05	18.84	1.95
	其中：甲供设备材料费	7.26	28.3	6.43	0.83
六	其他费用	4.86	18.95	4.56	0.3
七	基本预备费				
八	特殊项目				
九	工程静态投资合计	25.65	100	23.4	2.25
	其中：可抵扣增值税金额	2.25			2.25
	其中：施工费	14.52	56.61	13.32	1.2

表 10-10　　基本方案 F-220-CT 安装部分汇总概算表　　金额单位：元

序号	工程或费用名称	安装工程费			设备购置费	合计
		主要材料费	安装费	小计		
	安装工程	30488	108972	139460	56493	195953
二	配电装置	5344	3596	8940	56493	65433
2	屋外配电装置	5344	3596	8940	56493	65433
2.1	220kV 配电装置	5344	3596	8940	56493	65433
六	电缆防护设施	20500	11689	32189		32189
1	电缆桥支架	16142	5849	21991		21991
2	电缆防火	4358	5840	10198		10198
七	全站接地	4644	1635	6280		6280
1	接地网	4644	1635	6280		6280
九	调试		92051	92051		92051
1	分系统调试		6900	6900		6900
3	特殊调试		85151	85151		85151
	合计	30488	108972	139460	56493	195953

表 10-11　　基本方案 F-220-CT 建筑部分汇总概算表　　金额单位：元

序号	工程或费用名称	设备费	主要材料费	建筑费	建筑工程费合计
	建筑工程			7306	7306
二	主变压器及配电装置建筑			7306	7306
2	220kV 构架及设备基础			7306	7306
2.2	设备支架及基础			7306	7306
	合计			7306	7306

表 10-12　　基本方案 F-220-CT 拆除部分汇总概算表　　金额单位：元

序号	工程或费用名称	拆除工程费
	拆除工程	4600
	建筑拆除	1122
二	主变压器及配电装置建筑	1122
2	220kV 构架及设备基础	1122
2.2	设备支架及基础	1122
	安装拆除	3478
二	配电装置	3478
2	屋外配电装置	3478
2.1	220kV 配电装置	3478
	合计	4600

表 10-13　　基本方案 F-220-CT 其他费用概算表　　金额单位：元

序号	工程或费用项目名称	编制依据及计算说明	合价
1	建设场地征用及清理费		10000
1.2	施工场地租用费	10000 × 100%	10000
2	项目管理费		15210
2.1	管理经费	（建筑工程费 + 安装工程费 + 拆除工程费）× 3.53%	5343
2.2	招标费	（建筑工程费 + 安装工程费 + 拆除工程费）× 1.81%	2740
2.3	工程监理费	（建筑工程费 + 安装工程费 + 拆除工程费）× 4.41%	6675
2.4	设备材料监造费	设备购置费 × 0.8%	452

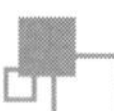

续表

序号	工程或费用项目名称	编制依据及计算说明	合价
3	项目技术服务费		23402
3.1	前期工作费	（建筑工程费 + 安装工程费）×3.05%	4476
3.3	工程勘察设计费		16717
3.3.2	设计费	设计费 ×100%	16717
3.4	设计文件评审费		1034
3.4.1	初步设计文件评审费	基本设计费 ×3.5%	496
3.4.2	施工图文件评审费	基本设计费 ×3.8%	538
3.5	施工过程造价咨询及竣工结算审核费	（建筑工程费 + 安装工程费 + 拆除工程费）×0.53%	802
3.7	工程检测费		220
3.7.1	工程质量检测费	（建筑工程费 + 安装工程费）×0.15%	220
3.9	技术经济标准编制费	（建筑工程费 + 安装工程费 + 拆除工程费）×0.1%	151
	合计		48612

表 10-14　　基本方案 F-110-CT 总概算表　　金额单位：万元

序号	工程或费用名称	含税金额	占工程静态投资的比例(%)	不含税金额	可抵扣增值税金额
一	建筑工程费	0.59	3.51	0.54	0.05
二	安装工程费	9.19	54.64	8.41	0.78
三	拆除工程费	0.26	1.55	0.24	0.02
四	设备购置费	3.23	19.2	2.86	0.37
	其中：编制基准期价差	0.32	1.9	0.32	
五	小计	13.27	78.89	12.05	1.22
	其中：甲供设备材料费	3.92	23.31	3.47	0.45
六	其他费用	3.55	21.11	3.32	0.23
七	基本预备费				
八	特殊项目				
九	工程静态投资合计	16.82	100	15.37	1.45
	其中：可抵扣增值税金额	1.45			1.45
	其中：施工费	10.36	61.59	9.5	0.86

表 10-15　　基本方案 F-110-CT 安装部分汇总概算表　　金额单位：元

序号	工程或费用名称	安装工程费			设备购置费	合计
		主要材料费	安装费	小计		
	安装工程	17091	74794	91885	32325	124209
二	配电装置	2100	2048	4148	32325	36473
2	屋外配电装置	2100	2048	4148	32325	36473
2.1	110kV 配电装置	2100	2048	4148	32325	36473
六	电缆防护设施	10792	6354	17147		17147
1	电缆桥支架	6900	1168	8069		8069
2	电缆防火	3892	5186	9078		9078
七	全站接地	4198	1595	5793		5793
1	接地网	4198	1595	5793		5793
九	调试		64797	64797		64797
1	分系统调试		4983	4983		4983
3	特殊调试		59814	59814		59814
	合计	17091	74794	91885	32325	124209

表 10-16　　基本方案 F-110-CT 建筑部分汇总概算表　　金额单位：元

序号	工程或费用名称	设备费	主要材料费	建筑费	建筑工程费合计
	建筑工程			5947	5947
二	主变压器及配电装置建筑			5947	5947
2	110kV 构架及设备基础			5947	5947
2.2	设备支架及基础			5947	5947
	合计			5947	5947

表 10-17　　基本方案 F-110-CT 拆除部分汇总概算表　　金额单位：元

序号	工程或费用名称	拆除工程费
	拆除工程	2626
	建筑拆除	1097
二	主变压器及配电装置建筑	1097

续表

序号	工程或费用名称	拆除工程费
2	110kV 构架及设备基础	1097
2.2	设备支架及基础	1097
	安装拆除	1530
二	配电装置	1530
2	屋外配电装置	1530
2.1	110kV 配电装置	1530
	合计	2626

表 10-18　　基本方案 F-110-CT 其他费用概算表　　金额单位：元

序号	工程或费用项目名称	编制依据及计算说明	合价
1	建设场地征用及清理费		10000
1.2	施工场地租用费	10000×100%	10000
2	项目管理费		10053
2.1	管理经费	（建筑工程费＋安装工程费＋拆除工程费）×3.53%	3546
2.2	招标费	（建筑工程费＋安装工程费＋拆除工程费）×1.81%	1818
2.3	工程监理费	（建筑工程费＋安装工程费＋拆除工程费）×4.41%	4430
2.4	设备材料监造费	设备购置费 ×0.8%	259
3	项目技术服务费		15398
3.1	前期工作费	（建筑工程费＋安装工程费）×3.05%	2984
3.3	工程勘察设计费		10705
3.3.2	设计费	设计费 ×100%	10705
3.4	设计文件评审费		662
3.4.1	初步设计文件评审费	基本设计费 ×3.5%	318
3.4.2	施工图文件评审费	基本设计费 ×3.8%	345
3.5	施工过程造价咨询及竣工结算审核费	（建筑工程费＋安装工程费＋拆除工程费）×0.53%	800
3.7	工程检测费		147
3.7.1	工程质量检测费	（建筑工程费＋安装工程费）×0.15%	147
3.9	技术经济标准编制费	（建筑工程费＋安装工程费＋拆除工程费）×0.1%	100
	合计		35451

表 10-19　　基本方案 F-35-CT 总概算表　　金额单位：万元

序号	工程或费用名称	含税金额	占工程静态投资的比例（%）	不含税金额	可抵扣增值税金额
一	建筑工程费	0.43	4.24	0.39	0.04
二	安装工程费	4.63	45.66	4.22	0.41
三	拆除工程费	0.19	1.87	0.17	0.02
四	设备购置费	3.37	33.23	2.98	0.39
	其中：编制基准期价差	0.15	1.48	0.15	
五	小计	8.62	85.01	7.76	0.86
	其中：甲供设备材料费	4.13	40.73	3.66	0.47
六	其他费用	1.52	14.99	1.43	0.09
七	基本预备费				
八	特殊项目				
九	工程静态投资合计	10.14	100	9.19	0.95
	其中：可抵扣增值税金额	0.95			0.95
	其中：施工费	4.49	44.28	4.12	0.37

表 10-20　　基本方案 F-35-CT 安装部分汇总概算表　　金额单位：元

序号	工程或费用名称	安装工程费			设备购置费	合计
		主要材料费	安装费	小计		
	安装工程	13540	32799	46338	33735	80073
二	配电装置	444	1153	1597	33735	35332
1	屋内配电装置	444	1153	1597	33735	35332
1.1	35kV 配电装置	444	1153	1597	33735	35332
六	电缆防护设施	8451	3157	11609		11609
1	电缆桥支架	7580	2337	9917		9917
2	电缆防火	871	820	1691		1691
七	全站接地	4644	1635	6279		6279
1	接地网	4644	1635	6279		6279
九	调试		26853	26853		26853
1	分系统调试		3162	3162		3162
3	特殊调试		23692	23692		23692
	合计	13540	32799	46338	33735	80073

表 10-21　　基本方案 F-35-CT 建筑部分汇总概算表　　金额单位：元

序号	工程或费用名称	设备费	主要材料费	建筑费	建筑工程费合计
	建筑工程			4253	4253
二	主变压器及配电装置建筑			4253	4253
2	35kV 构架及设备基础			4253	4253
2.2	设备支架及基础			4253	4253
	合计			4253	4253

表 10-22　　基本方案 F-35-CT 拆除部分汇总概算表　　金额单位：元

序号	工程或费用名称	拆除工程费
	拆除工程	1916
	建筑拆除	731
二	主变压器及配电装置建筑	731
2	35kV 构架及设备基础	731
2.2	设备支架及基础	731
	安装拆除	1185
二	配电装置	1185
2	屋外配电装置	1185
2.1	35kV 配电装置	1185
	合计	1916

表 10-23　　基本方案 F-35-CT 其他费用概算表　　金额单位：元

序号	工程或费用项目名称	编制依据及计算说明	合价
2	项目管理费		5389
2.1	管理经费	（建筑工程费 + 安装工程费 + 拆除工程费）×3.53%	1853
2.2	招标费	（建筑工程费 + 安装工程费 + 拆除工程费）×1.81%	950
2.3	工程监理费	（建筑工程费 + 安装工程费 + 拆除工程费）×4.41%	2316
2.4	设备材料监造费	设备购置费 ×0.8%	270
3	项目技术服务费		9836
3.1	前期工作费	（建筑工程费 + 安装工程费）×3.05%	1543

续表

序号	工程或费用项目名称	编制依据及计算说明	合价
3.3	工程勘察设计费		6935
3.3.2	设计费	设计费 ×100%	6935
3.4	设计文件评审费		429
3.4.1	初步设计文件评审费	基本设计费 ×3.5%	206
3.4.2	施工图文件评审费	基本设计费 ×3.8%	223
3.5	施工过程造价咨询及竣工结算审核费	（建筑工程费 + 安装工程费 + 拆除工程费）×0.53%	800
3.7	工程检测费		76
3.7.1	工程质量检测费	（建筑工程费 + 安装工程费）×0.15%	76
3.9	技术经济标准编制费	（建筑工程费 + 安装工程费 + 拆除工程费）×0.1%	53
	合计		15225

表 10-24　　基本方案 F-10-CT 总概算表　　金额单位：万元

序号	工程或费用名称	含税金额	占工程静态投资的比例（%）	不含税金额	可抵扣增值税金额
一	建筑工程费	0.37	7.13	0.34	0.03
二	安装工程费	2.72	52.41	2.5	0.22
三	拆除工程费	0.11	2.12	0.1	0.01
四	设备购置费	1.12	21.58	0.99	0.13
	其中：编制基准期价差	0.11	2.12	0.11	
五	小计	4.32	83.24	3.93	0.39
	其中：甲供设备材料费	1.12	21.58	0.99	0.13
六	其他费用	0.87	16.76	0.82	0.05
七	基本预备费				
八	特殊项目				
九	工程静态投资合计	5.19	100	4.75	0.44
	其中：可抵扣增值税金额	0.44			0.44
	其中：施工费	3.2	61.66	2.94	0.26

表 10-25　　基本方案 F-10-CT 安装部分汇总概算表　　金额单位：元

序号	工程或费用名称	安装工程费			设备购置费	合计
		主要材料费	安装费	小计		
	安装工程	4642	22512	27155	11178	38332
二	配电装置	444	743	1187	11178	12365
1	屋内配电装置	444	743	1187	11178	12365
1.1	10kV 配电装置	444	743	1187	11178	12365
七	全站接地	4198	1595	5793		5793
1	接地网	4198	1595	5793		5793
九	调试		20175	20175		20175
1	分系统调试		996	996		996
3	特殊调试		19178	19178		19178
	合计	4642	22512	27155	11178	38332

表 10-26　　基本方案 F-10-CT 建筑部分汇总概算表　　金额单位：万元

序号	工程或费用名称	设备费	主要材料费	建筑费	建筑工程费合计
	建筑工程			3738	3738
二	主变压器及配电装置建筑			3738	3738
2	10kV 构架及设备基础			3738	3738
2.2	设备支架及基础			3738	3738
	合计			3738	3738

表 10-27　　基本方案 F-10-CT 拆除部分汇总概算表　　金额单位：元

序号	工程或费用名称	拆除工程费
	拆除工程	1122
	建筑拆除	714
二	主变压器及配电装置建筑	714
2	10kV 构架及设备基础	714
2.2	设备支架及基础	714
	安装拆除	408

续表

序号	工程或费用名称	拆除工程费
二	配电装置	408
1	屋内配电装置	408
1.1	10kV 配电装置	408
	合计	1122

表 10-28　　基本方案 F-10-CT 其他费用概算表　　金额单位：元

序号	工程或费用项目名称	编制依据及计算说明	合价
2	项目管理费		3211
2.1	管理经费	（建筑工程费 + 安装工程费 + 拆除工程费）×3.53%	1130
2.2	招标费	（建筑工程费 + 安装工程费 + 拆除工程费）×1.81%	579
2.3	工程监理费	（建筑工程费 + 安装工程费 + 拆除工程费）×4.41%	1412
2.4	设备材料监造费	设备购置费 ×0.8%	89
3	项目技术服务费		5495
3.1	前期工作费	（建筑工程费 + 安装工程费）×3.05%	942
3.3	工程勘察设计费		3460
3.3.2	设计费	设计费 ×100%	3460
3.4	设计文件评审费		214
3.4.1	初步设计文件评审费	基本设计费 ×3.5%	103
3.4.2	施工图文件评审费	基本设计费 ×3.8%	111
3.5	施工过程造价咨询及竣工结算审核费	（建筑工程费 + 安装工程费 + 拆除工程费）×0.53%	800
3.7	工程检测费		46
3.7.1	工程质量检测费	（建筑工程费 + 安装工程费）×0.15%	46
3.9	技术经济标准编制费	（建筑工程费 + 安装工程费 + 拆除工程费）×0.1%	32
	合计		8706

10.6　典型造价

更换电流互感器工程典型方案单位造价见表 10-29。

表 10-29　　　　　更换电流互感器工程典型方案单位造价

方案编号	项目名称	电压等级	型号	单位	单位造价
F-500-CT	更换电流互感器	500kV	油浸式	万元 / 台	58.46
F-220-CT		220kV	油浸式	万元 / 台	25.65
F-110-CT		110kV	油浸式	万元 / 台	16.82
F-35-CT		35kV	油浸式	万元 / 台	10.14
F-10-CT		10kV	干式	万元 / 台	5.19

第11章　更换电压互感器

11.1　典型方案

本典型方案为更换电压互感器工程，电压等级采用500、220、110、35、10kV。电气部分只考虑拆除电压互感器和电压互感器进线引下线、新上电压互感器和电压互感器进线引下线，不考虑设备接地、绝缘护套等费用。土建部分只考虑拆除及新建电压互感器支架及基础，不考虑地坪恢复、地基处理、土方外运等费用。

设备支架采用ϕ400、电焊直缝圆形钢管柱，基础采用露明地脚螺栓基础，C30级混凝土现浇基础、C15混凝土垫层。钢结构防腐：采用热镀锌防腐。

11.2　一次设备材料表

更换电压互感器工程典型方案电气一次设备材料表见表11-1。

表11-1　　更换电压互感器工程典型方案电气一次设备材料表

方案编号	项目名称	电压等级	方案	单位	设备材料明细	数量
G-500-PT	更换电压互感器	500kV	电容式	1台	新上：电容式电压互感器，AC500kV	1台
					新上：设备间连线2×（LGKK-600）	1组
					新上：接地引下线，热镀锌扁钢80×10	50m
					新上：接地上引线，铜排40×5	20m
					拆除：电容式电压互感器，AC500kV	1台
					拆除：设备间连线2×××××	1组
G-220-PT		220kV	电容式	1台	新上：电容式电压互感器，AC220kV	1台
					新上：设备间连线LGJ-500/35	1组
					新上：接地引下线，热镀锌扁钢80×10	50m
					新上：接地上引线，铜排40×5	20m
					拆除：电容式电压互感器，AC220kV	1台

续表

方案编号	项目名称	电压等级	方案	单位	设备材料明细	数量
G–220–PT	更换电压互感器	220kV	电容式	1 台	拆除：设备间连线 ×××	1 组
G–110–PT		110kV	电容式	1 台	新上：电容式电压互感器，AC110kV	1 台
					新上：设备间连线 LGJ–400/35	1 组
					新上：接地引下线，热镀锌扁钢 80×8	50m
					新上：接地上引线，铜排 40×5	20m
					拆除：电容式电压互感器，AC110kV	1 台
					拆除：设备间连线 ×××	1 组
G–35–PT		35kV	电容式	1 台	新上：电容式电压互感器，AC35kV	1 台
					新上：设备间连线 LGJ–400/35	1 组
					新上：接地引下线，热镀锌扁钢 80×8	50m
					新上：接地上引线，铜排 40×5	20m
					拆除：电容式电压互感器，AC35kV	1 台
					拆除：设备间连线 ×××	1 组
G–10–PT		10kV	电磁式	1 台	新上：电磁式电压互感器，AC10kV，单相	1 台
					新上：设备间连线 LGJ–240/30	1 组
					新上：接地引下线，热镀锌扁钢 80×8	50m
					新上：接地上引线，铜排 40×5	20m
					拆除：电磁式电压互感器，AC10kV，单相	1 台
					拆除：设备间连线 ×××	1 组

11.3　二次设备材料表

更换电压互感器工程典型方案电气二次设备材料表见表 11–2。

表 11–2　　　　更换电压互感器工程典型方案电气二次材料表

方案编号	项目名称	电压等级	方案	单位	名称	单位	数量
G–500–PT	更换电压互感器	500kV	电容式	1 台	控制电缆	km	1
					防火涂料	kg	60
					防火堵料	kg	120
					耐火包	kg	120
					镀锌钢管	m	310

续表

方案编号	项目名称	电压等级	方案	单位	名称	单位	数量
G-500-PT	更换电压互感器	500kV	电容式	1 台	电缆沟揿盖板	m	150
					防火隔板	m^2	30
G-220-PT		220kV	电容式	1 台	控制电缆	km	0.5
					防火涂料	kg	40
					防火堵料	kg	90
					耐火包	kg	90
					镀锌钢管	m	205
					电缆沟揿盖板	m	150
					防火隔板	m^2	20
G-110-PT		110kV	电容式	1 台	控制电缆	km	0.2
					防火涂料	kg	20
					防火堵料	kg	70
					耐火包	kg	70
					镀锌钢管	m	140
					电缆沟揿盖板	m	50
					防火隔板	m^2	10
G-35-PT		35kV	电容式	1 台	控制电缆	km	0.2
					防火涂料	kg	10
					防火堵料	kg	55
					耐火包	kg	55
G-10-PT		10kV	电磁式	1 台	控制电缆	km	0.2
					防火涂料	kg	5
					防火堵料	kg	40
					耐火包	kg	40

11.4　建筑工程量表

更换电压互感器工程典型方案建筑工程量表见表 11-3。

表 11-3　　更换电压互感器工程典型方案建筑工程量表

序号	名称	单位	数量	备注
G-500-PT 新建量	电压互感器支架	kg	450	直径 600mm 钢管 1 根
G-500-PT 拆除量	电压互感器支架	kg	400	拆除混凝土基础 5 立方
G-220-PT 新建量	电压互感器支架	kg	330	直径 400mm 钢管 1 根
G-220-PT 拆除量	电压互感器支架	kg	300	拆除混凝土基础 3 立方
G-110-PT 新建量	电压互感器支架	kg	260	直径 400mm 钢管 1 根
G-110-PT 拆除量	电压互感器支架	kg	230	拆除混凝土基础 3 立方
G-35-PT 新建量	电压互感器支架	kg	210	直径 300mm 钢管 1 根
G-35-PT 拆除量	电压互感器支架	kg	190	拆除混凝土基础 2 立方
G-10-PT 新建量	电压互感器支架	kg	190	直径 300mm 钢管 1 根
G-10-PT 拆除量	电压互感器支架	kg	170	拆除混凝土基础 2 立方

11.5　概算书

更换电压互感器工程典型方案概算书包括总概算表、安装部分汇总概算表、建筑部分汇总概算表、拆除部分汇总概算表、其他费用概算表。基本方案 G-500-PT、G-220-PT、G-110-PT、G-35-PT、G-10-PT 的上述概算表见表 11-4 ~ 表 11-28。

表 11-4　　基本方案 G-500-PT 总概算表　　金额单位：万元

序号	工程或费用名称	含税金额	占工程静态投资的比例（%）	不含税金额	可抵扣增值税金额
一	建筑工程费	0.76	1.63	0.7	0.06
二	安装工程费	24.18	51.76	22.09	2.09
三	拆除工程费	0.48	1.03	0.44	0.04
四	设备购置费	13.44	28.77	11.9	1.54
	其中：编制基准期价差	0.64	1.37	0.64	
五	小计	38.86	83.18	35.13	3.73
	其中：甲供设备材料费	16.21	34.7	14.35	1.86
六	其他费用	7.86	16.82	7.39	0.47
七	基本预备费				
八	特殊项目				
九	工程静态投资合计	46.72	100	42.52	4.2
	其中：可抵扣增值税金额	4.2			4.2
	其中：施工费	23.66	50.64	21.71	1.95

表 11-5　　基本方案 G-500-PT 安装部分汇总概算表　　金额单位：元

序号	工程或费用名称	安装工程费			设备购置费	合计
		主要材料费	安装费	小计		
	安装工程	67592	174256	241848	134435	376283
二	配电装置	29652	10390	40042	134435	174477
2	屋外配电装置	29652	10390	40042	134435	174477
2.1	500kV 配电装置	29652	10390	40042	134435	174477
六	电缆防护设施	33296	20191	53487		53487
1	电缆桥支架	27696	11664	39360		39360
2	电缆防火	5600	8527	14127		14127
七	全站接地	4644	1634	6278		6278
1	接地网	4644	1634	6278		6278
九	调试		142041	142041		142041
1	分系统调试		9990	9990		9990
3	特殊调试		132051	132051		132051
	合计	67592	174256	241848	134435	376283

表 11-6　　基本方案 G-500-PT 建筑部分汇总概算表　　金额单位：元

序号	工程或费用名称	设备费	主要材料费	建筑费	建筑工程费合计
	建筑工程			7646	7646
二	主变压器及配电装置建筑			7646	7646
2	500kV 构架及设备基础			7646	7646
2.2	设备支架及基础			7646	7646
	合计			7646	7646

表 11-7　　基本方案 G-500-PT 拆除部分汇总概算表　　金额单位：元

序号	工程或费用名称	拆除工程费
	拆除工程	4840
	建筑拆除	1744
二	主变压器及配电装置建筑	1744

续表

序号	工程或费用名称	拆除工程费
2	500kV 构架及设备基础	1744
2.2	设备支架及基础	1744
	安装拆除	3096
二	配电装置	3096
2	屋外配电装置	3096
2.1	500kV 配电装置	3096
	合计	4840

表 11-8　　基本方案 G-500-PT 其他费用概算表　　金额单位：元

序号	工程或费用项目名称	编制依据及计算说明	合价
1	建设场地征用及清理费		10000
1.2	施工场地租用费	10000 × 100%	10000
2	项目管理费		25470
2.1	管理经费	（建筑工程费 + 安装工程费 + 拆除工程费）× 3.53%	8978
2.2	招标费	（建筑工程费 + 安装工程费 + 拆除工程费）× 1.81%	4603
2.3	工程监理费	（建筑工程费 + 安装工程费 + 拆除工程费）× 4.41%	11216
2.4	设备材料监造费	设备购置费 × 0.5%	672
3	项目技术服务费		43116
3.1	前期工作费	（建筑工程费 + 安装工程费）× 3.05%	7610
3.3	工程勘察设计费		31577
3.3.2	设计费	设计费 × 100%	31577
3.4	设计文件评审费		1953
3.4.1	初步设计文件评审费	基本设计费 × 3.5%	937
3.4.2	施工图文件评审费	基本设计费 × 3.8%	1017
3.5	施工过程造价咨询及竣工结算审核费	（建筑工程费 + 安装工程费 + 拆除工程费）× 0.53%	1348
3.7	工程检测费		374
3.7.1	工程质量检测费	（建筑工程费 + 安装工程费）× 0.15%	374
3.9	技术经济标准编制费	（建筑工程费 + 安装工程费 + 拆除工程费）× 0.1%	254
	合计		78586

表 11-9　　基本方案 G-220-PT 总概算表　　金额单位：万元

序号	工程或费用名称	含税金额	占工程静态投资的比例（%）	不含税金额	可抵扣增值税金额
一	建筑工程费	0.56	2.27	0.51	0.05
二	安装工程费	13.82	56.04	12.63	1.19
三	拆除工程费	0.21	0.85	0.19	0.02
四	设备购置费	5.33	21.61	4.72	0.61
	其中：编制基准期价差	0.48	1.95	0.48	
五	小计	19.92	80.78	18.05	1.87
	其中：甲供设备材料费	6.96	28.22	6.16	0.8
六	其他费用	4.74	19.22	4.45	0.29
七	基本预备费				
八	特殊项目				
九	工程静态投资合计	24.66	100	22.5	2.16
	其中：可抵扣增值税金额	2.16			2.16
	其中：施工费	13.95	56.57	12.8	1.15

表 11-10　　基本方案 G-220-PT 安装部分汇总概算表　　金额单位：元

序号	工程或费用名称	安装工程费			设备购置费	合计
		主要材料费	安装费	小计		
	安装工程	26665	111517	138182	53270	191452
二	配电装置	1336	4051	5387	53270	58658
2	屋外配电装置	1336	4051	5387	53270	58658
2.1	220kV 配电装置	1336	4051	5387	53270	58658
六	电缆防护设施	20684	11675	32359		32359
1	电缆桥支架	16350	5849	22199		22199
2	电缆防火	4334	5826	10160		10160
七	全站接地	4644	1635	6280		6280
1	接地网	4644	1635	6280		6280
九	调试		94156	94156		94156
1	分系统调试		6900	6900		6900
3	特殊调试		87255	87255		87255
	合计	26665	111517	138182	53270	191452

表 11-11　　基本方案 G-220-PT 建筑部分汇总概算表　　金额单位：元

序号	工程或费用名称	设备费	主要材料费	建筑费	建筑工程费合计
	建筑工程			5607	5607
二	主变压器及配电装置建筑			5607	5607
2	220kV 构架及设备基础			5607	5607
2.2	设备支架及基础			5607	5607
	合计			5607	5607

表 11-12　　基本方案 G-220-PT 拆除部分汇总概算表　　金额单位：元

序号	工程或费用名称	拆除工程费
	拆除工程	2097
	建筑拆除	1097
二	主变压器及配电装置建筑	1097
2	220kV 构架及设备基础	1097
2.2	设备支架及基础	1097
	安装拆除	1000
二	配电装置	1000
2	屋外配电装置	1000
2.1	220kV 配电装置	1000
	合计	2097

表 11-13　　基本方案 G-220-PT 其他费用概算表　　金额单位：元

序号	工程或费用项目名称	编制依据及计算说明	合价
1	建设场地征用及清理费		10000
1.2	施工场地租用费	10000 × 100%	10000
2	项目管理费		14650
2.1	管理经费	（建筑工程费 + 安装工程费 + 拆除工程费）× 3.53%	5150
2.2	招标费	（建筑工程费 + 安装工程费 + 拆除工程费）× 1.81%	2641
2.3	工程监理费	（建筑工程费 + 安装工程费 + 拆除工程费）× 4.41%	6434
2.4	设备材料监造费	设备购置费 × 0.8%	426

续表

序号	工程或费用项目名称	编制依据及计算说明	合价
3	项目技术服务费		22757
3.1	前期工作费	（建筑工程费 + 安装工程费）×3.05%	4386
3.3	工程勘察设计费		16207
3.3.2	设计费	设计费 ×100%	16207
3.4	设计文件评审费		1003
3.4.1	初步设计文件评审费	基本设计费 ×3.5%	481
3.4.2	施工图文件评审费	基本设计费 ×3.8%	522
3.5	施工过程造价咨询及竣工结算审核费	（建筑工程费 + 安装工程费 + 拆除工程费）×0.53%	800
3.7	工程检测费		216
3.7.1	工程质量检测费	（建筑工程费 + 安装工程费）×0.15%	216
3.9	技术经济标准编制费	（建筑工程费 + 安装工程费 + 拆除工程费）×0.1%	146
	合计		47407

表 11-14　　基本方案 G-110-PT 总概算表　　金额单位：万元

序号	工程或费用名称	含税金额	占工程静态投资的比例（%）	不含税金额	可抵扣增值税金额
一	建筑工程费	0.44	2.33	0.4	0.04
二	安装工程费	9.19	48.7	8.4	0.79
三	拆除工程费	0.2	1.06	0.18	0.02
四	设备购置费	5.33	28.25	4.72	0.61
	其中：编制基准期价差	0.31	1.64	0.31	
五	小计	15.16	80.34	13.7	1.46
	其中：甲供设备材料费	6.22	32.96	5.51	0.71
六	其他费用	3.71	19.66	3.47	0.24
七	基本预备费				
八	特殊项目				
九	工程静态投资合计	18.87	100	17.17	1.7
	其中：可抵扣增值税金额	1.7			1.7
	其中：施工费	9.94	52.68	9.12	0.82

表 11-15　　基本方案 G-110-PT 安装部分汇总概算表　　金额单位：元

序号	工程或费用名称	安装工程费			设备购置费	合计
		主要材料费	安装费	小计		
	安装工程	16088	75765	91853	53270	145123
二	配电装置	525	2200	2725	53270	55995
2	屋外配电装置	525	2200	2725	53270	55995
2.1	110kV 配电装置	525	2200	2725	53270	55995
六	电缆防护设施	11365	5477	16842		16842
1	电缆桥支架	8905	2337	11242		11242
2	电缆防火	2460	3140	5600		5600
七	全站接地	4198	1595	5793		5793
1	接地网	4198	1595	5793		5793
九	调试		66493	66493		66493
1	分系统调试		4983	4983		4983
3	特殊调试		61510	61510		61510
	合计	16088	75765	91853	53270	145123

表 11-16　　基本方案 G-110-PT 建筑部分汇总概算表　　金额单位：元

序号	工程或费用名称	设备费	主要材料费	建筑费	建筑工程费合计
	建筑工程			4418	4418
二	主变压器及配电装置建筑			4418	4418
2	110kV 构架及设备基础			4418	4418
2.2	设备支架及基础			4418	4418
	合计			4418	4418

表 11-17　　基本方案 G-110-PT 拆除部分汇总概算表　　金额单位：元

序号	工程或费用名称	拆除工程费
	拆除工程	2038
	建筑拆除	1038
二	主变压器及配电装置建筑	1038

续表

序号	工程或费用名称	拆除工程费
1	主变压器系统	844
1.1	构支架及基础	844
2	110kV 构架及设备基础	194
2.2	设备支架及基础	194
	安装拆除	1000
二	配电装置	1000
2	屋外配电装置	1000
2.1	110kV 配电装置	1000
	合计	2038

表 11-18　　基本方案 G-110-PT 其他费用概算表　　金额单位：元

序号	工程或费用项目名称	编制依据及计算说明	合价
1	建设场地征用及清理费		10000
1.2	施工场地租用费	10000 × 100%	10000
2	项目管理费		10011
2.1	管理经费	（建筑工程费 + 安装工程费 + 拆除工程费）× 3.53%	3470
2.2	招标费	（建筑工程费 + 安装工程费 + 拆除工程费）× 1.81%	1779
2.3	工程监理费	（建筑工程费 + 安装工程费 + 拆除工程费）× 4.41%	4335
2.4	设备材料监造费	设备购置费 × 0.8%	426
3	项目技术服务费		17039
3.1	前期工作费	（建筑工程费 + 安装工程费）× 3.05%	2936
3.3	工程勘察设计费		12299
3.3.2	设计费	设计费 × 100%	12299
3.4	设计文件评审费		761
3.4.1	初步设计文件评审费	基本设计费 × 3.5%	365
3.4.2	施工图文件评审费	基本设计费 × 3.8%	396
3.5	施工过程造价咨询及竣工结算审核费	（建筑工程费 + 安装工程费 + 拆除工程费）× 0.53%	800
3.7	工程检测费		144
3.7.1	工程质量检测费	（建筑工程费 + 安装工程费）× 0.15%	144
3.9	技术经济标准编制费	（建筑工程费 + 安装工程费 + 拆除工程费）× 0.1%	98
	合计		37050

表 11-19　　基本方案 G-35-PT 总概算表　　金额单位：万元

序号	工程或费用名称	含税金额	占工程静态投资的比例（%）	不含税金额	可抵扣增值税金额
一	建筑工程费	0.36	2.99	0.33	0.03
二	安装工程费	4.32	35.91	3.95	0.37
三	拆除工程费	0.13	1.08	0.12	0.01
四	设备购置费	5.58	46.38	4.94	0.64
	其中：编制基准期价差	0.15	1.25	0.15	
五	小计	10.39	86.37	9.34	1.05
	其中：甲供设备材料费	5.97	49.63	5.28	0.69
六	其他费用	1.64	13.63	1.55	0.09
七	基本预备费				
八	特殊项目				
九	工程静态投资合计	12.03	100	10.89	1.14
	其中：可抵扣增值税金额	1.14			1.14
	其中：施工费	4.42	36.74	4.06	0.36

表 11-20　　基本方案 G-35-PT 安装部分汇总概算表　　金额单位：元

序号	工程或费用名称	安装工程费			设备购置费	合计
		主要材料费	安装费	小计		
	安装工程	9117	34093	43210	55788	98998
二	配电装置	222	1536	1758	55788	57546
1	屋内配电装置	222	1536	1758	55788	57546
1.1	35kV 配电装置	222	1536	1758	55788	57546
六	电缆防护设施	4697	3097	7794		7794
1	电缆桥支架	3908	2337	6245		6245
2	电缆防火	789	760	1549		1549
七	全站接地	4198	1595	5793		5793
1	接地网	4198	1595	5793		5793
九	调试		27864	27864		27864
1	分系统调试		3162	3162		3162
3	特殊调试		24703	24703		24703
	合计	9117	34093	43210	55788	98998

表 11-21　　基本方案 G-35-PT 建筑部分汇总概算表　　金额单位：元

序号	工程或费用名称	设备费	主要材料费	建筑费	建筑工程费合计
	建筑工程			3568	3568
二	主变压器及配电装置建筑			3568	3568
2	35kV 构架及设备基础			3568	3568
2.2	设备支架及基础			3568	3568
	合计			3568	3568

表 11-22　　基本方案 G-35-PT 拆除部分汇总概算表　　金额单位：元

序号	工程或费用名称	拆除工程费
	拆除工程	1308
	建筑拆除	723
二	主变压器及配电装置建筑	723
1	35kV 构架及设备基础	723
1.2	设备支架及基础	723
	安装拆除	586
二	配电装置	586
2	屋外配电装置	586
2.1	35kV 配电装置	586
	合计	1308

表 11-23　　基本方案 G-35-PT 其他费用概算表　　金额单位：元

序号	工程或费用项目名称	编制依据及计算说明	合价
2	项目管理费		5135
2.1	管理经费	（建筑工程费 + 安装工程费 + 拆除工程费）×3.53%	1697
2.2	招标费	（建筑工程费 + 安装工程费 + 拆除工程费）×1.81%	870
2.3	工程监理费	（建筑工程费 + 安装工程费 + 拆除工程费）×4.41%	2121
2.4	设备材料监造费	设备购置费 ×0.8%	446
3	项目技术服务费		11303
3.1	前期工作费	（建筑工程费 + 安装工程费）×3.05%	1427

续表

序号	工程或费用项目名称	编制依据及计算说明	合价
3.3	工程勘察设计费		8436
3.3.2	设计费	设计费 ×100%	8436
3.4	设计文件评审费		522
3.4.1	初步设计文件评审费	基本设计费 ×3.5%	250
3.4.2	施工图文件评审费	基本设计费 ×3.8%	272
3.5	施工过程造价咨询及竣工结算审核费	（建筑工程费 + 安装工程费 + 拆除工程费）×0.53%	800
3.7	工程检测费		70
3.7.1	工程质量检测费	（建筑工程费 + 安装工程费）×0.15%	70
3.9	技术经济标准编制费	（建筑工程费 + 安装工程费 + 拆除工程费）×0.1%	48
	合计		16437

表 11-24　基本方案 G-10-PT 总概算表　金额单位：万元

序号	工程或费用名称	含税金额	占工程静态投资的比例（%）	不含税金额	可抵扣增值税金额
一	建筑工程费	0.32	5.76	0.29	0.03
二	安装工程费	3.55	63.85	3.24	0.31
三	拆除工程费	0.1	1.8	0.09	0.01
四	设备购置费	0.6	10.79	0.53	0.07
	其中：编制基准期价差	0.12	2.16	0.12	
五	小计	4.57	82.19	4.15	0.42
	其中：甲供设备材料费	1	17.99	0.89	0.11
六	其他费用	0.99	17.81	0.93	0.06
七	基本预备费				
八	特殊项目				
九	工程静态投资合计	5.56	100	5.08	0.48
	其中：可抵扣增值税金额	0.48			0.48
	其中：施工费	3.58	64.39	3.28	0.3

表 11-25　　基本方案 G-10-PT 安装部分汇总概算表　　金额单位：元

序号	工程或费用名称	安装工程费			设备购置费	合计
		主要材料费	安装费	小计		
	安装工程	8869	26604	35473	6042	41515
二	配电装置	222	812	1034	6042	7076
2	屋外配电装置	222	812	1034	6042	7076
2.1	10kV 配电装置	222	812	1034	6042	7076
六	电缆防护设施	4449	2831	7280		7280
1	电缆桥支架	3908	2337	6245		6245
2	电缆防火	541	494	1035		1035
七	全站接地	4198	1595	5793		5793
1	接地网	4198	1595	5793		5793
九	调试		21365	21365		21365
1	分系统调试		996	996		996
3	特殊调试		20369	20369		20369
	合计	8869	26604	35473	6042	41515

表 11-26　　基本方案 G-10-PT 建筑部分汇总概算表　　金额单位：元

序号	工程或费用名称	设备费	主要材料费	建筑费	建筑工程费合计
	建筑工程			3228	3228
二	主变压器及配电装置建筑			3228	3228
2	10kV 构架及设备基础			3228	3228
2.2	设备支架及基础			3228	3228
	合计			3228	3228

表 11-27　　基本方案 G-10-PT 拆除部分汇总概算表　　金额单位：元

序号	工程或费用名称	拆除工程费
	拆除工程	964
	建筑拆除	706
二	主变压器及配电装置建筑	706

续表

序号	工程或费用名称	拆除工程费
2	10kV 构架及设备基础	706
2.2	设备支架及基础	706
	安装拆除	258
二	配电装置	258
2	屋外配电装置	258
2.1	10kV 配电装置	258
	合计	964

表 11-28　　基本方案 G-10-PT 其他费用概算表　　金额单位：元

序号	工程或费用项目名称	编制依据及计算说明	合价
2	项目管理费		3916
2.1	管理经费	（建筑工程费 + 安装工程费 + 拆除工程费）×3.53%	1400
2.2	招标费	（建筑工程费 + 安装工程费 + 拆除工程费）×1.81%	718
2.3	工程监理费	（建筑工程费 + 安装工程费 + 拆除工程费）×4.41%	1749
2.4	设备材料监造费	设备购置费 ×0.8%	48
3	项目技术服务费		5986
3.1	前期工作费	（建筑工程费 + 安装工程费）×3.05%	1180
3.3	工程勘察设计费		3680
3.3.2	设计费	设计费 ×100%	3680
3.4	设计文件评审费		228
3.4.1	初步设计文件评审费	基本设计费 ×3.5%	109
3.4.2	施工图文件评审费	基本设计费 ×3.8%	119
3.5	施工过程造价咨询及竣工结算审核费	（建筑工程费 + 安装工程费 + 拆除工程费）×0.53%	800
3.7	工程检测费		58
3.7.1	工程质量检测费	（建筑工程费 + 安装工程费）×0.15%	58
3.9	技术经济标准编制费	（建筑工程费 + 安装工程费 + 拆除工程费）×0.1%	40
	合计		9901

11.6　典型造价

更换电压互感器工程典型方案单位造价见表 11–29。

表 11–29　　　　更换电压互感器工程典型方案单位造价

方案编号	项目名称	电压等级	型号	单位	单位造价
G–500–PT	更换电压互感器	500kV	电容式	万元 / 台	46.72
G–220–PT		220kV	电容式	万元 / 台	24.66
G–110–PT		110kV	电容式	万元 / 台	18.87
G–35–PT–1		35kV	电容式	万元 / 台	12.03
G–10–PT		10kV	电磁式	万元 / 台	5.56

第 12 章　更换并联电容器

12.1　典型方案

本典型方案为更换并联电容器工程，电压等级采用 35、10kV，类型考虑框架式、集合式。电气部分只考虑拆除原框架式或集合式电容器组、进线电缆和两端电缆终端，以及新上框架式或集合式电容器组、进线电缆和两端电缆终端，不考虑设备接地、绝缘护套等费用。

土建部分只考虑新建电容器组基础、网门基础、隔离开关支架及基础，拆除电容器组基础、网门基础、隔离开关支架及基础，不考虑地坪恢复、地基处理、土方外运等费用。

电容器基础做法：电容器基础、网门基础采用 C30 现浇混凝土基础，C15 混凝土垫层；隔离开关支架采用 ϕ300、电焊直缝圆形钢管柱，基础采用露明地脚螺栓基础，C30 级混凝土现浇基础、C15 混凝土垫层。

12.2　一次设备材料表

更换并联电容器工程典型方案电气一次设备材料表见表 12-1。

表 12-1　　更换并联电容器工程典型方案电气一次设备材料表

方案编号	项目名称	电压等级	方案	单位	设备材料明细	数量
H-35-C-1	更换并联电容器	35kV	框架	1 组	新上：35kV 框架式电容器组（含电抗器），10000kvar	1 组
					新上：高压电力电缆 YJV32-26/35 3×185	75m
					新上：电缆终端（适用于 3×185 电缆）	2 套
					新上：接地引下线，热镀锌圆钢 ϕ22	100m
					新上：接地上引线，铜排 40×5	20m

续表

方案编号	项目名称	电压等级	方案	单位	设备材料明细	数量
H-35-C-1	更换并联电容器	35kV	框架	1 组	拆除：35kV 框架式电容器组（含电抗器），×××××kvar	1 组
					拆除：高压电力电缆 YJV32-26/35 3××××	75m
					拆除：电缆终端（适用于 3×××× 电缆）	2 套
H-35-C-2		35kV	集合	1 组	新上：35kV 集合式电容器组（含电抗器），10000kvar	1 组
					新上：高压电力电缆 YJV32-26/35 3×185	75m
					新上：电缆终端（适用于 3×185 电缆）	2 套
					新上：接地引下线，热镀锌圆钢 ϕ22	100m
					新上：接地上引线，铜排 40×5	20m
					拆除：35kV 框架式电容器组（含电抗器），×××××kvar	1 组
					拆除：高压电力电缆 YJV32-26/35 3××××	75m
					拆除：电缆终端（适用于 3×××× 电缆）	2 套
H-10-C-1		10kV	框架	1 组	新上：10kV 框架式电容器组（含电抗器），10000kvar	1 组
					新上：高压电力电缆 YJV32-8.7/103×240	75m
					新上：电缆终端（适用于 3×240 电缆）	2 套
					新上：接地引下线，热镀锌圆钢 ϕ22	100m
					新上：接地上引线，铜排 40×5	20m
					拆除：10kV 框架式电容器组（含电抗器），×××××kvar	1 组
					拆除：高压电力电缆 YJV32-8.7/103××××	75m
					拆除：电缆终端（适用于 3×××× 电缆）	2 套
H-10-C-2		10kV	集合	1 组	新上：10kV 集合式电容器组（含电抗器），6000kvar	1 组
					新上：高压电力电缆 YJV32-8.7/103×240	75m

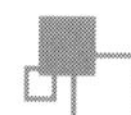

续表

方案编号	项目名称	电压等级	方案	单位	设备材料明细	数量
H-10-C-2	更换并联电容器	10kV	集合	1 组	新上：电缆终端（适用于 3×240 电缆）	2 套
					新上：接地引下线，热镀锌圆钢 ϕ22	100m
					新上：接地上引线，铜排 40×5	20m
					拆除：10kV 集合式电容器组（含电抗器），×××××kvar	1 组
					拆除：高压电力电缆 YJV32-8.7/103××××	75m
					拆除：电缆终端（适用于 3×××× 电缆）	2 套

12.3　二次设备材料表

更换并联电容器工程典型方案电气二次设备材料表见表 12-2。

表 12-2　　　　更换并联电容器工程典型方案电气二次材料表

方案编号	项目名称	电压等级	方案	单位	名称	单位	数量
H-35-C-1	更换并联电容器	35kV	框架	1 组	控制电缆	km	0.1
					电力电缆	km	0.05
					防火涂料	kg	20
					防火堵料	kg	30
					镀锌钢管	m	150
					耐火包	kg	30
H-35-C-2		35kV	集合	1 组	控制电缆	km	0.1
					电力电缆	km	0.05
					防火涂料	kg	20
					防火堵料	kg	30
					镀锌钢管	m	150
					耐火包	kg	30
H-10-C-1		10kV	框架	1 组	控制电缆	km	0.1
					电力电缆	km	0.05

续表

方案编号	项目名称	电压等级	方案	单位	名称	单位	数量
H-10-C-1	更换并联电容器	10kV	框架	1 组	防火涂料	kg	10
					防火堵料	kg	20
					镀锌钢管	m	100
					耐火包	kg	20
H-10-C-2		10kV	集合	1 组	控制电缆	km	0.1
					电力电缆	km	0.05
					防火涂料	kg	10
					防火堵料	kg	20
					镀锌钢管	m	100
					耐火包	kg	20

12.4 建筑工程量表

更换并联电容器工程典型方案建筑工程量表见表 12-3。

表 12-3　　更换并联电容器工程典型方案建筑工程量表

序号	名称	单位工程量	单位	数量
H-35-C-1 新建量	框架电容器基础	网门基础 10m^3，基础混凝土 22m^3 隔离开关支架 700kg	组	1
H-35-C-1 拆除量	框架电容器基础	网门基础 8m^3，基础混凝土 20m^3 隔离开关支架 600kg	组	1
H-35-C-2 新建量	集合电容器基础	网门基础 10m^3，基础混凝土 22m^3 隔离开关支架 700kg	组	1
H-35-C-2 拆除量	集合电容器基础	网门基础 8m^3，基础混凝土 20m^3 隔离开关支架 600kg	组	1
H-10-C-1 新建量	框架电容器基础	网门基础 6m^3，基础混凝土 12m^3 隔离开关支架 700kg	组	1
H-10-C-1 拆除量	框架电容器基础	网门基础 4m^3，基础混凝土 10m^3 隔离开关支架 600kg	组	1
H-10-C-2 新建量	集合电容器基础	网门基础 6m^3，基础混凝土 12m^3 隔离开关支架 700kg	组	1
H-10-C-2 拆除量	集合电容器基础	网门基础 4m^3，基础混凝土 10m^3 隔离开关支架 600kg	组	1

12.5　概算书

更换并联电容器工程典型方案概算书包括总概算表、安装部分汇总概算表、建筑部分汇总概算表、拆除部分汇总概算表、其他费用概算表。基本方案 H-35-C-1、H-35-C-2、H-10-C-1、H-10-C-2 的上述概算表见表 12-4 ~ 表 12-23。

表 12-4　　基本方案 H-35-C-1 总概算表　　金额单位：万元

序号	工程或费用名称	含税金额	占工程静态投资的比例（%）	不含税金额	可抵扣增值税金额
一	建筑工程费	5.01	8.41	4.6	0.41
二	安装工程费	19.6	32.89	17.81	1.79
三	拆除工程费	1.25	2.1	1.15	0.1
四	设备购置费	24.83	41.66	21.98	2.85
	其中：编制基准期价差	1.12	1.88	1.12	
五	小计	50.69	85.05	45.54	5.15
	其中：甲供设备材料费	30.03	50.39	26.58	3.45
六	其他费用	8.91	14.95	8.38	0.53
七	基本预备费				
八	特殊项目				
九	工程静态投资合计	59.6	100	53.92	5.68
	其中：可抵扣增值税金额	5.68			5.68
	其中：施工费	21.67	36.36	19.88	1.79

表 12-5　　基本方案 H-35-C-1 安装部分汇总概算表　　金额单位：元

序号	工程或费用名称	安装工程费			设备购置费	合计
		主要材料费	安装费	小计		
	安装工程	57770	138245	196015	248326	444342
三	无功补偿装置		12167	12167	248326	260493
4	低压电容器		12167	12167	248326	260493
六	电缆防护设施	53600	3560	57161		57161
1	电缆桥支架	52959	2772	55730		55730

续表

序号	工程或费用名称	安装工程费			设备购置费	合计
		主要材料费	安装费	小计		
2	电缆防火	641	789	1430		1430
七	全站接地	4170	1591	5761		5761
1	接地网	4170	1591	5761		5761
九	调试		120926	120926		120926
1	分系统调试		12630	12630		12630
3	特殊调试		108296	108296		108296
	合计	57770	138245	196015	248326	444342

表 12-6　　基本方案 H-35-C-1 建筑部分汇总概算表　　金额单位：元

序号	工程或费用名称	设备费	主要材料费	建筑费	建筑工程费合计
	建筑工程		8561	41514	50075
二	主变压器及配电装置建筑		8561	41514	50075
4	低压电容器		8561	41514	50075
	合计		8561	41514	50075

表 12-7　　基本方案 H-35-C-1 拆除部分汇总概算表　　金额单位：元

序号	工程或费用名称	拆除工程费
	拆除工程	12547
	建筑拆除	8386
二	主变压器及配电装置建筑	8386
4	低压电容器	8386
	安装拆除	4161
三	无功补偿装置	3087
4	低压电容器	3087
六	电缆防护设施	1073
1	电缆桥支架	1073
	合计	12547

表 12-8 基本方案 H-35-C-1 其他费用概算表 金额单位：元

序号	工程或费用项目名称	编制依据及计算说明	合价
1	建设场地征用及清理费		10000
1.2	施工场地租用费	10000×100%	10000
2	项目管理费		26459
2.1	管理经费	（建筑工程费＋安装工程费＋拆除工程费）×3.53%	9130
2.2	招标费	（建筑工程费＋安装工程费＋拆除工程费）×1.81%	4681
2.3	工程监理费	（建筑工程费＋安装工程费＋拆除工程费）×4.41%	11406
2.4	设备材料监造费	设备购置费 ×0.5%	1242
3	项目技术服务费		52684
3.1	前期工作费	（建筑工程费＋安装工程费）×3.05%	7506
3.3	工程勘察设计费		40664
3.3.2	设计费	设计费 ×100%	40664
3.4	设计文件评审费		2516
3.4.1	初步设计文件评审费	基本设计费 ×3.5%	1206
3.4.2	施工图文件评审费	基本设计费 ×3.8%	1310
3.5	施工过程造价咨询及竣工结算审核费	（建筑工程费＋安装工程费＋拆除工程费）×0.53%	1371
3.7	工程检测费		369
3.7.1	工程质量检测费	（建筑工程费＋安装工程费）×0.15%	369
3.9	技术经济标准编制费	（建筑工程费＋安装工程费＋拆除工程费）×0.1%	259
	合计		89143

表 12-9 基本方案 H-35-C-2 总概算表 金额单位：万元

序号	工程或费用名称	含税金额	占工程静态投资的比例(%)	不含税金额	可抵扣增值税金额
一	建筑工程费	5.17	4.7	4.74	0.43
二	安装工程费	20.65	18.76	18.78	1.87
三	拆除工程费	1.25	1.14	1.15	0.1
四	设备购置费	69.68	63.3	61.68	8

续表

序号	工程或费用名称	含税金额	占工程静态投资的比例（%）	不含税金额	可抵扣增值税金额
	其中：编制基准期价差	1.3	1.18	1.3	
五	小计	96.75	87.89	86.35	10.4
	其中：甲供设备材料费	74.88	68.02	66.28	8.6
六	其他费用	13.33	12.11	12.55	0.78
七	基本预备费				
八	特殊项目				
九	工程静态投资合计	110.08	100	98.9	11.18
	其中：可抵扣增值税金额	11.18			11.18
	其中：施工费	22.88	20.78	20.99	1.89

表 12-10 基本方案 H-35-C-2 安装部分汇总概算表 金额单位：元

序号	工程或费用名称	安装工程费			设备购置费	合计
		主要材料费	安装费	小计		
	安装工程	57770	148777	206548	696844	903392
三	无功补偿装置		12167	12167	696844	709011
4	低压电容器		12167	12167	696844	709011
六	电缆防护设施	53600	3560	57161		57161
1	电缆桥支架	52959	2772	55730		55730
2	电缆防火	641	789	1430		1430
七	全站接地	4170	1591	5761		5761
1	接地网	4170	1591	5761		5761
九	调试		131459	131459		131459
1	分系统调试		12630	12630		12630
3	特殊调试		118829	118829		118829
	合计	57770	148777	206548	696844	903392

表 12-11　　基本方案 H-35-C-2 建筑部分汇总概算表　　金额单位：元

序号	工程或费用名称	设备费	主要材料费	建筑费	建筑工程费合计
	建筑工程		8561	43102	51664
二	主变压器及配电装置建筑		8561	43102	51664
4	低压电容器		8561	43102	51664
	合计		8561	43102	51664

表 12-12　　基本方案 H-35-C-2 拆除部分汇总概算表　　金额单位：元

序号	工程或费用名称	拆除工程费
	拆除工程	12547
	建筑拆除	8386
二	主变压器及配电装置建筑	8386
4	低压电容器	8386
	安装拆除	4161
三	无功补偿装置	3087
4	低压电容器	3087
六	电缆防护设施	1073
1	电缆桥支架	1073
	合计	12547

表 12-13　　基本方案 H-35-C-2 其他费用概算表　　金额单位：元

序号	工程或费用项目名称	编制依据及计算说明	合价
1	建设场地征用及清理费		10000
1.2	施工场地租用费	10000 × 100%	10000
2	项目管理费		29883
2.1	管理经费	（建筑工程费 + 安装工程费 + 拆除工程费）× 3.53%	9558
2.2	招标费	（建筑工程费 + 安装工程费 + 拆除工程费）× 1.81%	4901
2.3	工程监理费	（建筑工程费 + 安装工程费 + 拆除工程费）× 4.41%	11940
2.4	设备材料监造费	设备购置费 × 0.5%	3484
3	项目技术服务费		93377

续表

序号	工程或费用项目名称	编制依据及计算说明	合价
3.1	前期工作费	（建筑工程费 + 安装工程费）× 3.05%	7875
3.3	工程勘察设计费		78549
3.3.2	设计费	设计费 × 100%	78549
3.4	设计文件评审费		4859
3.4.1	初步设计文件评审费	基本设计费 × 3.5%	2330
3.4.2	施工图文件评审费	基本设计费 × 3.8%	2530
3.5	施工过程造价咨询及竣工结算审核费	（建筑工程费 + 安装工程费 + 拆除工程费）× 0.53%	1435
3.7	工程检测费		387
3.7.1	工程质量检测费	（建筑工程费 + 安装工程费）× 0.15%	387
3.9	技术经济标准编制费	（建筑工程费 + 安装工程费 + 拆除工程费）× 0.1%	271
	合计		133261

表 12-14　　基本方案 H-10-C-1 总概算表　　金额单位：万元

序号	工程或费用名称	含税金额	占工程静态投资的比例（%）	不含税金额	可抵扣增值税金额
一	建筑工程费	3.06	5.99	2.81	0.25
二	安装工程费	15.1	29.57	13.72	1.38
三	拆除工程费	0.83	1.63	0.76	0.07
四	设备购置费	24.6	48.17	21.78	2.82
	其中：编制基准期价差	0.76	1.49	0.76	
五	小计	43.59	85.35	39.07	4.52
	其中：甲供设备材料费	29.39	57.55	26.03	3.36
六	其他费用	7.48	14.65	7.03	0.45
七	基本预备费				
八	特殊项目				
九	工程静态投资合计	51.07	100	46.1	4.97
	其中：可抵扣增值税金额	4.97			4.97
	其中：施工费	15.2	29.76	13.95	1.25

表 12-15　　基本方案 H-10-C-1 安装部分汇总概算表　　金额单位：元

序号	工程或费用名称	安装工程费			设备购置费	合计
		主要材料费	安装费	小计		
	安装工程	52437	98540	150977	246010	396987
三	无功补偿装置		12216	12216	246010	258226
4	低压电容器		12216	12216	246010	258226
六	电缆防护设施	48267	3131	51398		51398
1	电缆桥支架	47888	2691	50578		50578
2	电缆防火	379	440	820		820
七	全站接地	4170	1593	5763		5763
1	接地网	4170	1593	5763		5763
九	调试		81601	81601		81601
1	分系统调试		4779	4779		4779
3	特殊调试		76822	76822		76822
	合计	52437	98540	150977	246010	396987

表 12-16　　基本方案 H-10-C-1 建筑部分汇总概算表　　金额单位：元

序号	工程或费用名称	设备费	主要材料费	建筑费	建筑工程费合计
	建筑工程		4670	25903	30573
二	主变压器及配电装置建筑		4670	25903	30573
4	低压电容器		4670	25903	30573
	合计		4670	25903	30573

表 12-17　　基本方案 H-10-C-1 拆除部分汇总概算表　　金额单位：元

序号	工程或费用名称	拆除工程费
	拆除工程	8329
	建筑拆除	4446
二	主变压器及配电装置建筑	4446
4	低压电容器	4446
	安装拆除	3884

续表

序号	工程或费用名称	拆除工程费
三	无功补偿装置	3087
4	低压电容器	3087
六	电缆防护设施	796
1	电缆桥支架	796
	合计	8329

表 12-18　　基本方案 H-10-C-1 其他费用概算表　　金额单位：元

序号	工程或费用项目名称	编制依据及计算说明	合价
1	建设场地征用及清理费		10000
1.2	施工场地租用费	10000×100%	10000
2	项目管理费		20481
2.1	管理经费	（建筑工程费＋安装工程费＋拆除工程费）×3.53%	6703
2.2	招标费	（建筑工程费＋安装工程费＋拆除工程费）×1.81%	3437
2.3	工程监理费	（建筑工程费＋安装工程费＋拆除工程费）×4.41%	8374
2.4	设备材料监造费	设备购置费 ×0.8%	1968
3	项目技术服务费		44346
3.1	前期工作费	（建筑工程费＋安装工程费）×3.05%	5537
3.3	工程勘察设计费		35165
3.3.2	设计费	设计费 ×100%	35165
3.4	设计文件评审费		2175
3.4.1	初步设计文件评审费	基本设计费 ×3.5%	1043
3.4.2	施工图文件评审费	基本设计费 ×3.8%	1132
3.5	施工过程造价咨询及竣工结算审核费	（建筑工程费＋安装工程费＋拆除工程费）×0.53%	1006
3.7	工程检测费		272
3.7.1	工程质量检测费	（建筑工程费＋安装工程费）×0.15%	272
3.9	技术经济标准编制费	（建筑工程费＋安装工程费＋拆除工程费）×0.1%	190
	合计		74828

表 12-19　　基本方案 H-10-C-2 总概算表　　金额单位：万元

序号	工程或费用名称	含税金额	占工程静态投资的比例（%）	不含税金额	可抵扣增值税金额
一	建筑工程费	3.07	4.68	2.82	0.25
二	安装工程费	14.6	22.27	13.24	1.36
三	拆除工程费	0.86	1.31	0.79	0.07
四	设备购置费	38.35	58.49	33.95	4.4
	其中：编制基准期价差	0.74	1.13	0.74	
五	小计	56.88	86.75	50.8	6.08
	其中：甲供设备材料费	43.27	65.99	38.3	4.97
六	其他费用	8.69	13.25	8.17	0.52
七	基本预备费				
八	特殊项目				
九	工程静态投资合计	65.57	100	58.97	6.6
	其中：可抵扣增值税金额	6.6			6.6
	其中：施工费	14.6	22.27	13.39	1.21

表 12-20　　基本方案 H-10-C-2 安装部分汇总概算表　　金额单位：元

序号	工程或费用名称	安装工程费			设备购置费	合计
		主要材料费	安装费	小计		
	安装工程	53762	92188	145950	383466	529416
三	无功补偿装置		5864	5864	383466	389329
4	低压电容器		5864	5864	383466	389329
六	电缆防护设施	49592	3131	52723		52723
1	电缆桥支架	49213	2691	51904		51904
2	电缆防火	379	440	820		820
七	全站接地	4170	1593	5763		5763
1	接地网	4170	1593	5763		5763
九	调试		81601	81601		81601
1	分系统调试		4779	4779		4779
3	特殊调试		76822	76822		76822
	合计	53762	92188	145950	383466	529416

表 12-21　　基本方案 H-10-C-2 建筑部分汇总概算表　　金额单位：元

序号	工程或费用名称	设备费	主要材料费	建筑费	建筑工程费合计
	建筑工程		4670	26015	30685
二	主变压器及配电装置建筑		4670	26015	30685
4	低压电容器		4670	26015	30685
	合计		4670	26015	30685

表 12-22　　基本方案 H-10-C-2 拆除部分汇总概算表　　金额单位：元

序号	工程或费用名称	拆除工程费
	拆除工程	8606
	建筑拆除	4446
二	主变压器及配电装置建筑	4446
4	低压电容器	4446
	安装拆除	4161
三	无功补偿装置	3087
4	低压电容器	3087
六	电缆防护设施	1073
1	电缆桥支架	1073
	合计	8606

表 12-23　　基本方案 H-10-C-2 其他费用概算表　　金额单位：元

序号	工程或费用项目名称	编制依据及计算说明	合价
1	建设场地征用及清理费		10000
1.2	施工场地租用费	10000 × 100%	10000
2	项目管理费		21129
2.1	管理经费	（建筑工程费 + 安装工程费 + 拆除工程费）× 3.53%	6539
2.2	招标费	（建筑工程费 + 安装工程费 + 拆除工程费）× 1.81%	3353
2.3	工程监理费	（建筑工程费 + 安装工程费 + 拆除工程费）× 4.41%	8169
2.4	设备材料监造费	设备购置费 × 0.8%	3068
3	项目技术服务费		55735

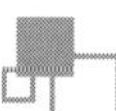

续表

序号	工程或费用项目名称	编制依据及计算说明	合价
3.1	前期工作费	（建筑工程费 + 安装工程费）× 3.05%	5387
3.3	工程勘察设计费		46066
3.3.2	设计费	设计费 × 100%	46066
3.4	设计文件评审费		2850
3.4.1	初步设计文件评审费	基本设计费 × 3.5%	1366
3.4.2	施工图文件评审费	基本设计费 × 3.8%	1483
3.5	施工过程造价咨询及竣工结算审核费	（建筑工程费 + 安装工程费 + 拆除工程费）× 0.53%	982
3.7	工程检测费		265
3.7.1	工程质量检测费	（建筑工程费 + 安装工程费）× 0.15%	265
3.9	技术经济标准编制费	（建筑工程费 + 安装工程费 + 拆除工程费）× 0.1%	185
	合计		86864

12.6　典型造价

更换并联电容器工程典型方案单位造价见表 12-24。

表 12-24　　更换并联电容器工程典型方案单位造价

方案编号	项目名称	电压等级	型号	单位	单位造价
H-35-C-1	更换并联电容器	35kV	框架，10MVA	万元 / 组	59.6
H-35-C-2		35kV	集合，10MVA	万元 / 组	110.08
H-10-C-1		10kV	框架，10MVA	万元 / 组	51.07
H-10-C-2		10kV	集合，6MVA	万元 / 组	65.57

第 13 章　更换避雷器

13.1　典型方案

本典型方案为更换避雷器工程，电压等级采用 500、220、110、35kV。电气部分只考虑拆除避雷器和避雷器进线引下线、新上避雷器和避雷器进线引下线，不考虑设备接地、绝缘护套等费用。

土建部分只考虑拆除及新建避雷器支架及基础，不考虑地坪恢复、地基处理、土方外运等费用。

设备支架采用 ϕ300、电焊直缝圆形钢管柱，基础采用露明地脚螺栓基础，C30 级混凝土现浇基础、C15 混凝土垫层。钢结构防腐：采用热镀锌防腐。

13.2　一次设备材料表

更换避雷器工程典型方案电气一次设备材料表见表 13-1。

表 13-1　　更换避雷器工程典型方案电气一次设备材料表

方案编号	项目名称	电压等级	单位	设备材料明细	数量
I-500-BLQ	更换避雷器	500kV	1 只	新上：交流避雷器，AC 500kV	1 只
				新上：设备间连线 2×（LGKK-600）	1 组
				新上：接地引下线，热镀锌扁钢 80×10	50m
				新上：接地上引线，铜排 40×5	20m
				拆除：交流避雷器，AC 500kV	1 只
				拆除：设备间连线 2××××	1 组
I-220-BLQ		220kV	1 只	新上：交流避雷器，AC 220kV	1 只
				新上：设备间连线 LGJ-500/35	1 组
				新上：接地引下线，热镀锌扁钢 80×10	50m
				新上：接地上引线，铜排 40×5	20m

续表

方案编号	项目名称	电压等级	单位	设备材料明细	数量
I–220–BLQ	更换避雷器	220kV	1 只	拆除：交流避雷器，AC 220kV	1 只
				拆除：设备间连线 ×××	1 组
I–110–BLQ		110kV	1 只	新上：交流避雷器，AC 110kV	1 只
				新上：设备间连线 LGJ–400/35	1 组
				新上：接地引下线，热镀锌扁钢 80×8	50m
				新上：接地上引线，铜排 40×5	20m
				拆除：交流避雷器，AC 110kV	1 只
				拆除：设备间连线 ×××	1 组
I–35–BLQ		35kV	1 只	新上：交流避雷器，AC 35kV	1 只
				新上：设备间连线 LGJ–400/35	1 组
				新上：接地引下线，热镀锌扁钢 80×10	50m
				新上：接地上引线，铜排 40×5	20m
				拆除：交流避雷器，AC 35kV	1 只
				拆除：设备间连线 ×××	1 组

13.3　二次设备材料表

更换避雷器工程典型方案电气二次设备材料表见表 13–2。

表 13–2　　　　更换避雷器工程典型方案电气二次设备材料表

方案编号	项目名称	电压等级	单位	名称	单位	数量
I–500–BLQ	更换避雷器	500kV	1 只	控制电缆	km	1
				电力电缆	km	0.1
				防火涂料	kg	55
				防火堵料	kg	100
				耐火包	kg	100
				镀锌钢管	m	300
				电缆沟掀盖板	m	200
				避雷器计数器	只	1
				防火隔板	m^2	30

续表

方案编号	项目名称	电压等级	单位	名称	单位	数量
I–220–BLQ	更换避雷器	220kV	1 只	控制电缆	km	0.5
				电力电缆	km	0.1
				防火涂料	kg	35
				防火堵料	kg	80
				耐火包	kg	80
				镀锌钢管	m	200
				电缆沟掀盖板	m	150
				避雷器计数器	只	1
				防火隔板	m^2	20
I–110–BLQ		110kV	1 只	避雷器计数器	只	1
				防火隔板	m^2	20

13.4　建筑工程量表

更换避雷器工程典型方案建筑工程量表见表 13–3。

表 13–3　　　　　更换避雷器工程典型方案建筑工程量表

方案编号	方案	单位	数量	备注
I–500–BLQ	避雷器支架新建量	kg	400	直径 400mm 钢管 1 根
	避雷器支架拆除量	kg	380	拆除混凝土基础 5 立方
I–220–BLQ	避雷器支架新建量	kg	250	直径 300mm 钢管
	避雷器支架拆除量	kg	220	拆除混凝土基础 2 立方
I–110–BLQ	避雷器支架新建量	kg	250	直径 300mm 钢管 1 根
	避雷器支架拆除量	kg	220	拆除混凝土基础 2 立方
I–35–BLQ	避雷器支架新建量	kg	200	直径 300mm 钢管 1 根
	避雷器支架拆除量	kg	190	拆除混凝土基础 2 立方

13.5　概算书

更换避雷器工程典型方案概算书包括总概算表、安装部分汇总概算表、建筑部分汇总概算表、拆除部分汇总概算表、其他费用概算表。基本方案 I–500–BLQ、I–220–BLQ、I–100–BLQ、I–35–BLQ 的上述概算表见表 13–4 ~ 表 13–23。

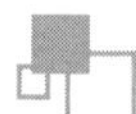

表 13-4　　基本方案 I-500-BLQ 总概算表　　金额单位：万元

序号	工程或费用名称	含税金额	占工程静态投资的比例（%）	不含税金额	可抵扣增值税金额
一	建筑工程费	0.59	1.64	0.54	0.05
二	安装工程费	20.82	57.91	19.04	1.78
三	拆除工程费	0.42	1.17	0.39	0.03
四	设备购置费	7.6	21.14	6.73	0.87
	其中：编制基准期价差	0.43	1.2	0.43	
五	小计	29.43	81.86	26.7	2.73
	其中：甲供设备材料费	9.63	26.79	8.52	1.11
六	其他费用	6.52	18.14	6.12	0.4
七	基本预备费				
八	特殊项目				
九	工程静态投资合计	35.95	100	32.82	3.13
	其中：可抵扣增值税金额	3.13			3.13
	其中：施工费	20.8	57.86	19.08	1.72

表 13-5　　基本方案 I-500-BLQ 安装部分汇总概算表　　金额单位：元

序号	工程或费用名称	安装工程费			设备购置费	合计
		主要材料费	安装费	小计		
	安装工程	71393	136799	208193	76029	284221
二	配电装置	29652	8342	37994	76029	114022
2	屋外配电装置	29652	8342	37994	76029	114022
2.1	500kV 配电装置	29652	8342	37994	76029	114022
六	电缆防护设施	37097	22132	59229		59229
1	电缆桥支架	31078	13851	44929		44929
2	电缆防火	6019	8281	14300		14300
七	全站接地	4644	1634	6278		6278
1	接地网	4644	1634	6278		6278
九	调试		104691	104691		104691
3	特殊调试		104691	104691		104691
	合计	71393	136799	208193	76029	284221

表 13-6　　基本方案 I-500-BLQ 建筑部分汇总概算表　　金额单位：元

序号	工程或费用名称	设备费	主要材料费	建筑费	建筑工程费合计
	建筑工程			5921	5921
二	主变压器及配电装置建筑			5921	5921
2	500kV 构架及设备基础			5921	5921
2.2	设备支架及基础			5921	5921
	合计			5921	5921

表 13-7　　基本方案 I-500-BLQ 拆除部分汇总概算表　　金额单位：元

序号	工程或费用名称	拆除工程费
	拆除工程	4175
	建筑拆除	1727
二	主变压器及配电装置建筑	1727
2	500kV 构架及设备基础	1727
2.2	设备支架及基础	1727
	安装拆除	2448
二	配电装置	2448
2	屋外配电装置	2448
2.1	500kV 配电装置	2448
	合计	4175

表 13-8　　基本方案 I-500-BLQ 其他费用概算表　　金额单位：元

序号	工程或费用项目名称	编制依据及计算说明	合价
1	建设场地征用及清理费		10000
1.2	施工场地租用费	10000 × 100%	10000
2	项目管理费		21663
2.1	管理经费	（建筑工程费 + 安装工程费 + 拆除工程费）× 3.53%	7706
2.2	招标费	（建筑工程费 + 安装工程费 + 拆除工程费）× 1.81%	3951
2.3	工程监理费	（建筑工程费 + 安装工程费 + 拆除工程费）× 4.41%	9627
2.4	设备材料监造费	设备购置费 × 0.5%	380

续表

序号	工程或费用项目名称	编制依据及计算说明	合价
3	项目技术服务费		33566
3.1	前期工作费	（建筑工程费 + 安装工程费）× 3.05%	6530
3.3	工程勘察设计费		23863
3.3.2	设计费	设计费 × 100%	23863
3.4	设计文件评审费		1476
3.4.1	初步设计文件评审费	基本设计费 × 3.5%	708
3.4.2	施工图文件评审费	基本设计费 × 3.8%	768
3.5	施工过程造价咨询及竣工结算审核费	（建筑工程费 + 安装工程费 + 拆除工程费）× 0.53%	1157
3.7	工程检测费		321
3.7.1	工程质量检测费	（建筑工程费 + 安装工程费）× 0.15%	321
3.9	技术经济标准编制费	（建筑工程费 + 安装工程费 + 拆除工程费）× 0.1%	218
	合计		65230

表 13-9　　基本方案 I-220-BLQ 总概算表　　金额单位：万元

序号	工程或费用名称	含税金额	占工程静态投资的比例（%）	不含税金额	可抵扣增值税金额
一	建筑工程费	0.37	2.19	0.34	0.03
二	安装工程费	11.46	67.93	10.45	1.01
三	拆除工程费	0.13	0.77	0.12	0.01
四	设备购置费	1.13	6.7	1	0.13
	其中：编制基准期价差	0.32	1.9	0.32	
五	小计	13.09	77.59	11.91	1.18
	其中：甲供设备材料费	3.15	18.67	2.79	0.36
六	其他费用	3.78	22.41	3.54	0.24
七	基本预备费				
八	特殊项目				
九	工程静态投资合计	16.87	100	15.45	1.42
	其中：可抵扣增值税金额	1.42			1.42
	其中：施工费	10.94	64.85	10.04	0.9

表 13-10　　基本方案 I-220-BLQ 安装部分汇总概算表　　金额单位：元

序号	工程或费用名称	安装工程费			设备购置费	合计
		主要材料费	安装费	小计		
	安装工程	30360	84270	114630	11278	125908
二	配电装置	1336	2164	3500	11278	14779
2	屋外配电装置	1336	2164	3500	11278	14779
2.1	220kV 配电装置	1336	2164	3500	11278	14779
六	电缆防护设施	24379	12671	37050		37050
1	电缆桥支架	20235	7065	27300		27300
2	电缆防火	4144	5606	9750		9750
七	全站接地	4644	1635	6280		6280
1	接地网	4644	1635	6280		6280
九	调试		67799	67799		67799
3	特殊调试		67799	67799		67799
	合计	30360	84270	114630	11278	125908

表 13-11　　基本方案 I-220-BLQ 建筑部分汇总概算表　　金额单位：元

序号	工程或费用名称	设备费	主要材料费	建筑费	建筑工程费合计
	建筑工程			3706	3706
二	主变压器及配电装置建筑			3706	3706
2	220kV 构架及设备基础			3706	3706
2.2	设备支架及基础			3706	3706
	合计			3706	3706

表 13-12　　基本方案 I-220-BLQ 拆除部分汇总概算表　　金额单位：元

序号	工程或费用名称	拆除工程费
	拆除工程	1290
	建筑拆除	748
二	主变压器及配电装置建筑	748
3	220kV 构架及设备基础	748

续表

序号	工程或费用名称	拆除工程费
3.2	设备支架及基础	748
	安装拆除	542
二	配电装置	542
2	屋外配电装置	542
2.1	220kV 配电装置	542
	合计	1290

表 13-13　　基本方案 I-220-BLQ 其他费用概算表　　金额单位：元

序号	工程或费用项目名称	编制依据及计算说明	合价
1	建设场地征用及清理费		10000
1.2	施工场地租用费	10000×100%	10000
2	项目管理费		11754
2.1	管理经费	（建筑工程费 + 安装工程费 + 拆除工程费）×3.53%	4223
2.2	招标费	（建筑工程费 + 安装工程费 + 拆除工程费）×1.81%	2165
2.3	工程监理费	（建筑工程费 + 安装工程费 + 拆除工程费）×4.41%	5275
2.4	设备材料监造费	设备购置费 ×0.8%	90
3	项目技术服务费		16026
3.1	前期工作费	（建筑工程费 + 安装工程费）×3.05%	3609
3.3	工程勘察设计费		10660
3.3.2	设计费	设计费 ×100%	10660
3.4	设计文件评审费		659
3.4.1	初步设计文件评审费	基本设计费 ×3.5%	316
3.4.2	施工图文件评审费	基本设计费 ×3.8%	343
3.5	施工过程造价咨询及竣工结算审核费	（建筑工程费 + 安装工程费 + 拆除工程费）×0.53%	800
3.7	工程检测费		178
3.7.1	工程质量检测费	（建筑工程费 + 安装工程费）×0.15%	178
3.9	技术经济标准编制费	（建筑工程费 + 安装工程费 + 拆除工程费）×0.1%	120
	合计		37780

表 13-14　　基本方案 I-110-BLQ 总概算表　　金额单位：万元

序号	工程或费用名称	含税金额	占工程静态投资的比例（%）	不含税金额	可抵扣增值税金额
一	建筑工程费	0.37	3.75	0.34	0.03
二	安装工程费	6.22	63.08	5.71	0.51
三	拆除工程费	0.13	1.32	0.12	0.01
四	设备购置费	0.56	5.68	0.5	0.06
	其中：编制基准期价差	0.19	1.93	0.19	
五	小计	7.28	73.83	6.67	0.61
	其中：甲供设备材料费	0.56	5.68	0.5	0.06
六	其他费用	2.58	26.17	2.41	0.17
七	基本预备费				
八	特殊项目				
九	工程静态投资合计	9.86	100	9.08	0.78
	其中：可抵扣增值税金额	0.78			0.78
	其中：施工费	7.72	78.3	7.08	0.64

表 13-15　　基本方案 I-110-BLQ 安装部分汇总概算表　　金额单位：元

序号	工程或费用名称	安装工程费			设备购置费	合计
		主要材料费	安装费	小计		
	安装工程	7423	54774	62197	5569	67766
二	配电装置	525	1108	1633	5569	7202
2	屋外配电装置	525	1108	1633	5569	7202
2.1	110kV 配电装置	525	1108	1633	5569	7202
六	电缆防护设施	2700	3971	6671		6671
2	电缆防火	2700	3971	6671		6671
七	全站接地	4198	1595	5793		5793
1	接地网	4198	1595	5793		5793
九	调试		48100	48100		48100
3	特殊调试		48100	48100		48100
	合计	7423	54774	62197	5569	67766

表 13-16　　基本方案 I-110-BLQ 建筑部分汇总概算表　　金额单位：元

序号	工程或费用名称	设备费	主要材料费	建筑费	建筑工程费合计
	建筑工程			3706	3706
二	主变压器及配电装置建筑			3706	3706
2	110kV 构架及设备基础			3706	3706
2.2	设备支架及基础			3706	3706
	合计			3706	3706

表 13-17　　基本方案 I-110-BLQ 拆除部分汇总概算表　　金额单位：元

序号	工程或费用名称	拆除工程费
	拆除工程	1290
	建筑拆除	748
二	主变压器及配电装置建筑	748
4	110kV 构架及设备基础	748
4.2	设备支架及基础	748
	安装拆除	542
二	配电装置	542
2	屋外配电装置	542
2.1	110kV 配电装置	542
	合计	1290

表 13-18　　基本方案 I-110-BLQ 其他费用概算表　　金额单位：元

序号	工程或费用项目名称	编制依据及计算说明	合价
1	建设场地征用及清理费		10000
1.2	施工场地租用费	10000 × 100%	10000
2	项目管理费		6596
2.1	管理经费	（建筑工程费 + 安装工程费 + 拆除工程费）× 3.53%	2372
2.2	招标费	（建筑工程费 + 安装工程费 + 拆除工程费）× 1.81%	1216
2.3	工程监理费	（建筑工程费 + 安装工程费 + 拆除工程费）× 4.41%	2963
2.4	设备材料监造费	设备购置费 × 0.8%	45

续表

序号	工程或费用项目名称	编制依据及计算说明	合价
3	项目技术服务费		9218
3.1	前期工作费	（建筑工程费 + 安装工程费）×3.05%	2010
3.3	工程勘察设计费		5878
3.3.2	设计费	设计费 ×100%	5878
3.4	设计文件评审费		364
3.4.1	初步设计文件评审费	基本设计费 ×3.5%	174
3.4.2	施工图文件评审费	基本设计费 ×3.8%	189
3.5	施工过程造价咨询及竣工结算审核费	（建筑工程费 + 安装工程费 + 拆除工程费）×0.53%	800
3.7	工程检测费		99
3.7.1	工程质量检测费	（建筑工程费 + 安装工程费）×0.15%	99
3.9	技术经济标准编制费	（建筑工程费 + 安装工程费 + 拆除工程费）×0.1%	67
	合计		25814

表 13-19　　基本方案 I-35-BLQ 总概算表　　金额单位：万元

序号	工程或费用名称	含税金额	占工程静态投资的比例（%）	不含税金额	可抵扣增值税金额
一	建筑工程费	0.3	7.52	0.28	0.02
二	安装工程费	2.57	64.41	2.36	0.21
三	拆除工程费	0.1	2.51	0.09	0.01
四	设备购置费	0.28	7.02	0.25	0.03
	其中：编制基准期价差	0.06	1.5	0.06	
五	小计	3.25	81.45	2.98	0.27
	其中：甲供设备材料费	0.28	7.02	0.25	0.03
六	其他费用	0.74	18.55	0.7	0.04
七	基本预备费				
八	特殊项目				
九	工程静态投资合计	3.99	100	3.68	0.31
	其中：可抵扣增值税金额	0.31			0.31
	其中：施工费	2.97	74.44	2.72	0.25

表 13-20　　基本方案 I-35-BLQ 安装部分汇总概算表　　金额单位：元

序号	工程或费用名称	安装工程费			设备购置费	合计
		主要材料费	安装费	小计		
	安装工程	4866	20856	25722	2799	28522
二	配电装置	222	623	845	2799	3644
2	屋外配电装置	222	623	845	2799	3644
2.1	35kV 配电装置	222	623	845	2799	3644
七	全站接地	4644	1635	6279		6279
1	接地网	4644	1635	6279		6279
九	调试		18598	18598		18598
3	特殊调试		18598	18598		18598
	合计	4866	20856	25722	2799	28522

表 13-21　　基本方案 I-35-BLQ 建筑部分汇总概算表　　金额单位：元

序号	工程或费用名称	设备费	主要材料费	建筑费	建筑工程费合计
	建筑工程			2965	2965
二	主变压器及配电装置建筑			2965	2965
2	35kV 构架及设备基础			2965	2965
2.2	设备支架及基础			2965	2965
	合计			2965	2965

表 13-22　　基本方案 I-35-BLQ 拆除部分汇总概算表　　金额单位：元

序号	工程或费用名称	拆除工程费
	拆除工程	1031
	建筑拆除	723
二	主变压器及配电装置建筑	723
2	35kV 构架及设备基础	723
2.2	设备支架及基础	723
	安装拆除	309
二	配电装置	309
2	屋外配电装置	309
2.1	35kV 配电装置	309
	合计	1031

表 13-23　　基本方案 I-35-BLQ 其他费用概算表　　金额单位：元

序号	工程或费用项目名称	编制依据及计算说明	合价
2	项目管理费		2920
2.1	管理经费	（建筑工程费 + 安装工程费 + 拆除工程费）×3.53%	1049
2.2	招标费	（建筑工程费 + 安装工程费 + 拆除工程费）×1.81%	538
2.3	工程监理费	（建筑工程费 + 安装工程费 + 拆除工程费）×4.41%	1311
2.4	设备材料监造费	设备购置费 ×0.8%	22
3	项目技术服务费		4498
3.1	前期工作费	（建筑工程费 + 安装工程费）×3.05%	875
3.3	工程勘察设计费		2590
3.3.2	设计费	设计费 ×100%	2590
3.4	设计文件评审费		160
3.4.1	初步设计文件评审费	基本设计费 ×3.5%	77
3.4.2	施工图文件评审费	基本设计费 ×3.8%	83
3.5	施工过程造价咨询及竣工结算审核费	（建筑工程费 + 安装工程费 + 拆除工程费）×0.53%	800
3.7	工程检测费		43
3.7.1	工程质量检测费	（建筑工程费 + 安装工程费）×0.15%	43
3.9	技术经济标准编制费	（建筑工程费 + 安装工程费 + 拆除工程费）×0.1%	30
	合计		7418

13.6　典型造价

更换避雷器工程典型方案单位造价见表 13-24。

表 13-24　　更换避雷器工程典型方案单位造价

方案编号	项目名称	电压等级	单位	单位造价
I-500-BLQ	更换避雷器	500kV	万元 / 只	35.95
I-220-BLQ		220kV	万元 / 只	16.87
I-110-BLQ		110kV	万元 / 只	9.86
I-35-BLQ		35kV	万元 / 只	3.99

第 14 章　应用案例

振宁变 220kV 断路器、电流互感器改造工程更换 6 台 220kV 瓷柱式、单断口、SF_6、4000A、50kA 断路器，15 台油浸式电流互感器，工程静态投资 545.62 万元，采用典型方案组合造价为：

6×（C-220-DLQ）+15×（F-220-CT）=6×55.35+15×25.65=716.85 万元

本工程投资比典型方案组合造价低 171.23 万元，主要原因如下：

（1）建筑工程费高 30.28 万元，其中本工程主变压器系统安装费用为 67.98 万元。

（2）安装工程费低 146.71 万元，主要原因为本工程控制电缆及电缆辅助设施工程量较方案组合工程量低。

（3）拆除工程费高 7.85 万元，主要为电缆及辅助设施拆除工程量较大，建筑除拆除构支架外，还需要拆除一部分道路和窨井。

（4）设备购置费低 7.27 万元，主要原因为本工程设备价格较典型方案造价中设备价格低。

（5）其他费用低 55.37 万元，其中工程勘察设计费低 19 万元，其余费用取费不同，共计低 55.37 万元。本案例概算表见表 14-1 ~ 表 14-5。

表 14-1　振宁变 220kV 断路器、电流互感器改造工程总概算表　金额单位：万元

序号	工程或费用名称	含税金额	占工程静态投资的比例（%）	不含税金额	可抵扣增值税金额
一	建筑工程费	55.63	10.2	48.55	7.08
二	安装工程费	175.04	32.08	159.21	15.83
三	拆除工程费	21.23	3.89	19.47	1.75
四	设备购置费	226.94	41.59	200.88	26.06
	其中：编制基准期价差	10.65	1.95	10.65	
五	小计	478.83	87.76	428.12	50.72
	其中：甲供设备材料费	226.94	41.59	200.88	26.06

续表

序号	工程或费用名称	含税金额	占工程静态投资的比例（%）	不含税金额	可抵扣增值税金额
六	其他费用	66.79	12.24	62.98	3.81
七	基本预备费				
八	特殊项目				
九	工程投资合计	545.62	100	491.1	54.52
	其中：可抵扣增值税金额	54.52			54.52
	其中：施工费	252.9	46.35	228.15	24.74

表 14-2 振宁变 220kV 断路器、电流互感器改造工程安装工程汇总概算表

金额单位：元

序号	工程或费用名称	安装工程费			设备购置费	合计
		主要材料费	安装费	小计		
	安装工程	541890	1208504	1750393	2269375	4019769
一	主变压器系统		60467	60467	619305	679772
1	主变压器		60467	60467	619305	679772
1.5	电流互感器		60467	60467	619305	679772
二	配电装置	115680	114353	230033	1650070	1880103
2	屋外配电装置	115680	114353	230033	1650070	1880103
2.1	220kV 配电装置	115680	114353	230033	1650070	1880103
六	电缆防护设施	420050	268910	688960		688960
1	电缆桥支架	399273	243793	643065		643065
2	电缆防火	20777	25117	45894		45894
七	全站接地	6160	11900	18060		18060
1	接地网	6160	11900	18060		18060
九	调试		752874	752874		752874
1	分系统调试		141026	141026		141026
3	特殊调试		611848	611848		611848
	合计	541890	1208504	1750393	2269375	4019769

表 14-3　　振宁变 220kV 断路器、电流互感器改造工程

建筑工程汇总概算表

金额单位：元

序号	工程或费用名称	设备费	主要材料费	建筑费	建筑工程费合计
	建筑工程		46989	509324	556313
二	主变压器及配电装置建筑		46989	390848	437837
2	220kV 构架及设备基础		46989	322669	369658
2.2	设备支架及基础		46989	322669	369658
9	栏栅及地坪			68180	68180
四	其他建筑			118476	118476
2	站区性建筑			82139	82139
2.1	场地平整			81553	81553
2.2	站区道路			585	585
3	特殊构筑物			36337	36337
3.1	地基处理			36337	36337
	合计		46989	509324	556313

表 14-4　　振宁变 220kV 断路器、电流互感器改造工程

拆除工程汇总概算表

金额单位：元

序号	工程或费用名称	拆除工程费
	拆除工程	212250
	建筑拆除	49833
二	主变压器及配电装置建筑	49833
2	220kV 构架及设备基础	43736
2.2	设备支架及基础	43736
8	电缆沟道	6097
	安装拆除	162417
二	配电装置	45113
2	屋外配电装置	45113
2.1	220kV 配电装置	45113
六	电缆防护设施	117304
1	电缆桥支架	117304
	合计	212250

表 14-5　　振宁变 220kV 断路器、电流互感器改造工程其他费用概算表

金额单位：元

序号	工程或费用项目名称	编制依据及计算说明	合价
1	建设场地征用及清理费		10000
1.2	施工场地租用费	10000 × 100%	10000
2	项目管理费		263753
2.1	管理经费	（建筑工程费 + 安装工程费 + 拆除工程费）× 3.53%	88919
2.2	招标费	（建筑工程费 + 安装工程费 + 拆除工程费）× 1.81%	45593
2.3	工程监理费	（建筑工程费 + 安装工程费 + 拆除工程费）× 4.41%	111086
2.4	设备材料监造费	设备购置费 × 0.8%	18155
3	项目技术服务费		394131
3.1	前期工作费	（建筑工程费 + 安装工程费）× 3.05%	70355
3.3	工程勘察设计费		274849
3.3.2	设计费	设计费 × 100%	274849
3.4	设计文件评审费		17003
3.4.1	初步设计文件评审费	基本设计费 × 3.5%	8152
3.4.2	施工图文件评审费	基本设计费 × 3.8%	8851
3.5	施工过程造价咨询及竣工结算审核费	（建筑工程费 + 安装工程费 + 拆除工程费）× 0.53%	13350
3.7	工程检测费		3460
3.7.1	工程质量检测费	（建筑工程费 + 安装工程费）× 0.15%	3460
3.9	技术经济标准编制费	（建筑工程费 + 安装工程费 + 拆除工程费）× 0.1%	2519
	合计		667884

第三部分

交流继电保护专业

第 15 章　更换主变压器保护

15.1　典型方案

本典型方案为更换主变压器保护工程，电压等级采用 500、220、110、35、10kV。

15.2　设备材料表

更换主变压器保护工程基本方案 J–500–ZBBH、J–220–ZBBH、J–110–ZBBH、J–35–ZBBH、J–10–ZBBH 设备材料表见表 15–1 ~ 表 15–5。

表 15–1　　　　基本方案 J–500–ZBBH 设备材料表

序号	名称	单位	数量	备注
1	500kV 主变保护柜	面	3	含 2 套主变压器保护装置
2	保护屏柜拆除	面	3	
3	断路器机构配合费用	项	1	按 3 万元计列
4	测控继电器扩展费用	项	1	按 1 万元计列
5	控制电缆	km	12	
6	电力电缆	km	0.3	
7	防火涂料	kg	100	
8	防火堵料	kg	200	
9	耐火包	kg	200	
10	镀锌钢管	m	60	
11	电缆沟掀盖板	m	600	
12	防火隔板	m^2	30	
13	接地软铜绞线	m	30	
14	拆除电缆	km	12.3	

表 15-2　　基本方案 J-220-ZBBH 设备材料表

序号	名称	单位	数量	备注
1	220kV 主变保护柜	面	3	含 2 套主变压器保护装置
2	保护屏柜拆除	面	3	
3	断路器机构配合费用	项	1	按 3 万元计列
4	测控继电器扩展费用	项	1	按 1 万元计列
5	控制电缆	km	8	
6	电力电缆	km	0.3	
7	防火涂料	kg	80	
8	防火堵料	kg	160	
9	耐火包	kg	160	
10	镀锌钢管	m	60	
11	电缆沟掀盖板	m	400	
12	防火隔板	m^2	20	
13	接地软铜绞线	m	30	
14	拆除电缆	km	8.3	

表 15-3　　基本方案 J-110-ZBBH 设备材料表

序号	名称	单位	数量	备注
1	110kV 主变保护柜	面	1	含 1 套主变压器保护装置
2	保护屏柜拆除	面	1	
3	断路器机构配合费用	项	1	按 3 万元计列
4	控制电缆	km	2	
5	电力电缆	km	0.05	
6	防火涂料	kg	100	
7	防火堵料	kg	200	
8	耐火包	kg	200	
9	镀锌钢管	m	20	
10	电缆沟掀盖板	m	300	
11	防火隔板	m^2	10	
12	接地软铜绞线	m	10	
13	拆除电缆	km	2.05	

表 15-4 基本方案 J-35-ZBBH 设备材料表

序号	名称	单位	数量	备注
1	35kV 主变保护柜	面	1	含 1 套主变压器保护装置
2	保护屏柜拆除	面	1	
3	断路器机构配合费用	项	1	按 0.5 万元计列
4	控制电缆	km	1	
5	电力电缆	km	0.05	
6	防火涂料	kg	50	
7	防火堵料	kg	100	
8	耐火包	kg	100	
9	镀锌钢管	m	20	
10	电缆沟掀盖板	m	100	
11	防火隔板	m^2	10	
12	接地软铜绞线	m	10	
13	拆除电缆	km	1.05	

表 15-5 基本方案 J-10-ZBBH 设备材料表

序号	名称	单位	数量	备注
1	10kV 主变保护柜	面	1	含 1 套主变压器保护装置
2	保护屏柜拆除	面	1	
3	断路器机构配合费用	项	1	按 0.5 万元计列
4	控制电缆	km	1	
5	电力电缆	km	0.05	
6	防火涂料	kg	50	
7	防火堵料	kg	100	
8	耐火包	kg	100	
9	镀锌钢管	m	20	
10	电缆沟掀盖板	m	100	
11	防火隔板	m^2	10	
12	接地软铜绞线	m	10	
13	拆除电缆	km	1.05	

15.3　概算书

更换主变压器保护工程典型方案概算书包括总概算表、安装部分汇总概算表、拆除部分汇总概算表、其他费用概算表。基本方案 J-500-ZBBH、J-220-ZBBH、J-110-ZBBH、J-35-ZBBH、J-10-ZBBH 的上述概算表见表 15-6 ~ 表 15-25。

表 15-6　　基本方案 J-500-ZBBH 总概算表　　金额单位：万元

序号	工程或费用名称	含税金额	占工程静态投资的比例（%）	不含税金额	可抵扣增值税金额
一	建筑工程费				
二	安装工程费	52.27	41.56	47.64	4.63
三	拆除工程费	5.42	4.31	4.97	0.45
四	设备购置费	51.78	41.17	45.83	5.95
五	其中：编制基准期价差	1.1	0.87	1.1	
	小计	109.47	87.04	98.44	11.03
	其中：甲供设备材料费	71.6	56.93	63.37	8.23
六	其他费用	16.3	12.96	15.38	0.92
七	基本预备费				
八	工程静态投资合计	125.77	100	113.82	11.95
	其中：可抵扣增值税金额	11.95			11.95
	其中：施工费	37.86	30.1	35.06	2.8

表 15-7　　基本方案 J-500-ZBBH 安装部分汇总概算表　　金额单位：元

序号	工程或费用名称	安装工程费			设备购置费	合计
		主要材料费	安装费	小计		
	安装工程	203760	318924	522684	517799	1040483
四	控制及直流系统		79939	79939	517799	597739
2	继电保护装置		79939	79939	517799	597739
六	电缆防护设施	202955	167041	369996		369996
1	电缆桥支架	198191	143605	341796		341796
2	电缆防火	4764	23436	28201		28201

续表

序号	工程或费用名称	安装工程费			设备购置费	合计
		主要材料费	安装费	小计		
七	全站接地	805	1896	2702		2702
1	接地网	805	1896	2702		2702
九	调试		70047	70047		70047
1	分系统调试		70047	70047		70047
	合计	203760	318924	522684	517799	1040483

表 15-8　基本方案 J-500-ZBBH 拆除部分汇总概算表　金额单位：元

序号	工程或费用名称	拆除工程费
	拆除工程	54152
	安装拆除	54152
四	控制及直流系统	3500
2	继电保护装置	3500
六	电缆防护设施	50652
1	电缆桥支架	50652
	合计	54152

表 15-9　基本方案 J-500-ZBBH 其他费用概算表　金额单位：元

序号	工程或费用项目名称	编制依据及计算说明	合价
2	项目管理费		56242
2.1	管理经费	（建筑工程费 + 安装工程费 + 拆除工程费）×3.53%	20362
2.2	招标费	（建筑工程费 + 安装工程费 + 拆除工程费）×1.81%	10441
2.3	工程监理费	（建筑工程费 + 安装工程费 + 拆除工程费）×4.41%	25438
3	项目技术服务费		106740
3.1	前期工作费	（建筑工程费 + 安装工程费）×3.05%	15942
3.3	工程勘察设计费		82629
3.3.2	设计费	设计费 ×100%	82629
3.4	设计文件评审费		5112

续表

序号	工程或费用项目名称	编制依据及计算说明	合价
3.4.1	初步设计文件评审费	基本设计费 ×3.5%	2451
3.4.2	施工图文件评审费	基本设计费 ×3.8%	2661
3.5	施工过程造价咨询及竣工结算审核费	（建筑工程费 + 安装工程费 + 拆除工程费）×0.53%	3057
	合计		162981

表 15-10　　基本方案 J-220-ZBBH 总概算表　　金额单位：万元

序号	工程或费用名称	含税金额	占工程静态投资的比例（%）	不含税金额	可抵扣增值税金额
一	建筑工程费				
二	安装工程费	37.06	48.48	33.87	3.19
三	拆除工程费	3.8	4.97	3.49	0.31
四	设备购置费	24.85	32.5	22	2.85
五	其中：编制基准期价差	0.78	1.02	0.78	
	小计	65.71	85.95	59.36	6.35
	其中：甲供设备材料费	39.05	51.08	34.56	4.49
六	其他费用	10.74	14.05	10.13	0.61
七	基本预备费				
八	工程静态投资合计	76.45	100	69.49	6.96
	其中：可抵扣增值税金额	6.96			6.96
	其中：施工费	26.66	34.87	24.79	1.87

表 15-11　　基本方案 J-220-ZBBH 安装部分汇总概算表　　金额单位：元

序号	工程或费用名称	安装工程费			设备购置费	合计
		主要材料费	安装费	小计		
	安装工程	146379	224183	370562	248528	619090
四	控制及直流系统		70111	70111	248528	318639
2	继电保护装置		70111	70111	248528	318639

续表

序号	工程或费用名称	安装工程费			设备购置费	合计
		主要材料费	安装费	小计		
六	电缆防护设施	145574	113435	259008		259008
1	电缆桥支架	142014	97228	239242		239242
2	电缆防火	3560	16207	19766		19766
七	全站接地	805	1899	2704		2704
1	接地网	805	1899	2704		2704
九	调试		38739	38739		38739
1	分系统调试		38739	38739		38739
	合计	146379	224183	370562	248528	619090

表 15-12　　基本方案 J-220-ZBBH 拆除部分汇总概算表　　金额单位：元

序号	工程或费用名称	拆除工程费
	拆除工程	38021
	安装拆除	38021
四	控制及直流系统	3500
2	继电保护装置	3500
六	电缆防护设施	34521
1	电缆桥支架	34521
	合计	38021

表 15-13　　基本方案 J-220-ZBBH 其他费用概算表　　金额单位：元

序号	工程或费用项目名称	编制依据及计算说明	合价
2	项目管理费		39837
2.1	管理经费	（建筑工程费 + 安装工程费 + 拆除工程费）× 3.53%	14423
2.2	招标费	（建筑工程费 + 安装工程费 + 拆除工程费）× 1.81%	7395
2.3	工程监理费	（建筑工程费 + 安装工程费 + 拆除工程费）× 4.41%	18019
3	项目技术服务费		67535
3.1	前期工作费	（建筑工程费 + 安装工程费）× 3.05%	11302

续表

序号	工程或费用项目名称	编制依据及计算说明	合价
3.3	工程勘察设计费		50918
3.3.2	设计费	设计费 ×100%	50918
3.4	设计文件评审费		3150
3.4.1	初步设计文件评审费	基本设计费 ×3.5%	1510
3.4.2	施工图文件评审费	基本设计费 ×3.8%	1640
3.5	施工过程造价咨询及竣工结算审核费	（建筑工程费＋安装工程费＋拆除工程费）×0.53%	2165
	合计		107372

表 15-14　　基本方案 J-110-ZBBH 总概算表　　金额单位：万元

序号	工程或费用名称	含税金额	占工程静态投资的比例（%）	不含税金额	可抵扣增值税金额
一	建筑工程费				
二	安装工程费	14.1	53.15	13.07	1.03
三	拆除工程费	0.96	3.62	0.88	0.08
四	设备购置费	7.6	28.65	6.73	0.87
五	其中：编制基准期价差	0.28	1.06	0.28	
	小计	22.66	85.41	20.68	1.98
	其中：甲供设备材料费	11.05	41.65	9.78	1.27
六	其他费用	3.87	14.59	3.65	0.22
七	基本预备费				
八	工程静态投资合计	26.53	100	24.33	2.2
	其中：可抵扣增值税金额	2.2			2.2
	其中：施工费	11.61	43.76	10.9	0.71

表 15-15　　基本方案 J-110-ZBBH 安装部分汇总概算表　　金额单位：元

序号	工程或费用名称	安装工程费			设备购置费	合计
		主要材料费	安装费	小计		
	安装工程	38180	102784	140964	76029	216993
四	控制及直流系统		37442	37442	76029	113471

续表

序号	工程或费用名称	安装工程费			设备购置费	合计
		主要材料费	安装费	小计		
2	继电保护装置		37442	37442	76029	113471
六	电缆防护设施	37933	36926	74858		74858
1	电缆桥支架	34428	24003	58431		58431
2	电缆防火	3504	12923	16427		16427
七	全站接地	248	631	879		879
1	接地网	248	631	879		879
九	调试		27785	27785		27785
1	分系统调试		27785	27785		27785
	合计	38180	102784	140964	76029	216993

表 15-16　　基本方案 J-110-ZBBH 拆除部分汇总概算表　　金额单位：元

序号	工程或费用名称	拆除工程费
	拆除工程	9609
	安装拆除	9609
四	控制及直流系统	1167
2	继电保护装置	1167
六	电缆防护设施	8442
1	电缆桥支架	8442
	合计	9609

表 15-17　　基本方案 J-110-ZBBH 其他费用概算表　　金额单位：元

序号	工程或费用项目名称	编制依据及计算说明	合价
2	项目管理费		14681
2.1	管理经费	（建筑工程费 + 安装工程费 + 拆除工程费）×3.53%	5315
2.2	招标费	（建筑工程费 + 安装工程费 + 拆除工程费）×1.81%	2725
2.3	工程监理费	（建筑工程费 + 安装工程费 + 拆除工程费）×4.41%	6640
3	项目技术服务费		24050
3.1	前期工作费	（建筑工程费 + 安装工程费）×3.05%	4299

续表

序号	工程或费用项目名称	编制依据及计算说明	合价
3.3	工程勘察设计费		17847
3.3.2	设计费	设计费 ×100%	17847
3.4	设计文件评审费		1104
3.4.1	初步设计文件评审费	基本设计费 ×3.5%	529
3.4.2	施工图文件评审费	基本设计费 ×3.8%	575
3.5	施工过程造价咨询及竣工结算审核费	（建筑工程费 + 安装工程费 + 拆除工程费）×0.53%	800
	合计		38731

表 15-18　　基本方案 J-35-ZBBH 总概算表　　金额单位：万元

序号	工程或费用名称	含税金额	占工程静态投资的比例（%）	不含税金额	可抵扣增值税金额
一	建筑工程费				
二	安装工程费	6.46	52.91	5.9	0.56
三	拆除工程费	0.56	4.59	0.51	0.05
四	设备购置费	3.37	27.6	2.98	0.39
五	其中：编制基准期价差	0.14	1.15	0.14	
	小计	10.39	85.09	9.39	1
	其中：甲供设备材料费	5.5	45.05	4.87	0.63
六	其他费用	1.82	14.91	1.72	0.1
七	基本预备费				
八	工程静态投资合计	12.21	100	11.11	1.1
	其中：可抵扣增值税金额	1.1			1.1
	其中：施工费	4.89	40.05	4.53	0.36

表 15-19　　基本方案 J-35-ZBBH 安装部分汇总概算表　　金额单位：元

序号	工程或费用名称	安装工程费			设备购置费	合计
		主要材料费	安装费	小计		
	安装工程	22976	41648	64623	33735	98358
四	控制及直流系统		8961	8961	33735	42695

续表

序号	工程或费用名称	安装工程费			设备购置费	合计
		主要材料费	安装费	小计		
2	继电保护装置		8961	8961	33735	42695
六	电缆防护设施	22728	17818	40546		40546
1	电缆桥支架	21255	12292	33547		33547
2	电缆防火	1473	5526	6999		6999
七	全站接地	248	631	879		879
1	接地网	248	631	879		879
九	调试		14238	14238		14238
1	分系统调试		14238	14238		14238
	合计	22976	41648	64623	33735	98358

表 15-20　　基本方案 J-35-ZBBH 拆除部分汇总概算表　　金额单位：元

序号	工程或费用名称	拆除工程费
	拆除工程	5576
	安装拆除	5576
四	控制及直流系统	1167
2	继电保护装置	1167
六	电缆防护设施	4409
1	电缆桥支架	4409
	合计	5576

表 15-21　　基本方案 J-35-ZBBH 其他费用概算表　　金额单位：元

序号	工程或费用项目名称	编制依据及计算说明	合价
2	项目管理费		6844
2.1	管理经费	（建筑工程费 + 安装工程费 + 拆除工程费）×3.53%	2478
2.2	招标费	（建筑工程费 + 安装工程费 + 拆除工程费）×1.81%	1271
2.3	工程监理费	（建筑工程费 + 安装工程费 + 拆除工程费）×4.41%	3096
2.4	设备材料监造费	设备购置费 ×0%	
3	项目技术服务费		11361
3.1	前期工作费	（建筑工程费 + 安装工程费）×3.05%	1971

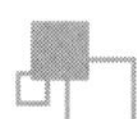

续表

序号	工程或费用项目名称	编制依据及计算说明	合价
3.3	工程勘察设计费		8090
3.3.2	设计费	设计费 ×100%	8090
3.4	设计文件评审费		500
3.4.1	初步设计文件评审费	基本设计费 ×3.5%	240
3.4.2	施工图文件评审费	基本设计费 ×3.8%	261
3.5	施工过程造价咨询及竣工结算审核费	（建筑工程费 + 安装工程费 + 拆除工程费）×0.53%	800
	合计		18205

表 15-22　　基本方案 J-10-ZBBH 总概算表　　金额单位：万元

序号	工程或费用名称	含税金额	占工程静态投资的比例（%）	不含税金额	可抵扣增值税金额
一	建筑工程费				
二	安装工程费	5.4	51.23	4.93	0.47
三	拆除工程费	0.56	5.31	0.51	0.05
四	设备购置费	3.02	28.65	2.67	0.35
五	其中：编制基准期价差	0.11	1.04	0.11	
	小计	8.98	85.2	8.11	0.87
	其中：甲供设备材料费	5.15	48.86	4.56	0.59
六	其他费用	1.56	14.8	1.47	0.09
七	基本预备费				
八	工程静态投资合计	10.54	100	9.58	0.96
	其中：可抵扣增值税金额	0.96			0.96
	其中：施工费	3.83	36.34	3.55	0.28

表 15-23　　基本方案 J-10-ZBBH 安装部分汇总概算表　　金额单位：元

序号	工程或费用名称	安装工程费			设备购置费	合计
		主要材料费	安装费	小计		
	安装工程	22976	31046	54022	30210	84232
四	控制及直流系统		8961	8961	30210	39171
2	继电保护装置		8961	8961	30210	39171

续表

序号	工程或费用名称	安装工程费			设备购置费	合计
		主要材料费	安装费	小计		
六	电缆防护设施	22728	17818	40546		40546
1	电缆桥支架	21255	12292	33547		33547
2	电缆防火	1473	5526	6999		6999
七	全站接地	248	631	879		879
1	接地网	248	631	879		879
九	调试		3636	3636		3636
1	分系统调试		3636	3636		3636
	合计	22976	31046	54022	30210	84232

表 15-24　　基本方案 J-10-ZBBH 拆除部分汇总概算表　　金额单位：元

序号	工程或费用名称	拆除工程费
	拆除工程	5576
	安装拆除	5576
四	控制及直流系统	1167
2	继电保护装置	1167
六	电缆防护设施	4409
1	电缆桥支架	4409
	合计	5576

表 15-25　　基本方案 J-10-ZBBH 其他费用概算表　　金额单位：元

序号	工程或费用项目名称	编制依据及计算说明	合价
2	项目管理费		5811
2.1	管理经费	（建筑工程费 + 安装工程费 + 拆除工程费）×3.53%	2104
2.2	招标费	（建筑工程费 + 安装工程费 + 拆除工程费）×1.81%	1079
2.3	工程监理费	（建筑工程费 + 安装工程费 + 拆除工程费）×4.41%	2628
3	项目技术服务费		9804
3.1	前期工作费	（建筑工程费 + 安装工程费）×3.05%	1648
3.3	工程勘察设计费		6928
3.3.2	设计费	设计费 ×100%	6928

续表

序号	工程或费用项目名称	编制依据及计算说明	合价
3.4	设计文件评审费		429
3.4.1	初步设计文件评审费	基本设计费 ×3.5%	205
3.4.2	施工图文件评审费	基本设计费 ×3.8%	223
3.5	施工过程造价咨询及竣工结算审核费	（建筑工程费 + 安装工程费 + 拆除工程费）×0.53%	800
	合计		15615

15.4　典型造价

更换主变压器保护工程典型方案单位造价见表 15-26。

表 15-26　　　　更换主变压器保护工程典型方案单位造价

方案编号	项目名称	电压等级	单位	单位造价
J-500-ZBBH	更换主变压器保护	500kV	万元 / 间隔	125.77
J-220-ZBBH		220kV	万元 / 间隔	76.45
J-110-ZBBH		110kV	万元 / 间隔	26.53
J-35-ZBBH		35kV	万元 / 间隔	12.21
J-10-ZBBH		10kV	万元 / 间隔	10.54

第 16 章　更换母差保护

16.1　典型方案

本典型方案为更换母差保护工程，电压等级采用 500、220、110kV。

16.2　设备材料表

更换母差保护工程基本方案 K-500-MCBH、K-220-MCBH、K-110-MCBH 设备材料表见表 16-1 ~ 表 16-3。

表 16-1　　基本方案 K-500-MCBH 设备材料表

序号	名称	单位	数量	备注
1	500kV 母线保护柜	面	4	均含 1 套母线保护
2	保护屏柜拆除	面	4	
3	控制电缆	km	12	
4	电力电缆	km	0.5	
5	防火涂料	kg	100	
6	防火堵料	kg	200	
7	耐火包	kg	200	
8	镀锌钢管	m	80	
9	电缆沟揿盖板	m	1000	
10	防火隔板	m^2	30	
11	接地软铜绞线	m	40	
12	拆除电缆	km	12.5	

表 16-2　　　　　基本方案 K-220-MCBH 设备材料表

序号	名称	单位	数量	备注
1	220kV 母线保护柜	面	1	均含 1 套母线保护
2	保护屏柜拆除	面	1	
3	控制电缆	km	4	
4	电力电缆	km	0.5	
5	防火涂料	kg	40	
6	防火堵料	kg	80	
7	耐火包	kg	80	
8	镀锌钢管	m	20	
9	电缆沟掀盖板	m	500	
10	防火隔板	m^2	20	
11	接地软铜绞线	m	10	
12	拆除电缆	km	4.5	

表 16-3　　　　　基本方案 K-110-MCBH 设备材料表

序号	名称	单位	数量	备注
1	110kV 母线保护柜	面	1	含 1 套母线保护
2	保护屏柜拆除	面	1	
3	控制电缆	km	1.5	
4	电力电缆	km	0.05	
5	防火涂料	kg	100	
6	防火堵料	kg	200	
7	耐火包	kg	200	
8	镀锌钢管	m	20	
9	电缆沟掀盖板	m	300	
10	防火隔板	m^2	10	
11	接地软铜绞线	m	10	
12	拆除电缆	km	1.05	

16.3　概算书

更换母差保护工程典型方案概算书包括总概算表、安装部分汇总概算表、拆除部分汇总概算表、其他费用概算表。基本方案 K-500-MCBH、K-220-MCBH、K-110-MCBH 的上述概算表见表 16-4 ~ 表 16-15。

表 16-4　　基本方案 K-500-MCBH 总概算表　　金额单位：万元

序号	工程或费用名称	含税金额	占工程静态投资的比例（%）	不含税金额	可抵扣增值税金额
一	建筑工程费				
二	安装工程费	53.71	41.38	48.6	5.11
三	拆除工程费	5.68	4.38	5.21	0.47
四	设备购置费	53.65	41.33	47.49	6.16
五	其中：编制基准期价差	1.25	0.96	1.25	
	小计	113.04	87.08	101.3	11.74
	其中：甲供设备材料费	74.58	57.45	66.01	8.57
六	其他费用	16.77	12.92	15.82	0.95
七	基本预备费				
八	工程静态投资合计	129.81	100	117.12	12.69
	其中：可抵扣增值税金额	12.69			12.69
	其中：施工费	38.47	29.64	35.29	3.18

表 16-5　　基本方案 K-500-MCBH 安装部分汇总概算表　　金额单位：元

序号	工程或费用名称	安装工程费			设备购置费	合计
		主要材料费	安装费	小计		
	安装工程	215138	321948	537086	536530	1073616
四	控制及直流系统		53245	53245	536530	589774
2	继电保护装置		53245	53245	536530	589774
六	电缆防护设施	214023	178372	392396		392396
1	电缆桥支架	209259	146030	355288		355288
2	电缆防火	4764	32343	37107		37107
七	全站接地	1115	2532	3647		3647
1	接地网	1115	2532	3647		3647

续表

序号	工程或费用名称	安装工程费			设备购置费	合计
		主要材料费	安装费	小计		
九	调试		87799	87799		87799
1	分系统调试		87799	87799		87799
	合计	215138	321948	537086	536530	1073616

表 16-6　　基本方案 K-500-MCBH 拆除部分汇总概算表　　金额单位：元

序号	工程或费用名称	拆除工程费
	拆除工程	56824
	安装拆除	56824
四	控制及直流系统	4667
2	继电保护装置	4667
六	电缆防护设施	52158
1	电缆桥支架	52158
	合计	56824

表 16-7　　基本方案 K-500-MCBH 其他费用概算表　　金额单位：元

序号	工程或费用项目名称	编制依据及计算说明	合价
2	项目管理费		57906
2.1	管理经费	（建筑工程费 + 安装工程费 + 拆除工程费）× 3.53%	20965
2.2	招标费	（建筑工程费 + 安装工程费 + 拆除工程费）× 1.81%	10750
2.3	工程监理费	（建筑工程费 + 安装工程费 + 拆除工程费）× 4.41%	26191
3	项目技术服务费		109794
3.1	前期工作费	（建筑工程费 + 安装工程费）× 3.05%	16381
3.3	工程勘察设计费		85007
3.3.2	设计费	设计费 × 100%	85007
3.4	设计文件评审费		5259
3.4.1	初步设计文件评审费	基本设计费 × 3.5%	2521
3.4.2	施工图文件评审费	基本设计费 × 3.8%	2738
3.5	施工过程造价咨询及竣工结算审核费	（建筑工程费 + 安装工程费 + 拆除工程费）× 0.53%	3148
	合计		167701

表 16-8 基本方案 K-220-MCBH 总概算表 金额单位：万元

序号	工程或费用名称	含税金额	占工程静态投资的比例（%）	不含税金额	可抵扣增值税金额
一	建筑工程费				
二	安装工程费	18.48	49.91	16.68	1.8
三	拆除工程费	2.11	5.7	1.94	0.17
四	设备购置费	11.17	30.16	9.89	1.28
五	其中：编制基准期价差	0.41	1.11	0.41	
	小计	31.76	85.77	28.51	3.25
	其中：甲供设备材料费	19.67	53.12	17.41	2.26
六	其他费用	5.27	14.23	4.97	0.3
七	基本预备费				
八	工程静态投资合计	37.03	100	33.48	3.55
	其中：可抵扣增值税金额	3.55			3.55
	其中：施工费	12.08	32.62	11.08	1

表 16-9 基本方案 K-220-MCBH 安装部分汇总概算表 金额单位：元

序号	工程或费用名称	安装工程费			设备购置费	合计
		主要材料费	安装费	小计		
	安装工程	87651	97126	184778	111676	296454
四	控制及直流系统		10037	10037	111676	121713
2	继电保护装置		10037	10037	111676	121713
六	电缆防护设施	87404	69577	156981		156981
1	电缆桥支架	84994	52872	137866		137866
2	电缆防火	2410	16705	19115		19115
七	全站接地	248	631	879		879
1	接地网	248	631	879		879
九	调试		16881	16881		16881
1	分系统调试		16881	16881		16881
	合计	87651	97126	184778	111676	296454

表 16-10　　基本方案 K-220-MCBH 拆除部分汇总概算表　　金额单位：元

序号	工程或费用名称	拆除工程费
	拆除工程	21062
	安装拆除	21062
四	控制及直流系统	1167
2	继电保护装置	1167
六	电缆防护设施	19895
1	电缆桥支架	19895
	合计	21062

表 16-11　　基本方案 K-220-MCBH 其他费用概算表　　金额单位：元

序号	工程或费用项目名称	编制依据及计算说明	合价
2	项目管理费		20069
2.1	管理经费	（建筑工程费 + 安装工程费 + 拆除工程费）× 3.53%	7266
2.2	招标费	（建筑工程费 + 安装工程费 + 拆除工程费）× 1.81%	3726
2.3	工程监理费	（建筑工程费 + 安装工程费 + 拆除工程费）× 4.41%	9078
3	项目技术服务费		32617
3.1	前期工作费	（建筑工程费 + 安装工程费）× 3.05%	5636
3.3	工程勘察设计费		24382
3.3.2	设计费	设计费 × 100%	24382
3.4	设计文件评审费		1508
3.4.1	初步设计文件评审费	基本设计费 × 3.5%	723
3.4.2	施工图文件评审费	基本设计费 × 3.8%	785
3.5	施工过程造价咨询及竣工结算审核费	（建筑工程费 + 安装工程费 + 拆除工程费）× 0.53%	1091
	合计		52687

表 16-12　　基本方案 K-110-MCBH 总概算表　　金额单位：万元

序号	工程或费用名称	含税金额	占工程静态投资的比例（%）	不含税金额	可抵扣增值税金额
一	建筑工程费				
二	安装工程费	8.26	42.27	7.49	0.77
三	拆除工程费	0.76	3.89	0.7	0.06

续表

序号	工程或费用名称	含税金额	占工程静态投资的比例（%）	不含税金额	可抵扣增值税金额
四	设备购置费	7.9	40.43	6.99	0.91
五	其中：编制基准期价差	0.2	1.02	0.2	
	小计	16.92	86.59	15.18	1.74
	其中：甲供设备材料费	10.55	53.99	9.34	1.21
六	其他费用	2.62	13.41	2.47	0.15
七	基本预备费				
八	工程静态投资合计	19.54	100	17.65	1.89
	其中：可抵扣增值税金额	1.89			1.89
	其中：施工费	6.37	32.6	5.84	0.53

表 16-13　　基本方案 K-110-MCBH 安装部分汇总概算表　　金额单位：元

序号	工程或费用名称	安装工程费			设备购置费	合计
		主要材料费	安装费	小计		
	安装工程	30508	52079	82587	79050	161637
四	控制及直流系统		7432	7432	79050	86482
2	继电保护装置		7432	7432	79050	86482
六	电缆防护设施	29951	31056	61007		61007
1	电缆桥支架	26446	18135	44581		44581
2	电缆防火	3504	12921	16426		16426
七	全站接地	558	659	1216		1216
1	接地网	558	659	1216		1216
九	调试		12932	12932		12932
1	分系统调试		12932	12932		12932
	合计	30508	52079	82587	79050	161637

表 16-14　　基本方案 K-110-MCBH 拆除部分汇总概算表　　金额单位：元

序号	工程或费用名称	拆除工程费
	拆除工程	7592
	安装拆除	7592

续表

序号	工程或费用名称	拆除工程费
四	控制及直流系统	1167
2	继电保护装置	1167
六	电缆防护设施	6426
1	电缆桥支架	6426
	合计	7592

表 16-15　　基本方案 K-110-MCBH 其他费用概算表　　金额单位：元

序号	工程或费用项目名称	编制依据及计算说明	合价
2	项目管理费		8793
2.1	管理经费	（建筑工程费 + 安装工程费 + 拆除工程费）×3.53%	3183
2.2	招标费	（建筑工程费 + 安装工程费 + 拆除工程费）×1.81%	1632
2.3	工程监理费	（建筑工程费 + 安装工程费 + 拆除工程费）×4.41%	3977
2.4	设备材料监造费	设备购置费 ×0%	
3	项目技术服务费		17435
3.1	前期工作费	（建筑工程费 + 安装工程费）×3.05%	2519
3.3	工程勘察设计费		13294
3.3.2	设计费	设计费 ×100%	13294
3.4	设计文件评审费		822
3.4.1	初步设计文件评审费	基本设计费 ×3.5%	394
3.4.2	施工图文件评审费	基本设计费 ×3.8%	428
3.5	施工过程造价咨询及竣工结算审核费	（建筑工程费 + 安装工程费 + 拆除工程费）×0.53%	800
	合计		26228

16.4　典型造价

更换母差保护工程典型方案单位造价见表 16-16。

表 16-16　　更换母差保护工程典型方案单位造价

方案编号	项目名称	电压等级	单位	单位造价
K-500-MCBH	更换母差保护	500kV	万元 / 组	129.81
K-220-MCBH		220kV	万元 / 组	37.03
K-110-MCBH		110kV	万元 / 组	19.54

第 17 章　更换线路保护

17.1　典型方案

本典型方案为更换线路保护工程，电压等级采用 500、220、110、35、10kV。

17.2　设备材料表

更换线路保护工程基本方案 L-500-XLBH、L-220-XLBH、L-110-XLBH、L-35-XLBH、L-10-XLBH 设备材料表见表 17-1 ~ 表 17-5。

表 17-1　　基本方案 L-500-XLBH 设备材料表

序号	名称	单位	数量	备注
1	500kV 线路保护柜	面	2	均含 1 套线路保护
2	保护屏柜拆除	面	2	
3	控制电缆	km	4	
4	电力电缆	km	0.5	
5	防火涂料	kg	40	
6	防火堵料	kg	80	
7	耐火包	kg	80	
8	镀锌钢管	m	40	
9	电缆沟掀盖板	m	500	
10	防火隔板	m^2	30	
11	接地软铜绞线	m	20	
12	拆除电缆	km	4.5	

表 17-2　　基本方案 L-220-XLBH 设备材料表

序号	名称	单位	数量	备注
1	220kV 线路保护柜	面	2	均含 1 套线路保护
2	保护屏柜拆除	面	2	
3	控制电缆	km	3	
4	电力电缆	km	0.5	
5	防火涂料	kg	30	
6	防火堵料	kg	60	
7	耐火包	kg	60	
8	镀锌钢管	m	40	
9	电缆沟掀盖板	m	500	
10	防火隔板	m^2	20	
11	接地软铜绞线	m	20	
12	拆除电缆	km	3.5	

表 17-3　　基本方案 L-110-XLBH 设备材料表

序号	名称	单位	数量	备注
1	110kV 线路保护柜	面	1	含 1 套线路保护
2	保护屏柜拆除	面	1	
3	控制电缆	km	0.8	
4	电力电缆	km	0.05	
5	防火涂料	kg	100	
6	防火堵料	kg	200	
7	耐火包	kg	200	
8	镀锌钢管	m	20	
9	电缆沟掀盖板	m	150	
10	防火隔板	m^2	10	
11	接地软铜绞线	m	10	
12	拆除电缆	km	0.85	

表 17-4　　基本方案 L-35-XLBH 设备材料表

序号	名称	单位	数量	备注
1	35kV 线路保护柜	面	1	含 1 套线路保护
2	保护屏柜拆除	面	1	
3	控制电缆	km	1	
4	电力电缆	km	0.05	
5	防火涂料	kg	40	
6	防火堵料	kg	80	
7	耐火包	kg	80	
8	镀锌钢管	m	20	
9	电缆沟掀盖板	m	100	
10	防火隔板	m^2	10	
11	接地软铜绞线	m	10	
12	拆除电缆	km	1.05	

表 17-5　　基本方案 L-10-XLBH 设备材料表

序号	名称	单位	数量	备注
1	10kV 线路保护柜	面	1	含 1 套线路保护
2	保护屏柜拆除	面	1	
3	控制电缆	km	0.1	
4	电力电缆	km	0.05	
5	防火涂料	kg	50	
6	防火堵料	kg	80	
7	耐火包	kg	80	
8	镀锌钢管	m	20	
9	电缆沟掀盖板	m	100	
10	防火隔板	m^2	10	
11	接地软铜绞线	m	10	
12	拆除电缆	km	0.15	

17.3　概算书

更换线路保护工程典型方案概算书包括总概算表、安装部分汇总概算表、建筑部分汇总概算表、拆除部分汇总概算表、其他费用概算表。基本方案 L-500-XLBH、L-220-XLBH、L-110-XLBH、L-35-XLBH、L-10-XLBH 的上述概算表见表 17-6～表 17-25。

表 17-6　　基本方案 L-500-XLBH 总概算表　　金额单位：万元

序号	工程或费用名称	含税金额	占工程静态投资的比例（%）	不含税金额	可抵扣增值税金额
一	建筑工程费				
二	安装工程费	21.7	42.38	19.62	2.08
三	拆除工程费	2.22	4.34	2.04	0.18
四	设备购置费	20.48	40	18.13	2.35
五	其中：编制基准期价差	0.49	0.96	0.49	
	小计	44.4	86.72	39.79	4.61
	其中：甲供设备材料费	29.24	57.11	25.88	3.36
六	其他费用	6.8	13.28	6.41	0.39
七	基本预备费				
八	工程静态投资合计	51.2	100	46.2	5
	其中：可抵扣增值税金额	5			5
	其中：施工费	15.17	29.63	13.92	1.25

表 17-7　　基本方案 L-500-XLBH 安装部分汇总概算表　　金额单位：元

序号	工程或费用名称	安装工程费			设备购置费	合计
		主要材料费	安装费	小计		
	安装工程	91124	125863	216987	204824	421811
四	控制及直流系统		26622	26622	204824	231446
2	继电保护装置		26622	26622	204824	231446
六	电缆防护设施	90566	71336	161902		161902
1	电缆桥支架	87526	63851	151377		151377
2	电缆防火	3040	7485	10525		10525

续表

序号	工程或费用名称	安装工程费			设备购置费	合计
		主要材料费	安装费	小计		
七	全站接地	558	1266	1824		1824
1	接地网	558	1266	1824		1824
九	调试		26639	26639		26639
1	分系统调试		26639	26639		26639
	合计	91124	125863	216987	204824	421811

表 17-8　　基本方案 L-500-XLBH 拆除部分汇总概算表　　金额单位：元

序号	工程或费用名称	拆除工程费
	拆除工程	22229
	安装拆除	22229
四	控制及直流系统	2333
2	继电保护装置	2333
六	电缆防护设施	19895
1	电缆桥支架	19895
	合计	22229

表 17-9　　基本方案 L-500-XLBH 其他费用概算表　　金额单位：元

序号	工程或费用项目名称	编制依据及计算说明	合价
2	项目管理费		23324
2.1	管理经费	（建筑工程费 + 安装工程费 + 拆除工程费）×3.53%	8444
2.2	招标费	（建筑工程费 + 安装工程费 + 拆除工程费）×1.81%	4330
2.3	工程监理费	（建筑工程费 + 安装工程费 + 拆除工程费）×4.41%	10549
3	项目技术服务费		44724
3.1	前期工作费	（建筑工程费 + 安装工程费）×3.05%	6618
3.3	工程勘察设计费		34692
3.3.2	设计费	设计费 ×100%	34692
3.4	设计文件评审费		2146

续表

序号	工程或费用项目名称	编制依据及计算说明	合价
3.4.1	初步设计文件评审费	基本设计费 ×3.5%	1029
3.4.2	施工图文件评审费	基本设计费 ×3.8%	1117
3.5	施工过程造价咨询及竣工结算审核费	（建筑工程费 + 安装工程费 + 拆除工程费）×0.53%	1268
	合计		68048

表 17-10　　基本方案 L-220-XLBH 总概算表　　金额单位：万元

序号	工程或费用名称	含税金额	占工程静态投资的比例（%）	不含税金额	可抵扣增值税金额
一	建筑工程费				
二	安装工程费	16.96	38.78	15.33	1.63
三	拆除工程费	1.82	4.16	1.67	0.15
四	设备购置费	19.33	44.2	17.11	2.22
五	其中：编制基准期价差	0.4	0.91	0.4	
	小计	38.11	87.15	34.11	4
	其中：甲供设备材料费	26.3	60.14	23.28	3.02
六	其他费用	5.62	12.85	5.3	0.32
七	基本预备费				
八	工程静态投资合计	43.73	100	39.41	4.32
	其中：可抵扣增值税金额	4.32			4.32
	其中：施工费	11.81	27.01	10.84	0.97

表 17-11　　基本方案 L-220-XLBH 安装部分汇总概算表　　金额单位：元

序号	工程或费用名称	安装工程费			设备购置费	合计
		主要材料费	安装费	小计		
	安装工程	72382	97190	169572	193344	362916
四	控制及直流系统		20074	20074	193344	213418
2	继电保护装置		20074	20074	193344	213418

续表

序号	工程或费用名称	安装工程费			设备购置费	合计
		主要材料费	安装费	小计		
六	电缆防护设施	71825	57448	129273		129273
1	电缆桥支架	69702	41175	110877		110877
2	电缆防火	2122	16273	18395		18395
七	全站接地	558	1268	1825		1825
1	接地网	558	1268	1825		1825
九	调试		18401	18401		18401
1	分系统调试		18401	18401		18401
	合计	72382	97190	169572	193344	362916

表 17-12　　基本方案 L-220-XLBH 拆除部分汇总概算表　　金额单位：元

序号	工程或费用名称	拆除工程费
	拆除工程	18196
	安装拆除	18196
四	控制及直流系统	2333
2	继电保护装置	2333
六	电缆防护设施	15862
1	电缆桥支架	15862
	合计	18196

表 17-13　　基本方案 L-220-XLBH 其他费用概算表　　金额单位：元

序号	工程或费用项目名称	编制依据及计算说明	合价
2	项目管理费		18307
2.1	管理经费	（建筑工程费 + 安装工程费 + 拆除工程费）×3.53%	6628
2.2	招标费	（建筑工程费 + 安装工程费 + 拆除工程费）×1.81%	3399
2.3	工程监理费	（建筑工程费 + 安装工程费 + 拆除工程费）×4.41%	8281
3	项目技术服务费		37862
3.1	前期工作费	（建筑工程费 + 安装工程费）×3.05%	5172
3.3	工程勘察设计费		29848

续表

序号	工程或费用项目名称	编制依据及计算说明	合价
3.3.2	设计费	设计费 ×100%	29848
3.4	设计文件评审费		1847
3.4.1	初步设计文件评审费	基本设计费 ×3.5%	885
3.4.2	施工图文件评审费	基本设计费 ×3.8%	961
3.5	施工过程造价咨询及竣工结算审核费	（建筑工程费 + 安装工程费 + 拆除工程费）×0.53%	995
	合计		56170

表 17-14　　基本方案 L-110-XLBH 总概算表　　金额单位：万元

序号	工程或费用名称	含税金额	占工程静态投资的比例（%）	不含税金额	可抵扣增值税金额
一	建筑工程费				
二	安装工程费	5.96	42.09	5.47	0.49
三	拆除工程费	0.48	3.39	0.44	0.04
四	设备购置费	5.8	40.96	5.13	0.67
五	其中：编制基准期价差	0.15	1.06	0.15	
	小计	12.24	86.44	11.04	1.2
	其中：甲供设备材料费	7.26	51.27	6.48	0.78
六	其他费用	1.92	13.56	1.81	0.11
七	基本预备费				
八	特殊项目				
	工程静态投资合计	14.16	100	12.85	1.31
	其中：可抵扣增值税金额	1.31			1.31
	其中：施工费	4.98	35.17	4.57	0.41

表 17-15　　基本方案 L-110-XLBH 安装部分汇总概算表　　金额单位：元

序号	工程或费用名称	安装工程费			设备购置费	合计
		主要材料费	安装费	小计		
	安装工程	18661	40950	59611	58003	117614
四	控制及直流系统		7442	7442	58003	65446

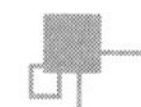

续表

序号	工程或费用名称	安装工程费			设备购置费	合计
		主要材料费	安装费	小计		
2	继电保护装置		7442	7442	58003	65446
六	电缆防护设施	18103	19549	37652		37652
1	电缆桥支架	14599	13306	27905		27905
2	电缆防火	3504	6243	9747		9747
七	全站接地	558	659	1216		1216
1	接地网	558	659	1216		1216
九	调试		13300	13300		13300
1	分系统调试		13300	13300		13300
	合计	18661	40950	59611	58003	117614

表 17-16　　基本方案 L-110-XLBH 拆除部分汇总概算表　　金额单位：元

序号	工程或费用名称	拆除工程费
	拆除工程	4769
	安装拆除	4769
四	控制及直流系统	1167
2	继电保护装置	1167
六	电缆防护设施	3603
1	电缆桥支架	3603
	合计	4769

表 17-17　　基本方案 L-110-XLBH 其他费用概算表　　金额单位：元

序号	工程或费用项目名称	编制依据及计算说明	合价
2	项目管理费		6277
2.1	管理经费	（建筑工程费 + 安装工程费 + 拆除工程费）× 3.53%	2273
2.2	招标费	（建筑工程费 + 安装工程费 + 拆除工程费）× 1.81%	1165
2.3	工程监理费	（建筑工程费 + 安装工程费 + 拆除工程费）× 4.41%	2839
3	项目技术服务费		12890
3.1	前期工作费	（建筑工程费 + 安装工程费）× 3.05%	1818

续表

序号	工程或费用项目名称	编制依据及计算说明	合价
3.3	工程勘察设计费		9673
3.3.1	勘察费	勘察费 ×0%	
3.3.2	设计费	设计费 ×100%	9673
3.4	设计文件评审费		598
3.4.1	初步设计文件评审费	基本设计费 ×3.5%	287
3.4.2	施工图文件评审费	基本设计费 ×3.8%	312
3.5	施工过程造价咨询及竣工结算审核费	（建筑工程费 + 安装工程费 + 拆除工程费）×0.53%	800
	合计		19167

表 17-18　　基本方案 L-35-XLBH 总概算表　　金额单位：万元

序号	工程或费用名称	含税金额	占工程静态投资的比例（%）	不含税金额	可抵扣增值税金额
一	建筑工程费				
二	安装工程费	5.45	53.48	4.93	0.52
三	拆除工程费	0.56	5.5	0.51	0.05
四	设备购置费	2.64	25.91	2.34	0.3
五	其中：编制基准期价差	0.12	1.18	0.12	
	小计	8.65	84.89	7.78	0.87
	其中：甲供设备材料费	4.76	46.71	4.21	0.55
六	其他费用	1.54	15.11	1.45	0.09
七	基本预备费				
八	工程静态投资合计	10.19	100	9.23	0.96
	其中：可抵扣增值税金额	0.96			0.96
	其中：施工费	3.88	38.08	3.56	0.32

表 17-19　　基本方案 L-35-XLBH 安装部分汇总概算表　　金额单位：元

序号	工程或费用名称	安装工程费			设备购置费	合计
		主要材料费	安装费	小计		
	安装工程	23282	31191	54473	26383	80856
四	控制及直流系统		3961	3961	26383	30344

续表

序号	工程或费用名称	安装工程费			设备购置费	合计
		主要材料费	安装费	小计		
2	继电保护装置		3961	3961	26383	30344
六	电缆防护设施	23034	18168	41202		41202
1	电缆桥支架	21255	12292	33547		33547
2	电缆防火	1780	5876	7655		7655
七	全站接地	248	631	879		879
1	接地网	248	631	879		879
九	调试		8431	8431		8431
1	分系统调试		8431	8431		8431
	合计	23282	31191	54473	26383	80856

表 17-20　　基本方案 L-35-XLBH 拆除部分汇总概算表　　金额单位：元

序号	工程或费用名称	拆除工程费
	拆除工程	5576
	安装拆除	5576
四	控制及直流系统	1167
2	继电保护装置	1167
六	电缆防护设施	4409
1	电缆桥支架	4409
	合计	5576

表 17-21　　基本方案 L-35-XLBH 其他费用概算表　　金额单位：元

序号	工程或费用项目名称	编制依据及计算说明	合价
2	项目管理费		5855
2.1	管理经费	（建筑工程费 + 安装工程费 + 拆除工程费）×3.53%	2120
2.2	招标费	（建筑工程费 + 安装工程费 + 拆除工程费）×1.81%	1087
2.3	工程监理费	（建筑工程费 + 安装工程费 + 拆除工程费）×4.41%	2648
3	项目技术服务费		9523

续表

序号	工程或费用项目名称	编制依据及计算说明	合价
3.1	前期工作费	（建筑工程费 + 安装工程费）× 3.05%	1661
3.3	工程勘察设计费		6650
3.3.1	勘察费	勘察费 × 0%	
3.3.2	设计费	设计费 × 100%	6650
3.4	设计文件评审费		411
3.4.1	初步设计文件评审费	基本设计费 × 3.5%	197
3.4.2	施工图文件评审费	基本设计费 × 3.8%	214
3.5	施工过程造价咨询及竣工结算审核费	（建筑工程费 + 安装工程费 + 拆除工程费）× 0.53%	800
	合计		15378

表 17-22　　基本方案 L-10-XLBH 总概算表　　金额单位：万元

序号	工程或费用名称	含税金额	占工程静态投资的比例（%）	不含税金额	可抵扣增值税金额
一	建筑工程费				
二	安装工程费	4.96	54.63	4.48	0.48
三	拆除工程费	0.56	6.17	0.51	0.05
四	设备购置费	2.17	23.9	1.92	0.25
五	其中：编制基准期价差	0.11	1.21	0.11	
	小计	7.69	84.69	6.91	0.78
	其中：甲供设备材料费	4.3	47.36	3.81	0.49
六	其他费用	1.39	15.31	1.31	0.08
七	基本预备费				
八	工程静态投资合计	9.08	100	8.22	0.86
	其中：可抵扣增值税金额	0.86			0.86
	其中：施工费	3.4	37.44	3.12	0.28

表 17-23　　基本方案 L-10-XLBH 安装部分汇总概算表　　金额单位：元

序号	工程或费用名称	安装工程费			设备购置费	合计
		主要材料费	安装费	小计		
	安装工程	23438	26201	49639	21711	71350
四	控制及直流系统		3961	3961	21711	25672
2	继电保护装置		3961	3961	21711	25672
六	电缆防护设施	23190	18426	41616		41616
1	电缆桥支架	21255	12292	33547		33547
2	电缆防火	1935	6134	8069		8069
七	全站接地	248	631	879		879
1	接地网	248	631	879		879
九	调试		3184	3184		3184
1	分系统调试		3184	3184		3184
	合计	23438	26201	49639	21711	71350

表 17-24　　基本方案 L-10-XLBH 拆除部分汇总概算表　　金额单位：元

序号	工程或费用名称	拆除工程费
	拆除工程	5576
	安装拆除	5576
四	控制及直流系统	1167
2	继电保护装置	1167
六	电缆防护设施	4409
1	电缆桥支架	4409
	合计	5576

表 17-25　　基本方案 L-10-XLBH 其他费用概算表　　金额单位：元

序号	工程或费用项目名称	编制依据及计算说明	合价
2	项目管理费		5383
2.1	管理经费	（建筑工程费 + 安装工程费 + 拆除工程费）× 3.53%	1949
2.2	招标费	（建筑工程费 + 安装工程费 + 拆除工程费）× 1.81%	999

续表

序号	工程或费用项目名称	编制依据及计算说明	合价
2.3	工程监理费	（建筑工程费 + 安装工程费 + 拆除工程费）× 4.41%	2435
3	项目技术服务费		8545
3.1	前期工作费	（建筑工程费 + 安装工程费）× 3.05%	1514
3.3	工程勘察设计费		5868
3.3.2	设计费	设计费 × 100%	5868
3.4	设计文件评审费		363
3.4.1	初步设计文件评审费	基本设计费 × 3.5%	174
3.4.2	施工图文件评审费	基本设计费 × 3.8%	189
3.5	施工过程造价咨询及竣工结算审核费	（建筑工程费 + 安装工程费 + 拆除工程费）× 0.53%	800
	合计		13929

17.4 典型造价

更换线路保护工程典型方案单位造价见表 17-26。

表 17-26 更换线路保护工程典型方案单位造价

方案编号	项目名称	电压等级	单位	单位造价
L-500-XLBH	更换线路保护	500kV	万元 / 间隔	51.2
L-220-XLBH		220kV	万元 / 间隔	43.73
L-110-XLBH		110V	万元 / 间隔	14.16
L-35-XLBH		35kV	万元 / 间隔	10.19
L-10-XLBH		10kV	万元 / 间隔	9.08

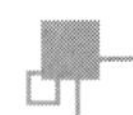

第 18 章　应用案例

芜湖供电公司 220kV 师专变 1 号主变压器保护更换工程更换 2 面主变压器保护柜，其中一面含 2 套装置，一面含 1 套装置。

本工程的静态投资为 56.02 万元，采用的典型方案为 J–220–ZBBH，典型方案投资为 76.45 × 1.5=114.675 万元，静态投资比典型方案投资少 58.655 万元，主要原因如下：

（1）安装工程费低 40.44 万元，主要原因为本工程电力电缆、控制电缆及电缆辅助设施工程量较方案组合工程量低，以及定额版本不同存在的价格水平差异。

（2）拆除工程费低 5.61 万元，主要为电力电缆、控制电缆拆除工程量低。

（3）设备购置费低 1.025 万元，主要原因为本工程设备价格较典型方案造价中设备价格略低。

（4）其他费用低 11.58 万元，主要原因为本工程应业主要求，其他费用只计列设计费。

本案例估算表见表 18–1 ~ 表 18–4。

表 18–1　　220kV 师专变 1 号主变压器保护更换工程总估算表　　金额单位：万元

序号	工程或费用名称	含税金额	占工程静态投资的比例（%）	不含税金额	可抵扣增值税金额
一	建筑工程费				
二	安装工程费	15.15	27.05	13.65	1.50
三	拆除工程费	0.09	0.16	0.08	0.01
四	设备购置费	36.25	64.71	31.00	5.26
五	其中：编制基准期价差	0.28	0.50	0.25	0.03
	小计	51.49	91.91	44.73	6.77
	其中：甲供设备材料费	36.25	64.71	31.00	5.26
六	其他费用	4.53	8.09	4.27	0.26
七	基本预备费				
八	工程静态投资合计	56.02	100.00	49.00	7.02

表 18-2　　220kV 师专变 1 号主变压器保护更换工程安装工程专业汇总估算表

金额单位：元

序号	工程或费用名称	安装工程费			设备购置费	合计
		主要材料费	安装费	小计		
	安装工程	49031	102488	151519	362520	514039
四	控制及直流系统		18995	18995	362520	381515
2	继电保护装置		18995	18995	362520	381515
六	电缆防护设施	49031	83493	132523		132523
	全站电缆	49031	83493	132523		132523
	合计	49031	102488	151519	362520	514039

表 18-3　　220kV 师专变 1 号主变压器保护更换工程拆除工程专业汇总估算表

金额单位：元

序号	工程或费用名称	拆除工程费
	拆除工程	897
二	安装拆除	897
4	控制及直流系统	897
4.2	继电保护装置	897
	合计	897

表 18-4　　220kV 师专变 1 号主变压器保护更换工程其他费用估算表

金额单位：元

序号	工程或费用项目名称	编制依据及计算说明	合价
3	项目技术服务费		45304
3.2	工程勘察设计费		45304
3.2.2	设计费		45304
	小计		45304

第四部分

输电线路专业

第19章　杆塔改造

19.1　典型方案

本典型方案为杆塔改造工程，电压等级采用500、220、110、35kV。工作范围只包含新建杆塔主体工程，不包括旧杆塔拆除。杆塔改造工程的主要工作包含：基础土石方挖填、基础垫层铺设、基础钢筋制作及安装、混凝土搅拌及浇制，杆塔的运输、装卸、组立，接地体运输及敷设，接地电阻测量检查，杆塔附属设施安装工作。杆塔材质主要包括角钢塔、钢管塔、钢管杆。

19.2　技术方案

杆塔改造工程典型方案主要技术条件表和主要设备材料表分别见表19-1和表19-2。

表19-1　　杆塔改造工程典型方案主要技术条件表

方案编号	方案名称	单位	工程主要技术条件	
M-500-GTSD-DHZXJGT630	新建500kV单回直线角钢塔4×630（山地、丘陵）	基	电压等级	500kV
			工作范围	杆塔改造
			杆塔类型	单回直线角钢塔
			地质条件	50%松砂石，50%岩石
			地形	50%山地，50%丘陵
			气象条件	覆冰10mm，最大风速27m/s
			导线截面	4×630
			基础	人工挖孔基础
			运距	人力0.75km，汽车5km

续表

方案编号	方案名称	单位	工程主要技术条件	
M-500-GTSD-DHZXJGT400	新建 500kV 单回直线角钢塔 4×400（山地、丘陵）	基	电压等级	500kV
			工作范围	杆塔改造
			杆塔类型	单回直线角钢塔
			地质条件	50% 松砂石，50% 岩石
			地形	50% 山地，50% 丘陵
			气象条件	覆冰 10mm，最大风速 27m/s
			导线截面	4×400
			基础	人工挖孔基础
			运距	人力 0.75km，汽车 5km
M-500-GTSD-DHNZJGT630	新建 500kV 单回耐张角钢塔 4×630（山地、丘陵）	基	电压等级	500kV
			工作范围	杆塔改造
			杆塔类型	单回耐张角钢塔
			地质条件	50% 松砂石，50% 岩石
			地形	50% 山地，50% 丘陵
			气象条件	覆冰 10mm，最大风速 27m/s
			导线截面	4×630
			基础	人工挖孔基础
			运距	人力 0.75km，汽车 5km
M-500-GTSD-DHNZJGT400	新建 500kV 单回耐张角钢塔 4×400（山地、丘陵）	基	电压等级	500kV
			工作范围	杆塔改造
			杆塔类型	单回耐张角钢塔
			地质条件	50% 松砂石，50% 岩石
			地形	50% 山地，50% 丘陵
			气象条件	覆冰 10mm，最大风速 27m/s
			导线截面	4×400
			基础	人工挖孔基础
			运距	人力 0.75km，汽车 5km

续表

<table>
<tr><th>方案编号</th><th>方案名称</th><th>单位</th><th colspan="2">工程主要技术条件</th></tr>
<tr><td rowspan="9">M-500-GTSD-SHZXJGT630</td><td rowspan="9">新建 500kV 双回直线角钢塔 4×630（山地、丘陵）</td><td rowspan="9">基</td><td>电压等级</td><td>500kV</td></tr>
<tr><td>工作范围</td><td>杆塔改造</td></tr>
<tr><td>杆塔类型</td><td>双回直线角钢塔</td></tr>
<tr><td>地质条件</td><td>50% 松砂石，50% 岩石</td></tr>
<tr><td>地形</td><td>50% 山地，50% 丘陵</td></tr>
<tr><td>气象条件</td><td>覆冰 10mm，最大风速 27m/s</td></tr>
<tr><td>导线截面</td><td>4×630</td></tr>
<tr><td>基础</td><td>人工挖孔基础</td></tr>
<tr><td>运距</td><td>人力 0.75km，汽车 5km</td></tr>
<tr><td rowspan="9">M-500-GTSD-SHZXJGT400</td><td rowspan="9">新建 500kV 双回直线角钢塔 4×400（山地、丘陵）</td><td rowspan="9">基</td><td>电压等级</td><td>500kV</td></tr>
<tr><td>工作范围</td><td>杆塔改造</td></tr>
<tr><td>杆塔类型</td><td>双回直线角钢塔</td></tr>
<tr><td>地质条件</td><td>50% 松砂石，50% 岩石</td></tr>
<tr><td>地形</td><td>50% 山地，50% 丘陵</td></tr>
<tr><td>气象条件</td><td>覆冰 10mm，最大风速 27m/s</td></tr>
<tr><td>导线截面</td><td>4×400</td></tr>
<tr><td>基础</td><td>人工挖孔基础</td></tr>
<tr><td>运距</td><td>人力 0.75km，汽车 5km</td></tr>
<tr><td rowspan="9">M-500-GTSD-SHNZJGT630</td><td rowspan="9">新建 500kV 双回耐张角钢塔 4×630（山地、丘陵）</td><td rowspan="9">基</td><td>电压等级</td><td>500kV</td></tr>
<tr><td>工作范围</td><td>杆塔改造</td></tr>
<tr><td>杆塔类型</td><td>双回耐张角钢塔</td></tr>
<tr><td>地质条件</td><td>50% 松砂石，50% 岩石</td></tr>
<tr><td>地形</td><td>50% 山地，50% 丘陵</td></tr>
<tr><td>气象条件</td><td>覆冰 10mm，最大风速 27m/s</td></tr>
<tr><td>导线截面</td><td>4×630</td></tr>
<tr><td>基础</td><td>人工挖孔基础</td></tr>
<tr><td>运距</td><td>人力 0.75km，汽车 5km</td></tr>
</table>

续表

方案编号	方案名称	单位	工程主要技术条件	
M-500-GTSD-SHNZJGT400	新建 500kV 双回耐张角钢塔 4×400（山地、丘陵）	基	电压等级	500kV
			工作范围	杆塔改造
			杆塔类型	双回耐张角钢塔
			地质条件	50% 松砂石，50% 岩石
			地形	50% 山地，50% 丘陵
			气象条件	覆冰 10mm，最大风速 27m/s
			导线截面	4×400
			基础	人工挖孔基础
			运距	人力 0.75km，汽车 5km
M-500-GTPY-DHZXJGT630	新建 500kV 单回直线角钢塔 4×630（平地、河网）	基	电压等级	500kV
			工作范围	杆塔改造
			杆塔类型	单回直线角钢塔
			地质条件	50% 普通土，50% 水坑
			地形	50% 平地，50% 河网
			气象条件	覆冰 10mm，最大风速 27m/s
			导线截面	4×630
			基础	板式基础
			运距	汽车 5km
M-500-GTPY-DHZXJGT400	新建 500kV 单回直线角钢塔 4×400（平地、河网）	基	电压等级	500kV
			工作范围	杆塔改造
			杆塔类型	单回直线角钢塔
			地质条件	50% 普通土，50% 水坑
			地形	50% 平地，50% 河网
			气象条件	覆冰 10mm，最大风速 27m/s
			导线截面	4×400
			基础	板式基础
			运距	汽车 5km

续表

方案编号	方案名称	单位	工程主要技术条件	
M-500-GTPY-DHNZJGT630	新建 500kV 单回耐张角钢塔 4×630（平地、河网）	基	电压等级	500kV
			工作范围	杆塔改造
			杆塔类型	单回耐张角钢塔
			地质条件	50% 普通土，50% 水坑
			地形	50% 平地，50% 河网
			气象条件	覆冰 10mm，最大风速 27m/s
			导线截面	4×630
			基础	灌注桩基础
			运距	汽车 5km
M-500-GTPY-DHNZJGT400	新建 500kV 单回耐张角钢塔 4×400（平地、河网）	基	电压等级	500kV
			工作范围	杆塔改造
			杆塔类型	单回耐张角钢塔
			地质条件	50% 普通土，50% 水坑
			地形	50% 平地，50% 河网
			气象条件	覆冰 10mm，最大风速 27m/s
			导线截面	4×400
			基础	灌注桩基础
			运距	汽车 5km
M-500-GTPY-SHZXJGT630	新建 500kV 双回直线角钢塔 4×630（平地、河网）	基	电压等级	500kV
			工作范围	杆塔改造
			杆塔类型	双回直线角钢塔
			地质条件	50% 普通土，50% 水坑
			地形	50% 平地，50% 河网
			气象条件	覆冰 10mm，最大风速 27m/s
			导线截面	4×630
			基础	板式基础
			运距	汽车 5km

续表

方案编号	方案名称	单位	工程主要技术条件	
M-500-GTPY-SHZXJGT400	新建 500kV 双回直线角钢塔 4×400（平地、河网）	基	电压等级	500kV
			工作范围	杆塔改造
			杆塔类型	双回直线角钢塔
			地质条件	50% 普通土，50% 水坑
			地形	50% 平地，50% 河网
			气象条件	覆冰 10mm，最大风速 27m/s
			导线截面	4×400
			基础	板式基础
			运距	汽车 5km
M-500-GTPY-SHNZJGT630	新建 500kV 双回耐张角钢塔 4×630（平地、河网）	基	电压等级	500kV
			工作范围	杆塔改造
			杆塔类型	双回耐张角钢塔
			地质条件	50% 普通土，50% 水坑
			地形	50% 平地，50% 河网
			气象条件	覆冰 10mm，最大风速 27m/s
			导线截面	4×630
			基础	灌注桩基础
			运距	汽车 5km
M-500-GTPY-SHNZJGT400	新建 500kV 双回耐张角钢塔 4×400（平地、河网）	基	电压等级	500kV
			工作范围	杆塔改造
			杆塔类型	双回耐张角钢塔
			地质条件	50% 普通土，50% 水坑
			地形	50% 平地，50% 河网
			气象条件	覆冰 10mm，最大风速 27m/s
			导线截面	4×400
			基础	灌注桩基础
			运距	汽车 5km

续表

<table>
<tr><th>方案编号</th><th>方案名称</th><th>单位</th><th colspan="2">工程主要技术条件</th></tr>
<tr><td rowspan="9">M-220-GTSD-DHZXJGT400</td><td rowspan="9">新建 220kV 单回直线角钢塔 2×400（山地、丘陵）</td><td rowspan="9">基</td><td>电压等级</td><td>220kV</td></tr>
<tr><td>工作范围</td><td>杆塔改造</td></tr>
<tr><td>杆塔类型</td><td>单回直线角钢塔</td></tr>
<tr><td>地质条件</td><td>50% 松砂石，50% 岩石</td></tr>
<tr><td>地形</td><td>50% 山地，50% 丘陵</td></tr>
<tr><td>气象条件</td><td>覆冰 10mm，最大风速 27m/s</td></tr>
<tr><td>导线截面</td><td>2×630</td></tr>
<tr><td>基础</td><td>人工挖孔基础</td></tr>
<tr><td>运距</td><td>人力 0.65km，汽车 5km</td></tr>
<tr><td rowspan="9">M-220-GTSD-DHNZJGT400</td><td rowspan="9">新建 220kV 单回耐张角钢塔 2×400（山地、丘陵）</td><td rowspan="9">基</td><td>电压等级</td><td>220kV</td></tr>
<tr><td>工作范围</td><td>杆塔改造</td></tr>
<tr><td>杆塔类型</td><td>单回耐张角钢塔</td></tr>
<tr><td>地质条件</td><td>50% 松砂石，50% 岩石</td></tr>
<tr><td>地形</td><td>50% 山地，50% 丘陵</td></tr>
<tr><td>气象条件</td><td>覆冰 10mm，最大风速 27m/s</td></tr>
<tr><td>导线截面</td><td>2×630</td></tr>
<tr><td>基础</td><td>人工挖孔基础</td></tr>
<tr><td>运距</td><td>人力 0.65km，汽车 5km</td></tr>
<tr><td rowspan="9">M-220-GTSD-SHZXJGT630</td><td rowspan="9">新建 220kV 双回直线角钢塔 2×630（山地、丘陵）</td><td rowspan="9">基</td><td>电压等级</td><td>220kV</td></tr>
<tr><td>工作范围</td><td>杆塔改造</td></tr>
<tr><td>杆塔类型</td><td>双回直线角钢塔</td></tr>
<tr><td>地质条件</td><td>50% 松砂石，50% 岩石</td></tr>
<tr><td>地形</td><td>50% 山地，50% 丘陵</td></tr>
<tr><td>气象条件</td><td>覆冰 10mm，最大风速 27m/s</td></tr>
<tr><td>导线截面</td><td>2×630</td></tr>
<tr><td>基础</td><td>人工挖孔基础</td></tr>
<tr><td>运距</td><td>人力 0.65km，汽车 5km</td></tr>
</table>

续表

方案编号	方案名称	单位	工程主要技术条件	
M-220-GTSD-SHZXJGT400	新建 220kV 双回直线角钢塔 2×400（山地、丘陵）	基	电压等级	220kV
			工作范围	杆塔改造
			杆塔类型	双回直线角钢塔
			地质条件	50% 松砂石，50% 岩石
			地形	50% 山地，50% 丘陵
			气象条件	覆冰 10mm，最大风速 27m/s
			导线截面	2×630
			基础	人工挖孔基础
			运距	人力 0.65km，汽车 5km
M-220-GTSD-SHNZJGT630	新建 220kV 双回耐张角钢塔 2×630（山地、丘陵）	基	电压等级	220kV
			工作范围	杆塔改造
			杆塔类型	双回耐张角钢塔
			地质条件	50% 松砂石，50% 岩石
			地形	50% 山地，50% 丘陵
			气象条件	覆冰 10mm，最大风速 27m/s
			导线截面	2×630
			基础	人工挖孔基础
			运距	人力 0.65km，汽车 5km
M-220-GTSD-SHNZJGT400	新建 220kV 双回耐张角钢塔 2×400（山地、丘陵）	基	电压等级	220kV
			工作范围	杆塔改造
			杆塔类型	双回耐张角钢塔
			地质条件	50% 松砂石，50% 岩石
			地形	50% 山地，50% 丘陵
			气象条件	覆冰 10mm，最大风速 27m/s
			导线截面	2×630
			基础	人工挖孔基础
			运距	人力 0.65km，汽车 5km

续表

方案编号	方案名称	单位	工程主要技术条件	
M-220-GTPY-DHZXJGT400	新建 220kV 单回直线角钢塔 2×400（平地、河网）	基	电压等级	500kV
			工作范围	杆塔改造
			杆塔类型	单回直线角钢塔
			地质条件	50% 普通土，50% 水坑
			地形	50% 平地，50% 河网
			气象条件	覆冰 10mm，最大风速 27m/s
			导线截面	2×400
			基础	板式基础
			运距	汽车 5km
M-220-GTPY-DHNZJGT400	新建 220kV 单回耐张角钢塔 2×400（平地、河网）	基	电压等级	500kV
			工作范围	杆塔改造
			杆塔类型	单回耐张角钢塔
			地质条件	50% 普通土，50% 水坑
			地形	50% 平地，50% 河网
			气象条件	覆冰 10mm，最大风速 27m/s
			导线截面	2×400
			基础	灌注桩基础
			运距	汽车 5km
M-220-GTPY-SHZXJGT630	新建 220kV 双回直线角钢塔 2×630（平地、河网）	基	电压等级	220kV
			工作范围	杆塔改造
			杆塔类型	双回直线角钢塔
			地质条件	50% 普通土，50% 水坑
			地形	50% 平地，50% 河网
			气象条件	覆冰 10mm，最大风速 27m/s
			导线截面	2×630
			基础	板式基础
			运距	汽车 5km

续表

方案编号	方案名称	单位	工程主要技术条件	
M-220-GTPY-SHZXJGT400	新建 220kV 双回直线角钢塔 2×400（平地、河网）	基	电压等级	500kV
			工作范围	杆塔改造
			杆塔类型	双回直线角钢塔
			地质条件	50% 普通土，50% 水坑
			地形	50% 平地，50% 河网
			气象条件	覆冰 10mm，最大风速 27m/s
			导线截面	2×400
			基础	板式基础
			运距	汽车 5km
M-220-GTPY-SHNZJGT630	新建 220kV 双回耐张角钢塔 2×630（平地、河网）	基	电压等级	220kV
			工作范围	杆塔改造
			杆塔类型	双回耐张角钢塔
			地质条件	50% 普通土，50% 水坑
			地形	50% 平地，50% 河网
			气象条件	覆冰 10mm，最大风速 27m/s
			导线截面	2×630
			基础	灌注桩基础
			运距	汽车 5km
M-220-GTPY-SHNZJGT400	新建 220kV 双回耐张角钢塔 2×400（平地、河网）	基	电压等级	500kV
			工作范围	杆塔改造
			杆塔类型	双回耐张角钢塔
			地质条件	50% 普通土，50% 水坑
			地形	50% 平地，50% 河网
			气象条件	覆冰 10mm，最大风速 27m/s
			导线截面	2×400
			基础	灌注桩基础
			运距	汽车 5km

续表

方案编号	方案名称	单位	工程主要技术条件	
M-220-GTPY-SHZXZJT630	新建 220kV 双回直线窄基钢管塔 2×630（平地、河网）	基	电压等级	220kV
			工作范围	杆塔改造
			杆塔类型	双回直线窄基钢管塔
			地质条件	50% 普通土，50% 水坑
			地形	50% 平地，50% 河网
			气象条件	覆冰 10mm，最大风速 27m/s
			导线截面	2×630
			基础	灌注桩基础
			运距	汽车 5km
M-220-GTPY-SHZXZJT400	新建 220kV 双回直线窄基钢管塔 2×400（平地、河网）	基	电压等级	220kV
			工作范围	杆塔改造
			杆塔类型	双回直线窄基钢管塔
			地质条件	50% 普通土，50% 水坑
			地形	50% 平地，50% 河网
			气象条件	覆冰 10mm，最大风速 27m/s
			导线截面	2×400
			基础	灌注桩基础
			运距	汽车 5km
M-220-GTPY-SHNZZJT630	新建 220kV 双回耐张窄基钢管塔 2×630（平地、河网）	基	电压等级	220kV
			工作范围	杆塔改造
			杆塔类型	双回耐张窄基钢管塔
			地质条件	50% 普通土，50% 水坑
			地形	50% 平地，50% 河网
			气象条件	覆冰 10mm，最大风速 27m/s
			导线截面	2×630
			基础	灌注桩基础
			运距	汽车 5km

续表

方案编号	方案名称	单位	工程主要技术条件	
M-220-GTPY-SHNZZJT400	新建 220kV 双回耐张窄基钢管塔 2×400（平地、河网）	基	电压等级	220kV
			工作范围	杆塔改造
			杆塔类型	双回耐张窄基钢管塔
			地质条件	50% 普通土，50% 水坑
			地形	50% 平地，50% 河网
			气象条件	覆冰 10mm，最大风速 27m/s
			导线截面	2×400
			基础	灌注桩基础
			运距	汽车 5km
M-220-GTPY-SHZXGGG630	新建 220kV 双回直线钢管杆 2×630（平地、河网）	基	电压等级	220kV
			工作范围	杆塔改造
			杆塔类型	双回直线钢管杆
			地质条件	50% 普通土，50% 水坑
			地形	50% 平地，50% 河网
			气象条件	覆冰 10mm，最大风速 27m/s
			导线截面	2×630
			基础	灌注桩基础
			运距	汽车 5km
M-220-GTPY-SHZXGGG400	新建 220kV 双回直线钢管杆 2×400（平地、河网）	基	电压等级	220kV
			工作范围	杆塔改造
			杆塔类型	双回直线钢管杆
			地质条件	50% 普通土，50% 水坑
			地形	50% 平地，50% 河网
			气象条件	覆冰 10mm，最大风速 27m/s
			导线截面	2×400
			基础	灌注桩基础
			运距	汽车 5km

续表

方案编号	方案名称	单位	工程主要技术条件	
M-220-GTPY-SHZXGGG630	新建 220kV 双回直线钢管杆 2×630（平地、河网）	基	电压等级	220kV
			工作范围	杆塔改造
			杆塔类型	双回直线钢管杆
			地质条件	50% 普通土，50% 水坑
			地形	50% 平地，50% 河网
			气象条件	覆冰 10mm，最大风速 27m/s
			导线截面	2×630
			基础	灌注桩基础
			运距	汽车 5km
M-220-GTPY-SHNZGGG400	新建 220kV 双回耐张钢管杆 2×400（平地、河网）	基	电压等级	220kV
			工作范围	杆塔改造
			杆塔类型	双回耐张钢管杆
			地质条件	50% 普通土，50% 水坑
			地形	50% 平地，50% 河网
			气象条件	覆冰 10mm，最大风速 27m/s
			导线截面	2×400
			基础	灌注桩基础
			运距	汽车 5km
M-110-GTSD-DHZXJGT240	新建 110kV 单回直线角钢塔 2×240（山地、丘陵）	基	电压等级	110kV
			工作范围	杆塔改造
			杆塔类型	单回直线角钢塔
			地质条件	50% 松砂石，50% 岩石
			地形	50% 山地，50% 丘陵
			气象条件	覆冰 10mm，最大风速 27m/s
			导线截面	2×240
			基础	掏挖基础
			运距	人力 0.65km，汽车 5km

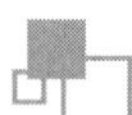

续表

方案编号	方案名称	单位	工程主要技术条件	
M-110-GTSD-DHZXJGT300	新建 110kV 单回直线角钢塔 1×300（山地、丘陵）	基	电压等级	110kV
			工作范围	杆塔改造
			杆塔类型	单回直线角钢塔
			地质条件	50% 松砂石，50% 岩石
			地形	50% 山地，50% 丘陵
			气象条件	覆冰 10mm，最大风速 27m/s
			导线截面	1×300
			基础	掏挖基础
			运距	人力 0.65km，汽车 5km
M-110-GTSD-DHNZJGT240	新建 110kV 单回耐张角钢塔 2×240（山地、丘陵）	基	电压等级	110kV
			工作范围	杆塔改造
			杆塔类型	单回耐张角钢塔
			地质条件	50% 松砂石，50% 岩石
			地形	50% 山地，50% 丘陵
			气象条件	覆冰 10mm，最大风速 27m/s
			导线截面	2×240
			基础	掏挖基础
			运距	人力 0.65km，汽车 5km
M-110-GTSD-DHNZJGT300	新建 110kV 单回耐张角钢塔 1×300（山地、丘陵）	基	电压等级	110kV
			工作范围	杆塔改造
			杆塔类型	单回耐张角钢塔
			地质条件	50% 松砂石，50% 岩石
			地形	50% 山地，50% 丘陵
			气象条件	覆冰 10mm，最大风速 27m/s
			导线截面	1×300
			基础	掏挖基础
			运距	人力 0.65km，汽车 5km

续表

方案编号	方案名称	单位	工程主要技术条件	
M-110-GTSD-SHZXJGT240	新建 110kV 双回直线角钢塔 2×240（山地、丘陵）	基	电压等级	110kV
			工作范围	杆塔改造
			杆塔类型	双回直线角钢塔
			地质条件	50% 松砂石，50% 岩石
			地形	50% 山地，50% 丘陵
			气象条件	覆冰 10mm，最大风速 27m/s
			导线截面	2×240
			基础	人工挖孔基础
			运距	人力 0.65km，汽车 5km
M-110-GTSD-SHZXJGT300	新建 110kV 双回直线角钢塔 1×300（山地、丘陵）	基	电压等级	110kV
			工作范围	杆塔改造
			杆塔类型	双回直线角钢塔
			地质条件	50% 松砂石，50% 岩石
			地形	50% 山地，50% 丘陵
			气象条件	覆冰 10mm，最大风速 27m/s
			导线截面	1×300
			基础	掏挖基础
			运距	人力 0.65km，汽车 5km
M-110-GTSD-SHNZJGT240	新建 110kV 双回耐张角钢塔 2×240（山地、丘陵）	基	电压等级	110kV
			工作范围	杆塔改造
			杆塔类型	双回耐张角钢塔
			地质条件	50% 松砂石，50% 岩石
			地形	50% 山地，50% 丘陵
			气象条件	覆冰 10mm，最大风速 27m/s
			导线截面	2×240
			基础	人工挖孔基础
			运距	人力 0.65km，汽车 5km

续表

方案编号	方案名称	单位	工程主要技术条件	
M-110-GTSD-SHNZJGT300	新建 110kV 双回耐张角钢塔 1×300（山地、丘陵）	基	电压等级	110kV
			工作范围	杆塔改造
			杆塔类型	双回耐张角钢塔
			地质条件	50% 松砂石，50% 岩石
			地形	50% 山地，50% 丘陵
			气象条件	覆冰 10mm，最大风速 27m/s
			导线截面	1×300
			基础	掏挖基础
			运距	人力 0.65km，汽车 5km
M-110-GTPY-DHZXJGT240	新建 110kV 单回直线角钢塔 2×240（平地、河网）	基	电压等级	110kV
			工作范围	杆塔改造
			杆塔类型	单回直线角钢塔
			地质条件	50% 普通土，50% 水坑
			地形	50% 平地，50% 河网
			气象条件	覆冰 10mm，最大风速 27m/s
			导线截面	2×240
			基础	板式基础
			运距	汽车 5km
M-110-GTPY-DHZXJGT300	新建 110kV 单回直线角钢塔 1×300（平地、河网）	基	电压等级	110kV
			工作范围	杆塔改造
			杆塔类型	单回直线角钢塔
			地质条件	50% 普通土，50% 水坑
			地形	50% 平地，50% 河网
			气象条件	覆冰 10mm，最大风速 27m/s
			导线截面	1×300
			基础	板式基础
			运距	汽车 5km

续表

<table>
<tr><th>方案编号</th><th>方案名称</th><th>单位</th><th colspan="2">工程主要技术条件</th></tr>
<tr><td rowspan="9">M-110-GTPY-DHNZJGT240</td><td rowspan="9">新建 110kV 单回耐张角钢塔 2×240（平地、河网）</td><td rowspan="9">基</td><td>电压等级</td><td>110kV</td></tr>
<tr><td>工作范围</td><td>杆塔改造</td></tr>
<tr><td>杆塔类型</td><td>单回耐张角钢塔</td></tr>
<tr><td>地质条件</td><td>50% 普通土，50% 水坑</td></tr>
<tr><td>地形</td><td>50% 平地，50% 河网</td></tr>
<tr><td>气象条件</td><td>覆冰 10mm，最大风速 27m/s</td></tr>
<tr><td>导线截面</td><td>2×240</td></tr>
<tr><td>基础</td><td>灌注桩基础</td></tr>
<tr><td>运距</td><td>汽车 5km</td></tr>
<tr><td rowspan="9">M-110-GTPY-DHNZJGT300</td><td rowspan="9">新建 110kV 单回耐张角钢塔 1×300（平地、河网）</td><td rowspan="9">基</td><td>电压等级</td><td>110kV</td></tr>
<tr><td>工作范围</td><td>杆塔改造</td></tr>
<tr><td>杆塔类型</td><td>单回耐张角钢塔</td></tr>
<tr><td>地质条件</td><td>50% 普通土，50% 水坑</td></tr>
<tr><td>地形</td><td>50% 平地，50% 河网</td></tr>
<tr><td>气象条件</td><td>覆冰 10mm，最大风速 27m/s</td></tr>
<tr><td>导线截面</td><td>1×300</td></tr>
<tr><td>基础</td><td>灌注桩基础</td></tr>
<tr><td>运距</td><td>汽车 5km</td></tr>
<tr><td rowspan="9">M-110-GTPY-SHZXJGT240</td><td rowspan="9">新建 110kV 双回直线角钢塔 2×240（平地、河网）</td><td rowspan="9">基</td><td>电压等级</td><td>110kV</td></tr>
<tr><td>工作范围</td><td>杆塔改造</td></tr>
<tr><td>杆塔类型</td><td>双回直线角钢塔</td></tr>
<tr><td>地质条件</td><td>50% 普通土，50% 水坑</td></tr>
<tr><td>地形</td><td>50% 平地，50% 河网</td></tr>
<tr><td>气象条件</td><td>覆冰 10mm，最大风速 27m/s</td></tr>
<tr><td>导线截面</td><td>2×240</td></tr>
<tr><td>基础</td><td>板式基础</td></tr>
<tr><td>运距</td><td>汽车 5km</td></tr>
</table>

续表

方案编号	方案名称	单位	工程主要技术条件	
M-110-GTPY-SHZXJGT300	新建 110kV 双回直线角钢塔 1×300（平地、河网）	基	电压等级	110kV
			工作范围	杆塔改造
			杆塔类型	双回直线角钢塔
			地质条件	50% 普通土，50% 水坑
			地形	50% 平地，50% 河网
			气象条件	覆冰 10mm，最大风速 27m/s
			导线截面	1×300
			基础	板式基础
			运距	汽车 5km
M-110-GTPY-SHNZJGT240	新建 110kV 双回耐张角钢塔 2×240（平地、河网）	基	电压等级	110kV
			工作范围	杆塔改造
			杆塔类型	双回耐张角钢塔
			地质条件	50% 普通土，50% 水坑
			地形	50% 平地，50% 河网
			气象条件	覆冰 10mm，最大风速 27m/s
			导线截面	2×240
			基础	灌注桩基础
			运距	汽车 5km
M-110-GTPY-SHNZJGT300	更换 110kV 双回耐张角钢塔 1×300（平地、河网）	基	电压等级	110kV
			工作范围	杆塔改造
			杆塔类型	双回耐张角钢塔
			地质条件	50% 普通土，50% 水坑
			地形	50% 平地，50% 河网
			气象条件	覆冰 10mm，最大风速 27m/s
			导线截面	1×300
			基础	灌注桩基础
			运距	汽车 5km

续表

方案编号	方案名称	单位	工程主要技术条件	
M-110-GTPY-SHZXGGG240	新建 110kV 双回直线钢管杆 1×240（平地、河网）	基	电压等级	110kV
			工作范围	杆塔改造
			杆塔类型	双回直线张钢管
			地质条件	50% 普通土，50% 水坑
			地形	50% 平地，50% 河网
			气象条件	覆冰 10mm，最大风速 27m/s
			导线截面	1×240
			基础	灌注桩基础
			运距	汽车 5km
M-110-GTPY-SHZXGGG300	新建 110kV 双回直线张钢管杆 1×300（平地、河网）	基	电压等级	110kV
			工作范围	杆塔改造
			杆塔类型	双回直线张钢管
			地质条件	50% 普通土，50% 水坑
			地形	50% 平地，50% 河网
			气象条件	覆冰 10mm，最大风速 27m/s
			导线截面	1×300
			基础	灌注桩基础
			运距	汽车 5km
M-110-GTPY-SHNZGGG240	新建 110kV 双回耐张钢管杆 1×240（平地、河网）	基	电压等级	110kV
			工作范围	杆塔改造
			杆塔类型	双回耐张钢管杆
			地质条件	50% 普通土，50% 水坑
			地形	50% 平地，50% 河网
			气象条件	覆冰 10mm，最大风速 27m/s
			导线截面	1×240
			基础	灌注桩基础
			运距	汽车 5km

续表

方案编号	方案名称	单位	工程主要技术条件	
M-110-GTPY-SHNZGGG300	新建 110kV 双回耐张钢管杆 1×300（平地、河网）	基	电压等级	110kV
			工作范围	杆塔改造
			杆塔类型	双回耐张钢管杆
			地质条件	50% 普通土，50% 水坑
			地形	50% 平地，50% 河网
			气象条件	覆冰 10mm，最大风速 27m/s
			导线截面	1×300
			基础	灌注桩基础
			运距	汽车 5km
M-35-GTSD-DHZXJGT	新建 35kV 单回直线角钢塔（山区、丘陵）	基	电压等级	35kV
			工作范围	杆塔改造
			杆塔类型	单回直线角钢塔
			地质条件	50% 松砂石，50% 岩石
			地形	50% 山地，50% 丘陵
			气象条件	覆冰 10mm，最大风速 27m/s
			基础	人工挖孔桩
			运距	人力 0.5km，汽车 10km
M-35-GTSD-DHNZJGT	新建 35kV 单回耐张角钢塔（山区、丘陵）	基	电压等级	35kV
			工作范围	杆塔改造
			杆塔类型	单回耐张角钢塔
			地质条件	50% 松砂石，50% 岩石
			地形	50% 山地，50% 丘陵
			气象条件	覆冰 10mm，最大风速 27m/s
			基础	人工挖孔桩
			运距	人力 0.5km，汽车 10km
M-35-GTPY-DHZXJGT	新建 35kV 单回直线角钢塔（平地、河网）	基	电压等级	35kV
			工作范围	杆塔改造
			杆塔类型	单回直线角钢塔
			地质条件	50% 普通土，50% 水坑

续表

方案编号	方案名称	单位	工程主要技术条件	
M-35-GTPY-DHZXJGT	新建 35kV 单回直线角钢塔（平地、河网）	基	地形	50% 平地，50% 河网
			气象条件	覆冰 10mm，最大风速 27m/s
			基础	台阶式
			运距	汽车 5km
M-35-GTPY-DHNZJGT	新建 35kV 单回耐张角钢塔（平地、河网）	基	电压等级	35kV
			工作范围	杆塔改造
			杆塔类型	单回耐张角钢塔
			地质条件	50% 普通土，50% 水坑
			地形	50% 平地，50% 河网
			气象条件	覆冰 10mm，最大风速 27m/s
			基础	灌注桩
			运距	汽车 5km
M-35-GTPY-DHZXGGG	新建 35kV 单回直线钢管杆（平地、河网）	基	电压等级	35kV
			工作范围	杆塔改造
			杆塔类型	单回直线钢管杆
			地质条件	50% 普通土，50% 水坑
			地形	50% 平地，50% 河网
			气象条件	覆冰 10mm，最大风速 27m/s
			基础	灌注桩
			运距	汽车 5km
M-35-GTPY-DHNZGGG	新建 35kV 单回耐张钢管杆（平地、河网）	基	电压等级	35kV
			工作范围	杆塔改造
			杆塔类型	单回耐张钢管杆
			地质条件	50% 普通土，50% 水坑
			地形	50% 平地，50% 河网
			气象条件	覆冰 10mm，最大风速 27m/s
			基础	灌注桩
			运距	汽车 5km

表 19-2　　杆塔改造工程典型方案主要设备材料表

方案编号	方案名称	设备材料明细	单位	数量	备注
M-500-GTSD-DHZXJGT630	更换 500kV 单回直线角钢塔 4×630（山地、丘陵）	混凝土基础，C25	m^3	40.84	人工挖孔基础
		钢筋	t	3.47	
		地脚螺栓	t	1.97	
		基础护壁，C25	m^3	12.72	
		护壁钢筋	t	0.53	
		铁塔，角钢，直线塔	t	25.5	
		标识牌，不锈钢	套	1	
		接地铁，圆钢，镀锌，ϕ12	t	0.12	
M-500-GTSD-DHZXJGT400	更换 500kV 单回直线角钢塔 4×400（山地、丘陵）	混凝土基础，C25	m^3	36.32	人工挖孔桩
		钢筋	t	3.09	
		地脚螺栓	t	1.34	
		基础护壁，C25	m^3	10.72	
		护壁钢筋	t	0.43	
		铁塔，角钢，直线塔	t	22.6	
		标识牌，不锈钢	套	1	
		接地铁，圆钢，镀锌，ϕ12	t	0.12	
M-500-GTSD-DHNZJGT630	更换 500kV 单回耐张角钢塔 4×630（山地、丘陵）	混凝土基础，C25	m^3	66.84	人工挖孔基础
		钢筋	t	5.68	
		地脚螺栓	t	4.57	
		基础护壁，C25	m^3	14.44	
		护壁钢筋	t	0.6	
		铁塔，角钢，耐张塔	t	32.58	
		标识牌，不锈钢	套	1	
		接地铁，圆钢，镀锌，ϕ12	t	0.12	
M-500-GTSD-DHNZJGT400	更换 500kV 单回耐张角钢塔 4×400（山地、丘陵）	混凝土基础，C25	m^3	54.52	人工挖孔桩
		钢筋	t	4.63	
		地脚螺栓	t	3.06	
		基础护壁，C25	m^3	12.16	
		护壁钢筋	t	0.49	
		铁塔，角钢，耐张塔	t	26.3	
		标识牌，不锈钢	套	1	
		接地铁，圆钢，镀锌，ϕ12	t	0.12	

续表

方案编号	方案名称	设备材料明细	单位	数量	备注
M-500-GTSD-SHZXJGT630	更换 500kV 双回直线角钢塔 4×630（山地、丘陵）	混凝土基础，C25	m^3	54.52	人工挖孔基础
		钢筋	t	4.63	
		地脚螺栓	t	4.57	
		基础护壁，C25	m^3	12.16	
		护壁钢筋	t	0.49	
		铁塔，角钢，直线塔	t	46.79	
		标识牌，不锈钢	套	1	
		接地铁，圆钢，镀锌，ϕ12	t	0.12	
M-500-GTSD-SHZXJGT400	更换 500kV 双回直线角钢塔 4×400（山地、丘陵）	混凝土基础，C25	m^3	45.36	人工挖孔桩
		钢筋	t	3.86	
		地脚螺栓	t	3.06	
		基础护壁，C25	m^3	12.72	
		护壁钢筋	t	0.53	
		铁塔，角钢，直线塔	t	44.34	
		标识牌，不锈钢	套	1	
		接地铁，圆钢，镀锌，ϕ12	t	0.12	
M-500-GTSD-SHNZJGT630	更换 500kV 双回耐张角钢塔 4×630（山地、丘陵）	混凝土基础，C25	m^3	134.56	人工挖孔基础
		钢筋	t	11.44	
		地脚螺栓	t	9.15	
		基础护壁，C25	m^3	16.12	
		护壁钢筋	t	0.68	
		铁塔，角钢，耐张塔	t	81.33	
		标识牌，不锈钢	套	1	
		接地铁，圆钢，镀锌，ϕ12	t	0.12	
M-500-GTSD-SHNZJGT400	更换 500kV 双回耐张角钢塔 4×400（山地、丘陵）	混凝土基础，C25	m^3	97.6	人工挖孔桩
		钢筋	t	8.3	
		地脚螺栓	t	6.12	
		基础护壁，C25	m^3	19	
		护壁钢筋	t	0.84	
		铁塔，角钢，耐张塔	t	76.24	
		标识牌，不锈钢	套	1	
		接地铁，圆钢，镀锌，ϕ12	t	0.12	

续表

方案编号	方案名称	设备材料明细	单位	数量	备注
M-500-GTPY-DHZXJGT630	更换 500kV 单回直线角钢塔 4×630（平地、河网）	混凝土基础，C25	m^3	27.36	板式基础
		钢筋	t	2.19	
		地脚螺栓	t	1.34	
		基础护壁，C25	m^3	0	
		护壁钢筋	t	0	
		铁塔，角钢，直线塔	t	21.91	
		标识牌，不锈钢	套	1	
		接地铁，圆钢，镀锌，ϕ12	t	0.12	
M-500-GTPY-DHZXJGT400	更换 500kV 单回直线角钢塔 4×400（平地、河网）	混凝土基础，C25	m^3	27.36	板式基础
		钢筋	t	2.19	
		地脚螺栓	t	1.34	
		基础护壁，C25	m^3	0	
		护壁钢筋	t	0	
		铁塔，角钢，直线塔	t	21.02	
		标识牌，不锈钢	套	1	
		接地铁，圆钢，镀锌，ϕ12	t	0.12	
M-500-GTPY-DHNZJGT630	更换 500kV 单回耐张角钢塔 4×630（平地、河网）	混凝土基础，C30	m^3	62.92	灌注桩基础
		钢筋	t	5.35	
		地脚螺栓	t	3.06	
		基础护壁，C25	m^3	0	
		护壁钢筋	t	0	
		铁塔，角钢，耐张塔	t	26.12	
		标识牌，不锈钢	套	1	
		接地铁，圆钢，镀锌，ϕ12	t	0.12	
M-500-GTPY-DHNZJGT400	更换 500kV 单回耐张角钢塔 4×400（平地、河网）	混凝土基础，C30	m^3	53.84	灌注桩基础
		钢筋	t	4.58	
		地脚螺栓	t	3.06	
		基础护壁，C25	m^3		
		护壁钢筋	t		
		铁塔，角钢，耐张塔	t	21.81	
		标识牌，不锈钢	套	1	
		接地铁，圆钢，镀锌，ϕ12	t	0.12	

续表

方案编号	方案名称	设备材料明细	单位	数量	备注
M-500-GTPY-SHZXJGT630	更换500kV双回直线角钢塔4×630（平地、河网）	混凝土基础，C25	m^3	81.2	板式基础
		钢筋	t	6.5	
		地脚螺栓	t	3.06	
		基础护壁，C25	m^3	0	
		护壁钢筋	t	0	
		铁塔，角钢，直线塔	t	44.9	
		标识牌，不锈钢	套	1	
		接地铁，圆钢，镀锌，ϕ12	t	0.12	
M-500-GTPY-SHZXJGT400	更换500kV双回直线角钢塔4×400（平地、河网）	混凝土基础，C25	m^3	69.2	板式基础
		钢筋	t	5.54	
		地脚螺栓	t	3.06	
		基础护壁，C25	m^3	0	
		护壁钢筋	t	0	
		铁塔，角钢，直线塔	t	41.91	
		标识牌，不锈钢	套	1	
		接地铁，圆钢，镀锌，ϕ12	t	0.12	
M-500-GTPY-SHNZJGT630	更换500kV双回耐张角钢塔4×630（平地、河网）	混凝土基础，C30	m^3	153.08	灌注桩基础
		钢筋	t	13.01	
		地脚螺栓	t	9.15	
		基础护壁，C25	m^3	0	
		护壁钢筋	t	0	
		铁塔，角钢，耐张塔	t	69.84	
		标识牌，不锈钢	套	1	
		接地铁，圆钢，镀锌，ϕ12	t	0.12	
M-500-GTPY-SHNZJGT400	更换500kV双回耐张角钢塔4×400（平地、河网）	混凝土基础，C30	m^3	110.64	灌注桩基础
		钢筋	t	9.4	
		地脚螺栓	t	6.57	
		基础护壁，C25	m^3	0	
		护壁钢筋	t	0	
		铁塔，角钢，耐张塔	t	61.2	
		标识牌，不锈钢	套	1	
		接地铁，圆钢，镀锌，ϕ12	t	0.12	

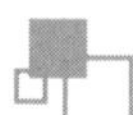

续表

方案编号	方案名称	设备材料明细	单位	数量	备注
M-220-GTSD-DHZXJGT400	更换 220kV 单回直线角钢塔 2×400（山地、丘陵）	混凝土基础，C25	m^3	22.88	人工挖孔桩
		钢筋	t	1.94	
		地脚螺栓	t	0.5	
		基础护壁，C25	m^3	7.56	
		护壁钢筋	t	0.29	
		铁塔，角钢，直线塔	t	10.62	
		标识牌，不锈钢	套	1	
		接地铁，圆钢，镀锌，ϕ12	t	0.06	
M-220-GTSD-DHNZJGT400	更换 220kV 单回耐张角钢塔 2×400（山地、丘陵）	混凝土基础，C25	m^3	26	人工挖孔桩
		钢筋	t	2.21	
		地脚螺栓	t	1.97	
		基础护壁，C25	m^3	7.56	
		护壁钢筋	t	0.29	
		铁塔，角钢，耐张塔	t	15.06	
		标识牌，不锈钢	套	1	
		接地铁，圆钢，镀锌，ϕ12	t	0.06	
M-220-GTSD-SHZXJGT630	更换 220kV 双回直线角钢塔 2×630（山地、丘陵）	混凝土基础，C25	m^3	22.88	人工挖孔桩
		钢筋	t	1.94	
		地脚螺栓	t	1.34	
		基础护壁，C25	m^3	7.56	
		护壁钢筋	t	0.29	
		铁塔，角钢，直线塔	t	19.23	
		标识牌，不锈钢	套	1	
		接地铁，圆钢，镀锌，ϕ12	t	0.06	
M-220-GTSD-SHZXJGT400	更换 220kV 双回直线角钢塔 2×400（山地、丘陵）	混凝土基础，C25	m^3	22.88	人工挖孔桩
		钢筋	t	1.94	
		地脚螺栓	t	1.34	
		基础护壁，C25	m^3	7.56	
		护壁钢筋	t	0.29	
		铁塔，角钢，直线塔	t	16.64	
		标识牌，不锈钢	套	1	
		接地铁，圆钢，镀锌，ϕ12	t	0.06	

续表

方案编号	方案名称	设备材料明细	单位	数量	备注
M-220-GTSD-SHNZJGT630	更换 220kV 双回耐张角钢塔 2×630（山地、丘陵）	混凝土基础，C25	m^3	60.72	人工挖孔桩
		钢筋	t	5.16	
		地脚螺栓	t	4.57	
		基础护壁，C25	m^3	12.16	
		护壁钢筋	t	0.49	
		铁塔，角钢，耐张塔	t	32.64	
		标识牌，不锈钢	套	1	
		接地铁，圆钢，镀锌，ϕ12	t	0.06	
M-220-GTSD-SHNZJGT400	更换 220kV 双回耐张角钢塔 2×400（山地、丘陵）	混凝土基础，C25	m^3	36.32	人工挖孔桩
		钢筋	t	3.09	
		地脚螺栓	t	3.06	
		基础护壁，C25	m^3	10.72	
		护壁钢筋	t	0.43	
		铁塔，角钢，耐张塔	t	30.05	
		标识牌，不锈钢	套	1	
		接地铁，圆钢，镀锌，ϕ12	t	0.06	
M-220-GTPY-DHZXJGT400	更换 220kV 单回直线角钢塔 2×400（平地、河网）	混凝土基础，C25	m^3	16.08	板式基础
		钢筋	t	1.29	
		地脚螺栓	t	0.5	
		基础护壁，C25	m^3	0	
		护壁钢筋	t	0	
		铁塔，角钢，直线塔	t	12.4	
		标识牌，不锈钢	套	1	
		接地铁，圆钢，镀锌，ϕ12	t	0.06	
M-220-GTPY-DHNZJGT400	更换 220kV 单回耐张角钢塔 2×400（平地、河网）	混凝土基础，C30	m^3	19.64	灌注桩基础
		钢筋	t	1.67	
		地脚螺栓	t	1.34	
		基础护壁，C25	m^3	0	
		护壁钢筋	t	0	
		铁塔，角钢，耐张塔	t	12.5	
		标识牌，不锈钢	套	1	
		接地铁，圆钢，镀锌，ϕ12	t	0.06	

续表

方案编号	方案名称	设备材料明细	单位	数量	备注
M-220-GTPY-SHZXJGT630	更换 220kV 双回直线角钢塔 2×630（平地、河网）	混凝土基础，C25	m^3	27.36	板式基础
		钢筋	t	2.19	
		地脚螺栓	t	1.34	
		基础护壁，C25	m^3	0	
		护壁钢筋	t	0	
		铁塔，角钢，直线塔	t	19.81	
		标识牌，不锈钢	套	1	
		接地铁，圆钢，镀锌，$\phi 12$	t	0.06	
M-220-GTPY-SHZXJGT400	更换 220kV 双回直线角钢塔 2×400（平地、河网）	混凝土基础，C25	m^3	24.52	板式基础
		钢筋	t	1.96	
		地脚螺栓	t	1.34	
		基础护壁，C25	m^3	0	
		护壁钢筋	t	0	
		铁塔，角钢，直线塔	t	16.28	
		标识牌，不锈钢	套	1	
		接地铁，圆钢，镀锌，$\phi 12$	t	0.06	
M-220-GTPY-SHNZJGT630	更换 220kV 双回耐张角钢塔 2×630（平地、河网）	混凝土基础，C30	m^3	53.84	灌注桩基础
		钢筋	t	4.58	
		地脚螺栓	t	3.06	
		基础护壁，C25	m^3	0	
		护壁钢筋	t	0	
		铁塔，角钢，耐张塔	t	28.27	
		标识牌，不锈钢	套	1	
		接地铁，圆钢，镀锌，$\phi 12$	t	0.06	
M-220-GTPY-SHNZJGT400	更换 220kV 双回耐张角钢塔 2×400（平地、河网）	混凝土基础，C30	m^3	40.32	灌注桩基础
		钢筋	t	3.43	
		地脚螺栓	t	3.06	
		基础护壁，C25	m^3	0	
		护壁钢筋	t	0	
		铁塔，角钢，耐张塔	t	25.11	
		标识牌，不锈钢	套	1	
		接地铁，圆钢，镀锌，$\phi 12$	t	0.06	

续表

方案编号	方案名称	设备材料明细	单位	数量	备注
M-220-GTPY-SHZXZJT630	更换 220kV 双回直线窄基钢管塔 2×630（平地、河网）	混凝土基础，C30	m^3	67.44	灌注桩基础
		钢筋	t	14.38	
		地脚螺栓	t	2.68	
		基础护壁，C25	m^3	0	
		护壁钢筋	t	0	
		铁塔，角钢，直线窄基钢管塔	t	21.46	
		标识牌，不锈钢	套	1	
		接地铁，圆钢，镀锌，ϕ12	t	0.06	
M-220-GTPY-SHZXZJT400	更换 220kV 双回直线窄基钢管塔 2×400（平地、河网）	混凝土基础，C30	m^3	62.92	灌注桩基础
		钢筋	t	13.39	
		地脚螺栓	t	2.68	
		基础护壁，C25	m^3	0	
		护壁钢筋	t	0	
		铁塔，角钢，直线窄基钢管塔	t	21.83	
		标识牌，不锈钢	套	1	
		接地铁，圆钢，镀锌，ϕ12	t	0.06	
M-220-GTPY-SHNZZJT630	更换 220kV 双回耐张窄基钢管塔 2×630（平地、河网）	混凝土基础，C30	m^3	85.52	灌注桩基础
		钢筋	t	18.32	
		地脚螺栓	t	6.12	
		基础护壁，C25	m^3	0	
		护壁钢筋	t	0	
		铁塔，角钢，耐张窄基钢管塔	t	24.75	
		标识牌，不锈钢	套	1	
		接地铁，圆钢，镀锌，ϕ12	t	0.06	
M-220-GTPY-SHNZZJT400	更换 220kV 双回耐张窄基钢管塔 2×400（平地、河网）	混凝土基础，C30	m^3	76.48	灌注桩基础
		钢筋	t	16.35	
		地脚螺栓	t	4.02	
		基础护壁，C25	m^3		
		护壁钢筋	t		
		铁塔，角钢，耐张窄基钢管塔	t	19.43	
		标识牌，不锈钢	套	1	
		接地铁，圆钢，镀锌，ϕ12	t	0.06	

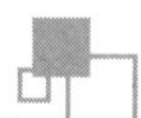

续表

方案编号	方案名称	设备材料明细	单位	数量	备注
M-220-GTPY-SHZXGGG630	更换 220kV 双回直线钢管杆 2×630（平地、河网）	混凝土基础，C30	m^3	41.37	灌注桩基础
		钢筋	t	14.07	
		地脚螺栓	t	5.36	
		基础护壁，C25	m^3	0	
		护壁钢筋	t	0	
		铁塔，角钢，直线钢管杆	t	20.04	
		标识牌，不锈钢	套	1	
		接地铁，圆钢，镀锌，$\phi12$	t	0.06	
M-220-GTPY-SHZXGGG400	更换 220kV 双回直线钢管杆 2×400（平地、河网）	混凝土基础，C30	m^3	41.37	灌注桩基础
		钢筋	t	14.07	
		地脚螺栓	t	5.36	
		基础护壁，C25	m^3	0	
		护壁钢筋	t	0	
		铁塔，角钢，直线钢管杆	t	18.52	
		标识牌，不锈钢	套	1	
		接地铁，圆钢，镀锌，$\phi12$	t	0.06	
M-220-GTPY-SHNZGGG630	更换 220kV 双回耐张钢管杆 2×630（平地、河网）	混凝土基础，C30	m^3	69.22	灌注桩基础
		钢筋	t	5.88	
		地脚螺栓	t	11.5	
		基础护壁，C25	m^3	0	
		护壁钢筋	t	0	
		铁塔，角钢，耐张钢管杆	t	33.25	
		标识牌，不锈钢	套	1	
		接地铁，圆钢，镀锌，$\phi12$	t	0.06	
M-220-GTPY-SHNZGGG400	更换 220kV 双回耐张钢管杆 2×400（平地、河网）	混凝土基础，C30	m^3	69.22	灌注桩基础
		钢筋	t	23.53	
		地脚螺栓	t	9.86	
		基础护壁，C25	m^3	0	
		护壁钢筋	t	0	
		铁塔，角钢，耐张钢管杆	t	24.31	
		标识牌，不锈钢	套	1	
		接地铁，圆钢，镀锌，$\phi12$	t	0.06	

续表

方案编号	方案名称	设备材料明细	单位	数量	备注
M-110-GTSD-DHZXJGT240	更换 110kV 单回直线角钢塔 2×240（山地、丘陵）	混凝土基础，C25	m^3	15.24	掏挖
		钢筋	t	1.22	
		地脚螺栓	t	13.32	
		基础护壁，C25	m^3	0	
		护壁钢筋	t	0	
		铁塔，角钢，直线塔	t	6.15	
		标识牌，不锈钢	套	1	
		接地铁，圆钢，镀锌，$\phi12$	t	0.03	
M-110-GTSD-DHZXJGT300	更换 110kV 单回直线角钢塔 2×240（山地、丘陵）	混凝土基础，C25	m^3	10.72	掏挖基础
		钢筋	t	0.86	
		地脚螺栓	t	0.05	
		基础护壁，C25	m^3	0	
		护壁钢筋	t	0	
		铁塔，角钢，直线塔	t	5.87	
		标识牌，不锈钢	套	1	
		接地铁，圆钢，镀锌，$\phi12$	t	0.03	
M-110-GTSD-DHNZJGT240	更换 110kV 单回耐张角钢塔 2×240（山地、丘陵）	混凝土基础，C25	m^3	22.72	掏挖基础
		钢筋	t	1.82	
		地脚螺栓	t	0.33	
		基础护壁，C25	m^3	0	
		护壁钢筋	t	0	
		铁塔，角钢，耐张塔	t	7.37	
		标识牌，不锈钢	套	1	
		接地铁，圆钢，镀锌，$\phi12$	t	0.03	
M-110-GTSD-DHNZJGT300	更换 110kV 单回耐张角钢塔 1×300（山地、丘陵）	混凝土基础，C25	m^3	18.44	掏挖基础
		钢筋	t	1.48	
		地脚螺栓	t	0.21	
		基础护壁，C25	m^3	0	
		护壁钢筋	t	0	
		铁塔，角钢，耐张塔	t	7.66	
		标识牌，不锈钢	套	1	
		接地铁，圆钢，镀锌，$\phi12$	t	0.03	

续表

方案编号	方案名称	设备材料明细	单位	数量	备注
M-110-GTSD-SHZXJGT240	更换 110kV 双回直线角钢塔 2×240（山地、丘陵）	混凝土基础，C25	m^3	22.88	人工挖孔桩
		钢筋	t	1.94	
		地脚螺栓	t	0.21	
		基础护壁，C25	m^3	0	
		护壁钢筋	t	0	
		铁塔，角钢，直线塔	t	8.52	
		标识牌，不锈钢	套	1	
		接地铁，圆钢，镀锌，ϕ12	t	0.03	
M-110-GTSD-SHZXJGT300	更换 110kV 双回直线角钢塔 1×300（山地、丘陵）	混凝土基础，C25	m^3	15.24	掏挖基础
		钢筋	t	1.22	
		地脚螺栓	t	0.12	
		基础护壁，C25	m^3	0	
		护壁钢筋	t	0	
		铁塔，角钢，直线塔	t	7.92	
		标识牌，不锈钢	套	1	
		接地铁，圆钢，镀锌，ϕ12	t	0.03	
M-110-GTPY-SHZXJGT240	更换 110kV 双回直线角钢塔 2×240（平地、河网）	混凝土基础，C25	m^3	16.08	板式基础
		钢筋	t	1.29	
		地脚螺栓	t	0.21	
		基础护壁，C25	m^3	0	
		护壁钢筋	t	0	
		铁塔，角钢，直线塔	t	8.52	
		标识牌，不锈钢	套	1	
		接地铁，圆钢，镀锌，ϕ12	t	0.03	
M-110-GTSD-SHNZJGT300	更换 110kV 双回耐张角钢塔 1×300（山地、丘陵）	混凝土基础，C25	m^3	22.72	掏挖基础
		钢筋	t	1.82	
		地脚螺栓	t	0.49	
		基础护壁，C25	m^3	0	
		护壁钢筋	t	0	
		铁塔，角钢，耐张塔	t	11.2	
		标识牌，不锈钢	套	1	
		接地铁，圆钢，镀锌，ϕ12	t	0.03	

续表

方案编号	方案名称	设备材料明细	单位	数量	备注
M-110-GTPY-DHZXJGT240	更换 110kV 单回直线角钢塔 2×240（平地、河网）	混凝土基础，C25	m^3	13.32	板式基础
		钢筋	t	1.07	
		地脚螺栓	t	0.12	
		基础护壁，C25	m^3	0	
		护壁钢筋	t	0	
		铁塔，角钢，直线塔	t	6.15	
		标识牌，不锈钢	套	1	
		接地铁，圆钢，镀锌，ϕ12	t	0.03	
M-110-GTPY-DHZXJGT300	更换 110kV 单回直线角钢塔 2×240（平地、河网）	混凝土基础，C25	m^3	11.2	板式基础
		钢筋	t	0.9	
		地脚螺栓	t	0.05	
		基础护壁，C25	m^3	0	
		护壁钢筋	t	0	
		铁塔，角钢，直线塔	t	5.87	
		标识牌，不锈钢	套	1	
		接地铁，圆钢，镀锌，ϕ12	t	0.03	
M-110-GTPY-DHNZJGT240	更换 110kV 单回耐张角钢塔 2×240（平地、河网）	混凝土基础，C30	m^3	15.64	灌注桩基础
		钢筋	t	1.33	
		地脚螺栓	t	0.33	
		基础护壁，C25	m^3	0	
		护壁钢筋	t	0	
		铁塔，角钢，耐张塔	t	7.37	
		标识牌，不锈钢	套	1	
		接地铁，圆钢，镀锌，ϕ12	t	0.03	
M-110-GTPY-DHNZJGT300	更换 110kV 单回耐张角钢塔 1×300（平地、河网）	混凝土基础，C30	m^3	13.64	灌注桩基础
		钢筋	t	1.16	
		地脚螺栓	t	0.21	
		基础护壁，C25	m^3	0	
		护壁钢筋	t	0	
		铁塔，角钢，耐张塔	t	7.66	
		标识牌，不锈钢	套	1	
		接地铁，圆钢，镀锌，ϕ12	t	0.03	

续表

方案编号	方案名称	设备材料明细	单位	数量	备注
M-110-GTPY-SHZXJGT240	更换 110kV 双回直线角钢塔 2×240（平地、河网）	混凝土基础，C25	m^3	16.08	板式基础
		钢筋	t	1.29	
		地脚螺栓	t	0.21	
		基础护壁，C25	m^3	0	
		护壁钢筋	t	0	
		铁塔，角钢，直线塔	t	8.52	
		标识牌，不锈钢	套	1	
		接地铁，圆钢，镀锌，ϕ12	t	0.03	
M-110-GTPY-SHZXJGT300	更换 110kV 双回直线角钢塔 1×300（平地、河网）	混凝土基础，C25	m^3	14.8	板式基础
		钢筋	t	1.18	
		地脚螺栓	t	0.12	
		基础护壁，C25	m^3	0	
		护壁钢筋	t	0	
		铁塔，角钢，直线塔	t	7.92	
		标识牌，不锈钢	套	1	
		接地铁，圆钢，镀锌，ϕ12	t	0.03	
M-110-GTPY-SHNZJGT240	更换 110kV 双回耐张角钢塔 2×240（平地、河网）	混凝土基础，C30	m^3	34.04	灌注桩基础
		钢筋	t	2.89	
		地脚螺栓	t	0.77	
		基础护壁，C25	m^3	0	
		护壁钢筋	t	0	
		铁塔，角钢，耐张塔	t	13.57	
		标识牌，不锈钢	套	1	
		接地铁，圆钢，镀锌，ϕ12	t	0.03	
M-110-GTPY-SHNZJGT300	更换 110kV 双回耐张角钢塔 1×300（平地、河网）	混凝土基础，C30	m^3	27.76	灌注桩基础
		钢筋	t	2.36	
		地脚螺栓	t	0.49	
		基础护壁，C25	m^3	0	
		护壁钢筋	t	0	
		铁塔，角钢，耐张塔	t	11.2	
		标识牌，不锈钢	套	1	
		接地铁，圆钢，镀锌，ϕ12	t	0.03	

续表

方案编号	方案名称	设备材料明细	单位	数量	备注
M-110-GTPY-SHZXGGG240	更换 110kV 双回直线钢管杆 1×240（平地、河网）	混凝土基础，C30	m^3	22.19	灌注桩基础
		钢筋	t	1.89	
		地脚螺栓	t	4.21	
		基础护壁，C25	m^3	0	
		护壁钢筋	t	0	
		铁塔，角钢，直线钢管杆	t	11.56	
		标识牌，不锈钢	套	1	
		接地铁，圆钢，镀锌，$\phi 12$	t	0.03	
M-110-GTPY-SHZXGGG300	更换 110kV 双回直线张钢管杆 1×300（平地、河网）	混凝土基础，C30	m^3	22.19	灌注桩基础
		钢筋	t	1.89	
		地脚螺栓	t	2.51	
		基础护壁，C25	m^3	0	
		护壁钢筋	t	0	
		铁塔，角钢，耐张钢管杆	t	7.78	
		标识牌，不锈钢	套	1	
		接地铁，圆钢，镀锌，$\phi 12$	t	0.03	
M-110-GTPY-SHNZGGG240	更换 110kV 双回耐张钢管杆 1×240（平地、河网）	混凝土基础，C30	m^3	41.37	灌注桩基础
		钢筋	t	3.52	
		地脚螺栓	t	6.12	
		基础护壁，C25	m^3	0	
		护壁钢筋	t	0	
		铁塔，角钢，耐张钢管杆	t	13.73	
		标识牌，不锈钢	套	1	
		接地铁，圆钢，镀锌，$\phi 12$	t	0.03	
M-110-GTPY-SHNZGGG300	更换 110kV 双回耐张钢管杆 1×300（平地、河网）	混凝土基础，C30	m^3	41.37	灌注桩基础
		钢筋	t	3.52	
		地脚螺栓	t	4.59	
		基础护壁，C25	m^3	0	
		护壁钢筋	t	0	
		铁塔，角钢，耐张钢管杆	t	9.73	
		标识牌，不锈钢	套	1	
		接地铁，圆钢，镀锌，$\phi 12$	t	0.03	

续表

方案编号	方案名称	设备材料明细	单位	数量	备注
M-35-GTSD-DHZXJGT	更换 35kV 单回直线角钢塔（山区、丘陵）	混凝土基础，C25	m^3	22.84	人工挖孔桩
		钢筋	t	1.5216	
		地脚螺栓	t	0.14	
		基础护壁，C25	m^3	13.44	
		护壁钢筋	t	0.484	
		铁塔，角钢，直线塔	t	3.2	
		标识牌，不锈钢	套	1	
		接地铁，圆钢，镀锌，$\phi12$	t	0.03	
M-35-GTSD-DHNZJGT	更换 35kV 单回耐张角钢塔（山区、丘陵）	混凝土基础，C25	m^3	27.08	人工挖孔桩
		钢筋	t	1.8612	
		地脚螺栓	t	0.364	
		基础护壁，C25	m^3	14.4	
		护壁钢筋	t	0.512	
		铁塔，角钢，耐张塔	t	4.5	
		标识牌，不锈钢	套	1	
		接地铁，圆钢，镀锌，$\phi12$	t	0.03	
M-35-GTPY-DHZXJGT	更换 35kV 单回直线角钢塔（平地、河网）	混凝土基础，C25	m^3	13.32	板式基础
		钢筋	t	0.34	
		地脚螺栓	t	0.14	
		基础护壁，C25	m^3	0	
		护壁钢筋	t	0	
		铁塔，角钢，直线塔	t	3.2	
		标识牌，不锈钢	套	1	
		接地铁，圆钢，镀锌，$\phi12$	t	0.03	
M-35-GTPY-DHNZJGT	更换 35kV 单回耐张角钢塔（平地、河网）	混凝土基础，C30	m^3	28.8	灌注桩基础
		钢筋	t	2.45	
		地脚螺栓	t	0.364	
		基础护壁，C25	m^3	0	
		护壁钢筋	t	0	
		铁塔，角钢，耐张塔	t	4.5	
		标识牌，不锈钢	套	1	
		接地铁，圆钢，镀锌，$\phi12$	t	0.03	

续表

方案编号	方案名称	设备材料明细	单位	数量	备注
M-35-GTPY-DHZXGGG	更换35kV单回直线钢管杆（平地、河网）	混凝土基础，C30	m^3	16.15	灌注桩基础
		钢筋	t	0.8324	
		地脚螺栓	t	0.64	
		基础护壁，C25	m^3	0	
		护壁钢筋	t	0	
		铁塔，角钢，直线钢管杆	t	3.9	
		标识牌，不锈钢	套	1	
		接地铁，圆钢，镀锌，ϕ12	t	0.03	
M-35-GTPY-DHNZGGG	更换35kV单回耐张钢管杆（平地、河网）	混凝土基础，C30	m^3	24.43	灌注桩基础
		钢筋	t	1.107	
		地脚螺栓	t	0.826	
		基础护壁，C25	m^3	0	
		护壁钢筋	t	0	
		铁塔，角钢，耐张钢管杆	t	5.2	
		标识牌，不锈钢	套	1	
		接地铁，圆钢，镀锌，ϕ12	t	0.03	

19.3　概算书

杆塔改造工程典型方案概算书包括总概算表、安装部分汇总概算表、其他费用概算表。基本方案M-500-GTSD-DHZXJGT630、M-500-GTSD-DHZXJGT400、M-500-GTSD-DHNZJGT630、M-500-GTSD-DHNZJGT400、M-500-GTSD-SHZXJGT630、M-500-GTSD-SHZXJGT400、M-500-GTSD-SHNZJGT630、M-500-GTSD-SHNZJGT400、M-500-GTPY-DHZXJGT630、M-500-GTPY-DHZXJGT400、M-500-GTPY-DHNZJGT630、M-500-GTPY-DHNZJGT400、M-500-GTPY-SHZXJGT630、M-500-GTPY-SHZXJGT400、M-500-GTPY-SHNZJGT630、M-500-GTPY-SHNZJGT400、M-220-GTSD-DHZXJGT400、M-220-GTSD-DHNZJGT400、M-220-GTSD-SHZXJGT630、M-220-GTSD-SHZXJGT400、M-220-GTSD-SHNZJGT630、M-220-GTSD-SHNZJGT400、M-220-GTPY-DHZXJGT400、M-220-GTPY-DHNZJGT400、M-220-GTPY-SHZXJGT630、M-220-GTPY-SHZXJGT400、M-220-GTPY-SHNZJGT630、M-220-GTPY-SHNZJGT400、M-220-GTPY-SHZXZJT630、M-220-GTPY-SHZXZJT400、M-220-GTPY-SHNZZJT630、M-220-GTPY-SHNZZJT400、

M-220-GTPY-SHZXGGG630、M-220-GTPY-SHZXGGG400、M-220-GTPY-SHNZGGG630、M-220-GTPY-SHNZGGG400、M-110-GTSD-DHZXJGT240、M-110-GTSD-DHZXJGT300、M-110-GTSD-DHNZJGT240、M-110-GTSD-DHNZJGT300、M-110-GTSD-SHZXJGT240、M-110-GTSD-SHZXJGT300、M-110-GTSD-SHNZJGT240、M-110-GTSD-SHNZJGT300、M-110-GTPY-DHZXJGT240、M-110-GTPY-DHZXJGT300、M-110-GTPY-DHNZJGT240、M-110-GTPY-DHNZJGT300、M-110-GTPY-SHZXJGT240、M-110-GTPY-SHZXJGT300、M-110-GTPY-SHNZJGT240、M-110-GTPY-SHNZJGT300、M-110-GTPY-SHZXGGG240、M-110-GTPY-SHZXGGG300、M-110-GTPY-SHNZGGG240、M-110-GTPY-SHNZGGG300、M-35-GTSD-DHZXJGT、M-35-GTSD-DHNZJGT、M-35-GTPY-DHZXJGT、M-35-GTPY-DHNZJGT、M-35-GTPY-DHZXGGG、M-35-GTPY-DHNZGGG 的上述概算表见表 19-3 ~ 表 19-188。

表 19-3　　基本方案 M-500-GTSD-DHZXJGT630 总概算表　　金额单位：万元

序号	工程或费用名称	含税金额	占工程投资的比例（%）	不含税金额	可抵扣增值税金额
二	安装工程费	47.92	80.08	43.32	4.6
三	拆除工程费				
四	设备购置费				
	其中：编制基准期价差	0.73	1.22	0.73	
五	小计	47.92	80.08	43.32	4.6
	其中：甲供设备材料费	19.72	32.95	17.45	2.27
六	其他费用	11.92	19.92	11.18	0.74
七	基本预备费				
八	特殊项目				
九	工程投资合计	59.84	100	54.5	5.34
	其中：可抵扣增值税金额	5.34			5.34
	其中：施工费	30.9	51.64	28.35	2.55

表 19-4 基本方案 M-500-GTSD-DHZXJGT630 安装部分汇总概算表

金额单位：元

序号	工程或费用名称	安装工程费			设备购置费	合计
		未计价材料费	安装费	小计		
	安装工程	254639	224573	479212		479212
1	基础工程	56799	164382	221181		221181
1.1	基础工程材料工地运输		79415	79415		79415
1.2	基础土石方工程		28526	28526		28526
1.3	基础砌筑	56799	56441	113240		113240
1.3.2	现浇基础	56799	56441	113240		113240
2	杆塔工程	196540	56117	252657		252657
2.1	杆塔工程材料工地运输		14197	14197		14197
2.2	杆塔组立	196540	41920	238460		238460
2.2.2	铁塔、钢管杆组立	196540	41920	238460		238460
3	接地工程	675	3476	4152		4152
3.1	接地工程材料工地运输		62	62		62
3.2	接地土石方		2844	2844		2844
3.3	接地安装	675	571	1246		1246
6	辅助工程	625	599	1224		1224
6.7	杆塔上装的各类辅助生产装置	625	599	1224		1224
	合计	254639	224573	479212		479212

表 19-5 基本方案 M-500-GTSD-DHZXJGT630 其他费用概算表

金额单位：元

序号	工程或费用项目名称	编制依据及计算说明	合价
1	建设场地征用及清理费		27000
1.1	土地征用费	（1 × 0.45 × 60000）× 100%	27000
2	项目管理费		35270
2.1	管理经费	（安装工程费 + 拆除工程费）× 3.53%	16916
2.2	招标费	（安装工程费 + 拆除工程费）× 0.4%	1917

续表

序号	工程或费用项目名称	编制依据及计算说明	合价
2.3	工程监理费	（安装工程费 + 拆除工程费）×3.43%	16437
3	项目技术服务费		56934
3.1	前期工作费	安装工程费 ×2.1%	10063
3.3	工程勘察设计费		39413
3.3.2	设计费	设计费 ×100%	39413
3.4	设计文件评审费		2438
3.4.1	初步设计文件评审费	基本设计费 ×3.5%	1169
3.4.2	施工图文件评审费	基本设计费 ×3.8%	1269
3.5	施工过程造价咨询及竣工结算审核费	（安装工程费 + 拆除工程费）×0.38%	1821
3.7	工程检测费		2719
3.7.1	工程质量检测费	安装工程费 ×0.15%	719
3.7.5	桩基检测费	（4×500）×100%	2000
3.9	技术经济标准编制费	（安装工程费 + 拆除工程费）×0.1%	479
	合计		119204

表 19-6　　基本方案 M-500-GTSD-DHZXJGT400 总概算表　　金额单位：万元

序号	工程或费用名称	含税金额	占工程投资的比例（%）	不含税金额	可抵扣增值税金额
二	安装工程费	42.05	79.53	38.01	4.04
三	拆除工程费				
四	设备购置费				
	其中：编制基准期价差	0.64	1.21	0.64	
五	小计	42.05	79.53	38.01	4.04
	其中：甲供设备材料费	17.48	33.06	15.47	2.01
六	其他费用	10.82	20.47	10.14	0.68
七	基本预备费				
八	特殊项目				
九	工程投资合计	52.87	100	48.15	4.72
	其中：可抵扣增值税金额	4.72			4.72
	其中：施工费	27.27	51.58	25.02	2.25

表 19-7　　基本方案 M-500-GTSD-DHZXJGT400 安装部分汇总概算表

金额单位：元

序号	工程或费用名称	安装工程费			设备购置费	合计
		未计价材料费	安装费	小计		
	安装工程	222521	198021	420542		420542
1	基础工程	47051	143551	190602		190602
1.1	基础工程材料工地运输		69515	69515		69515
1.2	基础土石方工程		25071	25071		25071
1.3	基础砌筑	47051	48965	96016		96016
1.3.2	现浇基础	47051	48965	96016		96016
2	杆塔工程	174170	50395	224565		224565
2.1	杆塔工程材料工地运输		12581	12581		12581
2.2	杆塔组立	174170	37813	211984		211984
2.2.2	铁塔、钢管杆组立	174170	37813	211984		211984
3	接地工程	675	3476	4152		4152
3.1	接地工程材料工地运输		62	62		62
3.2	接地土石方		2844	2844		2844
3.3	接地安装	675	571	1246		1246
6	辅助工程	625	599	1224		1224
6.7	杆塔上装的各类辅助生产装置	625	599	1224		1224
	合计	222521	198021	420542		420542

表 19-8　　基本方案 M-500-GTSD-DHZXJGT400 其他费用概算表

金额单位：元

序号	工程或费用项目名称	编制依据及计算说明	合价
1	建设场地征用及清理费		27000
1.1	土地征用费	（1 × 0.45 × 60000）× 100%	27000
2	项目管理费		30952
2.1	管理经费	（安装工程费 + 拆除工程费）× 3.53%	14845
2.2	招标费	（安装工程费 + 拆除工程费）× 0.4%	1682

续表

序号	工程或费用项目名称	编制依据及计算说明	合价
2.3	工程监理费	（安装工程费 + 拆除工程费）× 3.43%	14425
3	项目技术服务费		50208
3.1	前期工作费	安装工程费 × 2.1%	8831
3.3	工程勘察设计费		34588
3.3.2	设计费	设计费 × 100%	34588
3.4	设计文件评审费		2140
3.4.1	初步设计文件评审费	基本设计费 × 3.5%	1026
3.4.2	施工图文件评审费	基本设计费 × 3.8%	1114
3.5	施工过程造价咨询及竣工结算审核费	（安装工程费 + 拆除工程费）× 0.38%	1598
3.7	工程检测费		2631
3.7.1	工程质量检测费	安装工程费 × 0.15%	631
3.7.5	桩基检测费	（4 × 500）× 100%	2000
3.9	技术经济标准编制费	（安装工程费 + 拆除工程费）× 0.1%	421
	合计		108160

表 19-9　　基本方案 M-500-GTSD-DHNZJGT630 总概算表　　金额单位：万元

序号	工程或费用名称	含税金额	占工程投资的比例（%）	不含税金额	可抵扣增值税金额
二	安装工程费	67.3	81.21	60.93	6.37
三	拆除工程费				
四	设备购置费				
	其中：编制基准期价差	1.03	1.24	1.03	
五	小计	67.3	81.21	60.93	6.37
	其中：甲供设备材料费	25.17	30.37	22.27	2.9
六	其他费用	15.57	18.79	14.62	0.95
七	基本预备费				
八	特殊项目				
九	工程投资合计	82.87	100	75.55	7.32
	其中：可抵扣增值税金额	7.32			7.32
	其中：施工费	44.83	54.1	41.13	3.7

表 19-10　　基本方案 M-500-GTSD-DHNZJGT630 安装部分汇总概算表

金额单位：元

序号	工程或费用名称	安装工程费			设备购置费	合计
		未计价材料费	安装费	小计		
	安装工程	350474	322520	672994		672994
1	基础工程	98059	245519	343577		343577
1.1	基础工程材料工地运输		120020	120020		120020
1.2	基础土石方工程		43276	43276		43276
1.3	基础砌筑	98059	82224	180282		180282
1.3.2	现浇基础	98059	82224	180282		180282
2	杆塔工程	251115	72926	324041		324041
2.1	杆塔工程材料工地运输		18139	18139		18139
2.2	杆塔组立	251115	54787	305902		305902
2.2.2	铁塔、钢管杆组立	251115	54787	305902		305902
3	接地工程	675	3476	4152		4152
3.1	接地工程材料工地运输		62	62		62
3.2	接地土石方		2844	2844		2844
3.3	接地安装	675	571	1246		1246
6	辅助工程	625	599	1224		1224
6.7	杆塔上装的各类辅助生产装置	625	599	1224		1224
	合计	350474	322520	672994		672994

表 19-11　基本方案 M-500-GTSD-DHNZJGT630 其他费用概算表　　金额单位：元

序号	工程或费用项目名称	编制依据及计算说明	合价
1	建设场地征用及清理费		27000
1.1	土地征用费	（1×0.45×60000）×100%	27000
2	项目管理费		49532
2.1	管理经费	（安装工程费＋拆除工程费）×3.53%	23757
2.2	招标费	（安装工程费＋拆除工程费）×0.4%	2692

续表

序号	工程或费用项目名称	编制依据及计算说明	合价
2.3	工程监理费	（安装工程费 + 拆除工程费）×3.43%	23084
3	项目技术服务费		79148
3.1	前期工作费	安装工程费 ×2.1%	14133
3.3	工程勘察设计费		55351
3.3.2	设计费	设计费 ×100%	55351
3.4	设计文件评审费		3424
3.4.1	初步设计文件评审费	基本设计费 ×3.5%	1642
3.4.2	施工图文件评审费	基本设计费 ×3.8%	1782
3.5	施工过程造价咨询及竣工结算审核费	（安装工程费 + 拆除工程费）×0.38%	2557
3.7	工程检测费		3009
3.7.1	工程质量检测费	安装工程费 ×0.15%	1009
3.7.5	桩基检测费	（4×500）×100%	2000
3.9	技术经济标准编制费	（安装工程费 + 拆除工程费）×0.1%	673
	合计		155680

表 19-12　基本方案 M-500-GTSD-DHNZJGT400 总概算表　金额单位：万元

序号	工程或费用名称	含税金额	占工程投资的比例（%）	不含税金额	可抵扣增值税金额
二	安装工程费	54.35	80.54	49.2	5.15
三	拆除工程费				
四	设备购置费				
	其中：编制基准期价差	0.85	1.26	0.85	
五	小计	54.35	80.54	49.2	5.15
	其中：甲供设备材料费	20.34	30.14	18	2.34
六	其他费用	13.13	19.46	12.32	0.81
七	基本预备费				
八	特殊项目				
九	工程投资合计	67.48	100	61.52	5.96
	其中：可抵扣增值税金额	5.96			5.96
	其中：施工费	36.71	54.4	33.68	3.03

表 19-13 基本方案 M-500-GTSD-DHNZJGT400 安装部分汇总概算表

金额单位：元

序号	工程或费用名称	安装工程费			设备购置费	合计
		未计价材料费	安装费	小计		
	安装工程	279392	264092	543484		543484
1	基础工程	75331	201134	276465		276465
1.1	基础工程材料工地运输		98265	98265		98265
1.2	基础土石方工程		35540	35540		35540
1.3	基础砌筑	75331	67329	142660		142660
1.3.2	现浇基础	75331	67329	142660		142660
2	杆塔工程	202760	58884	261644		261644
2.1	杆塔工程材料工地运输		14647	14647		14647
2.2	杆塔组立	202760	44237	246997		246997
2.2.2	铁塔、钢管杆组立	202760	44237	246997		246997
3	接地工程	675	3476	4152		4152
3.1	接地工程材料工地运输		62	62		62
3.2	接地土石方		2844	2844		2844
3.3	接地安装	675	571	1246		1246
6	辅助工程	625	599	1224		1224
6.7	杆塔上装的各类辅助生产装置	625	599	1224		1224
	合计	279392	264092	543484		543484

表 19-14 基本方案 M-500-GTSD-DHNZJGT400 其他费用概算表

金额单位：元

序号	工程或费用项目名称	编制依据及计算说明	合价
1	建设场地征用及清理费		27000
1.1	土地征用费	（1×0.45×60000）×100%	27000
2	项目管理费		40000
2.1	管理经费	（安装工程费＋拆除工程费）×3.53%	19185
2.2	招标费	（安装工程费＋拆除工程费）×0.4%	2174

续表

序号	工程或费用项目名称	编制依据及计算说明	合价
2.3	工程监理费	（安装工程费 + 拆除工程费）×3.43%	18642
3	项目技术服务费		64302
3.1	前期工作费	安装工程费 ×2.1%	11413
3.3	工程勘察设计费		44699
3.3.2	设计费	设计费 ×100%	44699
3.4	设计文件评审费		2765
3.4.1	初步设计文件评审费	基本设计费 ×3.5%	1326
3.4.2	施工图文件评审费	基本设计费 ×3.8%	1439
3.5	施工过程造价咨询及竣工结算审核费	（安装工程费 + 拆除工程费）×0.38%	2065
3.7	工程检测费		2815
3.7.1	工程质量检测费	安装工程费 ×0.15%	815
3.7.5	桩基检测费	（4×500）×100%	2000
3.9	技术经济标准编制费	（安装工程费 + 拆除工程费）×0.1%	543
	合计		131302

表 19-15 基本方案 M-500-GTSD-SHZXJGT630 总概算表 金额单位：万元

序号	工程或费用名称	含税金额	占工程投资的比例（%）	不含税金额	可抵扣增值税金额
二	安装工程费	80.33	81.68	72.52	7.81
三	拆除工程费				
四	设备购置费				
	其中：编制基准期价差	1.15	1.17	1.15	
五	小计	80.33	81.68	72.52	7.81
	其中：甲供设备材料费	36.17	36.78	32.01	4.16
六	其他费用	18.02	18.32	16.93	1.09
七	基本预备费				
八	特殊项目				
九	工程投资合计	98.35	100	89.45	8.9
	其中：可抵扣增值税金额	8.9			8.9
	其中：施工费	46.87	47.66	43	3.87

表 19-16　　基本方案 M-500-GTSD-SHZXJGT630 安装部分汇总概算表

金额单位：元

序号	工程或费用名称	安装工程费			设备购置费	合计
		未计价材料费	安装费	小计		
	安装工程	448705	354630	803335		803335
1	基础工程	86363	202813	289176		289176
1.1	基础工程材料工地运输		99014	99014		99014
1.2	基础土石方工程		35477	35477		35477
1.3	基础砌筑	86363	68322	154685		154685
1.3.2	现浇基础	86363	68322	154685		154685
2	杆塔工程	360666	147383	508049		508049
2.1	杆塔工程材料工地运输		26053	26053		26053
2.2	杆塔组立	360666	121331	481997		481997
2.2.2	铁塔、钢管杆组立	360666	121331	481997		481997
3	接地工程	675	3476	4152		4152
3.1	接地工程材料工地运输		62	62		62
3.2	接地土石方		2844	2844		2844
3.3	接地安装	675	571	1246		1246
6	辅助工程	1000	958	1958		1958
6.7	杆塔上装的各类辅助生产装置	1000	958	1958		1958
	合计	448705	354630	803335		803335

表 19-17　基本方案 M-500-GTSD-SHZXJGT630 其他费用概算表

金额单位：元

序号	工程或费用项目名称	编制依据及计算说明	合价
1	建设场地征用及清理费		27000
1.1	土地征用费	（1×0.45×60000）×100%	27000
2	项目管理费		59125
2.1	管理经费	（安装工程费＋拆除工程费）×3.53%	28358
2.2	招标费	（安装工程费＋拆除工程费）×0.4%	3213

续表

序号	工程或费用项目名称	编制依据及计算说明	合价
2.3	工程监理费	（安装工程费 + 拆除工程费）×3.43%	27554
3	项目技术服务费		94090
3.1	前期工作费	安装工程费 ×2.1%	16870
3.3	工程勘察设计费		66071
3.3.2	设计费	设计费 ×100%	66071
3.4	设计文件评审费		4087
3.4.1	初步设计文件评审费	基本设计费 ×3.5%	1960
3.4.2	施工图文件评审费	基本设计费 ×3.8%	2128
3.5	施工过程造价咨询及竣工结算审核费	（安装工程费 + 拆除工程费）×0.38%	3053
3.7	工程检测费		3205
3.7.1	工程质量检测费	安装工程费 ×0.15%	1205
3.7.5	桩基检测费	（4×500）×100%	2000
3.9	技术经济标准编制费	（安装工程费 + 拆除工程费）×0.1%	803
	合计		180215

表 19-18　基本方案 M-500-GTSD-SHZXJGT400 总概算表　金额单位：万元

序号	工程或费用名称	含税金额	占工程投资的比例（%）	不含税金额	可抵扣增值税金额
二	安装工程费	73.41	81.45	66.24	7.17
三	拆除工程费				
四	设备购置费				
	其中：编制基准期价差	1.05	1.16	1.05	
五	小计	73.41	81.45	66.24	7.17
	其中：甲供设备材料费	34.28	38.03	30.34	3.94
六	其他费用	16.72	18.55	15.7	1.02
七	基本预备费				
八	特殊项目				
九	工程投资合计	90.13	100	81.94	8.19
	其中：可抵扣增值税金额	8.19			8.19
	其中：施工费	41.83	46.41	38.38	3.45

表 19-19　　基本方案 M-500-GTSD-SHZXJGT400 安装部分汇总概算表

金额单位：元

序号	工程或费用名称	安装工程费			设备购置费	合计
		未计价材料费	安装费	小计		
	安装工程	411891	322179	734070		734070
1	基础工程	68420	178072	246492		246492
1.1	基础工程材料工地运输		86309	86309		86309
1.2	基础土石方工程		30921	30921		30921
1.3	基础砌筑	68420	60843	129263		129263
1.3.2	现浇基础	68420	60843	129263		129263
2	杆塔工程	341796	139672	481468		481468
2.1	杆塔工程材料工地运输		24690	24690		24690
2.2	杆塔组立	341796	114983	456779		456779
2.2.2	铁塔、钢管杆组立	341796	114983	456779		456779
3	接地工程	675	3476	4152		4152
3.1	接地工程材料工地运输		62	62		62
3.2	接地土石方		2844	2844		2844
3.3	接地安装	675	571	1246		1246
6	辅助工程	1000	958	1958		1958
6.7	杆塔上装的各类辅助生产装置	1000	958	1958		1958
	合计	411891	322179	734070		734070

表 19-20　基本方案 M-500-GTSD-SHZXJGT400 其他费用概算表

金额单位：元

序号	工程或费用项目名称	编制依据及计算说明	合价
1	建设场地征用及清理费		27000
1.1	土地征用费	（1×0.45×60000）×100%	27000
2	项目管理费		54028
2.1	管理经费	（安装工程费＋拆除工程费）×3.53%	25913
2.2	招标费	（安装工程费＋拆除工程费）×0.4%	2936

续表

序号	工程或费用项目名称	编制依据及计算说明	合价
2.3	工程监理费	（安装工程费 + 拆除工程费）×3.43%	25179
3	项目技术服务费		86149
3.1	前期工作费	安装工程费 ×2.1%	15415
3.3	工程勘察设计费		60374
3.3.2	设计费	设计费 ×100%	60374
3.4	设计文件评审费		3735
3.4.1	初步设计文件评审费	基本设计费 ×3.5%	1791
3.4.2	施工图文件评审费	基本设计费 ×3.8%	1944
3.5	施工过程造价咨询及竣工结算审核费	（安装工程费 + 拆除工程费）×0.38%	2789
3.7	工程检测费		3101
3.7.1	工程质量检测费	安装工程费 ×0.15%	1101
3.7.5	桩基检测费	（4×500）×100%	2000
3.9	技术经济标准编制费	（安装工程费 + 拆除工程费）×0.1%	734
	合计		167177

表 19-21　基本方案 M-500-GTSD-SHNZJGT630 总概算表　金额单位：万元

序号	工程或费用名称	含税金额	占工程投资的比例（%）	不含税金额	可抵扣增值税金额
二	安装工程费	143.83	83.19	129.92	13.91
三	拆除工程费				
四	设备购置费				
	其中：编制基准期价差	1.99	1.15	1.99	
五	小计	143.83	83.19	129.92	13.91
	其中：甲供设备材料费	62.79	36.32	55.57	7.22
六	其他费用	29.07	16.81	27.35	1.72
七	基本预备费				
八	特殊项目				
九	工程投资合计	172.9	100	157.27	15.63
	其中：可抵扣增值税金额	15.63			15.63
	其中：施工费	83.73	48.43	76.82	6.91

表 19-22　基本方案 M-500-GTSD-SHNZJGT630 安装部分汇总概算表

金额单位：元

序号	工程或费用名称	安装工程费			设备购置费	合计
		未计价材料费	安装费	小计		
	安装工程	816041	622240	1438281		1438281
1	基础工程	187422	442496	629918		629918
1.1	基础工程材料工地运输		220171	220171		220171
1.2	基础土石方工程		86614	86614		86614
1.3	基础砌筑	187422	135712	323134		323134
1.3.2	现浇基础	187422	135712	323134		323134
2	杆塔工程	626943	175310	802253		802253
2.1	杆塔工程材料工地运输		45288	45288		45288
2.2	杆塔组立	626943	130022	756966		756966
2.2.2	铁塔、钢管杆组立	626943	130022	756966		756966
3	接地工程	675	3476	4152		4152
3.1	接地工程材料工地运输		62	62		62
3.2	接地土石方		2844	2844		2844
3.3	接地安装	675	571	1246		1246
6	辅助工程	1000	958	1958		1958
6.7	杆塔上装的各类辅助生产装置	1000	958	1958		1958
	合计	816041	622240	1438281		1438281

表 19-23　基本方案 M-500-GTSD-SHNZJGT630 其他费用概算表

金额单位：元

序号	工程或费用项目名称	编制依据及计算说明	合价
1	建设场地征用及清理费		27000
1.1	土地征用费	（1×0.45×60000）×100%	27000
2	项目管理费		105857
2.1	管理经费	（安装工程费 + 拆除工程费）×3.53%	50771
2.2	招标费	（安装工程费 + 拆除工程费）×0.4%	5753

续表

序号	工程或费用项目名称	编制依据及计算说明	合价
2.3	工程监理费	（安装工程费 + 拆除工程费）× 3.43%	49333
3	项目技术服务费		157865
3.1	前期工作费	安装工程费 × 2.1%	30204
3.3	工程勘察设计费		109807
3.3.2	设计费	设计费 × 100%	109807
3.4	设计文件评审费		6793
3.4.1	初步设计文件评审费	基本设计费 × 3.5%	3257
3.4.2	施工图文件评审费	基本设计费 × 3.8%	3536
3.5	施工过程造价咨询及竣工结算审核费	（安装工程费 + 拆除工程费）× 0.38%	5465
3.7	工程检测费		4157
3.7.1	工程质量检测费	安装工程费 × 0.15%	2157
3.7.5	桩基检测费	（4 × 500）× 100%	2000
3.9	技术经济标准编制费	（安装工程费 + 拆除工程费）× 0.1%	1438
	合计		290723

表 19-24　　基本方案 M-500-GTSD-SHNZJGT400 总概算表　　金额单位：万元

序号	工程或费用名称	含税金额	占工程投资的比例（%）	不含税金额	可抵扣增值税金额
二	安装工程费	125.21	82.88	112.96	12.25
三	拆除工程费				
四	设备购置费				
	其中：编制基准期价差	1.69	1.12	1.69	
五	小计	125.21	82.88	112.96	12.25
	其中：甲供设备材料费	58.87	38.97	52.1	6.77
六	其他费用	25.87	17.12	24.34	1.53
七	基本预备费				
八	特殊项目				
九	工程投资合计	151.08	100	137.3	13.78
	其中：可抵扣增值税金额	13.78			13.78
	其中：施工费	69.04	45.7	63.34	5.7

表 19-25 基本方案 M-500-GTSD-SHNZJGT400 安装部分汇总概算表

金额单位：元

序号	工程或费用名称	安装工程费			设备购置费	合计
		未计价材料费	安装费	小计		
	安装工程	727058	525029	1252087		1252087
1	基础工程	137705	356265	493971		493971
1.1	基础工程材料工地运输		171401	171401		171401
1.2	基础土石方工程		74304	74304		74304
1.3	基础砌筑	137705	110561	248266		248266
1.3.2	现浇基础	137705	110561	248266		248266
2	杆塔工程	587677	164330	752007		752007
2.1	杆塔工程材料工地运输		42451	42451		42451
2.2	杆塔组立	587677	121879	709556		709556
2.2.2	铁塔、钢管杆组立	587677	121879	709556		709556
3	接地工程	675	3476	4152		4152
3.1	接地工程材料工地运输		62	62		62
3.2	接地土石方		2844	2844		2844
3.3	接地安装	675	571	1246		1246
6	辅助工程	1000	958	1958		1958
6.7	杆塔上装的各类辅助生产装置	1000	958	1958		1958
	合计	727058	525029	1252087		1252087

表 19-26 基本方案 M-500-GTSD-SHNZJGT400 其他费用概算表

金额单位：元

序号	工程或费用项目名称	编制依据及计算说明	合价
1	建设场地征用及清理费		27000
1.1	土地征用费	（1×0.45×60000）×100%	27000
2	项目管理费		92154
2.1	管理经费	（安装工程费＋拆除工程费）×3.53%	44199
2.2	招标费	（安装工程费＋拆除工程费）×0.4%	5008

续表

序号	工程或费用项目名称	编制依据及计算说明	合价
2.3	工程监理费	（安装工程费 + 拆除工程费）×3.43%	42947
3	项目技术服务费		139570
3.1	前期工作费	安装工程费 ×2.1%	26294
3.3	工程勘察设计费		97365
3.3.2	设计费	设计费 ×100%	97365
3.4	设计文件评审费		6023
3.4.1	初步设计文件评审费	基本设计费 ×3.5%	2888
3.4.2	施工图文件评审费	基本设计费 ×3.8%	3135
3.5	施工过程造价咨询及竣工结算审核费	（安装工程费 + 拆除工程费）×0.38%	4758
3.7	工程检测费		3878
3.7.1	工程质量检测费	安装工程费 ×0.15%	1878
3.7.5	桩基检测费	（4×500）×100%	2000
3.9	技术经济标准编制费	（安装工程费 + 拆除工程费）×0.1%	1252
	合计		258724

表 19-27　基本方案 M-500-GTPY-DHZXJGT630 总概算表　金额单位：万元

序号	工程或费用名称	含税金额	占工程投资的比例（%）	不含税金额	可抵扣增值税金额
二	安装工程费	27.17	77.67	24.38	2.79
三	拆除工程费				
四	设备购置费				
	其中：编制基准期价差	0.23	0.66	0.23	
五	小计	27.17	77.67	24.38	2.79
	其中：甲供设备材料费	16.95	48.46	15	1.95
六	其他费用	7.81	22.33	7.3	0.51
七	基本预备费				
八	特殊项目				
九	工程投资合计	34.98	100	31.68	3.3
	其中：可抵扣增值税金额	3.3			3.3
	其中：施工费	12.92	36.94	11.85	1.07

表 19-28　　基本方案 M-500-GTPY-DHZXJGT630 安装部分汇总概算表

金额单位：元

序号	工程或费用名称	安装工程费			设备购置费	合计
		未计价材料费	安装费	小计		
	安装工程	202132	69543	271674		271674
1	基础工程	31949	35766	67715		67715
1.1	基础工程材料工地运输		3778	3778		3778
1.2	基础土石方工程		14955	14955		14955
1.3	基础砌筑	31949	17032	48982		48982
1.3.2	现浇基础	31949	17032	48982		48982
2	杆塔工程	168882	29967	198850		198850
2.1	杆塔工程材料工地运输		2600	2600		2600
2.2	杆塔组立	168882	27367	196249		196249
2.2.2	铁塔、钢管杆组立	168882	27367	196249		196249
3	接地工程	675	3263	3938		3938
3.1	接地工程材料工地运输		13	13		13
3.2	接地土石方		2722	2722		2722
3.3	接地安装	675	527	1203		1203
6	辅助工程	625	546	1171		1171
6.7	杆塔上装的各类辅助生产装置	625	546	1171		1171
	合计	202132	69543	271674		271674

表 19-29　基本方案 M-500-GTPY-DHZXJGT630 其他费用概算表　　金额单位：元

序号	工程或费用项目名称	编制依据及计算说明	合价
1	建设场地征用及清理费		27000
1.1	土地征用费	（1 × 0.45 × 60000）× 100%	27000
2	项目管理费		19995
2.1	管理经费	（安装工程费 + 拆除工程费）× 3.53%	9590
2.2	招标费	（安装工程费 + 拆除工程费）× 0.4%	1087

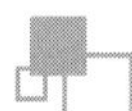

续表

序号	工程或费用项目名称	编制依据及计算说明	合价
2.3	工程监理费	（安装工程费＋拆除工程费）×3.43%	9318
3	项目技术服务费		31143
3.1	前期工作费	安装工程费 ×2.1%	5705
3.3	工程勘察设计费		22344
3.3.2	设计费	设计费 ×100%	22344
3.4	设计文件评审费		1382
3.4.1	初步设计文件评审费	基本设计费 ×3.5%	663
3.4.2	施工图文件评审费	基本设计费 ×3.8%	720
3.5	施工过程造价咨询及竣工结算审核费	（安装工程费＋拆除工程费）×0.38%	1032
3.7	工程检测费		408
3.7.1	工程质量检测费	安装工程费 ×0.15%	408
3.9	技术经济标准编制费	（安装工程费＋拆除工程费）×0.1%	272
	合计		78138

表 19-30　基本方案 M-500-GTPY-DHZXJGT400 总概算表　金额单位：万元

序号	工程或费用名称	含税金额	占工程投资的比例（%）	不含税金额	可抵扣增值税金额
二	安装工程费	27.13	77.65	24.36	2.77
三	拆除工程费				
四	设备购置费				
	其中：编制基准期价差	0.25	0.72	0.25	
五	小计	27.13	77.65	24.36	2.77
	其中：甲供设备材料费	16.27	46.57	14.4	1.87
六	其他费用	7.81	22.35	7.3	0.51
七	基本预备费				
八	特殊项目				
九	工程投资合计	34.94	100	31.66	3.28
	其中：可抵扣增值税金额	3.28			3.28
	其中：施工费	13.56	38.81	12.44	1.12

表 19-31　　基本方案 M-500-GTPY-DHZXJGT400 安装部分汇总概算表

金额单位：元

序号	工程或费用名称	安装工程费			设备购置费	合计
		未计价材料费	安装费	小计		
	安装工程	196060	75214	271274		271274
1	基础工程	32700	42178	74878		74878
1.1	基础工程材料工地运输		3778	3778		3778
1.2	基础土石方工程		21300	21300		21300
1.3	基础砌筑	32700	17100	49800		49800
1.3.2	现浇基础	32700	17100	49800		49800
2	杆塔工程	162060	29226	191287		191287
2.1	杆塔工程材料工地运输		2495	2495		2495
2.2	杆塔组立	162060	26731	188791		188791
2.2.2	铁塔、钢管杆组立	162060	26731	188791		188791
3	接地工程	675	3263	3938		3938
3.1	接地工程材料工地运输		13	13		13
3.2	接地土石方		2722	2722		2722
3.3	接地安装	675	527	1203		1203
6	辅助工程	625	546	1171		1171
6.7	杆塔上装的各类辅助生产装置	625	546	1171		1171
	合计	196060	75214	271274		271274

表 19-32　基本方案 M-500-GTPY-DHZXJGT400 其他费用概算表　　金额单位：元

序号	工程或费用项目名称	编制依据及计算说明	合价
1	建设场地征用及清理费		27000
1.1	土地征用费	（1×0.45×60000）×100%	27000
2	项目管理费		19966
2.1	管理经费	（安装工程费＋拆除工程费）×3.53%	9576
2.2	招标费	（安装工程费＋拆除工程费）×0.4%	1085

续表

序号	工程或费用项目名称	编制依据及计算说明	合价
2.3	工程监理费	（安装工程费 + 拆除工程费）×3.43%	9305
3	项目技术服务费		31097
3.1	前期工作费	安装工程费 ×2.1%	5697
3.3	工程勘察设计费		22311
3.3.2	设计费	设计费 ×100%	22311
3.4	设计文件评审费		1380
3.4.1	初步设计文件评审费	基本设计费 ×3.5%	662
3.4.2	施工图文件评审费	基本设计费 ×3.8%	719
3.5	施工过程造价咨询及竣工结算审核费	（安装工程费 + 拆除工程费）×0.38%	1031
3.7	工程检测费		407
3.7.1	工程质量检测费	安装工程费 ×0.15%	407
3.9	技术经济标准编制费	（安装工程费 + 拆除工程费）×0.1%	271
	合计		78063

表 19-33　　基本方案 M-500-GTPY-DHNZJGT630 总概算表　　金额单位：万元

序号	工程或费用名称	含税金额	占工程投资的比例（%）	不含税金额	可抵扣增值税金额
二	安装工程费	42.63	79.61	38.45	4.18
三	拆除工程费				
四	设备购置费				
	其中：编制基准期价差	0.47	0.88	0.47	
五	小计	42.63	79.61	38.45	4.18
	其中：甲供设备材料费	20.2	37.72	17.88	2.32
六	其他费用	10.92	20.39	10.23	0.69
七	基本预备费				
八	特殊项目				
九	工程投资合计	53.55	100	48.68	4.87
	其中：可抵扣增值税金额	4.87			4.87
	其中：施工费	25.13	46.93	23.06	2.07

表 19-34 基本方案 M-500-GTPY-DHNZJGT630 安装部分汇总概算表

金额单位：元

序号	工程或费用名称	安装工程费			设备购置费	合计
		未计价材料费	安装费	小计		
	安装工程	280584	145688	426272		426272
1	基础工程	77926	105406	183332		183332
1.1	基础工程材料工地运输		9313	9313		9313
1.2	基础土石方工程		204	204		204
1.3	基础砌筑	77926	95889	173815		173815
1.3.2	现浇基础	180	520	700		700
1.3.3	灌注桩基础	77746	95369	173116		173116
2	杆塔工程	201358	36474	237831		237831
2.1	杆塔工程材料工地运输		3100	3100		3100
2.2	杆塔组立	201358	33373	234731		234731
2.2.2	铁塔、钢管杆组立	201358	33373	234731		234731
3	接地工程	675	3263	3938		3938
3.1	接地工程材料工地运输		13	13		13
3.2	接地土石方		2722	2722		2722
3.3	接地安装	675	527	1203		1203
6	辅助工程	625	546	1171		1171
6.7	杆塔上装的各类辅助生产装置	625	546	1171		1171
	合计	280584	145688	426272		426272

表 19-35 基本方案 M-500-GTPY-DHNZJGT630 其他费用概算表

金额单位：元

序号	工程或费用项目名称	编制依据及计算说明	合价
1	建设场地征用及清理费		27000
1.1	土地征用费	（1×0.45×60000）×100%	27000
2	项目管理费		31374
2.1	管理经费	（安装工程费＋拆除工程费）×3.53%	15047
2.2	招标费	（安装工程费＋拆除工程费）×0.4%	1705

续表

序号	工程或费用项目名称	编制依据及计算说明	合价
2.3	工程监理费	（安装工程费 + 拆除工程费）×3.43%	14621
3	项目技术服务费		50865
3.1	前期工作费	安装工程费 ×2.1%	8952
3.3	工程勘察设计费		35059
3.3.2	设计费	设计费 ×100%	35059
3.4	设计文件评审费		2169
3.4.1	初步设计文件评审费	基本设计费 ×3.5%	1040
3.4.2	施工图文件评审费	基本设计费 ×3.8%	1129
3.5	施工过程造价咨询及竣工结算审核费	（安装工程费 + 拆除工程费）×0.38%	1620
3.7	工程检测费		2639
3.7.1	工程质量检测费	安装工程费 ×0.15%	639
3.7.5	桩基检测费	（4×500）×100%	2000
3.9	技术经济标准编制费	（安装工程费 + 拆除工程费）×0.1%	426
	合计		109239

表 19-36　基本方案 M-500-GTPY-DHNZJGT400 总概算表　金额单位：万元

序号	工程或费用名称	含税金额	占工程投资的比例（%）	不含税金额	可抵扣增值税金额
二	安装工程费	36.4	78.87	32.85	3.55
三	拆除工程费				
四	设备购置费				
	其中：编制基准期价差	0.4	0.87	0.4	
五	小计	36.4	78.87	32.85	3.55
	其中：甲供设备材料费	16.88	36.58	14.94	1.94
六	其他费用	9.75	21.13	9.13	0.62
七	基本预备费				
八	特殊项目				
九	工程投资合计	46.15	100	41.98	4.17
	其中：可抵扣增值税金额	4.17			4.17
	其中：施工费	22.23	48.17	20.39	1.84

表 19-37 基本方案 M-500-GTPY-DHNZJGT400 安装部分汇总概算表

金额单位：元

序号	工程或费用名称	安装工程费			设备购置费	合计
		未计价材料费	安装费	小计		
	安装工程	239528	124508	364037		364037
1	基础工程	70078	90241	160319		160319
1.1	基础工程材料工地运输		7977	7977		7977
1.2	基础土石方工程		204	204		204
1.3	基础砌筑	70078	82060	152138		152138
1.3.2	现浇基础	180	520	700		700
1.3.3	灌注桩基础	69898	81540	151438		151438
2	杆塔工程	168150	30458	198608		198608
2.1	杆塔工程材料工地运输		2589	2589		2589
2.2	杆塔组立	168150	27869	196019		196019
2.2.2	铁塔、钢管杆组立	168150	27869	196019		196019
3	接地工程	675	3263	3938		3938
3.1	接地工程材料工地运输		13	13		13
3.2	接地土石方		2722	2722		2722
3.3	接地安装	675	527	1203		1203
6	辅助工程	625	546	1171		1171
6.7	杆塔上装的各类辅助生产装置	625	546	1171		1171
	合计	239528	124508	364037		364037

表 19-38 基本方案 M-500-GTPY-DHNZJGT400 其他费用概算表

金额单位：元

序号	工程或费用项目名称	编制依据及计算说明	合价
1	建设场地征用及清理费		27000
1.1	土地征用费	（1 × 0.45 × 60000）× 100%	27000
2	项目管理费		26793
2.1	管理经费	（安装工程费 + 拆除工程费）× 3.53%	12850
2.2	招标费	（安装工程费 + 拆除工程费）× 0.4%	1456

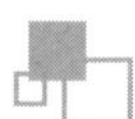

续表

序号	工程或费用项目名称	编制依据及计算说明	合价
2.3	工程监理费	（安装工程费 + 拆除工程费）×3.43%	12486
3	项目技术服务费		43731
3.1	前期工作费	安装工程费 ×2.1%	7645
3.3	工程勘察设计费		29941
3.3.2	设计费	设计费 ×100%	29941
3.4	设计文件评审费		1852
3.4.1	初步设计文件评审费	基本设计费 ×3.5%	888
3.4.2	施工图文件评审费	基本设计费 ×3.8%	964
3.5	施工过程造价咨询及竣工结算审核费	（安装工程费 + 拆除工程费）×0.38%	1383
3.7	工程检测费		2546
3.7.1	工程质量检测费	安装工程费 ×0.15%	546
3.7.5	桩基检测费	（4×500）×100%	2000
3.9	技术经济标准编制费	（安装工程费 + 拆除工程费）×0.1%	364
	合计		97524

表 19-39　　基本模块 M-500-GTPY-SHZXJGT630 总概算表　　金额单位：万元

序号	工程或费用名称	含税金额	占工程投资的比例（%）	不含税金额	可抵扣增值税金额
二	安装工程费	63.15	81.23	56.78	6.37
三	拆除工程费				
四	设备购置费				
	其中：编制基准期价差	0.62	0.8	0.62	
五	小计	63.15	81.23	56.78	6.37
	其中：甲供设备材料费	35.57	45.76	31.48	4.09
六	其他费用	14.59	18.77	13.69	0.9
七	基本预备费				
八	特殊项目				
九	工程投资合计	77.74	100	70.47	7.27
	其中：可抵扣增值税金额	7.27			7.27
	其中：施工费	30.28	38.95	27.78	2.5

表 19-40　　基本模块 M-500-GTPY-SHZXJGT630 安装部分汇总概算表

金额单位：元

序号	工程或费用名称	安装工程费			设备购置费	合计
		未计价材料费	安装费	小计		
	安装工程	444473	186998	631471		631471
1	基础工程	88121	86363	174484		174484
1.1	基础工程材料工地运输		10634	10634		10634
1.2	基础土石方工程		33828	33828		33828
1.3	基础砌筑	88121	41900	130022		130022
1.3.2	现浇基础	88121	41900	130022		130022
2	杆塔工程	353836	96499	450336		450336
2.1	杆塔工程材料工地运输		5448	5448		5448
2.2	杆塔组立	353836	91051	444887		444887
2.2.2	铁塔、钢管杆组立	353836	91051	444887		444887
3	接地工程	675	3263	3938		3938
3.1	接地工程材料工地运输		13	13		13
3.2	接地土石方		2722	2722		2722
3.3	接地安装	675	527	1203		1203
6	辅助工程	1840	874	2714		2714
6.7	杆塔上装的各类辅助生产装置	1840	874	2714		2714
	合计	444473	186998	631471		631471

表 19-41　基本模块 M-500-GTPY-SHZXJGT630 其他费用概算表

金额单位：元

序号	工程或费用项目名称	编制依据及计算说明	合价
1	建设场地征用及清理费		27000
1.1	土地征用费	（1×0.45×60000）×100%	27000
2	项目管理费		46476
2.1	管理经费	（安装工程费+拆除工程费）×3.53%	22291
2.2	招标费	（安装工程费+拆除工程费）×0.4%	2526

续表

序号	工程或费用项目名称	编制依据及计算说明	合价
2.3	工程监理费	（安装工程费 + 拆除工程费）×3.43%	21659
3	项目技术服务费		72388
3.1	前期工作费	安装工程费 ×2.1%	13261
3.3	工程勘察设计费		51936
3.3.2	设计费	设计费 ×100%	51936
3.4	设计文件评审费		3213
3.4.1	初步设计文件评审费	基本设计费 ×3.5%	1540
3.4.2	施工图文件评审费	基本设计费 ×3.8%	1673
3.5	施工过程造价咨询及竣工结算审核费	（安装工程费 + 拆除工程费）×0.38%	2400
3.7	工程检测费		947
3.7.1	工程质量检测费	安装工程费 ×0.15%	947
3.9	技术经济标准编制费	（安装工程费 + 拆除工程费）×0.1%	631
	合计		145864

表 19-42　基本方案 M-500-GTPY-SHZXJGT400 总概算表　金额单位：万元

序号	工程或费用名称	含税金额	占工程投资的比例（%）	不含税金额	可抵扣增值税金额
二	安装工程费	56.49	80.91	50.77	5.72
三	拆除工程费				
四	设备购置费				
	其中：编制基准期价差	0.53	0.76	0.53	
五	小计	56.49	80.91	50.77	5.72
	其中：甲供设备材料费	32.41	46.42	28.68	3.73
六	其他费用	13.33	19.09	12.51	0.82
七	基本预备费				
八	特殊项目				
九	工程投资合计	69.82	100	63.28	6.54
	其中：可抵扣增值税金额	6.54			6.54
	其中：施工费	26.79	38.37	24.58	2.21

表 19-43 基本方案 M-500-GTPY-SHZXJGT400 安装部分汇总概算表

金额单位：元

序号	工程或费用名称	安装工程费			设备购置费	合计
		未计价材料费	安装费	小计		
	安装工程	403497	161436	564933		564933
1	基础工程	78749	69190	147939		147939
1.1	基础工程材料工地运输		9194	9194		9194
1.2	基础土石方工程		22260	22260		22260
1.3	基础砌筑	78749	37736	116486		116486
1.3.2	现浇基础	78749	37736	116486		116486
2	杆塔工程	323072	88109	411181		411181
2.1	杆塔工程材料工地运输		4975	4975		4975
2.2	杆塔组立	323072	83134	406207		406207
2.2.2	铁塔、钢管杆组立	323072	83134	406207		406207
3	接地工程	675	3263	3938		3938
3.1	接地工程材料工地运输		13	13		13
3.2	接地土石方		2722	2722		2722
3.3	接地安装	675	527	1203		1203
6	辅助工程	1000	874	1874		1874
6.7	杆塔上装的各类辅助生产装置	1000	874	1874		1874
	合计	403497	161436	564933		564933

表 19-44 基本方案 M-500-GTPY-SHZXJGT400 其他费用概算表

金额单位：元

序号	工程或费用项目名称	编制依据及计算说明	合价
1	建设场地征用及清理费		27000
1.1	土地征用费	（1 × 0.45 × 60000）× 100%	27000
2	项目管理费		41579
2.1	管理经费	（安装工程费 + 拆除工程费）× 3.53%	19942
2.2	招标费	（安装工程费 + 拆除工程费）× 0.4%	2260

续表

序号	工程或费用项目名称	编制依据及计算说明	合价
2.3	工程监理费	（安装工程费 + 拆除工程费）×3.43%	19377
3	项目技术服务费		64761
3.1	前期工作费	安装工程费 ×2.1%	11864
3.3	工程勘察设计费		46463
3.3.2	设计费	设计费 ×100%	46463
3.4	设计文件评审费		2874
3.4.1	初步设计文件评审费	基本设计费 ×3.5%	1378
3.4.2	施工图文件评审费	基本设计费 ×3.8%	1496
3.5	施工过程造价咨询及竣工结算审核费	（安装工程费 + 拆除工程费）×0.38%	2147
3.7	工程检测费		847
3.7.1	工程质量检测费	安装工程费 ×0.15%	847
3.9	技术经济标准编制费	（安装工程费 + 拆除工程费）×0.1%	565
	合计		133340

表 19-45　基本方案 M-500-GTPY-SHNZJGT630 总概算表　金额单位：万元

序号	工程或费用名称	含税金额	占工程投资的比例（%）	不含税金额	可抵扣增值税金额
二	安装工程费	105.98	82.47	95.48	10.5
三	拆除工程费				
四	设备购置费				
	其中：编制基准期价差	1.02	0.79	1.02	
五	小计	105.98	82.47	95.48	10.5
	其中：甲供设备材料费	53.94	41.98	47.73	6.21
六	其他费用	22.52	17.53	21.18	1.34
七	基本预备费				
八	特殊项目				
九	工程投资合计	128.5	100	116.66	11.84
	其中：可抵扣增值税金额	11.84			11.84
	其中：施工费	54.74	42.6	50.22	4.52

表 19-46　　基本方案 M-500-GTPY-SHNZJGT630 安装部分汇总概算表

金额单位：元

序号	工程或费用名称	安装工程费			设备购置费	合计
		未计价材料费	安装费	小计		
	安装工程	741086	318708	1059794		1059794
1	基础工程	201052	221456	422507		422507
1.1	基础工程材料工地运输		22897	22897		22897
1.2	基础土石方工程		204	204		204
1.3	基础砌筑	201052	198355	399407		399407
1.3.2	现浇基础	180	520	700		700
1.3.3	灌注桩基础	200872	197835	398707		398707
2	杆塔工程	538359	93116	631475		631475
2.1	杆塔工程材料工地运输		8290	8290		8290
2.2	杆塔组立	538359	84826	623185		623185
2.2.2	铁塔、钢管杆组立	538359	84826	623185		623185
3	接地工程	675	3263	3938		3938
3.1	接地工程材料工地运输		13	13		13
3.2	接地土石方		2722	2722		2722
3.3	接地安装	675	527	1203		1203
6	辅助工程	1000	874	1874		1874
6.7	杆塔上装的各类辅助生产装置	1000	874	1874		1874
	合计	741086	318708	1059794		1059794

表 19-47　基本方案 M-500-GTPY-SHNZJGT630 其他费用概算表

金额单位：元

序号	工程或费用项目名称	编制依据及计算说明	合价
1	建设场地征用及清理费		27000
1.1	土地征用费	（1×0.45×60000）×100%	27000
2	项目管理费		78001
2.1	管理经费	（安装工程费＋拆除工程费）×3.53%	37411
2.2	招标费	（安装工程费＋拆除工程费）×0.4%	4239

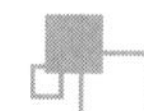

续表

序号	工程或费用项目名称	编制依据及计算说明	合价
2.3	工程监理费	（安装工程费 + 拆除工程费）×3.43%	36351
3	项目技术服务费		120169
3.1	前期工作费	安装工程费 ×2.1%	22256
3.3	工程勘察设计费		84037
3.3.2	设计费	设计费 ×100%	84037
3.4	设计文件评审费		5199
3.4.1	初步设计文件评审费	基本设计费 ×3.5%	2493
3.4.2	施工图文件评审费	基本设计费 ×3.8%	2706
3.5	施工过程造价咨询及竣工结算审核费	（安装工程费 + 拆除工程费）×0.38%	4027
3.7	工程检测费		3590
3.7.1	工程质量检测费	安装工程费 ×0.15%	1590
3.7.5	桩基检测费	（4×500）×100%	2000
3.9	技术经济标准编制费	（安装工程费 + 拆除工程费）×0.1%	1060
	合计		225170

表 19-48　　基本方案 M-500-GTPY-SHNZJGT400 总概算表　　金额单位：万元

序号	工程或费用名称	含税金额	占工程投资的比例（%）	不含税金额	可抵扣增值税金额
二	安装工程费	87.86	81.88	79.07	8.79
三	拆除工程费				
四	设备购置费				
	其中：编制基准期价差	0.84	0.78	0.84	
五	小计	87.86	81.88	79.07	8.79
	其中：甲供设备材料费	47.28	44.06	41.84	5.44
六	其他费用	19.44	18.12	18.27	1.17
七	基本预备费				
八	特殊项目				
九	工程投资合计	107.3	100	97.34	9.96
	其中：可抵扣增值税金额	9.96			9.96
	其中：施工费	43.29	40.34	39.72	3.57

表 19-49 基本方案 M-500-GTPY-SHNZJGT400 安装部分汇总概算表

金额单位：元

序号	工程或费用名称	安装工程费			设备购置费	合计
		未计价材料费	安装费	小计		
	安装工程	618604	260027	878631		878631
1	基础工程	145170	173447	318616		318616
1.1	基础工程材料工地运输		16572	16572		16572
1.2	基础土石方工程		204	204		204
1.3	基础砌筑	145170	156671	301841		301841
1.3.2	现浇基础	180	520	700		700
1.3.3	灌注桩基础	144990	156151	301141		301141
2	杆塔工程	471759	82444	554203		554203
2.1	杆塔工程材料工地运输		7264	7264		7264
2.2	杆塔组立	471759	75180	546939		546939
2.2.2	铁塔、钢管杆组立	471759	75180	546939		546939
3	接地工程	675	3263	3938		3938
3.1	接地工程材料工地运输		13	13		13
3.2	接地土石方		2722	2722		2722
3.3	接地安装	675	527	1203		1203
6	辅助工程	1000	874	1874		1874
6.7	杆塔上装的各类辅助生产装置	1000	874	1874		1874
	合计	618604	260027	878631		878631

表 19-50 基本方案 M-500-GTPY-SHNZJGT400 其他费用概算表

金额单位：元

序号	工程或费用项目名称	编制依据及计算说明	合价
1	建设场地征用及清理费		27000
1.1	土地征用费	（1 × 0.45 × 60000）× 100%	27000
2	项目管理费		64667
2.1	管理经费	（安装工程费 + 拆除工程费）× 3.53%	31016
2.2	招标费	（安装工程费 + 拆除工程费）× 0.4%	3515

续表

序号	工程或费用项目名称	编制依据及计算说明	合价
2.3	工程监理费	（安装工程费 + 拆除工程费）×3.43%	30137
3	项目技术服务费		102721
3.1	前期工作费	安装工程费 ×2.1%	18451
3.3	工程勘察设计费		72264
3.3.2	设计费	设计费 ×100%	72264
3.4	设计文件评审费		4471
3.4.1	初步设计文件评审费	基本设计费 ×3.5%	2143
3.4.2	施工图文件评审费	基本设计费 ×3.8%	2327
3.5	施工过程造价咨询及竣工结算审核费	（安装工程费 + 拆除工程费）×0.38%	3339
3.7	工程检测费		3318
3.7.1	工程质量检测费	安装工程费 ×0.15%	1318
3.7.5	桩基检测费	（4×500）×100%	2000
3.9	技术经济标准编制费	（安装工程费 + 拆除工程费）×0.1%	879
	合计		194388

表 19-51　基本方案 M-220-GTSD-DHZXJGT400 总概算表　金额单位：万元

序号	工程或费用名称	含税金额	占工程投资的比例（%）	不含税金额	可抵扣增值税金额
二	安装工程费	22.46	78.95	20.34	2.12
三	拆除工程费				
四	设备购置费				
	其中：编制基准期价差	0.37	1.3	0.37	
五	小计	22.46	78.95	20.34	2.12
	其中：甲供设备材料费	8.25	29	7.3	0.95
六	其他费用	5.99	21.05	5.61	0.38
七	基本预备费				
八	特殊项目				
九	工程投资合计	28.45	100	25.95	2.5
	其中：可抵扣增值税金额	2.5			2.5
	其中：施工费	15.77	55.43	14.47	1.3

表 19-52　　基本方案 M-220-GTSD-DHZXJGT400 安装部分汇总概算表　　金额单位：元

序号	工程或费用名称	安装工程费			设备购置费	合计
		未计价材料费	安装费	小计		
	安装工程	110533	114079	224612		224612
1	基础工程	27715	86217	113932		113932
1.1	基础工程材料工地运输		40854	40854		40854
1.2	基础土石方工程		15182	15182		15182
1.3	基础砌筑	27715	30181	57896		57896
1.3.2	现浇基础	27715	30181	57896		57896
2	杆塔工程	81855	24953	106808		106808
2.1	杆塔工程材料工地运输		5302	5302		5302
2.2	杆塔组立	81855	19650	101505		101505
2.2.2	铁塔、钢管杆组立	81855	19650	101505		101505
3	接地工程	338	2311	2649		2649
3.1	接地工程材料工地运输		28	28		28
3.2	接地土石方		1895	1895		1895
3.3	接地安装	338	388	726		726
6	辅助工程	625	598	1223		1223
6.7	杆塔上装的各类辅助生产装置	625	598	1223		1223
	合计	110533	114079	224612		224612

表 19-53　基本方案 M-220-GTSD-DHZXJGT400 其他费用概算表　　金额单位：元

序号	工程或费用项目名称	编制依据及计算说明	合价
1	建设场地征用及清理费		15600
1.1	土地征用费	（1×0.26×60000）×100%	15600
2	项目管理费		16531
2.1	管理经费	（安装工程费 + 拆除工程费）×3.53%	7929
2.2	招标费	（安装工程费 + 拆除工程费）×0.4%	898

续表

序号	工程或费用项目名称	编制依据及计算说明	合价
2.3	工程监理费	（安装工程费 + 拆除工程费）×3.43%	7704
3	项目技术服务费		27748
3.1	前期工作费	安装工程费 ×2.1%	4717
3.3	工程勘察设计费		18473
3.3.2	设计费	设计费 ×100%	18473
3.4	设计文件评审费		1143
3.4.1	初步设计文件评审费	基本设计费 ×3.5%	548
3.4.2	施工图文件评审费	基本设计费 ×3.8%	595
3.5	施工过程造价咨询及竣工结算审核费	（安装工程费 + 拆除工程费）×0.38%	854
3.7	工程检测费		2337
3.7.1	工程质量检测费	安装工程费 ×0.15%	337
3.7.5	桩基检测费	（4×500）×100%	2000
3.9	技术经济标准编制费	（安装工程费 + 拆除工程费）×0.1%	225
	合计		59880

表 19-54　　基本方案 M-220-GTSD-DHNZJGT400 总概算表　　金额单位：万元

序号	工程或费用名称	含税金额	占工程投资的比例（%）	不含税金额	可抵扣增值税金额
二	安装工程费	29.59	80.15	26.77	2.82
三	拆除工程费				
四	设备购置费				
	其中：编制基准期价差	0.44	1.19	0.44	
五	小计	29.59	80.15	26.77	2.82
	其中：甲供设备材料费	11.67	31.61	10.33	1.34
六	其他费用	7.33	19.85	6.87	0.46
七	基本预备费				
八	特殊项目				
九	工程投资合计	36.92	100	33.64	3.28
	其中：可抵扣增值税金额	3.28			3.28
	其中：施工费	19.48	52.76	17.87	1.61

表 19-55　　基本方案 M-220-GTSD-DHNZJGT400 安装部分汇总概算表

金额单位：元

序号	工程或费用名称	安装工程费			设备购置费	合计
		未计价材料费	安装费	小计		
	安装工程	157987	137880	295867		295867
1	基础工程	40944	101308	142252		142252
1.1	基础工程材料工地运输		45479	45479		45479
1.2	基础土石方工程		20199	20199		20199
1.3	基础砌筑	40944	35630	76574		76574
1.3.2	现浇基础	40944	35630	76574		76574
2	杆塔工程	116080	33663	149743		149743
2.1	杆塔工程材料工地运输		7519	7519		7519
2.2	杆塔组立	116080	26144	142224		142224
2.2.2	铁塔、钢管杆组立	116080	26144	142224		142224
3	接地工程	338	2311	2649		2649
3.1	接地工程材料工地运输		28	28		28
3.2	接地土石方		1895	1895		1895
3.3	接地安装	338	388	726		726
6	辅助工程	625	598	1223		1223
6.7	杆塔上装的各类辅助生产装置	625	598	1223		1223
	合计	157987	137880	295867		295867

表 19-56　基本方案 M-220-GTSD-DHNZJGT400 其他费用概算表

金额单位：元

序号	工程或费用项目名称	编制依据及计算说明	合价
1	建设场地征用及清理费		15600
1.1	土地征用费	（1×0.26×60000）×100%	15600
2	项目管理费		21776
2.1	管理经费	（安装工程费＋拆除工程费）×3.53%	10444
2.2	招标费	（安装工程费＋拆除工程费）×0.4%	1183

续表

序号	工程或费用项目名称	编制依据及计算说明	合价
2.3	工程监理费	（安装工程费 + 拆除工程费）×3.43%	10148
3	项目技术服务费		35916
3.1	前期工作费	安装工程费 ×2.1%	6213
3.3	工程勘察设计费		24334
3.3.2	设计费	设计费 ×100%	24334
3.4	设计文件评审费		1505
3.4.1	初步设计文件评审费	基本设计费 ×3.5%	722
3.4.2	施工图文件评审费	基本设计费 ×3.8%	784
3.5	施工过程造价咨询及竣工结算审核费	（安装工程费 + 拆除工程费）×0.38%	1124
3.7	工程检测费		2444
3.7.1	工程质量检测费	安装工程费 ×0.15%	444
3.7.5	桩基检测费	（4×500）×100%	2000
3.9	技术经济标准编制费	（安装工程费 + 拆除工程费）×0.1%	296
	合计		73292

表 19-57　　基本方案 M-220-GTSD-SHZXJGT630 总概算表　　金额单位：万元

序号	工程或费用名称	含税金额	占工程投资的比例（%）	不含税金额	可抵扣增值税金额
二	安装工程费	31.56	80.39	28.47	3.09
三	拆除工程费				
四	设备购置费				
	其中：编制基准期价差	0.43	1.1	0.43	
五	小计	31.56	80.39	28.47	3.09
	其中：甲供设备材料费	14.93	38.03	13.21	1.72
六	其他费用	7.7	19.61	7.22	0.48
七	基本预备费				
八	特殊项目				
九	工程投资合计	39.26	100	35.69	3.57
	其中：可抵扣增值税金额	3.57			3.57
	其中：施工费	18.2	46.36	16.7	1.5

表 19-58　基本方案 M-220-GTSD-SHZXJGT630 安装部分汇总概算表

金额单位：元

序号	工程或费用名称	安装工程费			设备购置费	合计
		未计价材料费	安装费	小计		
	安装工程	183444	132194	315638		315638
1	基础工程	33844	87142	120986		120986
1.1	基础工程材料工地运输		41228	41228		41228
1.2	基础土石方工程		15182	15182		15182
1.3	基础砌筑	33844	30733	64577		64577
1.3.2	现浇基础	33844	30733	64577		64577
2	杆塔工程	148262	41784	190046		190046
2.1	杆塔工程材料工地运输		9604	9604		9604
2.2	杆塔组立	148262	32180	180443		180443
2.2.2	铁塔、钢管杆组立	148262	32180	180443		180443
3	接地工程	338	2311	2649		2649
3.1	接地工程材料工地运输		28	28		28
3.2	接地土石方		1895	1895		1895
3.3	接地安装	338	388	726		726
6	辅助工程	1000	957	1957		1957
6.7	杆塔上装的各类辅助生产装置	1000	957	1957		1957
	合计	183444	132194	315638		315638

表 19-59　基本方案 M-220-GTSD-SHZXJGT630 其他费用概算表

金额单位：元

序号	工程或费用项目名称	编制依据及计算说明	合价
1	建设场地征用及清理费		15600
1.1	土地征用费	（1×0.26×60000）×100%	15600
2	项目管理费		23231
2.1	管理经费	（安装工程费＋拆除工程费）×3.53%	11142
2.2	招标费	（安装工程费＋拆除工程费）×0.4%	1263

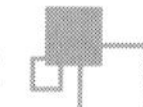

续表

序号	工程或费用项目名称	编制依据及计算说明	合价
2.3	工程监理费	（安装工程费 + 拆除工程费）× 3.43%	10826
3	项目技术服务费		38183
3.1	前期工作费	安装工程费 × 2.1%	6628
3.3	工程勘察设计费		25960
3.3.2	设计费	设计费 × 100%	25960
3.4	设计文件评审费		1606
3.4.1	初步设计文件评审费	基本设计费 × 3.5%	770
3.4.2	施工图文件评审费	基本设计费 × 3.8%	836
3.5	施工过程造价咨询及竣工结算审核费	（安装工程费 + 拆除工程费）× 0.38%	1199
3.7	工程检测费		2473
3.7.1	工程质量检测费	安装工程费 × 0.15%	473
3.7.5	桩基检测费	（4 × 500）× 100%	2000
3.9	技术经济标准编制费	（安装工程费 + 拆除工程费）× 0.1%	316
	合计		77014

表 19-60　基本方案 M-220-GTSD-SHZXJGT400 总概算表　金额单位：万元

序号	工程或费用名称	含税金额	占工程投资的比例（%）	不含税金额	可抵扣增值税金额
二	安装工程费	29	80.07	26.19	2.81
三	拆除工程费				
四	设备购置费				
	其中：编制基准期价差	0.41	1.13	0.41	
五	小计	29	80.07	26.19	2.81
	其中：甲供设备材料费	12.93	35.7	11.44	1.49
六	其他费用	7.22	19.93	6.77	0.45
七	基本预备费				
八	特殊项目				
九	工程投资合计	36.22	100	32.96	3.26
	其中：可抵扣增值税金额	3.26			3.26
	其中：施工费	17.63	48.67	16.17	1.46

表 19-61　　基本方案 M-220-GTSD-SHZXJGT400 安装部分汇总概算表

金额单位：元

序号	工程或费用名称	安装工程费			设备购置费	合计
		未计价材料费	安装费	小计		
	安装工程	163479	126568	290047		290047
1	基础工程	33844	87142	120986		120986
1.1	基础工程材料工地运输		41228	41228		41228
1.2	基础土石方工程		15182	15182		15182
1.3	基础砌筑	33844	30733	64577		64577
1.3.2	现浇基础	33844	30733	64577		64577
2	杆塔工程	128298	36157	164455		164455
2.1	杆塔工程材料工地运输		8310	8310		8310
2.2	杆塔组立	128298	27847	156145		156145
2.2.2	铁塔、钢管杆组立	128298	27847	156145		156145
3	接地工程	338	2311	2649		2649
3.1	接地工程材料工地运输		28	28		28
3.2	接地土石方		1895	1895		1895
3.3	接地安装	338	388	726		726
6	辅助工程	1000	957	1957		1957
6.7	杆塔上装的各类辅助生产装置	1000	957	1957		1957
	合计	163479	126568	290047		290047

表 19-62　基本方案 M-220-GTSD-SHZXJGT400 其他费用概算表　　金额单位：元

序号	工程或费用项目名称	编制依据及计算说明	合价
1	建设场地征用及清理费		15600
1.1	土地征用费	（1×0.26×60000）×100%	15600
2	项目管理费		21347
2.1	管理经费	（安装工程费 + 拆除工程费）×3.53%	10239
2.2	招标费	（安装工程费 + 拆除工程费）×0.4%	1160

续表

序号	工程或费用项目名称	编制依据及计算说明	合价
2.3	工程监理费	（安装工程费 + 拆除工程费）×3.43%	9949
3	项目技术服务费		35249
3.1	前期工作费	安装工程费 ×2.1%	6091
3.3	工程勘察设计费		23855
3.3.2	设计费	设计费 ×100%	23855
3.4	设计文件评审费		1476
3.4.1	初步设计文件评审费	基本设计费 ×3.5%	708
3.4.2	施工图文件评审费	基本设计费 ×3.8%	768
3.5	施工过程造价咨询及竣工结算审核费	（安装工程费 + 拆除工程费）×0.38%	1102
3.7	工程检测费		2435
3.7.1	工程质量检测费	安装工程费 ×0.15%	435
3.7.5	桩基检测费	（4×500）×100%	2000
3.9	技术经济标准编制费	（安装工程费 + 拆除工程费）×0.1%	290
	合计		72197

表 19-63　基本方案 M-220-GTSD-SHNZJGT630 总概算表　金额单位：万元

序号	工程或费用名称	含税金额	占工程投资的比例（%）	不含税金额	可抵扣增值税金额
二	安装工程费	62.85	82.22	56.84	6.01
三	拆除工程费				
四	设备购置费				
	其中：编制基准期价差	0.9	1.18	0.9	
五	小计	62.85	82.22	56.84	6.01
	其中：甲供设备材料费	25.26	33.05	22.35	2.91
六	其他费用	13.59	17.78	12.78	0.81
七	基本预备费				
八	特殊项目				
九	工程投资合计	76.44	100	69.62	6.82
	其中：可抵扣增值税金额	6.82			6.82
	其中：施工费	39.15	51.22	35.92	3.23

表 19-64　　基本方案 M-220-GTSD-SHNZJGT630 安装部分汇总概算表

金额单位：元

序号	工程或费用名称	安装工程费			设备购置费	合计
		未计价材料费	安装费	小计		
	安装工程	344356	284185	628541		628541
1	基础工程	91380	209730	301110		301110
1.1	基础工程材料工地运输		97575	97575		97575
1.2	基础土石方工程		38811	38811		38811
1.3	基础砌筑	91380	73344	164723		164723
1.3.2	现浇基础	91380	73344	164723		164723
2	杆塔工程	251639	71187	322826		322826
2.1	杆塔工程材料工地运输		16299	16299		16299
2.2	杆塔组立	251639	54887	306527		306527
2.2.2	铁塔、钢管杆组立	251639	54887	306527		306527
3	接地工程	338	2311	2649		2649
3.1	接地工程材料工地运输		28	28		28
3.2	接地土石方		1895	1895		1895
3.3	接地安装	338	388	726		726
6	辅助工程	1000	957	1957		1957
6.7	杆塔上装的各类辅助生产装置	1000	957	1957		1957
	合计	344356	284185	628541		628541

表 19-65　基本方案 M-220-GTSD-SHNZJGT630 其他费用概算表

金额单位：元

序号	工程或费用项目名称	编制依据及计算说明	合价
1	建设场地征用及清理费		15600
1.1	土地征用费	（1×0.26×60000）×100%	15600
2	项目管理费		46261
2.1	管理经费	（安装工程费＋拆除工程费）×3.53%	22188
2.2	招标费	（安装工程费＋拆除工程费）×0.4%	2514

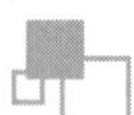

续表

序号	工程或费用项目名称	编制依据及计算说明	合价
2.3	工程监理费	（安装工程费 + 拆除工程费）× 3.43%	21559
3	项目技术服务费		74052
3.1	前期工作费	安装工程费 × 2.1%	13199
3.3	工程勘察设计费		51695
3.3.2	设计费	设计费 × 100%	51695
3.4	设计文件评审费		3198
3.4.1	初步设计文件评审费	基本设计费 × 3.5%	1533
3.4.2	施工图文件评审费	基本设计费 × 3.8%	1665
3.5	施工过程造价咨询及竣工结算审核费	（安装工程费 + 拆除工程费）× 0.38%	2388
3.7	工程检测费		2943
3.7.1	工程质量检测费	安装工程费 × 0.15%	943
3.7.5	桩基检测费	（4 × 500）× 100%	2000
3.9	技术经济标准编制费	（安装工程费 + 拆除工程费）× 0.1%	629
	合计		135913

表 19-66　　基本方案 M-220-GTSD-SHNZJGT400 总概算表　　金额单位：万元

序号	工程或费用名称	含税金额	占工程投资的比例（%）	不含税金额	可抵扣增值税金额
二	安装工程费	50.03	81.74	45.14	4.89
三	拆除工程费				
四	设备购置费				
	其中：编制基准期价差	0.66	1.08	0.66	
五	小计	50.03	81.74	45.14	4.89
	其中：甲供设备材料费	23.26	38	20.58	2.68
六	其他费用	11.18	18.26	10.51	0.67
七	基本预备费				
八	特殊项目				
九	工程投资合计	61.21	100	55.65	5.56
	其中：可抵扣增值税金额	5.56			5.56
	其中：施工费	28.33	46.28	25.99	2.34

表 19-67　　基本方案 M-220-GTSD-SHNZJGT400 安装部分汇总概算表

金额单位：元

序号	工程或费用名称	安装工程费			设备购置费	合计
		未计价材料费	安装费	小计		
	安装工程	292566	207722	500289		500289
1	基础工程	59600	138928	198529		198529
1.1	基础工程材料工地运输		63733	63733		63733
1.2	基础土石方工程		25125	25125		25125
1.3	基础砌筑	59600	50070	109670		109670
1.3.2	现浇基础	59600	50070	109670		109670
2	杆塔工程	231628	65526	297155		297155
2.1	杆塔工程材料工地运输		15004	15004		15004
2.2	杆塔组立	231628	50523	282151		282151
2.2.2	铁塔、钢管杆组立	231628	50523	282151		282151
3	接地工程	338	2311	2649		2649
3.1	接地工程材料工地运输		28	28		28
3.2	接地土石方		1895	1895		1895
3.3	接地安装	338	388	726		726
6	辅助工程	1000	957	1957		1957
6.7	杆塔上装的各类辅助生产装置	1000	957	1957		1957
	合计	292566	207722	500289		500289

表 19-68　基本方案 M-220-GTSD-SHNZJGT400 其他费用概算表

金额单位：元

序号	工程或费用项目名称	编制依据及计算说明	合价
1	建设场地征用及清理费		15600
1.1	土地征用费	（1×0.26×60000）×100%	15600
2	项目管理费		36821
2.1	管理经费	（安装工程费＋拆除工程费）×3.53%	17660
2.2	招标费	（安装工程费＋拆除工程费）×0.4%	2001

续表

序号	工程或费用项目名称	编制依据及计算说明	合价
2.3	工程监理费	（安装工程费 + 拆除工程费）×3.43%	17160
3	项目技术服务费		59350
3.1	前期工作费	安装工程费 ×2.1%	10506
3.3	工程勘察设计费		41147
3.3.2	设计费	设计费 ×100%	41147
3.4	设计文件评审费		2546
3.4.1	初步设计文件评审费	基本设计费 ×3.5%	1220
3.4.2	施工图文件评审费	基本设计费 ×3.8%	1325
3.5	施工过程造价咨询及竣工结算审核费	（安装工程费 + 拆除工程费）×0.38%	1901
3.7	工程检测费		2750
3.7.1	工程质量检测费	安装工程费 ×0.15%	750
3.7.5	桩基检测费	（4×500）×100%	2000
3.9	技术经济标准编制费	（安装工程费 + 拆除工程费）×0.1%	500
	合计		111771

表 19-69　基本方案 M-220-GTPY-DHZXJGT400 总概算表　金额单位：万元

序号	工程或费用名称	含税金额	占工程投资的比例（%）	不含税金额	可抵扣增值税金额
二	安装工程费	15.51	77.51	13.92	1.59
三	拆除工程费				
四	设备购置费				
	其中：编制基准期价差	0.13	0.65	0.13	
五	小计	15.51	77.51	13.92	1.59
	其中：甲供设备材料费	9.62	48.08	8.51	1.11
六	其他费用	4.5	22.49	4.2	0.3
七	基本预备费				
八	特殊项目				
九	工程投资合计	20.01	100	18.12	1.89
	其中：可抵扣增值税金额	1.89			1.89
	其中：施工费	7.45	37.23	6.83	0.62

表 19-70　　基本方案 M-220-GTPY-DHZXJGT400 安装部分汇总概算表

金额单位：元

序号	工程或费用名称	安装工程费			设备购置费	合计
		未计价材料费	安装费	小计		
	安装工程	113963	41130	155093		155093
1	基础工程	17424	20409	37834		37834
1.1	基础工程材料工地运输		2244	2244		2244
1.2	基础土石方工程		7202	7202		7202
1.3	基础砌筑	17424	10964	28388		28388
1.3.2	现浇基础	17424	10964	28388		28388
2	杆塔工程	95576	17996	113572		113572
2.1	杆塔工程材料工地运输		1470	1470		1470
2.2	杆塔组立	95576	16527	112102		112102
2.2.2	铁塔、钢管杆组立	95576	16527	112102		112102
3	接地工程	338	2179	2517		2517
3.1	接地工程材料工地运输		7	7		7
3.2	接地土石方		1815	1815		1815
3.3	接地安装	338	358	695		695
6	辅助工程	625	545	1170		1170
6.7	杆塔上装的各类辅助生产装置	625	545	1170		1170
	合计	113963	41130	155093		155093

表 19-71　基本方案 M-220-GTPY-DHZXJGT400 其他费用概算表

金额单位：元

序号	工程或费用项目名称	编制依据及计算说明	合价
1	建设场地征用及清理费		15600
1.1	土地征用费	（1×0.26×60000）×100%	15600
2	项目管理费		11415
2.1	管理经费	（安装工程费＋拆除工程费）×3.53%	5475
2.2	招标费	（安装工程费＋拆除工程费）×0.4%	620

续表

序号	工程或费用项目名称	编制依据及计算说明	合价
2.3	工程监理费	（安装工程费 + 拆除工程费）×3.43%	5320
3	项目技术服务费		17990
3.1	前期工作费	安装工程费 ×2.1%	3257
3.3	工程勘察设计费		12756
3.3.2	设计费	设计费 ×100%	12756
3.4	设计文件评审费		789
3.4.1	初步设计文件评审费	基本设计费 ×3.5%	378
3.4.2	施工图文件评审费	基本设计费 ×3.8%	411
3.5	施工过程造价咨询及竣工结算审核费	（安装工程费 + 拆除工程费）×0.38%	800
3.7	工程检测费		233
3.7.1	工程质量检测费	安装工程费 ×0.15%	233
3.9	技术经济标准编制费	（安装工程费 + 拆除工程费）×0.1%	155
	合计		45004

表 19-72　基本方案 M-220-GTPY-DHNZJGT400 总概算表　金额单位：万元

序号	工程或费用名称	含税金额	占工程投资的比例（%）	不含税金额	可抵扣增值税金额
二	安装工程费	19.4	78.16	17.48	1.92
三	拆除工程费				
四	设备购置费				
	其中：编制基准期价差	0.22	0.89	0.22	
五	小计	19.4	78.16	17.48	1.92
	其中：甲供设备材料费	9.7	39.08	8.58	1.12
六	其他费用	5.42	21.84	5.07	0.35
七	基本预备费				
八	特殊项目				
九	工程投资合计	24.82	100	22.55	2.27
	其中：可抵扣增值税金额	2.27			2.27
	其中：施工费	11.27	45.41	10.34	0.93

表 19-73　　基本方案 M-220-GTPY-DHNZJGT400 安装部分汇总概算表

金额单位：元

序号	工程或费用名称	安装工程费			设备购置费	合计
		未计价材料费	安装费	小计		
	安装工程	124705	69338	194043		194043
1	基础工程	27388	48646	76034		76034
1.1	基础工程材料工地运输		2944	2944		2944
1.2	基础土石方工程		204	204		204
1.3	基础砌筑	27388	45499	72887		72887
1.3.2	现浇基础	180	520	699		699
1.3.3	灌注桩基础	27208	44980	72188		72188
2	杆塔工程	96354	17968	114322		114322
2.1	杆塔工程材料工地运输		1482	1482		1482
2.2	杆塔组立	96354	16486	112840		112840
2.2.2	铁塔、钢管杆组立	96354	16486	112840		112840
3	接地工程	338	2179	2517		2517
3.1	接地工程材料工地运输		7	7		7
3.2	接地土石方		1815	1815		1815
3.3	接地安装	338	358	695		695
6	辅助工程	625	545	1170		1170
6.7	杆塔上装的各类辅助生产装置	625	545	1170		1170
	合计	124705	69338	194043		194043

表 19-74　基本方案 M-220-GTPY-DHNZJGT400 其他费用概算表

金额单位：元

序号	工程或费用项目名称	编制依据及计算说明	合价
1	建设场地征用及清理费		15600
1.1	土地征用费	（1×0.26×60000）×100%	15600
2	项目管理费		14282
2.1	管理经费	（安装工程费＋拆除工程费）×3.53%	6850
2.2	招标费	（安装工程费＋拆除工程费）×0.4%	776

续表

序号	工程或费用项目名称	编制依据及计算说明	合价
2.3	工程监理费	（安装工程费 + 拆除工程费）×3.43%	6656
3	项目技术服务费		24307
3.1	前期工作费	安装工程费 ×2.1%	4075
3.3	工程勘察设计费		15959
3.3.2	设计费	设计费 ×100%	15959
3.4	设计文件评审费		987
3.4.1	初步设计文件评审费	基本设计费 ×3.5%	473
3.4.2	施工图文件评审费	基本设计费 ×3.8%	514
3.5	施工过程造价咨询及竣工结算审核费	（安装工程费 + 拆除工程费）×0.38%	800
3.7	工程检测费		2291
3.7.1	工程质量检测费	安装工程费 ×0.15%	291
3.7.5	桩基检测费	（4×500）×100%	2000
3.9	技术经济标准编制费	（安装工程费 + 拆除工程费）×0.1%	194
	合计		54188

表 19-75　　基本方案 M-220-GTPY-SHZXJGT630 总概算表　　金额单位：万元

序号	工程或费用名称	含税金额	占工程投资的比例（%）	不含税金额	可抵扣增值税金额
二	安装工程费	25.31	80.02	22.72	2.59
三	拆除工程费				
四	设备购置费				
	其中：编制基准期价差	0.22	0.7	0.22	
五	小计	25.31	80.02	22.72	2.59
	其中：甲供设备材料费	15.37	48.59	13.6	1.77
六	其他费用	6.32	19.98	5.92	0.4
七	基本预备费				
八	特殊项目				
九	工程投资合计	31.63	100	28.64	2.99
	其中：可抵扣增值税金额	2.99			2.99
	其中：施工费	11.5	36.36	10.55	0.95

表 19-76　　基本方案 M-220-GTPY-SHZXJGT630 安装部分汇总概算表

金额单位：元

序号	工程或费用名称	安装工程费			设备购置费	合计
		未计价材料费	安装费	小计		
	安装工程	186755	66383	253138		253138
1	基础工程	32700	35800	68500		68500
1.1	基础工程材料工地运输		3774	3774		3774
1.2	基础土石方工程		14933	14933		14933
1.3	基础砌筑	32700	17093	49793		49793
1.3.2	现浇基础	32700	17093	49793		49793
2	杆塔工程	152718	27531	180249		180249
2.1	杆塔工程材料工地运输		2348	2348		2348
2.2	杆塔组立	152718	25183	177901		177901
2.2.2	铁塔、钢管杆组立	152718	25183	177901		177901
3	接地工程	338	2179	2517		2517
3.1	接地工程材料工地运输		7	7		7
3.2	接地土石方		1815	1815		1815
3.3	接地安装	338	358	695		695
6	辅助工程	1000	873	1873		1873
6.7	杆塔上装的各类辅助生产装置	1000	873	1873		1873
	合计	186755	66383	253138		253138

表 19-77　基本方案 M-220-GTPY-SHZXJGT630 其他费用概算表　　金额单位：元

序号	工程或费用项目名称	编制依据及计算说明	合价
1	建设场地征用及清理费		15600
1.1	土地征用费	（1×0.26×60000）×100%	15600
2	项目管理费		18631
2.1	管理经费	（安装工程费 + 拆除工程费）×3.53%	8936
2.2	招标费	（安装工程费 + 拆除工程费）×0.4%	1013

续表

序号	工程或费用项目名称	编制依据及计算说明	合价
2.3	工程监理费	（安装工程费 + 拆除工程费）× 3.43%	8683
3	项目技术服务费		29018
3.1	前期工作费	安装工程费 × 2.1%	5316
3.3	工程勘察设计费		20820
3.3.2	设计费	设计费 × 100%	20820
3.4	设计文件评审费		1288
3.4.1	初步设计文件评审费	基本设计费 × 3.5%	618
3.4.2	施工图文件评审费	基本设计费 × 3.8%	670
3.5	施工过程造价咨询及竣工结算审核费	（安装工程费 + 拆除工程费）× 0.38%	962
3.7	工程检测费		380
3.7.1	工程质量检测费	安装工程费 × 0.15%	380
3.9	技术经济标准编制费	（安装工程费 + 拆除工程费）× 0.1%	253
	合计		63249

表 19-78　　基本方案 M-220-GTPY-SHZXJGT400 总概算表　　金额单位：万元

序号	工程或费用名称	含税金额	占工程投资的比例（%）	不含税金额	可抵扣增值税金额
二	安装工程费	21.41	79.3	19.23	2.18
三	拆除工程费				
四	设备购置费				
	其中：编制基准期价差	0.18	0.67	0.18	
五	小计	21.41	79.3	19.23	2.18
	其中：甲供设备材料费	12.65	46.85	11.19	1.46
六	其他费用	5.59	20.7	5.23	0.36
七	基本预备费				
八	特殊项目				
九	工程投资合计	27	100	24.46	2.54
	其中：可抵扣增值税金额	2.54			2.54
	其中：施工费	10.32	38.22	9.47	0.85

表 19-79　　基本方案 M-220-GTPY-SHZXJGT400 安装部分汇总概算表

金额单位：元

序号	工程或费用名称	安装工程费			设备购置费	合计
		未计价材料费	安装费	小计		
	安装工程	157149	56913	214063		214063
1	基础工程	30327	30234	60561		60561
1.1	基础工程材料工地运输		3395	3395		3395
1.2	基础土石方工程		11384	11384		11384
1.3	基础砌筑	30327	15455	45782		45782
1.3.2	现浇基础	30327	15455	45782		45782
2	杆塔工程	125484	23628	149112		149112
2.1	杆塔工程材料工地运输		1929	1929		1929
2.2	杆塔组立	125484	21698	147182		147182
2.2.2	铁塔、钢管杆组立	125484	21698	147182		147182
3	接地工程	338	2179	2517		2517
3.1	接地工程材料工地运输		7	7		7
3.2	接地土石方		1815	1815		1815
3.3	接地安装	338	358	695		695
6	辅助工程	1000	873	1873		1873
6.7	杆塔上装的各类辅助生产装置	1000	873	1873		1873
	合计	157149	56913	214063		214063

表 19-80　基本方案 M-220-GTPY-SHZXJGT400 其他费用概算表　　金额单位：元

序号	工程或费用项目名称	编制依据及计算说明	合价
1	建设场地征用及清理费		15600
1.1	土地征用费	（1×0.26×60000）×100%	15600
2	项目管理费		15755
2.1	管理经费	（安装工程费＋拆除工程费）×3.53%	7556
2.2	招标费	（安装工程费＋拆除工程费）×0.4%	856

续表

序号	工程或费用项目名称	编制依据及计算说明	合价
2.3	工程监理费	（安装工程费 + 拆除工程费）×3.43%	7342
3	项目技术服务费		24539
3.1	前期工作费	安装工程费 ×2.1%	4495
3.3	工程勘察设计费		17606
3.3.2	设计费	设计费 ×100%	17606
3.4	设计文件评审费		1089
3.4.1	初步设计文件评审费	基本设计费 ×3.5%	522
3.4.2	施工图文件评审费	基本设计费 ×3.8%	567
3.5	施工过程造价咨询及竣工结算审核费	（安装工程费 + 拆除工程费）×0.38%	813
3.7	工程检测费		321
3.7.1	工程质量检测费	安装工程费 ×0.15%	321
3.9	技术经济标准编制费	（安装工程费 + 拆除工程费）×0.1%	214
	合计		55894

表 19-81　　基本方案 M-220-GTPY-SHNZJGT630 总概算表　　金额单位：万元

序号	工程或费用名称	含税金额	占工程投资的比例（%）	不含税金额	可抵扣增值税金额
二	安装工程费	42.2	81.31	38	4.2
三	拆除工程费				
四	设备购置费				
	其中：编制基准期价差	0.42	0.81	0.42	
五	小计	42.2	81.31	38	4.2
	其中：甲供设备材料费	21.89	42.18	19.37	2.52
六	其他费用	9.7	18.69	9.11	0.59
七	基本预备费				
八	特殊项目				
九	工程投资合计	51.9	100	47.11	4.79
	其中：可抵扣增值税金额	4.79			4.79
	其中：施工费	21.87	42.14	20.06	1.81

表 19-82　　基本方案 M-220-GTPY-SHNZJGT630 安装部分汇总概算表

金额单位：元

序号	工程或费用名称	安装工程费			设备购置费	合计
		未计价材料费	安装费	小计		
	安装工程	289331	132690	422021		422021
1	基础工程	70078	90180	160258		160258
1.1	基础工程材料工地运输		7968	7968		7968
1.2	基础土石方工程		204	204		204
1.3	基础砌筑	70078	82009	152087		152087
1.3.2	现浇基础	180	520	699		699
1.3.3	灌注桩基础	69898	81489	151387		151387
2	杆塔工程	217915	39459	257374		257374
2.1	杆塔工程材料工地运输		3351	3351		3351
2.2	杆塔组立	217915	36108	254023		254023
2.2.2	铁塔、钢管杆组立	217915	36108	254023		254023
3	接地工程	338	2179	2517		2517
3.1	接地工程材料工地运输		7	7		7
3.2	接地土石方		1815	1815		1815
3.3	接地安装	338	358	695		695
6	辅助工程	1000	873	1873		1873
6.7	杆塔上装的各类辅助生产装置	1000	873	1873		1873
	合计	289331	132690	422021		422021

表 19-83　基本方案 M-220-GTPY-SHNZJGT630 其他费用概算表

金额单位：元

序号	工程或费用项目名称	编制依据及计算说明	合价
1	建设场地征用及清理费		15600
1.1	土地征用费	（1×0.26×60000）×100%	15600
2	项目管理费		31061
2.1	管理经费	（安装工程费＋拆除工程费）×3.53%	14897
2.2	招标费	（安装工程费＋拆除工程费）×0.4%	1688

续表

序号	工程或费用项目名称	编制依据及计算说明	合价
2.3	工程监理费	（安装工程费 + 拆除工程费）×3.43%	14475
3	项目技术服务费		50378
3.1	前期工作费	安装工程费 ×2.1%	8862
3.3	工程勘察设计费		34710
3.3.2	设计费	设计费 ×100%	34710
3.4	设计文件评审费		2147
3.4.1	初步设计文件评审费	基本设计费 ×3.5%	1030
3.4.2	施工图文件评审费	基本设计费 ×3.8%	1118
3.5	施工过程造价咨询及竣工结算审核费	（安装工程费 + 拆除工程费）×0.38%	1604
3.7	工程检测费		2633
3.7.1	工程质量检测费	安装工程费 ×0.15%	633
3.7.5	桩基检测费	（4×500）×100%	2000
3.9	技术经济标准编制费	（安装工程费 + 拆除工程费）×0.1%	422
	合计		97039

表 19-84　基本方案 M-220-GTPY-SHNZJGT400 总概算表　金额单位：万元

序号	工程或费用名称	含税金额	占工程投资的比例（%）	不含税金额	可抵扣增值税金额
二	安装工程费	36.71	80.89	33.05	3.66
三	拆除工程费				
四	设备购置费				
	其中：编制基准期价差	0.36	0.79	0.36	
五	小计	36.71	80.89	33.05	3.66
	其中：甲供设备材料费	19.46	42.88	17.22	2.24
六	其他费用	8.67	19.11	8.14	0.53
七	基本预备费				
八	特殊项目				
九	工程投资合计	45.38	100	41.19	4.19
	其中：可抵扣增值税金额	4.19			4.19
	其中：施工费	18.81	41.45	17.26	1.55

表 19-85　　基本方案 M-220-GTPY-SHNZJGT400 安装部分汇总概算表

金额单位：元

序号	工程或费用名称	安装工程费			设备购置费	合计
		未计价材料费	安装费	小计		
	安装工程	253012	114132	367144		367144
1	基础工程	58079	76025	134104		134104
1.1	基础工程材料工地运输		6094	6094		6094
1.2	基础土石方工程		204	204		204
1.3	基础砌筑	58079	69727	127807		127807
1.3.2	现浇基础	180	520	699		699
1.3.3	灌注桩基础	57900	69208	127107		127107
2	杆塔工程	193595	35055	228651		228651
2.1	杆塔工程材料工地运输		2977	2977		2977
2.2	杆塔组立	193595	32078	225674		225674
2.2.2	铁塔、钢管杆组立	193595	32078	225674		225674
3	接地工程	338	2179	2517		2517
3.1	接地工程材料工地运输		7	7		7
3.2	接地土石方		1815	1815		1815
3.3	接地安装	338	358	695		695
6	辅助工程	1000	873	1873		1873
6.7	杆塔上装的各类辅助生产装置	1000	873	1873		1873
	合计	253012	114132	367144		367144

表 19-86　基本方案 M-220-GTPY-SHNZJGT400 其他费用概算表

金额单位：元

序号	工程或费用项目名称	编制依据及计算说明	合价
1	建设场地征用及清理费		15600
1.1	土地征用费	（1×0.26×60000）×100%	15600
2	项目管理费		27022
2.1	管理经费	（安装工程费＋拆除工程费）×3.53%	12960
2.2	招标费	（安装工程费＋拆除工程费）×0.4%	1469

续表

序号	工程或费用项目名称	编制依据及计算说明	合价
2.3	工程监理费	（安装工程费 + 拆除工程费）×3.43%	12593
3	项目技术服务费		44087
3.1	前期工作费	安装工程费 ×2.1%	7710
3.3	工程勘察设计费		30196
3.3.2	设计费	设计费 ×100%	30196
3.4	设计文件评审费		1868
3.4.1	初步设计文件评审费	基本设计费 ×3.5%	896
3.4.2	施工图文件评审费	基本设计费 ×3.8%	972
3.5	施工过程造价咨询及竣工结算审核费	（安装工程费 + 拆除工程费）×0.38%	1395
3.7	工程检测费		2551
3.7.1	工程质量检测费	安装工程费 ×0.15%	551
3.7.5	桩基检测费	（4×500）×100%	2000
3.9	技术经济标准编制费	（安装工程费 + 拆除工程费）×0.1%	367
	合计		86709

表 19-87　基本方案 M-220-GTPY-SHZXZJT630 总概算表　金额单位：万元

序号	工程或费用名称	含税金额	占工程投资的比例（%）	不含税金额	可抵扣增值税金额
二	安装工程费	44.38	81.45	40.18	4.2
三	拆除工程费				
四	设备购置费				
	其中：编制基准期价差	0.52	0.95	0.52	
五	小计	44.38	81.45	40.18	4.2
	其中：甲供设备材料费	16.64	30.54	14.73	1.91
六	其他费用	10.11	18.55	9.5	0.61
七	基本预备费				
八	特殊项目				
九	工程投资合计	54.49	100	49.68	4.81
	其中：可抵扣增值税金额	4.81			4.81
	其中：施工费	29.29	53.75	26.87	2.42

表 19-88　基本方案 M-220-GTPY-SHZXZJT630 安装部分汇总概算表

金额单位：元

序号	工程或费用名称	安装工程费			设备购置费	合计
		未计价材料费	安装费	小计		
	安装工程	279079	164683	443762		443762
1	基础工程	112313	129097	241410		241410
1.1	基础工程材料工地运输		10893	10893		10893
1.2	基础土石方工程		143	143		143
1.3	基础砌筑	112313	118061	230373		230373
1.3.2	现浇基础	180	520	699		699
1.3.3	灌注桩基础	112133	117541	229674		229674
2	杆塔工程	165429	32534	197963		197963
2.1	杆塔工程材料工地运输		2544	2544		2544
2.2	杆塔组立	165429	29991	195419		195419
2.2.2	铁塔、钢管杆组立	165429	29991	195419		195419
3	接地工程	338	2179	2517		2517
3.1	接地工程材料工地运输		7	7		7
3.2	接地土石方		1815	1815		1815
3.3	接地安装	338	358	695		695
6	辅助工程	1000	873	1873		1873
6.7	杆塔上装的各类辅助生产装置	1000	873	1873		1873
	合计	279079	164683	443762		443762

表 19-89　基本方案 M-220-GTPY-SHZXZJT630 其他费用概算表

金额单位：元

序号	工程或费用项目名称	编制依据及计算说明	合价
1	建设场地征用及清理费		15600
1.1	土地征用费	（1×0.26×60000）×100%	15600
2	项目管理费		32661
2.1	管理经费	（安装工程费＋拆除工程费）×3.53%	15665
2.2	招标费	（安装工程费＋拆除工程费）×0.4%	1775

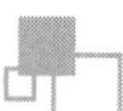

续表

序号	工程或费用项目名称	编制依据及计算说明	合价
2.3	工程监理费	（安装工程费 + 拆除工程费）× 3.43%	15221
3	项目技术服务费		52870
3.1	前期工作费	安装工程费 × 2.1%	9319
3.3	工程勘察设计费		36498
3.3.2	设计费	设计费 × 100%	36498
3.4	设计文件评审费		2258
3.4.1	初步设计文件评审费	基本设计费 × 3.5%	1083
3.4.2	施工图文件评审费	基本设计费 × 3.8%	1175
3.5	施工过程造价咨询及竣工结算审核费	（安装工程费 + 拆除工程费）× 0.38%	1686
3.7	工程检测费		2666
3.7.1	工程质量检测费	安装工程费 × 0.15%	666
3.7.5	桩基检测费	（4 × 500）× 100%	2000
3.9	技术经济标准编制费	（安装工程费 + 拆除工程费）× 0.1%	444
	合计		101131

表 19-90　　基本方案 M-220-GTPY-SHZXZJT400 总概算表　　金额单位：万元

序号	工程或费用名称	含税金额	占工程投资的比例（%）	不含税金额	可抵扣增值税金额
二	安装工程费	43.22	81.36	39.1	4.12
三	拆除工程费				
四	设备购置费				
	其中：编制基准期价差	0.49	0.92	0.49	
五	小计	43.22	81.36	39.1	4.12
	其中：甲供设备材料费	16.93	31.87	14.98	1.95
六	其他费用	9.9	18.64	9.3	0.6
七	基本预备费				
八	特殊项目				
九	工程投资合计	53.12	100	48.4	4.72
	其中：可抵扣增值税金额	4.72			4.72
	其中：施工费	27.85	52.43	25.55	2.3

表 19-91　　基本方案 M-220-GTPY-SHZXZJT400 安装部分汇总概算表

金额单位：元

序号	工程或费用名称	安装工程费			设备购置费	合计
		未计价材料费	安装费	小计		
	安装工程	275665	156512	432178		432178
1	基础工程	106070	120370	226440		226440
1.1	基础工程材料工地运输		10158	10158		10158
1.2	基础土石方工程		143	143		143
1.3	基础砌筑	106070	110068	216138		216138
1.3.2	现浇基础	180	520	699		699
1.3.3	灌注桩基础	105890	109549	215439		215439
2	杆塔工程	168258	33091	201348		201348
2.1	杆塔工程材料工地运输		2587	2587		2587
2.2	杆塔组立	168258	30503	198761		198761
2.2.2	铁塔、钢管杆组立	168258	30503	198761		198761
3	接地工程	338	2179	2517		2517
3.1	接地工程材料工地运输		7	7		7
3.2	接地土石方		1815	1815		1815
3.3	接地安装	338	358	695		695
6	辅助工程	1000	873	1873		1873
6.7	杆塔上装的各类辅助生产装置	1000	873	1873		1873
	合计	275665	156512	432178		432178

表 19-92　基本方案 M-220-GTPY-SHZXZJT400 其他费用概算表

金额单位：元

序号	工程或费用项目名称	编制依据及计算说明	合价
1	建设场地征用及清理费		15600
1.1	土地征用费	（1×0.26×60000）×100%	15600
2	项目管理费		31808
2.1	管理经费	（安装工程费＋拆除工程费）×3.53%	15256
2.2	招标费	（安装工程费＋拆除工程费）×0.4%	1729

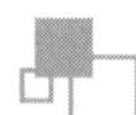

续表

序号	工程或费用项目名称	编制依据及计算说明	合价
2.3	工程监理费	（安装工程费 + 拆除工程费）× 3.43%	14824
3	项目技术服务费		51542
3.1	前期工作费	安装工程费 × 2.1%	9076
3.3	工程勘察设计费		35545
3.3.2	设计费	设计费 × 100%	35545
3.4	设计文件评审费		2199
3.4.1	初步设计文件评审费	基本设计费 × 3.5%	1054
3.4.2	施工图文件评审费	基本设计费 × 3.8%	1145
3.5	施工过程造价咨询及竣工结算审核费	（安装工程费 + 拆除工程费）× 0.38%	1642
3.7	工程检测费		2648
3.7.1	工程质量检测费	安装工程费 × 0.15%	648
3.7.5	桩基检测费	（4 × 500）× 100%	2000
3.9	技术经济标准编制费	（安装工程费 + 拆除工程费）× 0.1%	432
	合计		98951

表 19-93　基本方案 M-220-GTPY-SHNZZJT630 总概算表　金额单位：万元

序号	工程或费用名称	含税金额	占工程投资的比例（%）	不含税金额	可抵扣增值税金额
二	安装工程费	56.17	82	50.91	5.26
三	拆除工程费				
四	设备购置费				
	其中：编制基准期价差	0.64	0.93	0.64	
五	小计	56.17	82	50.91	5.26
	其中：甲供设备材料费	19.18	28	16.97	2.21
六	其他费用	12.33	18	11.59	0.74
七	基本预备费				
八	特殊项目				
九	工程投资合计	68.5	100	62.5	6
	其中：可抵扣增值税金额	6			6
	其中：施工费	38.55	56.28	35.37	3.18

表 19-94 基本方案 M-220-GTPY-SHNZZJT630 安装部分汇总概算表

金额单位：元

序号	工程或费用名称	安装工程费			设备购置费	合计
		未计价材料费	安装费	小计		
	安装工程	354340	207357	561697		561697
1	基础工程	162244	166621	328865		328865
1.1	基础工程材料工地运输		14195	14195		14195
1.2	基础土石方工程		204	204		204
1.3	基础砌筑	162244	152222	314466		314466
1.3.2	现浇基础	180	520	699		699
1.3.3	灌注桩基础	162064	151703	313767		313767
2	杆塔工程	190759	37684	228443		228443
2.1	杆塔工程材料工地运输		2933	2933		2933
2.2	杆塔组立	190759	34751	225510		225510
2.2.2	铁塔、钢管杆组立	190759	34751	225510		225510
3	接地工程	338	2179	2517		2517
3.1	接地工程材料工地运输		7	7		7
3.2	接地土石方		1815	1815		1815
3.3	接地安装	338	358	695		695
6	辅助工程	1000	873	1873		1873
6.7	杆塔上装的各类辅助生产装置	1000	873	1873		1873
	合计	354340	207357	561697		561697

表 19-95 基本方案 M-220-GTPY-SHNZZJT630 其他费用概算表

金额单位：元

序号	工程或费用项目名称	编制依据及计算说明	合价
1	建设场地征用及清理费		15600
1.1	土地征用费	（1×0.26×60000）×100%	15600
2	项目管理费		41341
2.1	管理经费	（安装工程费＋拆除工程费）×3.53%	19828
2.2	招标费	（安装工程费＋拆除工程费）×0.4%	2247

续表

序号	工程或费用项目名称	编制依据及计算说明	合价
2.3	工程监理费	（安装工程费＋拆除工程费）×3.43%	19266
3	项目技术服务费		66390
3.1	前期工作费	安装工程费 ×2.1%	11796
3.3	工程勘察设计费		46197
3.3.2	设计费	设计费 ×100%	46197
3.4	设计文件评审费		2858
3.4.1	初步设计文件评审费	基本设计费 ×3.5%	1370
3.4.2	施工图文件评审费	基本设计费 ×3.8%	1488
3.5	施工过程造价咨询及竣工结算审核费	（安装工程费＋拆除工程费）×0.38%	2134
3.7	工程检测费		2843
3.7.1	工程质量检测费	安装工程费 ×0.15%	843
3.7.5	桩基检测费	（4×500）×100%	2000
3.9	技术经济标准编制费	（安装工程费＋拆除工程费）×0.1%	562
	合计		123331

表 19-96　　基本方案 M-220-GTPY-SHNZZJT400 总概算表　　金额单位：万元

序号	工程或费用名称	含税金额	占工程投资的比例（%）	不含税金额	可抵扣增值税金额
二	安装工程费	46.59	81.57	42.25	4.34
三	拆除工程费				
四	设备购置费				
	其中：编制基准期价差	0.56	0.98	0.56	
五	小计	46.59	81.57	42.25	4.34
	其中：甲供设备材料费	15.08	26.4	13.35	1.73
六	其他费用	10.53	18.43	9.89	0.64
七	基本预备费				
八	特殊项目				
九	工程投资合计	57.12	100	52.14	4.98
	其中：可抵扣增值税金额	4.98			4.98
	其中：施工费	33.07	57.9	30.34	2.73

表 19-97 基本方案 M-220-GTPY-SHNZZJT400 安装部分汇总概算表

金额单位：元

序号	工程或费用名称	安装工程费			设备购置费	合计
		未计价材料费	安装费	小计		
	安装工程	285625	180242	465867		465867
1	基础工程	134514	147603	282117		282117
1.1	基础工程材料工地运输		12504	12504		12504
1.2	基础土石方工程		204	204		204
1.3	基础砌筑	134514	134896	269409		269409
1.3.2	现浇基础	180	520	699		699
1.3.3	灌注桩基础	134334	134376	268710		268710
2	杆塔工程	149773	29588	179361		179361
2.1	杆塔工程材料工地运输		2303	2303		2303
2.2	杆塔组立	149773	27285	177058		177058
2.2.2	铁塔、钢管杆组立	149773	27285	177058		177058
3	接地工程	338	2179	2517		2517
3.1	接地工程材料工地运输		7	7		7
3.2	接地土石方		1815	1815		1815
3.3	接地安装	338	358	695		695
6	辅助工程	1000	873	1873		1873
6.7	杆塔上装的各类辅助生产装置	1000	873	1873		1873
	合计	285625	180242	465867		465867

表 19-98 基本方案 M-220-GTPY-SHNZZJT400 其他费用概算表

金额单位：元

序号	工程或费用项目名称	编制依据及计算说明	合价
1	建设场地征用及清理费		15600
1.1	土地征用费	（1×0.26×60000）×100%	15600
2	项目管理费		34288
2.1	管理经费	（安装工程费＋拆除工程费）×3.53%	16445
2.2	招标费	（安装工程费＋拆除工程费）×0.4%	1863

续表

序号	工程或费用项目名称	编制依据及计算说明	合价
2.3	工程监理费	（安装工程费 + 拆除工程费）× 3.43%	15979
3	项目技术服务费		55404
3.1	前期工作费	安装工程费 × 2.1%	9783
3.3	工程勘察设计费		38316
3.3.2	设计费	设计费 × 100%	38316
3.4	设计文件评审费		2370
3.4.1	初步设计文件评审费	基本设计费 × 3.5%	1136
3.4.2	施工图文件评审费	基本设计费 × 3.8%	1234
3.5	施工过程造价咨询及竣工结算审核费	（安装工程费 + 拆除工程费）× 0.38%	1770
3.7	工程检测费		2699
3.7.1	工程质量检测费	安装工程费 × 0.15%	699
3.7.5	桩基检测费	（4 × 500）× 100%	2000
3.9	技术经济标准编制费	（安装工程费 + 拆除工程费）× 0.1%	466
	合计		105292

表 19-99　　基本方案 M-220-GTPY-SHZXGGG630 总概算表　　金额单位：万元

序号	工程或费用名称	含税金额	占工程投资的比例（%）	不含税金额	可抵扣增值税金额
二	安装工程费	30.74	82.46	27.7	3.04
三	拆除工程费				
四	设备购置费				
	其中：编制基准期价差	0.24	0.64	0.24	
五	小计	30.74	82.46	27.7	3.04
	其中：甲供设备材料费	15.43	41.39	13.65	1.78
六	其他费用	6.54	17.54	6.15	0.39
七	基本预备费				
八	特殊项目				
九	工程投资合计	37.28	100	33.85	3.43
	其中：可抵扣增值税金额	3.43			3.43
	其中：施工费	16.01	42.95	14.69	1.32

表 19-100　　基本方案 M-220-GTPY-SHZXGGG630 安装部分汇总概算表

金额单位：元

序号	工程或费用名称	安装工程费			设备购置费	合计
		未计价材料费	安装费	小计		
	安装工程	230321	77090	307411		307411
1	基础工程	75677	55627	131304		131304
1.1	基础工程材料工地运输		6349	6349		6349
1.2	基础土石方工程		68	68		68
1.3	基础砌筑	75677	49209	124887		124887
1.3.2	现浇基础	122	354	477		477
1.3.3	灌注桩基础	75555	48855	124410		124410
2	杆塔工程	153306	18411	171717		171717
2.1	杆塔工程材料工地运输		5012	5012		5012
2.2	杆塔组立	153306	13399	166705		166705
2.2.2	铁塔、钢管杆组立	153306	13399	166705		166705
3	接地工程	338	2179	2517		2517
3.1	接地工程材料工地运输		7	7		7
3.2	接地土石方		1815	1815		1815
3.3	接地安装	338	358	695		695
6	辅助工程	1000	873	1873		1873
6.7	杆塔上装的各类辅助生产装置	1000	873	1873		1873
	合计	230321	77090	307411		307411

表 19-101　　基本方案 M-220-GTPY-SHZXGGG630 其他费用概算表

金额单位：元

序号	工程或费用项目名称	编制依据及计算说明	合价
1	建设场地征用及清理费		7000
1.1	土地征用费	（1×7000）×100%	7000
2	项目管理费		22625
2.1	管理经费	（安装工程费＋拆除工程费）×3.53%	10852
2.2	招标费	（安装工程费＋拆除工程费）×0.4%	1230

续表

序号	工程或费用项目名称	编制依据及计算说明	合价
2.3	工程监理费	（安装工程费 + 拆除工程费）× 3.43%	10544
3	项目技术服务费		35740
3.1	前期工作费	安装工程费 × 2.1%	6456
3.3	工程勘察设计费		25283
3.3.2	设计费	设计费 × 100%	25283
3.4	设计文件评审费		1564
3.4.1	初步设计文件评审费	基本设计费 × 3.5%	750
3.4.2	施工图文件评审费	基本设计费 × 3.8%	814
3.5	施工过程造价咨询及竣工结算审核费	（安装工程费 + 拆除工程费）× 0.38%	1168
3.7	工程检测费		961
3.7.1	工程质量检测费	安装工程费 × 0.15%	461
3.7.5	桩基检测费	（1 × 500）× 100%	500
3.9	技术经济标准编制费	（安装工程费 + 拆除工程费）× 0.1%	307
	合计		65365

表 19-102　基本 1 方案 M-220-GTPY-SHZXGGG400 总概算表　金额单位：万元

序号	工程或费用名称	含税金额	占工程投资的比例（%）	不含税金额	可抵扣增值税金额
二	安装工程费	29.22	82.5	26.34	2.88
三	拆除工程费				
四	设备购置费				
	其中：编制基准期价差	0.23	0.65	0.23	
五	小计	29.22	82.5	26.34	2.88
	其中：甲供设备材料费	14.27	40.29	12.63	1.64
六	其他费用	6.2	17.5	5.83	0.37
七	基本预备费				
八	特殊项目				
九	工程投资合计	35.42	100	32.17	3.25
	其中：可抵扣增值税金额	3.25			3.25
	其中：施工费	15.65	44.18	14.36	1.29

表 19-103 基本方案 M-220-GTPY-SHZXGGG400 安装部分汇总概算表

金额单位：元

序号	工程或费用名称	安装工程费			设备购置费	合计
		未计价材料费	安装费	小计		
	安装工程	218724	73488	292212		292212
1	基础工程	75677	55627	131304		131304
1.1	基础工程材料工地运输		6349	6349		6349
1.2	基础土石方工程		68	68		68
1.3	基础砌筑	75677	49209	124887		124887
1.3.2	现浇基础	122	354	477		477
1.3.3	灌注桩基础	75555	48855	124410		124410
2	杆塔工程	141709	14809	156518		156518
2.1	杆塔工程材料工地运输		4633	4633		4633
2.2	杆塔组立	141709	10177	151885		151885
2.2.2	铁塔、钢管杆组立	141709	10177	151885		151885
3	接地工程	338	2179	2517		2517
3.1	接地工程材料工地运输		7	7		7
3.2	接地土石方		1815	1815		1815
3.3	接地安装	338	358	695		695
6	辅助工程	1000	873	1873		1873
6.7	杆塔上装的各类辅助生产装置	1000	873	1873		1873
	合计	218724	73488	292212		292212

表 19-104 基本方案 M-220-GTPY-SHZXGGG400 其他费用概算表

金额单位：元

序号	工程或费用项目名称	编制依据及计算说明	合价
1	建设场地征用及清理费		7000
1.1	土地征用费	（1×7000）×100%	7000
2	项目管理费		21507
2.1	管理经费	（安装工程费＋拆除工程费）×3.53%	10315

续表

序号	工程或费用项目名称	编制依据及计算说明	合价
2.2	招标费	（安装工程费 + 拆除工程费）×0.4%	1169
2.3	工程监理费	（安装工程费 + 拆除工程费）×3.43%	10023
3	项目技术服务费		33497
3.1	前期工作费	安装工程费 ×2.1%	6136
3.3	工程勘察设计费		24033
3.3.2	设计费	设计费 ×100%	24033
3.4	设计文件评审费		1487
3.4.1	初步设计文件评审费	基本设计费 ×3.5%	713
3.4.2	施工图文件评审费	基本设计费 ×3.8%	774
3.5	施工过程造价咨询及竣工结算审核费	（安装工程费 + 拆除工程费）×0.38%	1110
3.7	工程检测费		438
3.7.1	工程质量检测费	安装工程费 ×0.15%	438
3.9	技术经济标准编制费	（安装工程费 + 拆除工程费）×0.1%	292
	合计		62004

表 19-105　基本方案 M-220-GTPY-SHNZGGG630 总概算表　金额单位：万元

序号	工程或费用名称	含税金额	占工程投资的比例（%）	不含税金额	可抵扣增值税金额
二	安装工程费	52.27	83.15	47.12	5.15
三	拆除工程费				
四	设备购置费				
	其中：编制基准期价差	0.37	0.59	0.37	
五	小计	52.27	83.15	47.12	5.15
	其中：甲供设备材料费	25.54	40.63	22.6	2.94
六	其他费用	10.59	16.85	9.97	0.62
七	基本预备费				
八	特殊项目				
九	工程投资合计	62.86	100	57.09	5.77
	其中：可抵扣增值税金额	5.77			5.77
	其中：施工费	27.44	43.65	25.17	2.27

表 19-106　基本方案 M-220-GTPY-SHNZGGG630 安装部分汇总概算表

金额单位：元

序号	工程或费用名称	安装工程费			设备购置费	合计
		未计价材料费	安装费	小计		
	安装工程	400664	122064	522728		522728
1	基础工程	144971	88632	233603		233603
1.1	基础工程材料工地运输		10887	10887		10887
1.2	基础土石方工程		105	105		105
1.3	基础砌筑	144971	77641	222612		222612
1.3.2	现浇基础	204	591	795		795
1.3.3	灌注桩基础	144767	77050	221817		221817
2	杆塔工程	254355	30380	284735		284735
2.1	杆塔工程材料工地运输		8315	8315		8315
2.2	杆塔组立	254355	22065	276420		276420
2.2.2	铁塔、钢管杆组立	254355	22065	276420		276420
3	接地工程	338	2179	2517		2517
3.1	接地工程材料工地运输		7	7		7
3.2	接地土石方		1815	1815		1815
3.3	接地安装	338	358	695		695
6	辅助工程	1000	873	1873		1873
6.7	杆塔上装的各类辅助生产装置	1000	873	1873		1873
	合计	400664	122064	522728		522728

表 19-107　基本方案 M-220-GTPY-SHNZGGG630 其他费用概算表

金额单位：元

序号	工程或费用项目名称	编制依据及计算说明	合价
1	建设场地征用及清理费		7000
1.1	土地征用费	（1×7000）×100%	7000
2	项目管理费		38473
2.1	管理经费	（安装工程费 + 拆除工程费）×3.53%	18452
2.2	招标费	（安装工程费 + 拆除工程费）×0.4%	2091

续表

序号	工程或费用项目名称	编制依据及计算说明	合价
2.3	工程监理费	（安装工程费＋拆除工程费）×3.43%	17930
3	项目技术服务费		60422
3.1	前期工作费	安装工程费 ×2.1%	10977
3.3	工程勘察设计费		42992
3.3.2	设计费	设计费 ×100%	42992
3.4	设计文件评审费		2660
3.4.1	初步设计文件评审费	基本设计费 ×3.5%	1275
3.4.2	施工图文件评审费	基本设计费 ×3.8%	1385
3.5	施工过程造价咨询及竣工结算审核费	（安装工程费＋拆除工程费）×0.38%	1986
3.7	工程检测费		1284
3.7.1	工程质量检测费	安装工程费 ×0.15%	784
3.7.5	桩基检测费	（1×500）×100%	500
3.9	技术经济标准编制费	（安装工程费＋拆除工程费）×0.1%	523
	合计		105895

表19-108　基本方案M-220-GTPY-SHNZGGG400总概算表　金额单位：万元

序号	工程或费用名称	含税金额	占工程投资的比例（%）	不含税金额	可抵扣增值税金额
二	安装工程费	44.35	82.97	40.08	4.27
三	拆除工程费				
四	设备购置费				
	其中：编制基准期价差	0.33	0.62	0.33	
五	小计	44.35	82.97	40.08	4.27
	其中：甲供设备材料费	18.7	34.99	16.55	2.15
六	其他费用	9.1	17.03	8.57	0.53
七	基本预备费				
八	特殊项目				
九	工程投资合计	53.45	100	48.65	4.8
	其中：可抵扣增值税金额	4.8			4.8
	其中：施工费	26.35	49.3	24.17	2.18

表 19-109　基本方案 M-220-GTPY-SHNZGGG400 安装部分汇总概算表

金额单位：元

序号	工程或费用名称	安装工程费			设备购置费	合计
		未计价材料费	安装费	小计		
	安装工程	332296	111163	443459		443459
1	基础工程	144971	88632	233603		233603
1.1	基础工程材料工地运输		10887	10887		10887
1.2	基础土石方工程		105	105		105
1.3	基础砌筑	144971	77641	222612		222612
1.3.2	现浇基础	204	591	795		795
1.3.3	灌注桩基础	144767	77050	221817		221817
2	杆塔工程	185987	19479	205466		205466
2.1	杆塔工程材料工地运输		6080	6080		6080
2.2	杆塔组立	185987	13399	199386		199386
2.2.2	铁塔、钢管杆组立	185987	13399	199386		199386
3	接地工程	338	2179	2517		2517
3.1	接地工程材料工地运输		7	7		7
3.2	接地土石方		1815	1815		1815
3.3	接地安装	338	358	695		695
6	辅助工程	1000	873	1873		1873
6.7	杆塔上装的各类辅助生产装置	1000	873	1873		1873
	合计	332296	111163	443459		443459

表 19-110　基本方案 M-220-GTPY-SHNZGGG400 其他费用概算表

金额单位：元

序号	工程或费用项目名称	编制依据及计算说明	合价
1	建设场地征用及清理费		7000
1.1	土地征用费	（1×7000）×100%	7000
2	项目管理费		32639
2.1	管理经费	（安装工程费＋拆除工程费）×3.53%	15654
2.2	招标费	（安装工程费＋拆除工程费）×0.4%	1774

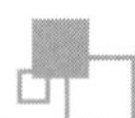

续表

序号	工程或费用项目名称	编制依据及计算说明	合价
2.3	工程监理费	（安装工程费 + 拆除工程费）×3.43%	15211
3	项目技术服务费		51335
3.1	前期工作费	安装工程费 ×2.1%	9313
3.3	工程勘察设计费		36473
3.3.2	设计费	设计费 ×100%	36473
3.4	设计文件评审费		2256
3.4.1	初步设计文件评审费	基本设计费 ×3.5%	1082
3.4.2	施工图文件评审费	基本设计费 ×3.8%	1175
3.5	施工过程造价咨询及竣工结算审核费	（安装工程费 + 拆除工程费）×0.38%	1685
3.7	工程检测费		1165
3.7.1	工程质量检测费	安装工程费 ×0.15%	665
3.7.5	桩基检测费	（1×500）×100%	500
3.9	技术经济标准编制费	（安装工程费 + 拆除工程费）×0.1%	443
	合计		90974

表 19-111 基本方案 M-110-GTSD-DHZXJGT240 总概算表 金额单位：万元

序号	工程或费用名称	含税金额	占工程投资的比例（%）	不含税金额	可抵扣增值税金额
二	安装工程费	12.29	78.78	11.12	1.17
三	拆除工程费				
四	设备购置费				
	其中：编制基准期价差	0.18	1.15	0.18	
五	小计	12.29	78.78	11.12	1.17
	其中：甲供设备材料费	4.81	30.83	4.26	0.55
六	其他费用	3.31	21.22	3.1	0.21
七	基本预备费				
八	特殊项目				
九	工程投资合计	15.6	100	14.22	1.38
	其中：可抵扣增值税金额	1.38			1.38
	其中：施工费	8.44	54.1	7.74	0.7

表 19-112　基本方案 M-110-GTSD-DHZXJGT240 安装部分汇总概算表

金额单位：元

序号	工程或费用名称	安装工程费			设备购置费	合计
		未计价材料费	安装费	小计		
	安装工程	64620	58257	122877		122877
1	基础工程	16397	40773	57170		57170
1.1	基础工程材料工地运输		21355	21355		21355
1.2	基础土石方工程		5427	5427		5427
1.3	基础砌筑	16397	13991	30389		30389
1.3.2	现浇基础	16397	13991	30389		30389
2	杆塔工程	47429	15155	62584		62584
2.1	杆塔工程材料工地运输		3071	3071		3071
2.2	杆塔组立	47429	12084	59514		59514
2.2.2	铁塔、钢管杆组立	47429	12084	59514		59514
3	接地工程	169	1732	1901		1901
3.1	接地工程材料工地运输		14	14		14
3.2	接地土石方		1421	1421		1421
3.3	接地安装	169	297	465		465
6	辅助工程	625	597	1222		1222
6.7	杆塔上装的各类辅助生产装置	625	597	1222		1222
	合计	64620	58257	122877		122877

表 19-113　基本方案 M-110-GTSD-DHZXJGT240 其他费用概算表

金额单位：元

序号	工程或费用项目名称	编制依据及计算说明	合价
1	建设场地征用及清理费		9600
1.1	土地征用费	（1×0.16×60000）×100%	9600
2	项目管理费		9044
2.1	管理经费	（安装工程费 + 拆除工程费）×3.53%	4338
2.2	招标费	（安装工程费 + 拆除工程费）×0.4%	492

续表

序号	工程或费用项目名称	编制依据及计算说明	合价
2.3	工程监理费	（安装工程费 + 拆除工程费）×3.43%	4215
3	项目技术服务费		14419
3.1	前期工作费	安装工程费 ×2.1%	2580
3.3	工程勘察设计费		10106
3.3.2	设计费	设计费 ×100%	10106
3.4	设计文件评审费		625
3.4.1	初步设计文件评审费	基本设计费 ×3.5%	300
3.4.2	施工图文件评审费	基本设计费 ×3.8%	325
3.5	施工过程造价咨询及竣工结算审核费	（安装工程费 + 拆除工程费）×0.38%	800
3.7	工程检测费		184
3.7.1	工程质量检测费	安装工程费 ×0.15%	184
3.9	技术经济标准编制费	（安装工程费 + 拆除工程费）×0.1%	123
	合计		33063

表 19-114　基本方案 M-110-GTSD-DHZXJGT300 总概算表　金额单位：万元

序号	工程或费用名称	含税金额	占工程投资的比例（%）	不含税金额	可抵扣增值税金额
二	安装工程费	10.25	77.77	9.25	1
三	拆除工程费				
四	设备购置费				
	其中：编制基准期价差	0.15	1.14	0.15	
五	小计	10.25	77.77	9.25	1
	其中：甲供设备材料费	4.58	34.75	4.05	0.53
六	其他费用	2.93	22.23	2.74	0.19
七	基本预备费				
八	特殊项目				
九	工程投资合计	13.18	100	11.99	1.19
	其中：可抵扣增值税金额	1.19			1.19
	其中：施工费	6.63	50.3	6.08	0.55

表 19-115　基本方案 M-110-GTSD-DHZXJGT300 安装部分汇总概算表

金额单位：元

序号	工程或费用名称	安装工程费			设备购置费	合计
		未计价材料费	安装费	小计		
	安装工程	56599	45906	102504		102504
1	基础工程	10595	29131	39726		39726
1.1	基础工程材料工地运输		15095	15095		15095
1.2	基础土石方工程		4120	4120		4120
1.3	基础砌筑	10595	9916	20511		20511
1.3.2	现浇基础	10595	9916	20511		20511
2	杆塔工程	45209	14446	59655		59655
2.1	杆塔工程材料工地运输		2927	2927		2927
2.2	杆塔组立	45209	11519	56728		56728
2.2.2	铁塔、钢管杆组立	45209	11519	56728		56728
3	接地工程	169	1732	1901		1901
3.1	接地工程材料工地运输		14	14		14
3.2	接地土石方		1421	1421		1421
3.3	接地安装	169	297	465		465
6	辅助工程	625	597	1222		1222
6.7	杆塔上装的各类辅助生产装置	625	597	1222		1222
	合计	56599	45906	102504		102504

表 19-116　基本方案 M-110-GTSD-DHZXJGT300 其他费用概算表

金额单位：元

序号	工程或费用项目名称	编制依据及计算说明	合价
1	建设场地征用及清理费		9600
1.1	土地征用费	（1×0.16×60000）×100%	9600
2	项目管理费		7544
2.1	管理经费	（安装工程费＋拆除工程费）×3.53%	3618
2.2	招标费	（安装工程费＋拆除工程费）×0.4%	410

续表

序号	工程或费用项目名称	编制依据及计算说明	合价
2.3	工程监理费	（安装工程费 + 拆除工程费）×3.43%	3516
3	项目技术服务费		12161
3.1	前期工作费	安装工程费 ×2.1%	2153
3.3	工程勘察设计费		8431
3.3.2	设计费	设计费 ×100%	8431
3.4	设计文件评审费		522
3.4.1	初步设计文件评审费	基本设计费 ×3.5%	250
3.4.2	施工图文件评审费	基本设计费 ×3.8%	271
3.5	施工过程造价咨询及竣工结算审核费	（安装工程费 + 拆除工程费）×0.38%	800
3.7	工程检测费		154
3.7.1	工程质量检测费	安装工程费 ×0.15%	154
3.9	技术经济标准编制费	（安装工程费 + 拆除工程费）×0.1%	103
	合计		29305

表 19-117　基本方案 M-110-GTSD-DHNZJGT240 总概算表　金额单位：万元

序号	工程或费用名称	含税金额	占工程投资的比例（%）	不含税金额	可抵扣增值税金额
二	安装工程费	16.99	80.29	15.4	1.59
三	拆除工程费				
四	设备购置费				
	其中：编制基准期价差	0.25	1.18	0.25	
五	小计	16.99	80.29	15.4	1.59
	其中：甲供设备材料费	5.75	27.17	5.09	0.66
六	其他费用	4.17	19.71	3.91	0.26
七	基本预备费				
八	特殊项目				
九	工程投资合计	21.16	100	19.31	1.85
	其中：可抵扣增值税金额	1.85			1.85
	其中：施工费	12.2	57.66	11.19	1.01

表 19-118　　基本方案 M-110-GTSD-DHNZJGT240 安装部分汇总概算表

金额单位：元

序号	工程或费用名称	安装工程费			设备购置费	合计
		未计价材料费	安装费	小计		
	安装工程	90882	78993	169876		169876
1	基础工程	33255	59344	92599		92599
1.1	基础工程材料工地运输		32155	32155		32155
1.2	基础土石方工程		8080	8080		8080
1.3	基础砌筑	33255	19109	52364		52364
1.3.2	现浇基础	33255	19109	52364		52364
2	杆塔工程	56834	17320	74154		74154
2.1	杆塔工程材料工地运输		3680	3680		3680
2.2	杆塔组立	56834	13640	70474		70474
2.2.2	铁塔、钢管杆组立	56834	13640	70474		70474
3	接地工程	169	1732	1901		1901
3.1	接地工程材料工地运输		14	14		14
3.2	接地土石方		1421	1421		1421
3.3	接地安装	169	297	465		465
6	辅助工程	625	597	1222		1222
6.7	杆塔上装的各类辅助生产装置	625	597	1222		1222
	合计	90882	78993	169876		169876

表 19-119　基本方案 M-110-GTSD-DHNZJGT240 其他费用概算表

金额单位：元

序号	工程或费用项目名称	编制依据及计算说明	合价
1	建设场地征用及清理费		9600
1.1	土地征用费	（1×0.16×60000）×100%	9600
2	项目管理费		12503
2.1	管理经费	（安装工程费＋拆除工程费）×3.53%	5997
2.2	招标费	（安装工程费＋拆除工程费）×0.4%	680

续表

序号	工程或费用项目名称	编制依据及计算说明	合价
2.3	工程监理费	（安装工程费 + 拆除工程费）×3.43%	5827
3	项目技术服务费		19628
3.1	前期工作费	安装工程费 ×2.1%	3567
3.3	工程勘察设计费		13972
3.3.2	设计费	设计费 ×100%	13972
3.4	设计文件评审费		864
3.4.1	初步设计文件评审费	基本设计费 ×3.5%	414
3.4.2	施工图文件评审费	基本设计费 ×3.8%	450
3.5	施工过程造价咨询及竣工结算审核费	（安装工程费 + 拆除工程费）×0.38%	800
3.7	工程检测费		255
3.7.1	工程质量检测费	安装工程费 ×0.15%	255
3.9	技术经济标准编制费	（安装工程费 + 拆除工程费）×0.1%	170
	合计		41731

表 19-120 基本方案 M-110-GTSD-DHNZJGT300 总概算表 金额单位：万元

序号	工程或费用名称	含税金额	占工程投资的比例（%）	不含税金额	可抵扣增值税金额
二	安装工程费	15.1	79.77	13.66	1.44
三	拆除工程费				
四	设备购置费				
	其中：编制基准期价差	0.22	1.16	0.22	
五	小计	15.1	79.77	13.66	1.44
	其中：甲供设备材料费	5.97	31.54	5.28	0.69
六	其他费用	3.83	20.23	3.59	0.24
七	基本预备费				
八	特殊项目				
九	工程投资合计	18.93	100	17.25	1.68
	其中：可抵扣增值税金额	1.68			1.68
	其中：施工费	10.1	53.35	9.27	0.83

表 19-121　基本方案 M-110-GTSD-DHNZJGT300 安装部分汇总概算表

金额单位：元

序号	工程或费用名称	安装工程费			设备购置费	合计
		未计价材料费	安装费	小计		
	安装工程	81308	69730	151039		151039
1	基础工程	21453	49402	70855		70855
1.1	基础工程材料工地运输		25845	25845		25845
1.2	基础土石方工程		6598	6598		6598
1.3	基础砌筑	21453	16959	38412		38412
1.3.2	现浇基础	21453	16959	38412		38412
2	杆塔工程	59061	17999	77060		77060
2.1	杆塔工程材料工地运输		3824	3824		3824
2.2	杆塔组立	59061	14175	73236		73236
2.2.2	铁塔、钢管杆组立	59061	14175	73236		73236
3	接地工程	169	1732	1901		1901
3.1	接地工程材料工地运输		14	14		14
3.2	接地土石方		1421	1421		1421
3.3	接地安装	169	297	465		465
6	辅助工程	625	597	1222		1222
6.7	杆塔上装的各类辅助生产装置	625	597	1222		1222
	合计	81308	69730	151039		151039

表 19-122　基本方案 M-110-GTSD-DHNZJGT300 其他费用概算表

金额单位：元

序号	工程或费用项目名称	编制依据及计算说明	合价
1	建设场地征用及清理费		9600
1.1	土地征用费	（1×0.16×60000）×100%	9600
2	项目管理费		11116
2.1	管理经费	（安装工程费＋拆除工程费）×3.53%	5332
2.2	招标费	（安装工程费＋拆除工程费）×0.4%	604

续表

序号	工程或费用项目名称	编制依据及计算说明	合价
2.3	工程监理费	（安装工程费 + 拆除工程费）×3.43%	5181
3	项目技术服务费		17540
3.1	前期工作费	安装工程费 ×2.1%	3172
3.3	工程勘察设计费		12422
3.3.2	设计费	设计费 ×100%	12422
3.4	设计文件评审费		769
3.4.1	初步设计文件评审费	基本设计费 ×3.5%	368
3.4.2	施工图文件评审费	基本设计费 ×3.8%	400
3.5	施工过程造价咨询及竣工结算审核费	（安装工程费 + 拆除工程费）×0.38%	800
3.7	工程检测费		227
3.7.1	工程质量检测费	安装工程费 ×0.15%	227
3.9	技术经济标准编制费	（安装工程费 + 拆除工程费）×0.1%	151
	合计		38257

表 19-123 基本方案 M-110-GTSD-SHZXJGT240 总概算表 金额单位：万元

序号	工程或费用名称	含税金额	占工程投资的比例（%）	不含税金额	可抵扣增值税金额
二	安装工程费	20.62	80.36	18.7	1.92
三	拆除工程费				
四	设备购置费				
	其中：编制基准期价差	0.35	1.36	0.35	
五	小计	20.62	80.36	18.7	1.92
	其中：甲供设备材料费	6.67	25.99	5.9	0.77
六	其他费用	5.04	19.64	4.73	0.31
七	基本预备费				
八	特殊项目				
九	工程投资合计	25.66	100	23.43	2.23
	其中：可抵扣增值税金额	2.23			2.23
	其中：施工费	14.92	58.14	13.69	1.23

表 19-124　　基本方案 M-110-GTSD-SHZXJGT240 安装部分汇总概算表

金额单位：元

序号	工程或费用名称	安装工程费			设备购置费	合计
		未计价材料费	安装费	小计		
	安装工程	96997	109252	206248		206248
1	基础工程	30137	86545	116682		116682
1.1	基础工程材料工地运输		40986	40986		40986
1.2	基础土石方工程		15176	15176		15176
1.3	基础砌筑	30137	30382	60519		60519
1.3.2	现浇基础	30137	30382	60519		60519
2	杆塔工程	65691	20019	85710		85710
2.1	杆塔工程材料工地运输		4253	4253		4253
2.2	杆塔组立	65691	15766	81457		81457
2.2.2	铁塔、钢管杆组立	65691	15766	81457		81457
3	接地工程	169	1732	1901		1901
3.1	接地工程材料工地运输		14	14		14
3.2	接地土石方		1421	1421		1421
3.3	接地安装	169	297	465		465
6	辅助工程	1000	956	1956		1956
6.7	杆塔上装的各类辅助生产装置	1000	956	1956		1956
	合计	96997	109252	206248		206248

表 19-125　基本方案 M-110-GTSD-SHZXJGT240 其他费用概算表

金额单位：元

序号	工程或费用项目名称	编制依据及计算说明	合价
1	建设场地征用及清理费		9600
1.1	土地征用费	（1×0.16×60000）×100%	9600
2	项目管理费		15180
2.1	管理经费	（安装工程费＋拆除工程费）×3.53%	7281
2.2	招标费	（安装工程费＋拆除工程费）×0.4%	825

续表

序号	工程或费用项目名称	编制依据及计算说明	合价
2.3	工程监理费	（安装工程费 + 拆除工程费）× 3.43%	7074
3	项目技术服务费		25659
3.1	前期工作费	安装工程费 × 2.1%	4331
3.3	工程勘察设计费		16963
3.3.2	设计费	设计费 × 100%	16963
3.4	设计文件评审费		1049
3.4.1	初步设计文件评审费	基本设计费 × 3.5%	503
3.4.2	施工图文件评审费	基本设计费 × 3.8%	546
3.5	施工过程造价咨询及竣工结算审核费	（安装工程费 + 拆除工程费）× 0.38%	800
3.7	工程检测费		2309
3.7.1	工程质量检测费	安装工程费 × 0.15%	309
3.7.5	桩基检测费	（4 × 500）× 100%	2000
3.9	技术经济标准编制费	（安装工程费 + 拆除工程费）× 0.1%	206
	合计		50439

表 19-126　基本方案 M-110-GTSD-SHZXJGT300 总概算表　金额单位：万元

序号	工程或费用名称	含税金额	占工程投资的比例（%）	不含税金额	可抵扣增值税金额
二	安装工程费	14.16	79.51	12.79	1.37
三	拆除工程费				
四	设备购置费				
	其中：编制基准期价差	0.2	1.12	0.2	
五	小计	14.16	79.51	12.79	1.37
	其中：甲供设备材料费	6.2	34.81	5.49	0.71
六	其他费用	3.65	20.49	3.42	0.23
七	基本预备费				
八	特殊项目				
九	工程投资合计	17.81	100	16.21	1.6
	其中：可抵扣增值税金额	1.6			1.6
	其中：施工费	8.91	50.03	8.17	0.74

表 19-127　基本方案 M-110-GTSD-SHZXJGT300 安装部分汇总概算表

金额单位：元

序号	工程或费用名称	安装工程费			设备购置费	合计
		未计价材料费	安装费	小计		
	安装工程	78601	62962	141563		141563
1	基础工程	16397	40773	57170		57170
1.1	基础工程材料工地运输		21355	21355		21355
1.2	基础土石方工程		5427	5427		5427
1.3	基础砌筑	16397	13991	30389		30389
1.3.2	现浇基础	16397	13991	30389		30389
2	杆塔工程	61035	19502	80537		80537
2.1	杆塔工程材料工地运输		3952	3952		3952
2.2	杆塔组立	61035	15550	76585		76585
2.2.2	铁塔、钢管杆组立	61035	15550	76585		76585
3	接地工程	169	1732	1901		1901
3.1	接地工程材料工地运输		14	14		14
3.2	接地土石方		1421	1421		1421
3.3	接地安装	169	297	465		465
6	辅助工程	1000	956	1956		1956
6.7	杆塔上装的各类辅助生产装置	1000	956	1956		1956
	合计	78601	62962	141563		141563

表 19-128　基本方案 M-110-GTSD-SHZXJGT300 其他费用概算表

金额单位：元

序号	工程或费用项目名称	编制依据及计算说明	合价
1	建设场地征用及清理费		9600
1.1	土地征用费	（1×0.16×60000）×100%	9600
2	项目管理费		10419
2.1	管理经费	（安装工程费＋拆除工程费）×3.53%	4997
2.2	招标费	（安装工程费＋拆除工程费）×0.4%	566

续表

序号	工程或费用项目名称	编制依据及计算说明	合价
2.3	工程监理费	（安装工程费＋拆除工程费）×3.43%	4856
3	项目技术服务费		16490
3.1	前期工作费	安装工程费 ×2.1%	2973
3.3	工程勘察设计费		11643
3.3.2	设计费	设计费 ×100%	11643
3.4	设计文件评审费		720
3.4.1	初步设计文件评审费	基本设计费 ×3.5%	345
3.4.2	施工图文件评审费	基本设计费 ×3.8%	375
3.5	施工过程造价咨询及竣工结算审核费	（安装工程费＋拆除工程费）×0.38%	800
3.7	工程检测费		212
3.7.1	工程质量检测费	安装工程费 ×0.15%	212
3.9	技术经济标准编制费	（安装工程费＋拆除工程费）×0.1%	142
	合计		36509

表19-129　基本方案M-110-GTSD-SHNZJGT240总概算表　金额单位：万元

序号	工程或费用名称	含税金额	占工程投资的比例（%）	不含税金额	可抵扣增值税金额
二	安装工程费	29.02	81.43	26.28	2.74
三	拆除工程费				
四	设备购置费				
	其中：编制基准期价差	0.42	1.18	0.42	
五	小计	29.02	81.43	26.28	2.74
	其中：甲供设备材料费	10.56	29.63	9.34	1.22
六	其他费用	6.62	18.57	6.22	0.4
七	基本预备费				
八	特殊项目				
九	工程投资合计	35.64	100	32.5	3.14
	其中：可抵扣增值税金额	3.14			3.14
	其中：施工费	19.42	54.49	17.82	1.6

表 19-130 基本方案 M-110-GTSD-SHNZJGT240 安装部分汇总概算表

金额单位：元

序号	工程或费用名称	安装工程费			设备购置费	合计
		未计价材料费	安装费	小计		
	安装工程	154713	135491	290205		290205
1	基础工程	48911	102469	151380		151380
1.1	基础工程材料工地运输		45947	45947		45947
1.2	基础土石方工程		20193	20193		20193
1.3	基础砌筑	48911	36329	85240		85240
1.3.2	现浇基础	48911	36329	85240		85240
2	杆塔工程	104633	30335	134968		134968
2.1	杆塔工程材料工地运输		6775	6775		6775
2.2	杆塔组立	104633	23560	128193		128193
2.2.2	铁塔、钢管杆组立	104633	23560	128193		128193
3	接地工程	169	1732	1901		1901
3.1	接地工程材料工地运输		14	14		14
3.2	接地土石方		1421	1421		1421
3.3	接地安装	169	297	465		465
6	辅助工程	1000	956	1956		1956
6.7	杆塔上装的各类辅助生产装置	1000	956	1956		1956
	合计	154713	135491	290205		290205

表 19-131 基本方案 M-110-GTSD-SHNZJGT240 其他费用概算表

金额单位：元

序号	工程或费用项目名称	编制依据及计算说明	合价
1	建设场地征用及清理费		9600
1.1	土地征用费	（1×0.16×60000）×100%	9600
2	项目管理费		21359
2.1	管理经费	（安装工程费＋拆除工程费）×3.53%	10244
2.2	招标费	（安装工程费＋拆除工程费）×0.4%	1161

续表

序号	工程或费用项目名称	编制依据及计算说明	合价
2.3	工程监理费	（安装工程费 + 拆除工程费）×3.43%	9954
3	项目技术服务费		35267
3.1	前期工作费	安装工程费 ×2.1%	6094
3.3	工程勘察设计费		23868
3.3.2	设计费	设计费 ×100%	23868
3.4	设计文件评审费		1477
3.4.1	初步设计文件评审费	基本设计费 ×3.5%	708
3.4.2	施工图文件评审费	基本设计费 ×3.8%	769
3.5	施工过程造价咨询及竣工结算审核费	（安装工程费 + 拆除工程费）×0.38%	1103
3.7	工程检测费		2435
3.7.1	工程质量检测费	安装工程费 ×0.15%	435
3.7.5	桩基检测费	（4×500）×100%	2000
3.9	技术经济标准编制费	（安装工程费 + 拆除工程费）×0.1%	290
	合计		66226

表 19-132　基本方案 M-110-GTSD-SHNZJGT300 总概算表　金额单位：万元

序号	工程或费用名称	含税金额	占工程投资的比例（%）	不含税金额	可抵扣增值税金额
二	安装工程费	20.78	80.39	18.78	2
三	拆除工程费				
四	设备购置费				
	其中：编制基准期价差	0.27	1.04	0.27	
五	小计	20.78	80.39	18.78	2
	其中：甲供设备材料费	8.73	33.77	7.73	1
六	其他费用	5.07	19.61	4.76	0.31
七	基本预备费				
八	特殊项目				
九	工程投资合计	25.85	100	23.54	2.31
	其中：可抵扣增值税金额	2.31			2.31
	其中：施工费	13.01	50.33	11.94	1.07

表 19-133　基本方案 M-110-GTSD-SHNZJGT300 安装部分汇总概算表

金额单位：元

序号	工程或费用名称	安装工程费			设备购置费	合计
		未计价材料费	安装费	小计		
	安装工程	120773	87066	207839		207839
1	基础工程	33255	59344	92599		92599
1.1	基础工程材料工地运输		32155	32155		32155
1.2	基础土石方工程		8080	8080		8080
1.3	基础砌筑	33255	19109	52364		52364
1.3.2	现浇基础	33255	19109	52364		52364
2	杆塔工程	86349	25034	111383		111383
2.1	杆塔工程材料工地运输		5591	5591		5591
2.2	杆塔组立	86349	19443	105792		105792
2.2.2	铁塔、钢管杆组立	86349	19443	105792		105792
3	接地工程	169	1732	1901		1901
3.1	接地工程材料工地运输		14	14		14
3.2	接地土石方		1421	1421		1421
3.3	接地安装	169	297	465		465
6	辅助工程	1000	956	1956		1956
6.7	杆塔上装的各类辅助生产装置	1000	956	1956		1956
	合计	120773	87066	207839		207839

表 19-134　基本方案 M-110-GTSD-SHNZJGT300 其他费用概算表

金额单位：元

序号	工程或费用项目名称	编制依据及计算说明	合价
1	建设场地征用及清理费		9600
1.1	土地征用费	（1×0.16×60000）×100%	9600
2	项目管理费		15297
2.1	管理经费	（安装工程费＋拆除工程费）×3.53%	7337
2.2	招标费	（安装工程费＋拆除工程费）×0.4%	831

续表

序号	工程或费用项目名称	编制依据及计算说明	合价
2.3	工程监理费	（安装工程费＋拆除工程费）×3.43%	7129
3	项目技术服务费		25836
3.1	前期工作费	安装工程费 ×2.1%	4365
3.3	工程勘察设计费		17094
3.3.2	设计费	设计费 ×100%	17094
3.4	设计文件评审费		1058
3.4.1	初步设计文件评审费	基本设计费 ×3.5%	507
3.4.2	施工图文件评审费	基本设计费 ×3.8%	550
3.5	施工过程造价咨询及竣工结算审核费	（安装工程费＋拆除工程费）×0.38%	800
3.7	工程检测费		2312
3.7.1	工程质量检测费	安装工程费 ×0.15%	312
3.7.5	桩基检测费	（4×500）×100%	2000
3.9	技术经济标准编制费	（安装工程费＋拆除工程费）×0.1%	208
	合计		50733

表19-135　基本方案M-110-GTPY-DHZXJGT240总概算表　金额单位：万元

序号	工程或费用名称	含税金额	占工程投资的比例（%）	不含税金额	可抵扣增值税金额
二	安装工程费	9.16	77.04	8.25	0.91
三	拆除工程费				
四	设备购置费				
	其中：编制基准期价差	0.09	0.76	0.09	
五	小计	9.16	77.04	8.25	0.91
	其中：甲供设备材料费	4.81	40.45	4.26	0.55
六	其他费用	2.73	22.96	2.55	0.18
七	基本预备费				
八	特殊项目				
九	工程投资合计	11.89	100	10.8	1.09
	其中：可抵扣增值税金额	1.09			1.09
	其中：施工费	5.32	44.74	4.88	0.44

表 19-136 基本方案 M-110-GTPY-DHZXJGT240 安装部分汇总概算表

金额单位：元

序号	工程或费用名称	安装工程费			设备购置费	合计
		未计价材料费	安装费	小计		
	安装工程	63196	28430	91625		91625
1	基础工程	14972	16340	31312		31312
1.1	基础工程材料工地运输		1838	1838		1838
1.2	基础土石方工程		5385	5385		5385
1.3	基础砌筑	14972	9117	24089		24089
1.3.2	现浇基础	14972	9117	24089		24089
2	杆塔工程	47429	9908	57338		57338
2.1	杆塔工程材料工地运输		728	728		728
2.2	杆塔组立	47429	9180	56609		56609
2.2.2	铁塔、钢管杆组立	47429	9180	56609		56609
3	接地工程	169	1637	1806		1806
3.1	接地工程材料工地运输		3	3		3
3.2	接地土石方		1361	1361		1361
3.3	接地安装	169	273	441		441
6	辅助工程	625	545	1170		1170
6.7	杆塔上装的各类辅助生产装置	625	545	1170		1170
	合计	63196	28430	91625		91625

表 19-137 基本方案 M-110-GTPY-DHZXJGT240 其他费用概算表

金额单位：元

序号	工程或费用项目名称	编制依据及计算说明	合价
1	建设场地征用及清理费		9600
1.1	土地征用费	（1×0.16×60000）×100%	9600
2	项目管理费		6744
2.1	管理经费	（安装工程费＋拆除工程费）×3.53%	3234
2.2	招标费	（安装工程费＋拆除工程费）×0.4%	367

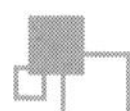

续表

序号	工程或费用项目名称	编制依据及计算说明	合价
2.3	工程监理费	（安装工程费 + 拆除工程费）×3.43%	3143
3	项目技术服务费		10955
3.1	前期工作费	安装工程费 ×2.1%	1924
3.3	工程勘察设计费		7536
3.3.2	设计费	设计费 ×100%	7536
3.4	设计文件评审费		466
3.4.1	初步设计文件评审费	基本设计费 ×3.5%	224
3.4.2	施工图文件评审费	基本设计费 ×3.8%	243
3.5	施工过程造价咨询及竣工结算审核费	（安装工程费 + 拆除工程费）×0.38%	800
3.7	工程检测费		137
3.7.1	工程质量检测费	安装工程费 ×0.15%	137
3.9	技术经济标准编制费	（安装工程费 + 拆除工程费）×0.1%	92
	合计		27299

表 19-138　基本方案 M-110-GTPY-DHZXJGT300 总概算表　金额单位：万元

序号	工程或费用名称	含税金额	占工程投资的比例（%）	不含税金额	可抵扣增值税金额
二	安装工程费	8.22	76.25	7.39	0.83
三	拆除工程费				
四	设备购置费				
	其中：编制基准期价差	0.08	0.74	0.08	
五	小计	8.22	76.25	7.39	0.83
	其中：甲供设备材料费	4.58	42.49	4.05	0.53
六	其他费用	2.56	23.75	2.39	0.17
七	基本预备费				
八	特殊项目				
九	工程投资合计	10.78	100	9.78	1
	其中：可抵扣增值税金额	1			1
	其中：施工费	4.6	42.67	4.22	0.38

表 19-139　基本方案 M-110-GTPY-DHZXJGT300 安装部分汇总概算表

金额单位：元

序号	工程或费用名称	安装工程费			设备购置费	合计
		未计价材料费	安装费	小计		
	安装工程	57148	25087	82235		82235
1	基础工程	11145	13461	24606		24606
1.1	基础工程材料工地运输		1527	1527		1527
1.2	基础土石方工程		4305	4305		4305
1.3	基础砌筑	11145	7629	18774		18774
1.3.2	现浇基础	11145	7629	18774		18774
2	杆塔工程	45209	9444	54654		54654
2.1	杆塔工程材料工地运输		694	694		694
2.2	杆塔组立	45209	8750	53960		53960
2.2.2	铁塔、钢管杆组立	45209	8750	53960		53960
3	接地工程	169	1637	1806		1806
3.1	接地工程材料工地运输		3	3		3
3.2	接地土石方		1361	1361		1361
3.3	接地安装	169	273	441		441
6	辅助工程	625	545	1170		1170
6.7	杆塔上装的各类辅助生产装置	625	545	1170		1170
	合计	57148	25087	82235		82235

表 19-140　基本方案 M-110-GTPY-DHZXJGT300 其他费用概算表

金额单位：元

序号	工程或费用项目名称	编制依据及计算说明	合价
1	建设场地征用及清理费		9600
1.1	土地征用费	（1×0.16×60000）×100%	9600
2	项目管理费		6053
2.1	管理经费	（安装工程费＋拆除工程费）×3.53%	2903
2.2	招标费	（安装工程费＋拆除工程费）×0.4%	329

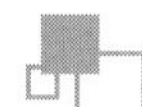

续表

序号	工程或费用项目名称	编制依据及计算说明	合价
2.3	工程监理费	（安装工程费 + 拆除工程费）× 3.43%	2821
3	项目技术服务费		9914
3.1	前期工作费	安装工程费 × 2.1%	1727
3.3	工程勘察设计费		6764
3.3.2	设计费	设计费 × 100%	6764
3.4	设计文件评审费		418
3.4.1	初步设计文件评审费	基本设计费 × 3.5%	201
3.4.2	施工图文件评审费	基本设计费 × 3.8%	218
3.5	施工过程造价咨询及竣工结算审核费	（安装工程费 + 拆除工程费）× 0.38%	800
3.7	工程检测费		123
3.7.1	工程质量检测费	安装工程费 × 0.15%	123
3.9	技术经济标准编制费	（安装工程费 + 拆除工程费）× 0.1%	82
	合计		25567

表 19-141　　基本方案 M-110-GTPY-DHNZJGT240 总概算表　　金额单位：万元

序号	工程或费用名称	含税金额	占工程投资的比例（%）	不含税金额	可抵扣增值税金额
二	安装工程费	13.35	78.3	12.06	1.29
三	拆除工程费				
四	设备购置费				
	其中：编制基准期价差	0.16	0.94	0.16	
五	小计	13.35	78.3	12.06	1.29
	其中：甲供设备材料费	5.75	33.72	5.09	0.66
六	其他费用	3.7	21.7	3.47	0.23
七	基本预备费				
八	特殊项目				
九	工程投资合计	17.05	100	15.53	1.52
	其中：可抵扣增值税金额	1.52			1.52
	其中：施工费	8.57	50.26	7.86	0.71

表 19-142　基本方案 M-110-GTPY-DHNZJGT240 安装部分汇总概算表

金额单位：元

序号	工程或费用名称	安装工程费			设备购置费	合计
		未计价材料费	安装费	小计		
	安装工程	81558	51988	133546		133546
1	基础工程	23931	38572	62502		62502
1.1	基础工程材料工地运输		2348	2348		2348
1.2	基础土石方工程		204	204		204
1.3	基础砌筑	23931	36020	59951		59951
1.3.2	现浇基础	180	519	699		699
1.3.3	灌注桩基础	23751	35500	59252		59252
2	杆塔工程	56834	11235	68069		68069
2.1	杆塔工程材料工地运输		873	873		873
2.2	杆塔组立	56834	10362	67196		67196
2.2.2	铁塔、钢管杆组立	56834	10362	67196		67196
3	接地工程	169	1637	1806		1806
3.1	接地工程材料工地运输		3	3		3
3.2	接地土石方		1361	1361		1361
3.3	接地安装	169	273	441		441
6	辅助工程	625	545	1170		1170
6.7	杆塔上装的各类辅助生产装置	625	545	1170		1170
	合计	81558	51988	133546		133546

表 19-143　基本方案 M-110-GTPY-DHNZJGT240 其他费用概算表

金额单位：元

序号	工程或费用项目名称	编制依据及计算说明	合价
1	建设场地征用及清理费		9600
1.1	土地征用费	（1 × 0.16 × 60000）× 100%	9600
2	项目管理费		9829
2.1	管理经费	（安装工程费 + 拆除工程费）× 3.53%	4714
2.2	招标费	（安装工程费 + 拆除工程费）× 0.4%	534

续表

序号	工程或费用项目名称	编制依据及计算说明	合价
2.3	工程监理费	（安装工程费 + 拆除工程费）× 3.43%	4581
3	项目技术服务费		17601
3.1	前期工作费	安装工程费 × 2.1%	2804
3.3	工程勘察设计费		10984
3.3.2	设计费	设计费 × 100%	10984
3.4	设计文件评审费		680
3.4.1	初步设计文件评审费	基本设计费 × 3.5%	326
3.4.2	施工图文件评审费	基本设计费 × 3.8%	354
3.5	施工过程造价咨询及竣工结算审核费	（安装工程费 + 拆除工程费）× 0.38%	800
3.7	工程检测费		2200
3.7.1	工程质量检测费	安装工程费 × 0.15%	200
3.7.5	桩基检测费	（4 × 500）× 100%	2000
3.9	技术经济标准编制费	（安装工程费 + 拆除工程费）× 0.1%	134
	合计		37031

表 19-144　基本方案 M-110-GTPY-DHNZJGT300 总概算表　金额单位：万元

序号	工程或费用名称	含税金额	占工程投资的比例（%）	不含税金额	可抵扣增值税金额
二	安装工程费	12.54	77.94	11.31	1.23
三	拆除工程费				
四	设备购置费				
	其中：编制基准期价差	0.15	0.93	0.15	
五	小计	12.54	77.94	11.31	1.23
	其中：甲供设备材料费	5.97	37.1	5.28	0.69
六	其他费用	3.55	22.06	3.32	0.23
七	基本预备费				
八	特殊项目				
九	工程投资合计	16.09	100	14.63	1.46
	其中：可抵扣增值税金额	1.46			1.46
	其中：施工费	7.53	46.8	6.91	0.62

表 19-145　　基本方案 M-110-GTPY-DHNZJGT300 安装部分汇总概算表

金额单位：元

序号	工程或费用名称	安装工程费			设备购置费	合计
		未计价材料费	安装费	小计		
	安装工程	78359	47025	125383		125383
1	基础工程	18503	33168	51671		51671
1.1	基础工程材料工地运输		1998	1998		1998
1.2	基础土石方工程		204	204		204
1.3	基础砌筑	18503	30966	49469		49469
1.3.2	现浇基础	180	519	699		699
1.3.3	灌注桩基础	18324	30447	48770		48770
2	杆塔工程	59061	11675	70737		70737
2.1	杆塔工程材料工地运输		907	907		907
2.2	杆塔组立	59061	10768	69830		69830
2.2.2	铁塔、钢管杆组立	59061	10768	69830		69830
3	接地工程	169	1637	1806		1806
3.1	接地工程材料工地运输		3	3		3
3.2	接地土石方		1361	1361		1361
3.3	接地安装	169	273	441		441
6	辅助工程	625	545	1170		1170
6.7	杆塔上装的各类辅助生产装置	625	545	1170		1170
	合计	78359	47025	125383		125383

表 19-146　基本方案 M-110-GTPY-DHNZJGT300 其他费用概算表

金额单位：元

序号	工程或费用项目名称	编制依据及计算说明	合价
1	建设场地征用及清理费		9600
1.1	土地征用费	（1×0.16×60000）×100%	9600
2	项目管理费		9228
2.1	管理经费	（安装工程费＋拆除工程费）×3.53%	4426
2.2	招标费	（安装工程费＋拆除工程费）×0.4%	502

续表

序号	工程或费用项目名称	编制依据及计算说明	合价
2.3	工程监理费	（安装工程费+拆除工程费）×3.43%	4301
3	项目技术服务费		16697
3.1	前期工作费	安装工程费 ×2.1%	2633
3.3	工程勘察设计费		10312
3.3.2	设计费	设计费 ×100%	10312
3.4	设计文件评审费		638
3.4.1	初步设计文件评审费	基本设计费 ×3.5%	306
3.4.2	施工图文件评审费	基本设计费 ×3.8%	332
3.5	施工过程造价咨询及竣工结算审核费	（安装工程费+拆除工程费）×0.38%	800
3.7	工程检测费		2188
3.7.1	工程质量检测费	安装工程费 ×0.15%	188
3.7.5	桩基检测费	（4×500）×100%	2000
3.9	技术经济标准编制费	（安装工程费+拆除工程费）×0.1%	125
	合计		35525

表19-147　基本方案M-110-GTPY-SHZXJGT240总概算表　金额单位：万元

序号	工程或费用名称	含税金额	占工程投资的比例（%）	不含税金额	可抵扣增值税金额
二	安装工程费	12.28	78.77	11.05	1.23
三	拆除工程费				
四	设备购置费				
	其中：编制基准期价差	0.11	0.71	0.11	
五	小计	12.28	78.77	11.05	1.23
	其中：甲供设备材料费	6.67	42.78	5.9	0.77
六	其他费用	3.31	21.23	3.1	0.21
七	基本预备费				
八	特殊项目				
九	工程投资合计	15.59	100	14.15	1.44
	其中：可抵扣增值税金额	1.44			1.44
	其中：施工费	6.58	42.21	6.04	0.54

表 19-148　基本方案 M-110-GTPY-SHZXJGT240 安装部分汇总概算表

金额单位：元

序号	工程或费用名称	安装工程费			设备购置费	合计
		未计价材料费	安装费	小计		
	安装工程	86706	36139	122845		122845
1	基础工程	19847	20645	40492		40492
1.1	基础工程材料工地运输		2277	2277		2277
1.2	基础土石方工程		7191	7191		7191
1.3	基础砌筑	19847	11177	31024		31024
1.3.2	现浇基础	19847	11177	31024		31024
2	杆塔工程	65691	12986	78676		78676
2.1	杆塔工程材料工地运输		1009	1009		1009
2.2	杆塔组立	65691	11977	77668		77668
2.2.2	铁塔、钢管杆组立	65691	11977	77668		77668
3	接地工程	169	1637	1806		1806
3.1	接地工程材料工地运输		3	3		3
3.2	接地土石方		1361	1361		1361
3.3	接地安装	169	273	441		441
6	辅助工程	1000	872	1872		1872
6.7	杆塔上装的各类辅助生产装置	1000	872	1872		1872
	合计	86706	36139	122845		122845

表 19-149　基本方案 M-110-GTPY-SHZXJGT240 其他费用概算表

金额单位：元

序号	工程或费用项目名称	编制依据及计算说明	合价
1	建设场地征用及清理费		9600
1.1	土地征用费	（1×0.16×60000）×100%	9600
2	项目管理费		9041
2.1	管理经费	（安装工程费＋拆除工程费）×3.53%	4336
2.2	招标费	（安装工程费＋拆除工程费）×0.4%	491

续表

序号	工程或费用项目名称	编制依据及计算说明	合价
2.3	工程监理费	（安装工程费 + 拆除工程费）×3.43%	4214
3	项目技术服务费		14415
3.1	前期工作费	安装工程费 ×2.1%	2580
3.3	工程勘察设计费		10104
3.3.2	设计费	设计费 ×100%	10104
3.4	设计文件评审费		625
3.4.1	初步设计文件评审费	基本设计费 ×3.5%	300
3.4.2	施工图文件评审费	基本设计费 ×3.8%	325
3.5	施工过程造价咨询及竣工结算审核费	（安装工程费 + 拆除工程费）×0.38%	800
3.7	工程检测费		184
3.7.1	工程质量检测费	安装工程费 ×0.15%	184
3.9	技术经济标准编制费	（安装工程费 + 拆除工程费）×0.1%	123
	合计		33057

表 19-150　基本方案 M-110-GTPY-SHZXJGT300 总概算表　金额单位：万元

序号	工程或费用名称	含税金额	占工程投资的比例（%）	不含税金额	可抵扣增值税金额
二	安装工程费	11.25	78.29	10.12	1.13
三	拆除工程费				
四	设备购置费				
	其中：编制基准期价差	0.11	0.77	0.11	
五	小计	11.25	78.29	10.12	1.13
	其中：甲供设备材料费	6.2	43.15	5.49	0.71
六	其他费用	3.12	21.71	2.92	0.2
七	基本预备费				
八	特殊项目				
九	工程投资合计	14.37	100	13.04	1.33
	其中：可抵扣增值税金额	1.33			1.33
	其中：施工费	6.01	41.82	5.51	0.5

表 19-151　基本方案 M-110-GTPY-SHZXJGT300 安装部分汇总概算表

金额单位：元

序号	工程或费用名称	安装工程费			设备购置费	合计
		未计价材料费	安装费	小计		
	安装工程	78477	34039	112517		112517
1	基础工程	16274	18781	35054		35054
1.1	基础工程材料工地运输		2051	2051		2051
1.2	基础土石方工程		6638	6638		6638
1.3	基础砌筑	16274	10092	26366		26366
1.3.2	现浇基础	16274	10092	26366		26366
2	杆塔工程	61035	12750	73785		73785
2.1	杆塔工程材料工地运输		937	937		937
2.2	杆塔组立	61035	11813	72848		72848
2.2.2	铁塔、钢管杆组立	61035	11813	72848		72848
3	接地工程	169	1637	1806		1806
3.1	接地工程材料工地运输		3	3		3
3.2	接地土石方		1361	1361		1361
3.3	接地安装	169	273	441		441
6	辅助工程	1000	872	1872		1872
6.7	杆塔上装的各类辅助生产装置	1000	872	1872		1872
	合计	78477	34039	112517		112517

表 19-152　基本方案 M-110-GTPY-SHZXJGT300 其他费用概算表

金额单位：元

序号	工程或费用项目名称	编制依据及计算说明	合价
1	建设场地征用及清理费		9600
1.1	土地征用费	（1×0.16×60000）×100%	9600
2	项目管理费		8281
2.1	管理经费	（安装工程费＋拆除工程费）×3.53%	3972
2.2	招标费	（安装工程费＋拆除工程费）×0.4%	450

续表

序号	工程或费用项目名称	编制依据及计算说明	合价
2.3	工程监理费	（安装工程费 + 拆除工程费）×3.43%	3859
3	项目技术服务费		13271
3.1	前期工作费	安装工程费 ×2.1%	2363
3.3	工程勘察设计费		9254
3.3.2	设计费	设计费 ×100%	9254
3.4	设计文件评审费		572
3.4.1	初步设计文件评审费	基本设计费 ×3.5%	274
3.4.2	施工图文件评审费	基本设计费 ×3.8%	298
3.5	施工过程造价咨询及竣工结算审核费	（安装工程费 + 拆除工程费）×0.38%	800
3.7	工程检测费		169
3.7.1	工程质量检测费	安装工程费 ×0.15%	169
3.9	技术经济标准编制费	（安装工程费 + 拆除工程费）×0.1%	113
	合计		31152

表 19-153　基本方案 M-110-GTPY-SHNZJGT240 总概算表　金额单位：万元

序号	工程或费用名称	含税金额	占工程投资的比例（%）	不含税金额	可抵扣增值税金额
二	安装工程费	24.58	80.94	22.21	2.37
三	拆除工程费				
四	设备购置费				
	其中：编制基准期价差	0.27	0.89	0.27	
五	小计	24.58	80.94	22.21	2.37
	其中：甲供设备材料费	10.56	34.77	9.34	1.22
六	其他费用	5.79	19.06	5.44	0.35
七	基本预备费				
八	特殊项目				
九	工程投资合计	30.37	100	27.65	2.72
	其中：可抵扣增值税金额	2.72			2.72
	其中：施工费	14.97	49.29	13.73	1.24

表 19-154　基本方案 M-110-GTPY-SHNZJGT240 安装部分汇总概算表

金额单位：元

序号	工程或费用名称	安装工程费			设备购置费	合计
		未计价材料费	安装费	小计		
	安装工程	158445	87326	245771		245771
1	基础工程	52643	65313	117956		117956
1.1	基础工程材料工地运输		5161	5161		5161
1.2	基础土石方工程		204	204		204
1.3	基础砌筑	52643	59948	112591		112591
1.3.2	现浇基础	180	519	699		699
1.3.3	灌注桩基础	52464	59428	111892		111892
2	杆塔工程	104633	19505	124138		124138
2.1	杆塔工程材料工地运输		1607	1607		1607
2.2	杆塔组立	104633	17898	122531		122531
2.2.2	铁塔、钢管杆组立	104633	17898	122531		122531
3	接地工程	169	1637	1806		1806
3.1	接地工程材料工地运输		3	3		3
3.2	接地土石方		1361	1361		1361
3.3	接地安装	169	273	441		441
6	辅助工程	1000	872	1872		1872
6.7	杆塔上装的各类辅助生产装置	1000	872	1872		1872
	合计	158445	87326	245771		245771

表 19-155　基本方案 M-110-GTPY-SHNZJGT240 其他费用概算表

金额单位：元

序号	工程或费用项目名称	编制依据及计算说明	合价
1	建设场地征用及清理费		9600
1.1	土地征用费	（1×0.16×60000）×100%	9600
2	项目管理费		18089
2.1	管理经费	（安装工程费＋拆除工程费）×3.53%	8676
2.2	招标费	（安装工程费＋拆除工程费）×0.4%	983
2.3	工程监理费	（安装工程费＋拆除工程费）×3.43%	8430

续表

序号	工程或费用项目名称	编制依据及计算说明	合价
3	项目技术服务费		30174
3.1	前期工作费	安装工程费 ×2.1%	5161
3.3	工程勘察设计费		20214
3.3.2	设计费	设计费 ×100%	20214
3.4	设计文件评审费		1251
3.4.1	初步设计文件评审费	基本设计费 ×3.5%	600
3.4.2	施工图文件评审费	基本设计费 ×3.8%	651
3.5	施工过程造价咨询及竣工结算审核费	（安装工程费 + 拆除工程费）×0.38%	934
3.7	工程检测费		2369
3.7.1	工程质量检测费	安装工程费 ×0.15%	369
3.7.5	桩基检测费	（4×500）×100%	2000
3.9	技术经济标准编制费	（安装工程费 + 拆除工程费）×0.1%	246
	合计		57862

表 19-156　　基本方案 M-110-GTPY-SHNZJGT300 总概算表　　金额单位：万元

序号	工程或费用名称	含税金额	占工程投资的比例（%）	不含税金额	可抵扣增值税金额
二	安装工程费	19.79	80.84	17.87	1.92
三	拆除工程费				
四	设备购置费				
	其中：编制基准期价差	0.22	0.9	0.22	
五	小计	19.79	80.84	17.87	1.92
	其中：甲供设备材料费	8.73	35.66	7.73	1
六	其他费用	4.69	19.16	4.4	0.29
七	基本预备费				
八	特殊项目				
九	工程投资合计	24.48	100	22.27	2.21
	其中：可抵扣增值税金额	2.21			2.21
	其中：施工费	12.02	49.1	11.03	0.99

表 19-157　　基本方案 M-110-GTPY-SHNZJGT300 安装部分汇总概算表

金额单位：元

序号	工程或费用名称	安装工程费			设备购置费	合计
		未计价材料费	安装费	小计		
	安装工程	126773	71174	197947		197947
1	基础工程	39255	52570	91825		91825
1.1	基础工程材料工地运输		4120	4120		4120
1.2	基础土石方工程		204	204		204
1.3	基础砌筑	39255	48246	87501		87501
1.3.2	现浇基础	180	519	699		699
1.3.3	灌注桩基础	39075	47727	86802		86802
2	杆塔工程	86349	16096	102445		102445
2.1	杆塔工程材料工地运输		1326	1326		1326
2.2	杆塔组立	86349	14770	101119		101119
2.2.2	铁塔、钢管杆组立	86349	14770	101119		101119
3	接地工程	169	1637	1806		1806
3.1	接地工程材料工地运输		3	3		3
3.2	接地土石方		1361	1361		1361
3.3	接地安装	169	273	441		441
6	辅助工程	1000	872	1872		1872
6.7	杆塔上装的各类辅助生产装置	1000	872	1872		1872
	合计	126773	71174	197947		197947

表 19-158　基本方案 M-110-GTPY-SHNZJGT300 其他费用概算表

金额单位：元

序号	工程或费用项目名称	编制依据及计算说明	合价
1	建设场地征用及清理费		9600
1.1	土地征用费	（1×0.16×60000）×100%	9600
2	项目管理费		14569
2.1	管理经费	（安装工程费＋拆除工程费）×3.53%	6988
2.2	招标费	（安装工程费＋拆除工程费）×0.4%	792

续表

序号	工程或费用项目名称	编制依据及计算说明	合价
2.3	工程监理费	（安装工程费 + 拆除工程费）×3.43%	6790
3	项目技术服务费		22739
3.1	前期工作费	安装工程费 ×2.1%	4157
3.3	工程勘察设计费		16280
3.3.2	设计费	设计费 ×100%	16280
3.4	设计文件评审费		1007
3.4.1	初步设计文件评审费	基本设计费 ×3.5%	483
3.4.2	施工图文件评审费	基本设计费 ×3.8%	524
3.5	施工过程造价咨询及竣工结算审核费	（安装工程费 + 拆除工程费）×0.38%	800
3.7	工程检测费		297
3.7.1	工程质量检测费	安装工程费 ×0.15%	297
3.7.5	桩基检测费	（4×500）×100%	198
3.9	技术经济标准编制费	（安装工程费 + 拆除工程费）×0.1%	
	合计		9600

表 19-159　基本方案 M-110-GTPY-SHZXGGG240 总概算表　金额单位：万元

序号	工程或费用名称	含税金额	占工程投资的比例（%）	不含税金额	可抵扣增值税金额
二	安装工程费	18.82	81.75	16.98	1.84
三	拆除工程费				
四	设备购置费				
	其中：编制基准期价差	0.15	0.65	0.15	
五	小计	18.82	81.75	16.98	1.84
	其中：甲供设备材料费	8.94	38.84	7.91	1.03
六	其他费用	4.2	18.25	3.95	0.25
七	基本预备费				
八	特殊项目				
九	工程投资合计	23.02	100	20.93	2.09
	其中：可抵扣增值税金额	2.09			2.09
	其中：施工费	10.48	45.53	9.61	0.87

表 19-160 基本方案 M-110-GTPY-SHZXGGG240 安装部分汇总概算表

金额单位：元

序号	工程或费用名称	安装工程费			设备购置费	合计
		未计价材料费	安装费	小计		
	安装工程	140038	48174	188212		188212
1	基础工程	50466	34825	85291		85291
1.1	基础工程材料工地运输		3547	3547		3547
1.2	基础土石方工程		68	68		68
1.3	基础砌筑	50466	31210	81675		81675
1.3.2	现浇基础	122	354	477		477
1.3.3	灌注桩基础	50343	30856	81199		81199
2	杆塔工程	88403	10840	99244		99244
2.1	杆塔工程材料工地运输		2885	2885		2885
2.2	杆塔组立	88403	7956	96359		96359
2.2.2	铁塔、钢管杆组立	88403	7956	96359		96359
3	接地工程	169	1637	1806		1806
3.1	接地工程材料工地运输		3	3		3
3.2	接地土石方		1361	1361		1361
3.3	接地安装	169	273	441		441
6	辅助工程	1000	872	1872		1872
6.7	杆塔上装的各类辅助生产装置	1000	872	1872		1872
	合计	140038	48174	188212		188212

表 19-161 基本方案 M-110-GTPY-SHZXGGG240 其他费用概算表

金额单位：元

序号	工程或费用项目名称	编制依据及计算说明	合价
1	建设场地征用及清理费		6000
1.1	土地征用费	（1×6000）×100%	6000
2	项目管理费		13852
2.1	管理经费	（安装工程费 + 拆除工程费）×3.53%	6644
2.2	招标费	（安装工程费 + 拆除工程费）×0.4%	753

续表

序号	工程或费用项目名称	编制依据及计算说明	合价
2.3	工程监理费	（安装工程费＋拆除工程费）×3.43%	6456
3	项目技术服务费		22160
3.1	前期工作费	安装工程费 ×2.1%	3952
3.3	工程勘察设计费		15480
3.3.2	设计费	设计费 ×100%	15480
3.4	设计文件评审费		958
3.4.1	初步设计文件评审费	基本设计费 ×3.5%	459
3.4.2	施工图文件评审费	基本设计费 ×3.8%	499
3.5	施工过程造价咨询及竣工结算审核费	（安装工程费＋拆除工程费）×0.38%	800
3.7	工程检测费		782
3.7.1	工程质量检测费	安装工程费 ×0.15%	282
3.7.5	桩基检测费	（1×500）×100%	500
3.9	技术经济标准编制费	（安装工程费＋拆除工程费）×0.1%	188
	合计		42013

表 19-162　基本方案 M-110-GTPY-SHZXGGG300 总概算表　金额单位：万元

序号	工程或费用名称	含税金额	占工程投资的比例（%）	不含税金额	可抵扣增值税金额
二	安装工程费	15.56	81.21	14.08	1.48
三	拆除工程费				
四	设备购置费				
	其中：编制基准期价差	0.13	0.68	0.13	
五	小计	15.56	81.21	14.08	1.48
	其中：甲供设备材料费	6.05	31.58	5.35	0.7
六	其他费用	3.6	18.79	3.38	0.22
七	基本预备费				
八	特殊项目				
九	工程投资合计	19.16	100	17.46	1.7
	其中：可抵扣增值税金额	1.7			1.7
	其中：施工费	10.11	52.77	9.27	0.84

表 19-163　基本方案 M-110-GTPY-SHZXGGG300 安装部分汇总概算表

金额单位：元

序号	工程或费用名称	安装工程费			设备购置费	合计
		未计价材料费	安装费	小计		
	安装工程	111144	44505	155649		155649
1	基础工程	50466	34825	85291		85291
1.1	基础工程材料工地运输		3547	3547		3547
1.2	基础土石方工程		68	68		68
1.3	基础砌筑	50466	31210	81675		81675
1.3.2	现浇基础	122	354	477		477
1.3.3	灌注桩基础	50343	30856	81199		81199
2	杆塔工程	59509	7171	66681		66681
2.1	杆塔工程材料工地运输		1942	1942		1942
2.2	杆塔组立	59509	5229	64739		64739
2.2.2	铁塔、钢管杆组立	59509	5229	64739		64739
3	接地工程	169	1637	1806		1806
3.1	接地工程材料工地运输		3	3		3
3.2	接地土石方		1361	1361		1361
3.3	接地安装	169	273	441		441
6	辅助工程	1000	872	1872		1872
6.7	杆塔上装的各类辅助生产装置	1000	872	1872		1872
	合计	111144	44505	155649		155649

表 19-164 基本方案 M-110-GTPY-SHZXGGG300 其他费用概算表

金额单位：元

序号	工程或费用项目名称	编制依据及计算说明	合价
1	建设场地征用及清理费		6000
1.1	土地征用费	（1×6000）×100%	6000
2	项目管理费		11456
2.1	管理经费	（安装工程费＋拆除工程费）×3.53%	5494
2.2	招标费	（安装工程费＋拆除工程费）×0.4%	623

续表

序号	工程或费用项目名称	编制依据及计算说明	合价
2.3	工程监理费	（安装工程费 + 拆除工程费）× 3.43%	5339
3	项目技术服务费		18551
3.1	前期工作费	安装工程费 × 2.1%	3269
3.3	工程勘察设计费		12801
3.3.2	设计费	设计费 × 100%	12801
3.4	设计文件评审费		792
3.4.1	初步设计文件评审费	基本设计费 × 3.5%	380
3.4.2	施工图文件评审费	基本设计费 × 3.8%	412
3.5	施工过程造价咨询及竣工结算审核费	（安装工程费 + 拆除工程费）× 0.38%	800
3.7	工程检测费		733
3.7.1	工程质量检测费	安装工程费 × 0.15%	233
3.7.5	桩基检测费	（1 × 500）× 100%	500
3.9	技术经济标准编制费	（安装工程费 + 拆除工程费）× 0.1%	156
	合计		36007

表 19-165　基本方案 M-110-GTPY-SHNZGGG240 总概算表　金额单位：万元

序号	工程或费用名称	含税金额	占工程投资的比例（%）	不含税金额	可抵扣增值税金额
二	安装工程费	25.76	82.41	23.29	2.47
三	拆除工程费				
四	设备购置费				
	其中：编制基准期价差	0.21	0.67	0.21	
五	小计	25.76	82.41	23.29	2.47
	其中：甲供设备材料费	10.6	33.91	9.38	1.22
六	其他费用	5.5	17.59	5.17	0.33
七	基本预备费				
八	特殊项目				
九	工程投资合计	31.26	100	28.46	2.8
	其中：可抵扣增值税金额	2.8			2.8
	其中：施工费	15.75	50.38	14.45	1.3

表 19-166　　基本方案 M-110-GTPY-SHNZGGG240 安装部分汇总概算表

金额单位：元

序号	工程或费用名称	安装工程费			设备购置费	合计
		未计价材料费	安装费	小计		
	安装工程	187478	70105	257582		257582
1	基础工程	81259	56212	137472		137472
1.1	基础工程材料工地运输		6423	6423		6423
1.2	基础土石方工程		105	105		105
1.3	基础砌筑	81259	49685	130944		130944
1.3.2	现浇基础	122	354	477		477
1.3.3	灌注桩基础	81137	49330	130467		130467
2	杆塔工程	105050	11384	116434		116434
2.1	杆塔工程材料工地运输		3428	3428		3428
2.2	杆塔组立	105050	7956	113005		113005
2.2.2	铁塔、钢管杆组立	105050	7956	113005		113005
3	接地工程	169	1637	1806		1806
3.1	接地工程材料工地运输		3	3		3
3.2	接地土石方		1361	1361		1361
3.3	接地安装	169	273	441		441
6	辅助工程	1000	872	1872		1872
6.7	杆塔上装的各类辅助生产装置	1000	872	1872		1872
	合计	187478	70105	257582		257582

表 19-167　基本方案 M-110-GTPY-SHNZGGG240 其他费用概算表

金额单位：元

序号	工程或费用项目名称	编制依据及计算说明	合价
1	建设场地征用及清理费		6000
1.1	土地征用费	（1×6000）×100%	6000
2	项目管理费		18958
2.1	管理经费	（安装工程费＋拆除工程费）×3.53%	9093
2.2	招标费	（安装工程费＋拆除工程费）×0.4%	1030

续表

序号	工程或费用项目名称	编制依据及计算说明	合价
2.3	工程监理费	（安装工程费 + 拆除工程费）× 3.43%	8835
3	项目技术服务费		30028
3.1	前期工作费	安装工程费 × 2.1%	5409
3.3	工程勘察设计费		21185
3.3.2	设计费	设计费 × 100%	21185
3.4	设计文件评审费		1311
3.4.1	初步设计文件评审费	基本设计费 × 3.5%	628
3.4.2	施工图文件评审费	基本设计费 × 3.8%	682
3.5	施工过程造价咨询及竣工结算审核费	（安装工程费 + 拆除工程费）× 0.38%	979
3.7	工程检测费		886
3.7.1	工程质量检测费	安装工程费 × 0.15%	386
3.7.5	桩基检测费	（1 × 500）× 100%	500
3.9	技术经济标准编制费	（安装工程费 + 拆除工程费）× 0.1%	258
	合计		54986

表 19-168　基本方案 M-110-GTPY-SHNZGGG300 总概算表　金额单位：万元

序号	工程或费用名称	含税金额	占工程投资的比例（%）	不含税金额	可抵扣增值税金额
二	安装工程费	22.32	82.15	20.23	2.09
三	拆除工程费				
四	设备购置费				
	其中：编制基准期价差	0.2	0.74	0.2	
五	小计	22.32	82.15	20.23	2.09
	其中：甲供设备材料费	7.54	27.75	6.67	0.87
六	其他费用	4.85	17.85	4.56	0.29
七	基本预备费				
八	特殊项目				
九	工程投资合计	27.17	100	24.79	2.38
	其中：可抵扣增值税金额	2.38			2.38
	其中：施工费	15.38	56.61	14.11	1.27

表 19-169　基本方案 M-110-GTPY-SHNZGGG300 安装部分汇总概算表

金额单位：元

序号	工程或费用名称	安装工程费			设备购置费	合计
		未计价材料费	安装费	小计		
	安装工程	156832	66378	223210		223210
1	基础工程	81259	56212	137472		137472
1.1	基础工程材料工地运输		6423	6423		6423
1.2	基础土石方工程		105	105		105
1.3	基础砌筑	81259	49685	130944		130944
1.3.2	现浇基础	122	354	477		477
1.3.3	灌注桩基础	81137	49330	130467		130467
2	杆塔工程	74404	7657	82061		82061
2.1	杆塔工程材料工地运输		2428	2428		2428
2.2	杆塔组立	74404	5229	79633		79633
2.2.2	铁塔、钢管杆组立	74404	5229	79633		79633
3	接地工程	169	1637	1806		1806
3.1	接地工程材料工地运输		3	3		3
3.2	接地土石方		1361	1361		1361
3.3	接地安装	169	273	441		441
6	辅助工程	1000	872	1872		1872
6.7	杆塔上装的各类辅助生产装置	1000	872	1872		1872
	合计	156832	66378	223210		223210

表 19-170　基本方案 M-110-GTPY-SHNZGGG300 其他费用概算表

金额单位：元

序号	工程或费用项目名称	编制依据及计算说明	合价
1	建设场地征用及清理费		6000
1.1	土地征用费	（1×6000）×100%	6000
2	项目管理费		16428
2.1	管理经费	（安装工程费＋拆除工程费）×3.53%	7879
2.2	招标费	（安装工程费＋拆除工程费）×0.4%	893

续表

序号	工程或费用项目名称	编制依据及计算说明	合价
2.3	工程监理费	（安装工程费 + 拆除工程费）×3.43%	7656
3	项目技术服务费		26087
3.1	前期工作费	安装工程费 ×2.1%	4687
3.3	工程勘察设计费		18358
3.3.2	设计费	设计费 ×100%	18358
3.4	设计文件评审费		1136
3.4.1	初步设计文件评审费	基本设计费 ×3.5%	545
3.4.2	施工图文件评审费	基本设计费 ×3.8%	591
3.5	施工过程造价咨询及竣工结算审核费	（安装工程费 + 拆除工程费）×0.38%	848
3.7	工程检测费		835
3.7.1	工程质量检测费	安装工程费 ×0.15%	335
3.7.5	桩基检测费	（1×500）×100%	500
3.9	技术经济标准编制费	（安装工程费 + 拆除工程费）×0.1%	223
	合计		48516

表 19-171　基本方案 M-35-GTSD-DHZXJGT 总概算表　金额单位：万元

序号	工程或费用名称	含税金额	占工程投资的比例（%）	不含税金额	可抵扣增值税金额
二	安装工程费	16.99	81.6	15.5	1.49
三	拆除工程费				
四	设备购置费				
	其中：编制基准期价差	0.38	1.83	0.38	
五	小计	16.99	81.6	15.5	1.49
	其中：甲供设备材料费	2.56	12.3	2.27	0.29
六	其他费用	3.83	18.4	3.6	0.23
七	基本预备费				
八	特殊项目				
九	工程投资合计	20.82	100	19.1	1.72
	其中：可抵扣增值税金额	1.72			1.72
	其中：施工费	14.85	71.33	13.62	1.23

表 19-172　　基本方案 M-35-GTSD-DHZXJGT 安装部分汇总概算表

金额单位：元

序号	工程或费用名称	安装工程费			设备购置费	合计
		未计价材料费	安装费	小计		
	安装工程	53213	116638	169851		169851
1	基础工程	27508	105881	133388		133388
1.1	基础工程材料工地运输		49008	49008		49008
1.2	基础土石方工程		18059	18059		18059
1.3	基础砌筑	27508	38813	66321		66321
1.3.2	现浇基础	27508	38813	66321		66321
2	杆塔工程	24967	8975	33942		33942
2.1	杆塔工程材料工地运输		1617	1617		1617
2.2	杆塔组立	24967	7358	32325		32325
2.2.2	铁塔、钢管杆组立	24967	7358	32325		32325
3	接地工程	113	1186	1298		1298
3.1	接地工程材料工地运输		9	9		9
3.2	接地土石方		948	948		948
3.3	接地安装	113	229	341		341
6	辅助工程	625	597	1222		1222
6.7	杆塔上装的各类辅助生产装置	625	597	1222		1222
	合计	53213	116638	169851		169851

表 19-173　　基本方案 M-35-GTSD-DHZXJGT 其他费用概算表

金额单位：元

序号	工程或费用项目名称	编制依据及计算说明	合价
1	建设场地征用及清理费		4200
1.1	土地征用费	（1×0.07×60000）×100%	4200
2	项目管理费		12501
2.1	管理经费	（安装工程费＋拆除工程费）×3.53%	5996
2.2	招标费	（安装工程费＋拆除工程费）×0.4%	679

续表

序号	工程或费用项目名称	编制依据及计算说明	合价
2.3	工程监理费	（安装工程费 + 拆除工程费）×3.43%	5826
3	项目技术服务费		21625
3.1	前期工作费	安装工程费 ×2.1%	3567
3.3	工程勘察设计费		13970
3.3.2	设计费	设计费 ×100%	13970
3.4	设计文件评审费		864
3.4.1	初步设计文件评审费	基本设计费 ×3.5%	414
3.4.2	施工图文件评审费	基本设计费 ×3.8%	450
3.5	施工过程造价咨询及竣工结算审核费	（安装工程费 + 拆除工程费）×0.38%	800
3.7	工程检测费		2255
3.7.1	工程质量检测费	安装工程费 ×0.15%	255
3.7.5	桩基检测费	（4×500）×100%	2000
3.9	技术经济标准编制费	（安装工程费 + 拆除工程费）×0.1%	170
	合计		38326

表 19-174　基本方案 M-35-GTSD-DHNZJGT 总概算表　金额单位：万元

序号	工程或费用名称	含税金额	占工程投资的比例（%）	不含税金额	可抵扣增值税金额
二	安装工程费	20.53	82.05	18.72	1.81
三	拆除工程费				
四	设备购置费				
	其中：编制基准期价差	0.43	1.72	0.43	
五	小计	20.53	82.05	18.72	1.81
	其中：甲供设备材料费	3.53	14.11	3.12	0.41
六	其他费用	4.49	17.95	4.23	0.26
七	基本预备费				
八	特殊项目				
九	工程投资合计	25.02	100	22.95	2.07
	其中：可抵扣增值税金额	2.07			2.07
	其中：施工费	17.42	69.62	15.98	1.44

表 19-175　　基本方案 M-35-GTSD-DHNZJGT 安装部分汇总概算表

金额单位：元

序号	工程或费用名称	安装工程费			设备购置费	合计
		未计价材料费	安装费	小计		
	安装工程	69972	135322	205294		205294
1	基础工程	34601	121090	155691		155691
1.1	基础工程材料工地运输		56069	56069		56069
1.2	基础土石方工程		20690	20690		20690
1.3	基础砌筑	34601	44331	78932		78932
1.3.2	现浇基础	34601	44331	78932		78932
2	杆塔工程	34634	12449	47083		47083
2.1	杆塔工程材料工地运输		2242	2242		2242
2.2	杆塔组立	34634	10207	44840		44840
2.2.2	铁塔、钢管杆组立	34634	10207	44840		44840
3	接地工程	113	1186	1298		1298
3.1	接地工程材料工地运输		9	9		9
3.2	接地土石方		948	948		948
3.3	接地安装	113	229	341		341
6	辅助工程	625	597	1222		1222
6.7	杆塔上装的各类辅助生产装置	625	597	1222		1222
	合计	69972	135322	205294		205294

表 19-176　　基本方案 M-35-GTSD-DHNZJGT 其他费用概算表

金额单位：元

序号	工程或费用项目名称	编制依据及计算说明	合价
1	建设场地征用及清理费		4200
1.1	土地征用费	（1×0.07×60000）×100%	4200
2	项目管理费		15110
2.1	管理经费	（安装工程费＋拆除工程费）×3.53%	7247
2.2	招标费	（安装工程费＋拆除工程费）×0.4%	821

续表

序号	工程或费用项目名称	编制依据及计算说明	合价
2.3	工程监理费	（安装工程费＋拆除工程费）×3.43%	7042
3	项目技术服务费		25554
3.1	前期工作费	安装工程费 ×2.1%	4311
3.3	工程勘察设计费		16885
3.3.2	设计费	设计费 ×100%	16885
3.4	设计文件评审费		1045
3.4.1	初步设计文件评审费	基本设计费 ×3.5%	501
3.4.2	施工图文件评审费	基本设计费 ×3.8%	544
3.5	施工过程造价咨询及竣工结算审核费	（安装工程费＋拆除工程费）×0.38%	800
3.7	工程检测费		2308
3.7.1	工程质量检测费	安装工程费 ×0.15%	308
3.7.5	桩基检测费	（4×500）×100%	2000
3.9	技术经济标准编制费	（安装工程费＋拆除工程费）×0.1%	205
	合计		44863

表 19-177　　基本方案 M-35-GTPY-DHZXJGT 总概算表　　金额单位：万元

序号	工程或费用名称	含税金额	占工程投资的比例（%）	不含税金额	可抵扣增值税金额
二	安装工程费	5.63	78.52	5.08	0.55
三	拆除工程费				
四	设备购置费				
	其中：编制基准期价差	0.07	0.98	0.07	
五	小计	5.63	78.52	5.08	0.55
	其中：甲供设备材料费	2.56	35.7	2.27	0.29
六	其他费用	1.54	21.48	1.44	0.1
七	基本预备费				
八	特殊项目				
九	工程投资合计	7.17	100	6.52	0.65
	其中：可抵扣增值税金额	0.65			0.65
	其中：施工费	3.49	48.68	3.2	0.29

表 19-178　　基本方案 M-35-GTPY-DHZXJGT 安装部分汇总概算表　　金额单位：元

序号	工程或费用名称	安装工程费			设备购置费	合计
		未计价材料费	安装费	小计		
	安装工程	35105	21203	56307		56307
1	基础工程	9400	13563	22963		22963
1.1	基础工程材料工地运输		1678	1678		1678
1.2	基础土石方工程		4305	4305		4305
1.3	基础砌筑	9400	7581	16981		16981
1.3.2	现浇基础	9400	7581	16981		16981
2	杆塔工程	24967	5975	30943		30943
2.1	杆塔工程材料工地运输		383	383		383
2.2	杆塔组立	24967	5592	30559		30559
2.2.2	铁塔、钢管杆组立	24967	5592	30559		30559
3	接地工程	113	1119	1232		1232
3.1	接地工程材料工地运输		2	2		2
3.2	接地土石方		907	907		907
3.3	接地安装	113	210	323		323
6	辅助工程	625	545	1170		1170
6.7	杆塔上装的各类辅助生产装置	625	545	1170		1170
	合计	35105	21203	56307		56307

表 19-179　　基本方案 M-35-GTPY-DHZXJGT 其他费用概算表　　金额单位：元

序号	工程或费用项目名称	编制依据及计算说明	合价
1	建设场地征用及清理费		4200
1.1	土地征用费	（1×0.07×60000）×100%	4200
2	项目管理费		4144
2.1	管理经费	（安装工程费＋拆除工程费）×3.53%	1988
2.2	招标费	（安装工程费＋拆除工程费）×0.4%	225

续表

序号	工程或费用项目名称	编制依据及计算说明	合价
2.3	工程监理费	（安装工程费 + 拆除工程费）×3.43%	1931
3	项目技术服务费		7041
3.1	前期工作费	安装工程费 ×2.1%	1182
3.3	工程勘察设计费		4631
3.3.2	设计费	设计费 ×100%	4631
3.4	设计文件评审费		287
3.4.1	初步设计文件评审费	基本设计费 ×3.5%	137
3.4.2	施工图文件评审费	基本设计费 ×3.8%	149
3.5	施工过程造价咨询及竣工结算审核费	（安装工程费 + 拆除工程费）×0.38%	800
3.7	工程检测费		84
3.7.1	工程质量检测费	安装工程费 ×0.15%	84
3.9	技术经济标准编制费	（安装工程费 + 拆除工程费）×0.1%	56
	合计		15385

表 19-180　　基本方案 M-35-GTPY-DHNZJGT 总概算表　　金额单位：万元

序号	工程或费用名称	含税金额	占工程投资的比例（%）	不含税金额	可抵扣增值税金额
二	安装工程费	12.59	80.65	11.44	1.15
三	拆除工程费				
四	设备购置费				
	其中：编制基准期价差	0.2	1.28	0.2	
五	小计	12.59	80.65	11.44	1.15
	其中：甲供设备材料费	3.53	22.61	3.12	0.41
六	其他费用	3.02	19.35	2.84	0.18
七	基本预备费				
八	特殊项目				
九	工程投资合计	15.61	100	14.28	1.33
	其中：可抵扣增值税金额	1.33			1.33
	其中：施工费	9.48	60.73	8.7	0.78

表 19-181　　基本方案 M-35-GTPY-DHNZJGT 安装部分汇总概算表

金额单位：元

序号	工程或费用名称	安装工程费			设备购置费	合计
		未计价材料费	安装费	小计		
	安装工程	63836	62017	125853		125853
1	基础工程	28464	52065	80529		80529
1.1	基础工程材料工地运输		3959	3959		3959
1.2	基础土石方工程		204	204		204
1.3	基础砌筑	28464	47902	76366		76366
1.3.2	现浇基础	180	519	699		699
1.3.3	灌注桩基础	28285	47382	75667		75667
2	杆塔工程	34634	8288	42922		42922
2.1	杆塔工程材料工地运输		532	532		532
2.2	杆塔组立	34634	7757	42390		42390
2.2.2	铁塔、钢管杆组立	34634	7757	42390		42390
3	接地工程	113	1119	1232		1232
3.1	接地工程材料工地运输		2	2		2
3.2	接地土石方		907	907		907
3.3	接地安装	113	210	323		323
6	辅助工程	625	545	1170		1170
6.7	杆塔上装的各类辅助生产装置	625	545	1170		1170
	合计	63836	62017	125853		125853

表 19-182　　基本方案 M-35-GTPY-DHNZJGT 其他费用概算表

金额单位：元

序号	工程或费用项目名称	编制依据及计算说明	合价
1	建设场地征用及清理费		4200
1.1	土地征用费	（1×0.07×60000）×100%	4200
2	项目管理费		9263
2.1	管理经费	（安装工程费 + 拆除工程费）×3.53%	4443
2.2	招标费	（安装工程费 + 拆除工程费）×0.4%	503

续表

序号	工程或费用项目名称	编制依据及计算说明	合价
2.3	工程监理费	（安装工程费 + 拆除工程费）×3.43%	4317
3	项目技术服务费		16749
3.1	前期工作费	安装工程费 ×2.1%	2643
3.3	工程勘察设计费		10351
3.3.2	设计费	设计费 ×100%	10351
3.4	设计文件评审费		640
3.4.1	初步设计文件评审费	基本设计费 ×3.5%	307
3.4.2	施工图文件评审费	基本设计费 ×3.8%	333
3.5	施工过程造价咨询及竣工结算审核费	（安装工程费 + 拆除工程费）×0.38%	800
3.7	工程检测费		2189
3.7.1	工程质量检测费	安装工程费 ×0.15%	189
3.7.5	桩基检测费	（4×500）×100%	2000
3.9	技术经济标准编制费	（安装工程费 + 拆除工程费）×0.1%	126
	合计		30212

表 19-183　　基本方案 M-35-GTPY-DHZXGGG 总概算表　　金额单位：万元

序号	工程或费用名称	含税金额	占工程投资的比例（%）	不含税金额	可抵扣增值税金额
二	安装工程费	7.65	79.77	6.92	0.73
三	拆除工程费				
四	设备购置费				
	其中：编制基准期价差	0.09	0.94	0.09	
五	小计	7.65	79.77	6.92	0.73
	其中：甲供设备材料费	3.02	31.49	2.67	0.35
六	其他费用	1.94	20.23	1.82	0.12
七	基本预备费				
八	特殊项目				
九	工程投资合计	9.59	100	8.74	0.85
	其中：可抵扣增值税金额	0.85			0.85
	其中：施工费	5.03	52.45	4.61	0.42

表 19-184　　基本方案 M-35-GTPY-DHZXGGG 安装部分汇总概算表

金额单位：元

序号	工程或费用名称	安装工程费			设备购置费	合计
		未计价材料费	安装费	小计		
	安装工程	47504	28953	76457		76457
1	基础工程	17199	23264	40463		40463
1.1	基础工程材料工地运输		2357	2357		2357
1.2	基础土石方工程		68	68		68
1.3	基础砌筑	17199	20839	38038		38038
1.3.2	现浇基础	188	543	731		731
1.3.3	灌注桩基础	17012	20296	37307		37307
2	杆塔工程	29567	4025	33592		33592
2.1	杆塔工程材料工地运输		965	965		965
2.2	杆塔组立	29567	3060	32627		32627
2.2.2	铁塔、钢管杆组立	29567	3060	32627		32627
3	接地工程	113	1119	1232		1232
3.1	接地工程材料工地运输		2	2		2
3.2	接地土石方		907	907		907
3.3	接地安装	113	210	323		323
6	辅助工程	625	545	1170		1170
6.7	杆塔上装的各类辅助生产装置	625	545	1170		1170
	合计	47504	28953	76457		76457

表 19-185　基本方案 M-35-GTPY-DHZXGGG 其他费用概算表

金额单位：元

序号	工程或费用项目名称	编制依据及计算说明	合价
1	建设场地征用及清理费		4000
1.1	土地征用费	（1×4000）×100%	4000
2	项目管理费		5627
2.1	管理经费	（安装工程费＋拆除工程费）×3.53%	2699
2.2	招标费	（安装工程费＋拆除工程费）×0.4%	306

续表

序号	工程或费用项目名称	编制依据及计算说明	合价
2.3	工程监理费	（安装工程费 + 拆除工程费）×3.43%	2622
3	项目技术服务费		9774
3.1	前期工作费	安装工程费 ×2.1%	1606
3.3	工程勘察设计费		6288
3.3.2	设计费	设计费 ×100%	6288
3.4	设计文件评审费		389
3.4.1	初步设计文件评审费	基本设计费 ×3.5%	187
3.4.2	施工图文件评审费	基本设计费 ×3.8%	203
3.5	施工过程造价咨询及竣工结算审核费	（安装工程费 + 拆除工程费）×0.38%	800
3.7	工程检测费		615
3.7.1	工程质量检测费	安装工程费 ×0.15%	115
3.7.5	桩基检测费	（1×500）×100%	500
3.9	技术经济标准编制费	（安装工程费 + 拆除工程费）×0.1%	76
	合计		19401

表 19-186　　基本方案 M-35-GTPY-DHNZGGG 总概算表　　金额单位：万元

序号	工程或费用名称	含税金额	占工程投资的比例（%）	不含税金额	可抵扣增值税金额
二	安装工程费	10.62	81.01	9.61	1.01
三	拆除工程费				
四	设备购置费				
	其中：编制基准期价差	0.13	0.99	0.13	
五	小计	10.62	81.01	9.61	1.01
	其中：甲供设备材料费	4.07	31.05	3.6	0.47
六	其他费用	2.49	18.99	2.34	0.15
七	基本预备费				
八	特殊项目				
九	工程投资合计	13.11	100	11.95	1.16
	其中：可抵扣增值税金额	1.16			1.16
	其中：施工费	6.95	53.01	6.38	0.57

表 19-187　　基本方案 M-35-GTPY-DHNZGGG 安装部分汇总概算表

金额单位：元

序号	工程或费用名称	安装工程费			设备购置费	合计
		未计价材料费	安装费	小计		
	安装工程	65119	41095	106214		106214
1	基础工程	24326	32895	57221		57221
1.1	基础工程材料工地运输		3516	3516		3516
1.2	基础土石方工程		105	105		105
1.3	基础砌筑	24326	29274	53600		53600
1.3.2	现浇基础	327	945	1271		1271
1.3.3	灌注桩基础	23999	28329	52329		52329
2	杆塔工程	40055	6536	46592		46592
2.1	杆塔工程材料工地运输		1307	1307		1307
2.2	杆塔组立	40055	5229	45285		45285
2.2.2	铁塔、钢管杆组立	40055	5229	45285		45285
3	接地工程	113	1119	1232		1232
3.1	接地工程材料工地运输		2	2		2
3.2	接地土石方		907	907		907
3.3	接地安装	113	210	323		323
6	辅助工程	625	545	1170		1170
6.7	杆塔上装的各类辅助生产装置	625	545	1170		1170
	合计	65119	41095	106214		106214

表 19-188　基本方案 M-35-GTPY-DHNZGGG 其他费用概算表

金额单位：元

序号	工程或费用项目名称	编制依据及计算说明	合价
1	建设场地征用及清理费		4000
1.1	土地征用费	（1×4000）×100%	4000
2	项目管理费		7817
2.1	管理经费	（安装工程费＋拆除工程费）×3.53%	3749

续表

序号	工程或费用项目名称	编制依据及计算说明	合价
2.2	招标费	（安装工程费 + 拆除工程费）×0.4%	425
2.3	工程监理费	（安装工程费 + 拆除工程费）×3.43%	3643
3	项目技术服务费		13072
3.1	前期工作费	安装工程费 ×2.1%	2231
3.3	工程勘察设计费		8736
3.3.2	设计费	设计费 ×100%	8736
3.4	设计文件评审费		540
3.4.1	初步设计文件评审费	基本设计费 ×3.5%	259
3.4.2	施工图文件评审费	基本设计费 ×3.8%	281
3.5	施工过程造价咨询及竣工结算审核费	（安装工程费 + 拆除工程费）×0.38%	800
3.7	工程检测费		659
3.7.1	工程质量检测费	安装工程费 ×0.15%	159
3.7.5	桩基检测费	（1×500）×100%	500
3.9	技术经济标准编制费	（安装工程费 + 拆除工程费）×0.1%	106
	合计		24890

19.4　单位工程参考价

杆塔改造工程典型方案单位造价见表 19-189。

表 19-189　　　　杆塔改造工程典型方案单位造价

方案编号	方案名称	电压等级	地形	型号	单位	单位造价
M-500-GTSD-DHZXJGT630	新建 500kV 单回直线角钢塔 4×630（山地、丘陵）	500kV	山地、丘陵	单回直线角钢塔（4×630）	万元 / 基	59.84
M-500-GTSD-DHZXJGT400	新建 500kV 单回直线角钢塔 4×400（山地、丘陵）	500kV		单回直线角钢塔（4×400）	万元 / 基	52.87
M-500-GTSD-DHNZJGT630	新建 500kV 单回耐张角钢塔 4×630（山地、丘陵）	500kV		单回耐张角钢塔（4×630）	万元 / 基	82.87
M-500-GTSD-DHNZJGT400	新建 500kV 单回耐张角钢塔 4×400（山地、丘陵）	500kV		单回耐张角钢塔（4×400）	万元 / 基	67.48

续表

方案编号	方案名称	电压等级	地形	型号	单位	单位造价
M-500-GTSD-SHZXJGT630	新建 500kV 双回直线角钢塔 4×630（山地、丘陵）	500kV	山地、丘陵	双回直线角钢塔（4×630）	万元 / 基	98.35
M-500-GTSD-SHZXJGT400	新建 500kV 双回直线角钢塔 4×400（山地、丘陵）	500kV		双回直线角钢塔（4×400）	万元 / 基	90.13
M-500-GTSD-SHNZJGT630	新建 500kV 双回耐张角钢塔 4×630（山地、丘陵）	500kV	平地、河网	双回耐张角钢塔（4×630）	万元 / 基	172.9
M-500-GTSD-SHNZJGT400	新建 500kV 双回耐张角钢塔 4×400（山地、丘陵）	500kV		双回耐张角钢塔（4×400）	万元 / 基	151.08
M-500-GTPY-DHZXJGT630	新建 500kV 单回直线角钢塔 4×630（平地、河网）	500kV		单回直线角钢塔（4×630）	万元 / 基	34.98
M-500-GTPY-DHZXJGT400	新建 500kV 单回直线角钢塔 4×400（平地、河网）	500kV		单回直线角钢塔（4×400）	万元 / 基	34.94
M-500-GTPY-DHNZJGT630	新建 500kV 单回耐张角钢塔 4×630（平地、河网）	500kV		单回耐张角钢塔（4×630）	万元 / 基	53.55
M-500-GTPY-DHNZJGT400	新建 500kV 单回耐张角钢塔 4×400（平地、河网）	500kV		单回耐张角钢塔（4×400）	万元 / 基	46.15
M-500-GTPY-SHZXJGT630	新建 500kV 双回直线角钢塔 4×630（平地、河网）	500kV		双回直线角钢塔（4×630）	万元 / 基	68.34
M-500-GTPY-SHZXJGT400	新建 500kV 双回直线角钢塔 4×400（平地、河网）	500kV		双回直线角钢塔（4×400）	万元 / 基	69.82
M-500-GTPY-SHNZJGT630	新建 500kV 双回耐张角钢塔 4×630（平地、河网）	500kV		双回耐张角钢塔（4×630）	万元 / 基	128.5
M-500-GTPY-SHNZJGT400	新建 500kV 双回耐张角钢塔 4×400（平地、河网）	500kV		双回耐张角钢塔（4×400）	万元 / 基	107.3

续表

方案编号	方案名称	电压等级	地形	型号	单位	单位造价
M-220-GTSD-DHZXJGT400	新建 220kV 单回直线角钢塔 2×400（山地、丘陵）	220kV	山地、丘陵	单回直线角钢塔（2×400）	万元 / 基	28.45
M-220-GTSD-DHNZJGT400	新建 220kV 单回耐张角钢塔 2×400（山地、丘陵）	220kV		单回耐张角钢塔（2×400）	万元 / 基	36.92
M-220-GTSD-SHZXJGT630	新建 220kV 双回直线角钢塔 2×630（山地、丘陵）	220kV		双回直线角钢塔（2×630）	万元 / 基	39.26
M-220-GTSD-SHZXJGT400	新建 220kV 双回直线角钢塔 2×400（山地、丘陵）	220kV		双回直线角钢塔（2×400）	万元 / 基	36.22
M-220-GTSD-SHNZJGT630	新建 220kV 双回耐张角钢塔 2×630（山地、丘陵）	220kV		双回耐张角钢塔（2×630）	万元 / 基	76.44
M-220-GTSD-SHNZJGT400	新建 220kV 双回耐张角钢塔 2×400（山地、丘陵）	220kV		双回耐张角钢塔（2×400）	万元 / 基	61.21
M-220-GTPY-DHZXJGT400	新建 220kV 单回直线角钢塔 2×400（平地、河网）	220kV	平地、河网	单回直线角钢塔（2×400）	万元 / 基	20.01
M-220-GTPY-DHNZJGT400	新建 220kV 单回耐张角钢塔 2×400（平地、河网）	220kV		单回耐张角钢塔（2×400）	万元 / 基	24.82
M-220-GTPY-SHZXJGT630	新建 220kV 双回直线角钢塔 2×630（平地、河网）	220kV		双回直线角钢塔（2×630）	万元 / 基	31.63
M-220-GTPY-SHZXJGT400	新建 220kV 双回直线角钢塔 2×400（平地、河网）	220kV		双回直线角钢塔（2×400）	万元 / 基	27
M-220-GTPY-SHNZJGT630	新建 220kV 双回耐张角钢塔 2×630（平地、河网）	220kV		双回耐张角钢塔（2×630）	万元 / 基	51.9
M-220-GTPY-SHNZJGT400	新建 220kV 双回耐张角钢塔 2×400（平地、河网）	220kV		双回耐张角钢塔（2×400）	万元 / 基	45.38

续表

方案编号	方案名称	电压等级	地形	型号	单位	单位造价
M-220-GTPY-SHZXZJT630	新建 220kV 双回直线窄基钢管塔 2×630（平地、河网）	220kV	平地、河网	双回直线窄基钢管塔（2×630）	万元 / 基	54.49
M-220-GTPY-SHZXZJT400	新建 220kV 双回直线窄基钢管塔 2×400（平地、河网）	220kV	平地、河网	双回直线窄基钢管塔（2×400）	万元 / 基	53.12
M-220-GTPY-SHNZZJT630	新建 220kV 双回耐张窄基钢管塔 2×630（平地、河网）	220kV	平地、河网	双回耐张窄基钢管塔（2×630）	万元 / 基	68.5
M-220-GTPY-SHNZZJT400	新建 220kV 双回耐张窄基钢管塔 2×400（平地、河网）	220kV	平地、河网	双回耐张窄基钢管塔（2×400）	万元 / 基	57.12
M-220-GTPY-SHZXGGG630	新建 220kV 双回直线钢管杆 2×630（平地、河网）	220kV	平地、河网	双回直线钢管杆（2×630）	万元 / 基	37.28
M-220-GTPY-SHZXGGG400	新建 220kV 双回直线钢管杆 2×400（平地、河网）	220kV	平地、河网	双回直线钢管杆（2×400）	万元 / 基	35.42
M-220-GTPY-SHNZGGG630	新建 220kV 双回直线钢管杆 2×630（平地、河网）	220kV	平地、河网	双回耐张钢管杆（2×630）	万元 / 基	62.86
M-220-GTPY-SHNZGGG400	新建 220kV 双回耐张钢管杆 2×400（平地、河网）	220kV	平地、河网	双回耐张钢管杆（2×400）	万元 / 基	53.45
M-110-GTSD-DHZXJGT240	新建 110kV 单回直线角钢塔 2×240（山地、丘陵）	110kV	山地、丘陵	单回直线角钢塔（2×240）	万元 / 基	15.6
M-110-GTSD-DHZXJGT300	新建 110kV 单回直线角钢塔 1×300（山地、丘陵）	110kV	山地、丘陵	单回直线角钢塔（1×300）	万元 / 基	13.18
M-110-GTSD-DHNZJGT240	新建 110kV 单回耐张角钢塔 2×240（山地、丘陵）	110kV	山地、丘陵	单回耐张角钢塔（2×240）	万元 / 基	21.16
M-110-GTSD-DHNZJGT300	新建 110kV 单回耐张角钢塔 1×300（山地、丘陵）	110kV	山地、丘陵	单回耐张角钢塔（1×300）	万元 / 基	18.93

续表

方案编号	方案名称	电压等级	地形	型号	单位	单位造价
M-110-GTSD-SHZXJGT240	新建 110kV 双回直线角钢塔 2×240（山地、丘陵）	110kV	山地、丘陵	双回直线角钢塔（2×240）	万元 / 基	25.66
M-110-GTSD-SHZXJGT300	新建 110kV 双回直线角钢塔 1×300（山地、丘陵）	110kV		双回直线角钢塔（1×300）	万元 / 基	17.81
M-110-GTSD-SHNZJGT240	新建 110kV 双回耐张角钢塔 2×240（山地、丘陵）	110kV		双回耐张角钢塔（2×240）	万元 / 基	35.64
M-110-GTSD-SHNZJGT300	新建 110kV 双回耐张角钢塔 1×300（山地、丘陵）	110kV		双回耐张角钢塔（1×300）	万元 / 基	25.85
M-110-GTPY-DHZXJGT240	新建 110kV 单回直线角钢塔 2×240（平地、河网）	110kV	平地、河网	单回直线角钢塔（2×240）	万元 / 基	11.89
M-110-GTPY-DHZXJGT300	新建 110kV 单回直线角钢塔 1×300（平地、河网）	110kV		单回直线角钢塔（1×300）	万元 / 基	10.78
M-110-GTPY-DHNZJGT240	新建 110kV 单回耐张角钢塔 2×240（平地、河网）	110kV		单回耐张角钢塔（2×240）	万元 / 基	17.05
M-110-GTPY-DHNZJGT300	新建 110kV 单回耐张角钢塔 1×300（平地、河网）	110kV		单回耐张角钢塔（1×300）	万元 / 基	16.09
M-110-GTPY-SHZXJGT240	新建 110kV 双回直线角钢塔 2×240（平地、河网）	110kV		双回直线角钢塔（2×240）	万元 / 基	15.59
M-110-GTPY-SHZXJGT300	新建 110kV 双回直线角钢塔 1×300（平地、河网）	110kV		双回直线角钢塔（1×300）	万元 / 基	14.37
M-110-GTPY-SHNZJGT240	新建 110kV 双回耐张角钢塔 2×240（平地、河网）	110kV		双回耐张角钢塔（2×240）	万元 / 基	30.37
M-110-GTPY-SHNZJGT300	更换 110kV 双回耐张角钢塔 1×300（平地、河网）	110kV		双回耐张角钢塔（1×300）	万元 / 基	24.48

续表

方案编号	方案名称	电压等级	地形	型号	单位	单位造价
M-110-GTPY-SHZXGGG240	新建 110kV 双回直线钢管杆 1×240（平地、河网）	110kV	平地、河网	双回直线钢管杆（2×240）	万元 / 基	23.02
M-110-GTPY-SHZXGGG300	新建 110kV 双回直线张钢管杆 1×300（平地、河网）	110kV	平地、河网	双回直线钢管杆（1×300）	万元 / 基	19.16
M-110-GTPY-SHNZGGG240	新建 110kV 双回耐张钢管杆 1×240（平地、河网）	110kV	平地、河网	双回耐张钢管杆（2×240）	万元 / 基	31.26
M-110-GTPY-SHNZGGG300	新建 110kV 双回耐张钢管杆 1×300（平地、河网）	110kV	平地、河网	双回耐张钢管杆（1×300）	万元 / 基	27.17
M-35-GTSD-DHZXJGT	新建 35kV 单回直线角钢塔（山区、丘陵）	35kV	山地、丘陵	单回直线角钢塔	万元 / 基	20.82
M-35-GTSD-DHNZJGT	新建 35kV 单回耐张角钢塔（山区、丘陵）	35kV	山地、丘陵	单回耐张角钢塔	万元 / 基	25.02
M-35-GTPY-DHZXJGT	新建 35kV 单回直线角钢塔（平地、河网）	35kV	平地、河网	单回直线角钢塔	万元 / 基	7.17
M-35-GTPY-DHNZJGT	新建 35kV 单回耐张角钢塔（平地、河网）	35kV	平地、河网	单回耐张角钢塔	万元 / 基	15.61
M-35-GTPY-DHZXGGG	新建 35kV 单回直线钢管杆（平地、河网）	35kV	平地、河网	单回直线钢管杆	万元 / 基	9.59
M-35-GTPY-DHNZGGG	新建 35kV 单回耐张钢管杆（平地、河网）	35kV	平地、河网	单回耐张钢管杆	万元 / 基	13.11

第 20 章　更换导线

20.1　典型方案

本典型方案为更换导线工程，电压等级采用 500、220、110、35kV。更换导线工程的主要工作包含导线的运输、装卸、架线、跨越架安装及配套拆除工作。如果导线为多回路，单位造价按折单长度考虑。

20.2　技术方案

更换导线工程典型方案主要技术条件表和主要设备材料表分别见表 20–1 和表 20–2。

表 20–1　　更换导线工程典型方案主要技术条件表　　单位：km

方案编号	方案名称	工程主要技术条件	
N–500–DXSD–4×630	更换 500kV4×630 导线（山地、丘陵）	电压等级	500kV
		工作范围	更换线路导线
		导线类型	钢芯铝绞线
		是否跨越	否
		规格型号	4×JL/G1A，630/45
		地形	50% 山地，50% 丘陵
		气象条件	覆冰 10mm，最大风速 27m/s
		运距	汽车运距 5km
N–500–DXSD–4×400	更换 500kV4×400 导线（山地、丘陵）	电压等级	500kV
		工作范围	更换线路导线
		导线类型	钢芯铝绞线
		是否跨越	否
		规格型号	4×JL/G1A，400/35
		地形	50% 山地，50% 丘陵
		气象条件	覆冰 10mm，最大风速 27m/s
		运距	汽车运距 5km

续表

方案编号	方案名称	工程主要技术条件	
N-500-DXPY-4×630	更换 500kV4×630 导线（平地、河网）	电压等级	500kV
		工作范围	更换线路导线
		导线类型	钢芯铝绞线
		是否跨越	否
		规格型号	4×JL/G1A，630/45
		地形	50% 平地，50% 河网
		气象条件	覆冰 10mm，最大风速 27m/s
		运距	汽车运距 5km
N-500-DXSD-4×400	更换 500kV4×400 导线（山地、丘陵）	电压等级	500kV
		工作范围	更换线路导线
		导线类型	钢芯铝绞线
		是否跨越	否
		规格型号	4×JL/G1A，400/35
		地形	50% 平地，50% 河网
		气象条件	覆冰 10mm，最大风速 27m/s
		运距	汽车运距 5km
N-220-DXSD-2×630	更换 220kV2×630 导线（山地、丘陵）	电压等级	220kV
		工作范围	更换线路导线
		导线类型	钢芯铝绞线
		是否跨越	否
		规格型号	2×JL/G1A，630/45
		地形	50% 山地，50% 丘陵
		气象条件	覆冰 10mm，最大风速 27m/s
		运距	汽车运距 5km
N-220-DXSD-2×400	更换 220kV2×400 导线（山地、丘陵）	电压等级	220kV
		工作范围	更换线路导线
		导线类型	钢芯铝绞线
		是否跨越	否
		规格型号	2×JL/G1A，400/35
		地形	50% 山地，50% 丘陵
		气象条件	覆冰 10mm，最大风速 27m/s
		运距	汽车运距 5km

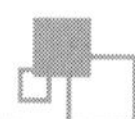

续表

方案编号	方案名称	工程主要技术条件	
N-220-DXPY-2×630	更换 220kV2×630 导线（平地、河网）	电压等级	220kV
		工作范围	更换线路导线
		导线类型	钢芯铝绞线
		是否跨越	否
		规格型号	2×JL/G1A，630/45
		地形	50% 平地，50% 河网
		气象条件	覆冰 10mm，最大风速 27m/s
		运距	汽车运距 5km
N-220-DXPY-2×400	更换 220kV2×400 导线（平地、河网）	电压等级	220kV
		工作范围	更换线路导线
		导线类型	钢芯铝绞线
		是否跨越	否
		规格型号	2×JL/G1A，400/35
		地形	50% 平地，50% 河网
		气象条件	覆冰 10mm，最大风速 27m/s
		运距	汽车运距 5km
N-110-DXSD-2×240	更换 110kV2×240 导线（山地、丘陵）	电压等级	110kV
		工作范围	更换线路导线
		导线类型	钢芯铝绞线
		是否跨越	否
		规格型号	2×JL/G1A，240/30
		地形	50% 山地，50% 丘陵
		气象条件	覆冰 10mm，最大风速 27m/s
		运距	汽车运距 5km
N-110-DXSD-1×300	更换 110kV1×300 导线（山地、丘陵）	电压等级	110kV
		工作范围	更换线路导线
		导线类型	钢芯铝绞线
		是否跨越	否
		规格型号	2×JL/G1A，300/40
		地形	50% 山地，50% 丘陵
		气象条件	覆冰 10mm，最大风速 27m/s
		运距	汽车运距 5km

续表

方案编号	方案名称	工程主要技术条件	
N-110-DXPY-2×240	更换 110kV2×240 导线（平地、河网）	电压等级	110kV
		工作范围	更换线路导线
		导线类型	钢芯铝绞线
		是否跨越	否
		规格型号	2×JL/G1A，240/30
		地形	50% 平地，50% 河网
		气象条件	覆冰 10mm，最大风速 27m/s
		运距	汽车运距 5km
N-110-DXPY-1×300	更换 110kV1×300 导线（平地、河网）	电压等级	110kV
		工作范围	更换线路导线
		导线类型	钢芯铝绞线
		是否跨越	否
		规格型号	1×JL/G1A，300/40
		地形	50% 平地，50% 河网
		气象条件	覆冰 10mm，最大风速 27m/s
		运距	汽车运距 5km
N-35-DXSD-1×240	更换 35kV1×240 导线（山地、丘陵）	电压等级	35kV
		工作范围	更换线路导线
		导线类型	钢芯铝绞线
		是否跨越	否
		规格型号	1×JL/G1A，240/30
		地形	50% 山地，50% 丘陵
		气象条件	覆冰 10mm，最大风速 27m/s
		运距	汽车运距 5km
N-35-DXPY-1×240	更换 35kV1×240 导线（平地、河网）	电压等级	35kV
		工作范围	更换线路导线
		导线类型	钢芯铝绞线
		是否跨越	否
		规格型号	1×JL/G1A，240/30
		地形	50% 平地，50% 河网
		气象条件	覆冰 10mm，最大风速 27m/s
		运距	汽车运距 5km

表 20-2　　　　更换导线工程典型方案主要设备材料表

方案编号	方案名称	设备材料明细	单位	数量	备注
N-500-DXSD-4×630	更换 500kV4×630 导线（山地、丘陵）	钢芯铝绞线，4×JL/G1A，630/45	t	26.7	单回路 1km
		导线间隔棒 FJZ-445/34B	副	60	单回路 1km
		保护金具 - 防震锤，FDNJ-4/6	副	24	单回路 1km
		钢芯铝绞线（拆除量）	t	26.7	单回路 1km
		导线间隔棒 FJZ-445/34B（拆除）	副	60	单回路 1km
		保护金具 - 防震锤，FDNJ-4/6（拆除）	副	24	单回路 1km
N-500-DXPY-4×630	更换 500kV4×400 导线（山地、丘陵）	钢芯铝绞线，4×JL/G1A，630/45	t	26.7	单回路 1km
		导线间隔棒 FJZ-445/34B	副	60	单回路 1km
		保护金具 - 防震锤，FDNJ-4/6	副	24	单回路 1km
		钢芯铝绞线（拆除量）	t	26.7	单回路 1km
		导线间隔棒 FJZ-445/34B（拆除）	副	60	单回路 1km
		保护金具 - 防震锤，FDNJ-4/6（拆除）	副	24	单回路 1km
N-500-DXSD-4×400	更换 500kV4×630 导线（平地、河网）	钢芯铝绞线，4×JL/G1A，400/35	t	17.46	单回路 1km
		导线间隔棒 FJZ-445/27B	副	60	单回路 1km
		保护金具 - 防震锤，FDNJ-4/5	副	24	单回路 1km
		钢芯铝绞线（拆除量）	t	17.46	单回路 1km
		导线间隔棒 FJZ-445/27B（拆除）	副	60	单回路 1km
		保护金具 - 防震锤，FDNJ-4/5（拆除）	副	24	单回路 1km
N-500-DXPY-4×400	更换 500kV4×400 导线（山地、丘陵）	钢芯铝绞线，4×JL/G1A，400/35	t	17.46	单回路 1km
		导线间隔棒 FJZ-445/27B	副	60	单回路 1km
		保护金具 - 防震锤，FDNJ-4/5	副	24	单回路 1km

续表

方案编号	方案名称	设备材料明细	单位	数量	备注
N-500-DXPY-4×400	更换500kV4×400导线（山地、丘陵）	钢芯铝绞线（拆除量）	t	17.46	单回路1km
		导线间隔棒FJZ-445/27B（拆除）	副	60	单回路1km
		保护金具-防震锤，FDNJ-4/5（拆除）	副	24	单回路1km
N-220-DXSD-2×630	更换220kV2×630导线（山地、丘陵）	钢芯铝绞线，2×JL/G1A，630/45	t	13.35	单回路1km
		保护金具-防震锤，FDNJ-4/6	副	48	单回路1km
		钢芯铝绞线（拆除量）	t	13.35	单回路1km
		保护金具-防震锤，FDNJ-4/6（拆除）	副	48	单回路1km
N-220-DXPY-2×630	更换220kV2×400导线（山地、丘陵）	钢芯铝绞线，2×JL/G1A，630/45	t	13.35	单回路1km
		保护金具-防震锤，FDNJ-4/6	副	48	单回路1km
		钢芯铝绞线（拆除量）	t	13.35	单回路1km
		保护金具-防震锤，FDNJ-4/6（拆除）	副	48	单回路1km
N-220-DXSD-2×400	更换220kV2×630导线（平地、河网）	钢芯铝绞线，2×JL/G1A，400/35	t	8.73	单回路1km
		保护金具-防震锤，FDNJ-4/5	副	48	单回路1km
		钢芯铝绞线（拆除量）	t	8.73	单回路1km
		保护金具-防震锤，FDNJ-4/5（拆除）	副	48	单回路1km
N-220-DXPY-2×400	更换220kV2×400导线（平地、河网）	钢芯铝绞线，2×JL/G1A，400/35	t	8.73	单回路1km
		保护金具-防震锤，FDNJ-4/5	副	48	单回路1km
		钢芯铝绞线（拆除量）	t	8.73	单回路1km
		保护金具-防震锤，FDNJ-4/5（拆除）	副	48	单回路1km

续表

方案编号	方案名称	设备材料明细	单位	数量	备注
N–110–DXSD–2×240	更换 110kV2×240 导线（山地、丘陵）	钢芯铝绞线，2×JL/G1A，240/30	t	5.98	单回路 1km
		保护金具－防震锤，FDNJ–3/4	副	48	单回路 1km
		钢芯铝绞线（拆除量）	t	5.98	单回路 1km
		保护金具－防震锤，FDNJ–3/4（拆除）	副	48	单回路 1km
N–110–DXPY–2×240	更换 110kV1×300 导线（山地、丘陵）	钢芯铝绞线，2×JL/G1A，240/30	t	5.98	单回路 1km
		保护金具－防震锤，FDNJ–3/4	副	48	单回路 1km
		钢芯铝绞线（拆除量）	t	5.98	单回路 1km
		保护金具－防震锤，FDNJ–3/4（拆除）	副	48	单回路 1km
N–110–DXSD–1×300	更换 110kV2×240 导线（平地、河网）	钢芯铝绞线，2×JL/G1A，300/40	t	3.67	单回路 1km
		保护金具－防震锤，FDNJ–4/5	副	24	单回路 1km
		钢芯铝绞线（拆除量）	t	3.67	单回路 1km
		保护金具－防震锤，FDNJ–4/5（拆除）	副	24	单回路 1km
N–110–DXPY–1×300	更换 110kV1×300 导线（平地、河网）	钢芯铝绞线，2×JL/G1A，300/40	t	3.67	单回路 1km
		保护金具－防震锤，FDNJ–4/5	副	24	单回路 1km
		钢芯铝绞线（拆除量）	t	3.67	单回路 1km
		保护金具－防震锤，FDNJ–4/5（拆除）	副	24	单回路 1km
N–35–DXSD–1×240	更换 35kV1×240 导线（山地、丘陵）	钢芯铝绞线，2×JL/G1A，240/30	t	2.99	单回路 1km
		保护金具－防震锤，FDNJ–3/4	副	24	单回路 1km
		钢芯铝绞线（拆除量）	t	2.99	单回路 1km
		保护金具－防震锤，FDNJ–3/4（拆除）	副	24	单回路 1km

续表

方案编号	方案名称	设备材料明细	单位	数量	备注
N-35-DXPY-1×240	更换 35kV1×240 导线（平地、河网）	钢芯铝绞线，2×JL/G1A，240/30	t	2.99	单回路 1km
		保护金具－防震锤，FDNJ-3/4	副	24	单回路 1km
		钢芯铝绞线（拆除量）	t	2.99	单回路 1km
		保护金具－防震锤，FDNJ-3/4（拆除）	副	24	单回路 1km

20.3　概算书

更换导线工程典型方案概算书包括总概算表、安装部分汇总概算表、拆除部分汇总概算表、其他费用概算表。基本方案 N-500-DXSD-4×630、N-500-DXSD-4×400、N-500-DXPY-4×630、N-500-DXPY-4×400、N-220-DXSD-2×630、N-220-DXSD-2×400、N-220-DXPY-2×630、N-220-DXPY-2×400、N-110-DXSD-2×240、N-110-DXSD-1×300、N-110-DXPY-2×240、N-110-DXPY-1×300、N-35-DXSD-1×240、N-35-DXPY-1×240 的上述概算表见表 20-3 ~ 表 20-58。

表 20-3　　基本方案 N-500-DXSD-4×630 总概算表　　金额单位：万元

序号	工程或费用名称	含税金额	占工程投资的比例（%）	不含税金额	可抵扣增值税金额
二	安装工程费	65.09	72.67	57.89	7.2
三	拆除工程费	6.77	7.56	6.21	0.56
四	设备购置费				
	其中：编制基准期价差	0.6	0.67	0.6	
五	小计	71.86	80.23	64.1	7.76
	其中：甲供设备材料费	56.09	62.62	49.64	6.45
六	其他费用	17.71	19.77	16.59	1.12
七	基本预备费				
八	特殊项目				
九	工程投资合计	89.57	100	80.69	8.88
	其中：可抵扣增值税金额	8.88			8.88
	其中：施工费	20.4	22.78	18.72	1.68

表 20-4　　基本方案 N-500-DXSD-4×630 安装部分汇总概算表　　金额单位：元

序号	工程或费用名称	安装工程费			设备购置费	合计
		未计价材料费	安装费	小计		
	安装工程	560850	90050	650900		650900
4	架线工程	537587	86555	624142		624142
4.1	架线工程材料工地运输		6804	6804		6804
4.2	导地线架设	537587	79751	617338		617338
5	附件工程	23264	3494	26758		26758
5.1	附件安装工程材料工地运输		78	78		78
5.2	绝缘子串及金具安装	23264	3417	26681		26681
5.2.1	耐张绝缘子串及金具安装	23264	3417	26681		26681
	合计	560850	90050	650900		650900

表 20-5　　基本方案 N-500-DXSD-4×630 拆除部分汇总概算表　　金额单位：元

序号	工程或费用名称	拆除工程费
	拆除工程	67701
4	架线工程	64632
4.1	架线工程材料工地运输	4967
4.2	导地线架设	59665
5	附件工程	3069
5.1	附件安装工程材料工地运输	62
5.2	绝缘子串及金具安装	3008
5.2.1	耐张绝缘子串及金具安装	3008
	合计	67701

表 20-6　　基本方案 N-500-DXSD-4×630 其他费用概算表　　金额单位：元

序号	工程或费用项目名称	编制依据及计算说明	合价
1	建设场地征用及清理费		46250
1.2	施工场地租用费		8000
1.2.2	牵张场地租用费及复耕费	（1×8000）×100%	8000
1.5	输电线路走廊清理费		38250
1.5.1	青苗赔偿	（1×0.85×45000）×100%	38250
2	项目管理费		52889

续表

序号	工程或费用项目名称	编制依据及计算说明	合价
2.1	管理经费	（安装工程费 + 拆除工程费）×3.53%	25367
2.2	招标费	（安装工程费 + 拆除工程费）×0.4%	2874
2.3	工程监理费	（安装工程费 + 拆除工程费）×3.43%	24648
3	项目技术服务费		74940
3.1	前期工作费	安装工程费 ×2.1%	13669
3.3	工程勘察设计费		53534
3.3.2	设计费	设计费 ×100%	53534
3.4	设计文件评审费		3312
3.4.1	初步设计文件评审费	基本设计费 ×3.5%	1588
3.4.2	施工图文件评审费	基本设计费 ×3.8%	1724
3.5	施工过程造价咨询及竣工结算审核费	（安装工程费 + 拆除工程费）×0.38%	2731
3.7	工程检测费		976
3.7.1	工程质量检测费	安装工程费 ×0.15%	976
3.9	技术经济标准编制费	（安装工程费 + 拆除工程费）×0.1%	719
7	其他		3000
7.1	飞行器租赁	（1×3000）×100%	3000
	合计		177079

表 20-7　　基本方案 N-500-DXSD-4×400 总概算表　　金额单位：元

序号	工程或费用名称	含税金额	占工程投资的比例（%）	不含税金额	可抵扣增值税金额
二	安装工程费	45.18	69.36	40.25	4.93
三	拆除工程费	6.06	9.3	5.56	0.5
四	设备购置费				
	其中：编制基准期价差	0.53	0.81	0.53	
五	小计	51.24	78.66	45.81	5.43
	其中：甲供设备材料费	37.05	56.88	32.79	4.26
六	其他费用	13.9	21.34	12.99	0.91
七	基本预备费				
八	特殊项目				
九	工程投资合计	65.14	100	58.8	6.34
	其中：可抵扣增值税金额	6.34			6.34
	其中：施工费	18.81	28.88	17.26	1.55

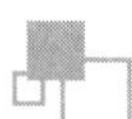

表 20-8　　基本方案 N-500-DXSD-4×400 安装部分汇总概算表　　金额单位：元

序号	工程或费用名称	安装工程费			设备购置费	合计
		未计价材料费	安装费	小计		
	安装工程	370533	81274	451807		451807
4	架线工程	350314	77779	428093		428093
4.1	架线工程材料工地运输		4002	4002		4002
4.2	导地线架设	350314	73777	424091		424091
5	附件工程	20219	3494	23713		23713
5.1	附件安装工程材料工地运输		78	78		78
5.2	绝缘子串及金具安装	20219	3417	23636		23636
5.2.1	耐张绝缘子串及金具安装	20219	3417	23636		23636
	合计	370533	81274	451807		451807

表 20-9　　基本方案 N-500-DXSD-4×400 拆除部分汇总概算表　　金额单位：元

序号	工程或费用名称	拆除工程费
	拆除工程	60603
4	架线工程	57533
4.1	架线工程材料工地运输	2925
4.2	导地线架设	54609
5	附件工程	3069
5.1	附件安装工程材料工地运输	62
5.2	绝缘子串及金具安装	3008
5.2.1	耐张绝缘子串及金具安装	3008
	合计	60603

表 20-10　　基本方案 N-500-DXSD-4×400 其他费用概算表　　金额单位：元

序号	工程或费用项目名称	编制依据及计算说明	合价
1	建设场地征用及清理费		46250
1.2	施工场地租用费		8000
1.2.2	牵张场地租用费及复耕费	（1×8000）×100%	8000
1.5	输电线路走廊清理费		38250
1.5.1	青苗赔偿	（1×0.85×45000）×100%	38250
2	项目管理费		37713
2.1	管理经费	（安装工程费＋拆除工程费）×3.53%	18088

续表

序号	工程或费用项目名称	编制依据及计算说明	合价
2.2	招标费	（安装工程费 + 拆除工程费）×0.4%	2050
2.3	工程监理费	（安装工程费 + 拆除工程费）×3.43%	17576
3	项目技术服务费		52083
3.1	前期工作费	安装工程费 ×2.1%	9488
3.3	工程勘察设计费		37159
3.3.2	设计费	设计费 ×100%	37159
3.4	设计文件评审费		2299
3.4.1	初步设计文件评审费	基本设计费 ×3.5%	1102
3.4.2	施工图文件评审费	基本设计费 ×3.8%	1197
3.5	施工过程造价咨询及竣工结算审核费	（安装工程费 + 拆除工程费）×0.38%	1947
3.7	工程检测费		678
3.7.1	工程质量检测费	安装工程费 ×0.15%	678
3.9	技术经济标准编制费	（安装工程费 + 拆除工程费）×0.1%	512
7	其他		3000
7.1	飞行器租赁	（1×3000）×100%	3000
	合计		139047

表 20-11　　基本方案 N-500-DXPY-4×630 总概算表　　金额单位：元

序号	工程或费用名称	含税金额	占工程投资的比例（%）	不含税金额	可抵扣增值税金额
二	安装工程费	63.75	73.37	56.67	7.08
三	拆除工程费	5.76	6.63	5.28	0.48
四	设备购置费				
	其中：编制基准期价差	0.51	0.59	0.51	
五	小计	69.51	80	61.95	7.56
	其中：甲供设备材料费	56.09	64.55	49.64	6.45
六	其他费用	17.38	20	16.28	1.1
七	基本预备费				
八	特殊项目				
九	工程投资合计	86.89	100	78.23	8.66
	其中：可抵扣增值税金额	8.66			8.66
	其中：施工费	18.04	20.76	16.55	1.49

表 20-12　基本方案 N-500-DXPY-4×630 安装部分汇总概算表　金额单位：元

序号	工程或费用名称	安装工程费			设备购置费	合计
		未计价材料费	安装费	小计		
	安装工程	560850	76614	637464		637464
4	架线工程	537587	73408	610995		610995
4.1	架线工程材料工地运输		6388	6388		6388
4.2	导地线架设	537587	67020	604607		604607
5	附件工程	23264	3205	26469		26469
5.1	附件安装工程材料工地运输		72	72		72
5.2	绝缘子串及金具安装	23264	3133	26397		26397
5.2.1	耐张绝缘子串及金具安装	23264	3133	26397		26397
	合计	560850	76614	637464		637464

表 20-13　基本方案 N-500-DXPY-4×630 拆除部分汇总概算表　金额单位：元

序号	工程或费用名称	拆除工程费
	拆除工程	57573
4	架线工程	54755
4.1	架线工程材料工地运输	4662
4.2	导地线架设	50093
5	附件工程	2818
5.1	附件安装工程材料工地运输	57
5.2	绝缘子串及金具安装	2760
5.2.1	耐张绝缘子串及金具安装	2760
	合计	57573

表 20-14　基本方案 N-500-DXPY-4×630 其他费用概算表　金额单位：元

序号	工程或费用项目名称	编制依据及计算说明	合价
1	建设场地征用及清理费		46250
1.2	施工场地租用费		8000
1.2.2	牵张场地租用费及复耕费	（1×8000）×100%	8000
1.5	输电线路走廊清理费		38250
1.5.1	青苗赔偿	（1×0.85×45000）×100%	38250
2	项目管理费		51155

续表

序号	工程或费用项目名称	编制依据及计算说明	合价
2.1	管理经费	（安装工程费 + 拆除工程费）×3.53%	24535
2.2	招标费	（安装工程费 + 拆除工程费）×0.4%	2780
2.3	工程监理费	（安装工程费 + 拆除工程费）×3.43%	23840
3	项目技术服务费		73351
3.1	前期工作费	安装工程费 ×2.1%	13387
3.3	工程勘察设计费		52429
3.3.2	设计费	设计费 ×100%	52429
3.4	设计文件评审费		3243
3.4.1	初步设计文件评审费	基本设计费 ×3.5%	1555
3.4.2	施工图文件评审费	基本设计费 ×3.8%	1688
3.5	施工过程造价咨询及竣工结算审核费	（安装工程费 + 拆除工程费）×0.38%	2641
3.7	工程检测费		956
3.7.1	工程质量检测费	安装工程费 ×0.15%	956
3.9	技术经济标准编制费	（安装工程费 + 拆除工程费）×0.1%	695
7	其他		3000
7.1	飞行器租赁	（1×3000）×100%	3000
	合计		173756

表 20-15 基本方案 N-500-DXPY-4×400 总概算表 金额单位：元

序号	工程或费用名称	含税金额	占工程投资的比例（%）	不含税金额	可抵扣增值税金额
二	安装工程费	43.95	70.11	39.12	4.83
三	拆除工程费	5.14	8.2	4.72	0.42
四	设备购置费				
	其中：编制基准期价差	0.45	0.72	0.45	
五	小计	49.09	78.31	43.84	5.25
	其中：甲供设备材料费	37.05	59.1	32.79	4.26
六	其他费用	13.6	21.69	12.71	0.89
七	基本预备费				
八	特殊项目				
九	工程投资合计	62.69	100	56.55	6.14
	其中：可抵扣增值税金额	6.14			6.14
	其中：施工费	16.66	26.58	15.28	1.38

表 20-16　基本方案 N-500-DXPY-4×400 安装部分汇总概算表　金额单位：元

序号	工程或费用名称	安装工程费			设备购置费	合计
		未计价材料费	安装费	小计		
	安装工程	370533	68978	439511		439511
4	架线工程	350314	65773	416087		416087
4.1	架线工程材料工地运输		3783	3783		3783
4.2	导地线架设	350314	61990	412304		412304
5	附件工程	20219	3205	23424		23424
5.1	附件安装工程材料工地运输		72	72		72
5.2	绝缘子串及金具安装	20219	3133	23352		23352
5.2.1	耐张绝缘子串及金具安装	20219	3133	23352		23352
	合计	370533	68978	439511		439511

表 20-17　基本方案 N-500-DXPY-4×400 拆除部分汇总概算表　金额单位：元

序号	工程或费用名称	拆除工程费
	拆除工程	51411
4	架线工程	48594
4.1	架线工程材料工地运输	2763
4.2	导地线架设	45830
5	附件工程	2818
5.1	附件安装工程材料工地运输	57
5.2	绝缘子串及金具安装	2760
5.2.1	耐张绝缘子串及金具安装	2760
	合计	51411

表 20-18　基本方案 N-500-DXPY-4×400 其他费用概算表　金额单位：元

序号	工程或费用项目名称	编制依据及计算说明	合价
1	建设场地征用及清理费		46250
1.2	施工场地租用费		8000
1.2.2	牵张场地租用费及复耕费	（1×8000）×100%	8000
1.5	输电线路走廊清理费		38250
1.5.1	青苗赔偿	（1×0.85×45000）×100%	38250
2	项目管理费		36132

续表

序号	工程或费用项目名称	编制依据及计算说明	合价
2.1	管理经费	（安装工程费 + 拆除工程费）×3.53%	17330
2.2	招标费	（安装工程费 + 拆除工程费）×0.4%	1964
2.3	工程监理费	（安装工程费 + 拆除工程费）×3.43%	16839
3	项目技术服务费		50630
3.1	前期工作费	安装工程费 ×2.1%	9230
3.3	工程勘察设计费		36148
3.3.2	设计费	设计费 ×100%	36148
3.4	设计文件评审费		2236
3.4.1	初步设计文件评审费	基本设计费 ×3.5%	1072
3.4.2	施工图文件评审费	基本设计费 ×3.8%	1164
3.5	施工过程造价咨询及竣工结算审核费	（安装工程费 + 拆除工程费）×0.38%	1866
3.7	工程检测费		659
3.7.1	工程质量检测费	安装工程费 ×0.15%	659
3.9	技术经济标准编制费	（安装工程费 + 拆除工程费）×0.1%	491
7	其他		3000
7.1	飞行器租赁	（1×3000）×100%	3000
	合计		136012

表 20-19　　基本方案 N-220-DXSD-2×630 总概算表　　金额单位：元

序号	工程或费用名称	含税金额	占工程投资的比例（%）	不含税金额	可抵扣增值税金额
二	安装工程费	33.3	69.25	29.66	3.64
三	拆除工程费	4.12	8.57	3.78	0.34
四	设备购置费				
	其中：编制基准期价差	0.37	0.77	0.37	
五	小计	37.42	77.81	33.44	3.98
	其中：甲供设备材料费	27.51	57.21	24.34	3.17
六	其他费用	10.67	22.19	9.97	0.7
七	基本预备费				
八	特殊项目				
九	工程投资合计	48.09	100	43.41	4.68
	其中：可抵扣增值税金额	4.68			4.68
	其中：施工费	13.68	28.45	12.55	1.13

表 20-20　基本方案 N-220-DXSD-2×630 安装部分汇总概算表　　金额单位：元

序号	工程或费用名称	安装工程费			设备购置费	合计
		未计价材料费	安装费	小计		
	安装工程	275127	57840	332967		332967
4	架线工程	268793	57140	325934		325934
4.1	架线工程材料工地运输		3397	3397		3397
4.2	导地线架设	268793	53744	322537		322537
5	附件工程	6334	700	7033		7033
5.1	附件安装工程材料工地运输		41	41		41
5.2	绝缘子串及金具安装	6334	658	6992		6992
5.2.1	耐张绝缘子串及金具安装	6334	658	6992		6992
	合计	275127	57840	332967		332967

表 20-21　基本方案 N-220-DXSD-2×630 拆除部分汇总概算表　　金额单位：元

序号	工程或费用名称	拆除工程费
	拆除工程	41249
4	架线工程	40637
4.1	架线工程材料工地运输	2486
4.2	导地线架设	38151
5	附件工程	612
5.1	附件安装工程材料工地运输	33
5.2	绝缘子串及金具安装	579
5.2.1	耐张绝缘子串及金具安装	579
	合计	41249

表 20-22　基本方案 N-220-DXSD-2×630 其他费用概算表　　金额单位：元

序号	工程或费用项目名称	编制依据及计算说明	合价
1	建设场地征用及清理费		37750
1.2	施工场地租用费		8000
1.2.2	牵张场地租用费及复耕费	（1×8000）×100%	8000
1.5	输电线路走廊清理费		29750
1.5.1	青苗赔偿	（1×0.85×35000）×100%	29750
2	项目管理费		27542
2.1	管理经费	（安装工程费＋拆除工程费）×3.53%	13210

续表

序号	工程或费用项目名称	编制依据及计算说明	合价
2.2	招标费	（安装工程费 + 拆除工程费）×0.4%	1497
2.3	工程监理费	（安装工程费 + 拆除工程费）×3.43%	12836
3	项目技术服务费		38367
3.1	前期工作费	安装工程费 ×2.1%	6992
3.3	工程勘察设计费		27385
3.3.2	设计费	设计费 ×100%	27385
3.4	设计文件评审费		1694
3.4.1	初步设计文件评审费	基本设计费 ×3.5%	812
3.4.2	施工图文件评审费	基本设计费 ×3.8%	882
3.5	施工过程造价咨询及竣工结算审核费	（安装工程费 + 拆除工程费）×0.38%	1422
3.7	工程检测费		499
3.7.1	工程质量检测费	安装工程费 ×0.15%	499
3.9	技术经济标准编制费	（安装工程费 + 拆除工程费）×0.1%	374
7	其他		3000
7.1	飞行器租赁	（1×3000）×100%	3000
	合计		106660

表 20-23　　基本方案 N-220-DXSD-2×400 总概算表　　金额单位：元

序号	工程或费用名称	含税金额	占工程投资的比例（%）	不含税金额	可抵扣增值税金额
二	安装工程费	23.14	65.53	20.64	2.5
三	拆除工程费	3.47	9.83	3.18	0.29
四	设备购置费				
	其中：编制基准期价差	0.31	0.88	0.31	
五	小计	26.61	75.36	23.82	2.79
	其中：甲供设备材料费	18.15	51.4	16.06	2.09
六	其他费用	8.7	24.64	8.11	0.59
七	基本预备费				
八	特殊项目				
九	工程投资合计	35.31	100	31.93	3.38
	其中：可抵扣增值税金额	3.38			3.38
	其中：施工费	12.24	34.66	11.23	1.01

表 20-24　　基本方案 N-220-DXSD-2×400 安装部分汇总概算表　　金额单位：元

序号	工程或费用名称	安装工程费			设备购置费	合计
		未计价材料费	安装费	小计		
	安装工程	181491	49947	231437		231437
4	架线工程	175157	49247	224404		224404
4.1	架线工程材料工地运输		1998	1998		1998
4.2	导地线架设	175157	47249	222406		222406
5	附件工程	6334	700	7033		7033
5.1	附件安装工程材料工地运输		41	41		41
5.2	绝缘子串及金具安装	6334	658	6992		6992
5.2.1	耐张绝缘子串及金具安装	6334	658	6992		6992
	合计	181491	49947	231437		231437

表 20-25　　基本方案 N-220-DXSD-2×400 拆除部分汇总概算表　　金额单位：元

序号	工程或费用名称	拆除工程费
	拆除工程	34699
4	架线工程	34087
4.1	架线工程材料工地运输	1462
4.2	导地线架设	32624
5	附件工程	612
5.1	附件安装工程材料工地运输	33
5.2	绝缘子串及金具安装	579
5.2.1	耐张绝缘子串及金具安装	579
	合计	34699

表 20-26　　基本方案 N-220-DXSD-2×400 其他费用概算表　　金额单位：元

序号	工程或费用项目名称	编制依据及计算说明	合价
1	建设场地征用及清理费		37750
1.2	施工场地租用费		8000
1.2.2	牵张场地租用费及复耕费	（1×8000）×100%	8000
1.5	输电线路走廊清理费		29750
1.5.1	青苗赔偿	（1×0.85×35000）×100%	29750
2	项目管理费		19588

续表

序号	工程或费用项目名称	编制依据及计算说明	合价
2.1	管理经费	（安装工程费 + 拆除工程费）×3.53%	9395
2.2	招标费	（安装工程费 + 拆除工程费）×0.4%	1065
2.3	工程监理费	（安装工程费 + 拆除工程费）×3.43%	9128
3	项目技术服务费		26697
3.1	前期工作费	安装工程费 ×2.1%	4860
3.3	工程勘察设计费		19035
3.3.2	设计费	设计费 ×100%	19035
3.4	设计文件评审费		1178
3.4.1	初步设计文件评审费	基本设计费 ×3.5%	565
3.4.2	施工图文件评审费	基本设计费 ×3.8%	613
3.5	施工过程造价咨询及竣工结算审核费	（安装工程费 + 拆除工程费）×0.38%	1011
3.7	工程检测费		347
3.7.1	工程质量检测费	安装工程费 ×0.15%	347
3.9	技术经济标准编制费	（安装工程费 + 拆除工程费）×0.1%	266
7	其他		3000
7.1	飞行器租赁	（1×3000）×100%	3000
	合计		87035

表 20-27　　基本方案 N-220-DXPY-2×630 总概算表　　金额单位：元

序号	工程或费用名称	含税金额	占工程投资的比例（%）	不含税金额	可抵扣增值税金额
二	安装工程费	32.42	69.93	28.85	3.57
三	拆除工程费	3.49	7.53	3.2	0.29
四	设备购置费				
	其中：编制基准期价差	0.31	0.67	0.31	
五	小计	35.91	77.46	32.05	3.86
	其中：甲供设备材料费	27.51	59.34	24.34	3.17
六	其他费用	10.45	22.54	9.76	0.69
七	基本预备费				
八	特殊项目				
九	工程投资合计	46.36	100	41.81	4.55
	其中：可抵扣增值税金额	4.55			4.55
	其中：施工费	12.17	26.25	11.17	1

表 20-28　　基本方案 N-220-DXPY-2×630 安装部分汇总概算表　　金额单位：元

序号	工程或费用名称	安装工程费			设备购置费	合计
		未计价材料费	安装费	小计		
	安装工程	275127	49028	324155		324155
4	架线工程	268793	48386	317179		317179
4.1	架线工程材料工地运输		3189	3189		3189
4.2	导地线架设	268793	45197	313990		313990
5	附件工程	6334	642	6976		6976
5.1	附件安装工程材料工地运输		38	38		38
5.2	绝缘子串及金具安装	6334	604	6937		6937
5.2.1	耐张绝缘子串及金具安装	6334	604	6937		6937
	合计	275127	49028	324155		324155

表 20-29　　基本方案 N-220-DXPY-2×630 拆除部分汇总概算表　　金额单位：元

序号	工程或费用名称	拆除工程费
	拆除工程	34927
4	架线工程	34364
4.1	架线工程材料工地运输	2334
4.2	导地线架设	32031
5	附件工程	562
5.1	附件安装工程材料工地运输	31
5.2	绝缘子串及金具安装	532
5.2.1	耐张绝缘子串及金具安装	532
	合计	34927

表 20-30　　基本方案 N-220-DXPY-2×630 其他费用概算表　　金额单位：元

序号	工程或费用项目名称	编制依据及计算说明	合计
1	建设场地征用及清理费		37750
1.2	施工场地租用费		8000
1.2.2	牵张场地租用费及复耕费	（1×8000）×100%	8000
1.5	输电线路走廊清理费		29750
1.5.1	青苗赔偿	（1×0.85×35000）×100%	29750
2	项目管理费		26428
2.1	管理经费	（安装工程费＋拆除工程费）×3.53%	12676

续表

序号	工程或费用项目名称	编制依据及计算说明	合计
2.2	招标费	（安装工程费 + 拆除工程费）×0.4%	1436
2.3	工程监理费	（安装工程费 + 拆除工程费）×3.43%	12317
3	项目技术服务费		37327
3.1	前期工作费	安装工程费 ×2.1%	6807
3.3	工程勘察设计费		26660
3.3.2	设计费	设计费 ×100%	26660
3.4	设计文件评审费		1649
3.4.1	初步设计文件评审费	基本设计费 ×3.5%	791
3.4.2	施工图文件评审费	基本设计费 ×3.8%	859
3.5	施工过程造价咨询及竣工结算审核费	（安装工程费 + 拆除工程费）×0.38%	1365
3.7	工程检测费		486
3.7.1	工程质量检测费	安装工程费 ×0.15%	486
3.9	技术经济标准编制费	（安装工程费 + 拆除工程费）×0.1%	359
7	其他		3000
7.1	飞行器租赁	（1×3000）×100%	3000
	合计		104505

表 20-31　　基本方案 N-220-DXPY-2×400 总概算表　　金额单位：元

序号	工程或费用名称	含税金额	占工程投资的比例（%）	不含税金额	可抵扣增值税金额
二	安装工程费	22.38	66.15	19.94	2.44
三	拆除工程费	2.93	8.66	2.69	0.24
四	设备购置费				
	其中：编制基准期价差	0.26	0.77	0.26	
五	小计	25.31	74.82	22.63	2.68
	其中：甲供设备材料费	18.15	53.65	16.06	2.09
六	其他费用	8.52	25.18	7.94	0.58
七	基本预备费				
八	特殊项目				
九	工程投资合计	33.83	100	30.57	3.26
	其中：可抵扣增值税金额	3.26			3.26
	其中：施工费	10.93	32.31	10.03	0.9

表 20-32　基本方案 N-220-DXPY-2×400 安装部分汇总概算表　金额单位：元

序号	工程或费用名称	安装工程费			设备购置费	合计
		未计价材料费	安装费	小计		
	安装工程	181491	42264	223755		223755
4	架线工程	175157	41622	216779		216779
4.1	架线工程材料工地运输		1889	1889		1889
4.2	导地线架设	175157	39733	214890		214890
5	附件工程	6334	642	6976		6976
5.1	附件安装工程材料工地运输		38	38		38
5.2	绝缘子串及金具安装	6334	604	6937		6937
5.2.1	耐张绝缘子串及金具安装	6334	604	6937		6937
	合计	181491	42264	223755		223755

表 20-33　基本方案 N-220-DXPY-2×400 拆除部分汇总概算表　金额单位：元

序号	工程或费用名称	拆除工程费
	拆除工程	29321
4	架线工程	28759
4.1	架线工程材料工地运输	1382
4.2	导地线架设	27377
5	附件工程	562
5.1	附件安装工程材料工地运输	31
5.2	绝缘子串及金具安装	532
5.2.1	耐张绝缘子串及金具安装	532
	合计	29321

表 20-34　基本方案 N-220-DXPY-2×400 其他费用概算表　金额单位：元

序号	工程或费用项目名称	编制依据及计算说明	合价
1	建设场地征用及清理费		37750
1.2	施工场地租用费		8000
1.2.2	牵张场地租用费及复耕费	（1×8000）×100%	8000
1.5	输电线路走廊清理费		29750
1.5.1	青苗赔偿	（1×0.85×35000）×100%	29750
2	项目管理费		18626
2.1	管理经费	（安装工程费＋拆除工程费）×3.53%	8934

续表

序号	工程或费用项目名称	编制依据及计算说明	合价
2.2	招标费	（安装工程费＋拆除工程费）×0.4%	1012
2.3	工程监理费	（安装工程费＋拆除工程费）×3.43%	8681
3	项目技术服务费		25791
3.1	前期工作费	安装工程费 ×2.1%	4699
3.3	工程勘察设计费		18403
3.3.2	设计费	设计费 ×100%	18403
3.4	设计文件评审费		1138
3.4.1	初步设计文件评审费	基本设计费 ×3.5%	546
3.4.2	施工图文件评审费	基本设计费 ×3.8%	593
3.5	施工过程造价咨询及竣工结算审核费	（安装工程费＋拆除工程费）×0.38%	962
3.7	工程检测费		336
3.7.1	工程质量检测费	安装工程费 ×0.15%	336
3.9	技术经济标准编制费	（安装工程费＋拆除工程费）×0.1%	253
7	其他		3000
7.1	飞行器租赁	（1×3000）×100%	3000
	合计		85167

表 20-35 基本方案 N-110-DXSD-2×240 总概算表 金额单位：元

序号	工程或费用名称	含税金额	占工程投资的比例（%）	不含税金额	可抵扣增值税金额
二	安装工程费	16.64	62.44	14.88	1.76
三	拆除工程费	3.15	11.82	2.89	0.26
四	设备购置费				
	其中：编制基准期价差	0.28	1.05	0.28	
五	小计	19.79	74.26	17.77	2.02
	其中：甲供设备材料费	12.03	45.14	10.65	1.38
六	其他费用	6.86	25.74	6.39	0.47
七	基本预备费				
八	特殊项目				
九	工程投资合计	26.65	100	24.16	2.49
	其中：可抵扣增值税金额	2.49			2.49
	其中：施工费	10.94	41.05	10.04	0.9

表 20-36　基本方案 N-110-DXSD-2×240 安装部分汇总概算表　金额单位：元

序号	工程或费用名称	安装工程费			设备购置费	合计
		未计价材料费	安装费	小计		
	安装工程	120336	46080	166415		166415
4	架线工程	115464	45380	160844		160844
4.1	架线工程材料工地运输		1363	1363		1363
4.2	导地线架设	115464	44017	159481		159481
5	附件工程	4872	699	5571		5571
5.1	附件安装工程材料工地运输		41	41		41
5.2	绝缘子串及金具安装	4872	658	5530		5530
5.2.1	耐张绝缘子串及金具安装	4872	658	5530		5530
	合计	120336	46080	166415		166415

表 20-37　基本方案 N-110-DXSD-2×240 拆除部分汇总概算表　金额单位：元

序号	工程或费用名称	拆除工程费
	拆除工程	31498
4	架线工程	30886
4.1	架线工程材料工地运输	1001
4.2	导地线架设	29884
5	附件工程	612
5.1	附件安装工程材料工地运输	33
5.2	绝缘子串及金具安装	579
5.2.1	耐张绝缘子串及金具安装	579
	合计	31498

表 20-38　基本方案 N-110-DXSD-2×240 其他费用概算表　金额单位：元

序号	工程或费用项目名称	编制依据及计算说明	合价
1	建设场地征用及清理费		31800
1.2	施工场地租用费		8000
1.2.2	牵张场地租用费及复耕费	（1×8000）×100%	8000
1.5	输电线路走廊清理费		23800
1.5.1	青苗赔偿	（1×0.85×28000）×100%	23800
2	项目管理费		14566

续表

序号	工程或费用项目名称	编制依据及计算说明	合价
2.1	管理经费	（安装工程费 + 拆除工程费）×3.53%	6986
2.2	招标费	（安装工程费 + 拆除工程费）×0.4%	792
2.3	工程监理费	（安装工程费 + 拆除工程费）×3.43%	6788
3	项目技术服务费		19276
3.1	前期工作费	安装工程费 ×2.1%	3495
3.3	工程勘察设计费		13687
3.3.2	设计费	设计费 ×100%	13687
3.4	设计文件评审费		847
3.4.1	初步设计文件评审费	基本设计费 ×3.5%	406
3.4.2	施工图文件评审费	基本设计费 ×3.8%	441
3.5	施工过程造价咨询及竣工结算审核费	（安装工程费 + 拆除工程费）×0.38%	800
3.7	工程检测费		250
3.7.1	工程质量检测费	安装工程费 ×0.15%	250
3.9	技术经济标准编制费	（安装工程费 + 拆除工程费）×0.1%	198
7	其他		3000
7.1	飞行器租赁	（1×3000）×100%	3000
	合计		68642

表 20-39　　基本方案 N-110-DXSD-1×300 总概算表　　金额单位：万元

序号	工程或费用名称	含税金额	占工程投资的比例（%）	不含税金额	可抵扣增值税金额
二	安装工程费	10.79	57.76	9.66	1.13
三	拆除工程费	2.18	11.67	2	0.18
四	设备购置费				
	其中：编制基准期价差	0.2	1.07	0.2	
五	小计	12.97	69.43	11.66	1.31
	其中：甲供设备材料费	7.37	39.45	6.52	0.85
六	其他费用	5.71	30.57	5.3	0.41
七	基本预备费				
八	特殊项目				
九	工程投资合计	18.68	100	16.96	1.72
	其中：可抵扣增值税金额	1.72			1.72
	其中：施工费	8.78	47	8.06	0.72

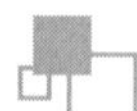

表 20-40　基本方案 N-110-DXSD-1×300 安装部分汇总概算表　金额单位：元

序号	工程或费用名称	安装工程费			设备购置费	合计
		未计价材料费	安装费	小计		
	安装工程	73709	34209	107918		107918
4	架线工程	70542	33750	104293		104293
4.1	架线工程材料工地运输		837	837		837
4.2	导地线架设	70542	32913	103455		103455
5	附件工程	3167	459	3626		3626
5.1	附件安装工程材料工地运输		21	21		21
5.2	绝缘子串及金具安装	3167	438	3605		3605
5.2.1	耐张绝缘子串及金具安装	3167	438	3605		3605
	合计	73709	34209	107918		107918

表 20-41　基本方案 N-110-DXSD-1×300 拆除部分汇总概算表　金额单位：元

序号	工程或费用名称	拆除工程费
	拆除工程	21781
4	架线工程	21379
4.1	架线工程材料工地运输	615
4.2	导地线架设	20765
5	附件工程	401
5.1	附件安装工程材料工地运输	16
5.2	绝缘子串及金具安装	385
5.2.1	耐张绝缘子串及金具安装	385
	合计	21781

表 20-42　基本方案 N-110-DXSD-1×300 其他费用概算表　金额单位：元

序号	工程或费用项目名称	编制依据及计算说明	合价
1	建设场地征用及清理费		31800
1.2	施工场地租用费		8000
1.2.2	牵张场地租用费及复耕费	（1×8000）×100%	8000
1.5	输电线路走廊清理费		23800
1.5.1	青苗赔偿	（1×0.85×28000）×100%	23800
2	项目管理费		9546
2.1	管理经费	（安装工程费＋拆除工程费）×3.53%	4578

续表

序号	工程或费用项目名称	编制依据及计算说明	合价
2.2	招标费	（安装工程费＋拆除工程费）×0.4%	519
2.3	工程监理费	（安装工程费＋拆除工程费）×3.43%	4449
3	项目技术服务费		12783
3.1	前期工作费	安装工程费 ×2.1%	2266
3.3	工程勘察设计费		8876
3.3.2	设计费	设计费 ×100%	8876
3.4	设计文件评审费		549
3.4.1	初步设计文件评审费	基本设计费 ×3.5%	263
3.4.2	施工图文件评审费	基本设计费 ×3.8%	286
3.5	施工过程造价咨询及竣工结算审核费	（安装工程费＋拆除工程费）×0.38%	800
3.7	工程检测费		162
3.7.1	工程质量检测费	安装工程费 ×0.15%	162
3.9	技术经济标准编制费	（安装工程费＋拆除工程费）×0.1%	130
7	其他		3000
7.1	飞行器租赁	（1×3000）×100%	3000
	合计		57129

表 20-43　　基本方案 N-110-DXPY-2×240 总概算表　　金额单位：万元

序号	工程或费用名称	含税金额	占工程投资的比例（%）	不含税金额	可抵扣增值税金额
二	安装工程费	15.93	62.99	14.22	1.71
三	拆除工程费	2.66	10.52	2.44	0.22
四	设备购置费				
	其中：编制基准期价差	0.24	0.95	0.24	
五	小计	18.59	73.51	16.66	1.93
	其中：甲供设备材料费	12.03	47.57	10.65	1.38
六	其他费用	6.7	26.49	6.24	0.46
七	基本预备费				
八	特殊项目				
九	工程投资合计	25.29	100	22.9	2.39
	其中：可抵扣增值税金额	2.39			2.39
	其中：施工费	9.73	38.47	8.93	0.8

表 20-44　基本方案 N-110-DXPY-2×240 安装部分汇总概算表　金额单位：元

序号	工程或费用名称	安装工程费			设备购置费	合计
		未计价材料费	安装费	小计		
	安装工程	120336	38939	159275		159275
4	架线工程	115464	38297	153761		153761
4.1	架线工程材料工地运输		1288	1288		1288
4.2	导地线架设	115464	37009	152472		152472
5	附件工程	4872	642	5514		5514
5.1	附件安装工程材料工地运输		38	38		38
5.2	绝缘子串及金具安装	4872	604	5476		5476
5.2.1	耐张绝缘子串及金具安装	4872	604	5476		5476
	合计	120336	38939	159275		159275

表 20-45　基本方案 N-110-DXPY-2×240 拆除部分汇总概算表　金额单位：元

序号	工程或费用名称	拆除工程费
	拆除工程	26573
4	架线工程	26011
4.1	架线工程材料工地运输	946
4.2	导地线架设	25064
5	附件工程	562
5.1	附件安装工程材料工地运输	31
5.2	绝缘子串及金具安装	532
5.2.1	耐张绝缘子串及金具安装	532
	合计	26573

表 20-46　基本方案 N-110-DXPY-2×240 其他费用概算表　金额单位：元

序号	工程或费用项目名称	编制依据及计算说明	合价
1	建设场地征用及清理费		31800
1.2	施工场地租用费		8000
1.2.2	牵张场地租用费及复耕费	（1×8000）×100%	8000
1.5	输电线路走廊清理费		23800
1.5.1	青苗赔偿	（1×0.85×28000）×100%	23800
2	项目管理费		13678
2.1	管理经费	（安装工程费＋拆除工程费）×3.53%	6560

续表

序号	工程或费用项目名称	编制依据及计算说明	合价
2.2	招标费	（安装工程费＋拆除工程费）×0.4%	743
2.3	工程监理费	（安装工程费＋拆除工程费）×3.43%	6375
3	项目技术服务费		18480
3.1	前期工作费	安装工程费 ×2.1%	3345
3.3	工程勘察设计费		13100
3.3.2	设计费	设计费 ×100%	13100
3.4	设计文件评审费		810
3.4.1	初步设计文件评审费	基本设计费 ×3.5%	389
3.4.2	施工图文件评审费	基本设计费 ×3.8%	422
3.5	施工过程造价咨询及竣工结算审核费	（安装工程费＋拆除工程费）×0.38%	800
3.7	工程检测费		239
3.7.1	工程质量检测费	安装工程费 ×0.15%	239
3.9	技术经济标准编制费	（安装工程费＋拆除工程费）×0.1%	186
7	其他		3000
7.1	飞行器租赁	（1×3000）×100%	3000
	合计		66958

表 20-47　　基本方案 N-110-DXPY-1×300 总概算表　　金额单位：万元

序号	工程或费用名称	含税金额	占工程投资的比例（%）	不含税金额	可抵扣增值税金额
二	安装工程费	10.26	58	9.17	1.09
三	拆除工程费	1.84	10.4	1.69	0.15
四	设备购置费				
	其中：编制基准期价差	0.17	0.96	0.17	
五	小计	12.1	68.4	10.86	1.24
	其中：甲供设备材料费	7.37	41.66	6.52	0.85
六	其他费用	5.59	31.6	5.19	0.4
七	基本预备费				
八	特殊项目				
九	工程投资合计	17.69	100	16.05	1.64
	其中：可抵扣增值税金额	1.64			1.64
	其中：施工费	7.91	44.71	7.26	0.65

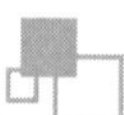

表 20-48　　基本方案 N-110-DXPY-1×300 安装部分汇总概算表　　金额单位：元

序号	工程或费用名称	安装工程费			设备购置费	合计
		未计价材料费	安装费	小计		
	安装工程	73709	28914	102624		102624
4	架线工程	70542	28494	99036		99036
4.1	架线工程材料工地运输		791	791		791
4.2	导地线架设	70542	27703	98245		98245
5	附件工程	3167	420	3587		3587
5.1	附件安装工程材料工地运输		19	19		19
5.2	绝缘子串及金具安装	3167	401	3568		3568
5.2.1	耐张绝缘子串及金具安装	3167	401	3568		3568
	合计	73709	28914	102624		102624

表 20-49　　基本方案 N-110-DXPY-1×300 拆除部分汇总概算表　　金额单位：元

序号	工程或费用名称	拆除工程费
	拆除工程	18368
4	架线工程	18000
4.1	架线工程材料工地运输	581
4.2	导地线架设	17419
5	附件工程	368
5.1	附件安装工程材料工地运输	15
5.2	绝缘子串及金具安装	353
5.2.1	耐张绝缘子串及金具安装	353
	合计	18368

表 20-50　　基本方案 N-110-DXPY-1×300 其他费用概算表　　金额单位：元

序号	工程或费用项目名称	编制依据及计算说明	合价
1	建设场地征用及清理费		31800
1.2	施工场地租用费		8000
1.2.2	牵张场地租用费及复耕费	（1×8000）×100%	8000
1.5	输电线路走廊清理费		23800
1.5.1	青苗赔偿	（1×0.85×28000）×100%	23800
2	项目管理费		8905
2.1	管理经费	（安装工程费＋拆除工程费）×3.53%	4271

续表

序号	工程或费用项目名称	编制依据及计算说明	合价
2.2	招标费	（安装工程费 + 拆除工程费）× 0.4%	484
2.3	工程监理费	（安装工程费 + 拆除工程费）× 3.43%	4150
3	项目技术服务费		12193
3.1	前期工作费	安装工程费 × 2.1%	2155
3.3	工程勘察设计费		8440
3.3.2	设计费	设计费 × 100%	8440
3.4	设计文件评审费		522
3.4.1	初步设计文件评审费	基本设计费 × 3.5%	250
3.4.2	施工图文件评审费	基本设计费 × 3.8%	272
3.5	施工过程造价咨询及竣工结算审核费	（安装工程费 + 拆除工程费）× 0.38%	800
3.7	工程检测费		154
3.7.1	工程质量检测费	安装工程费 × 0.15%	154
3.9	技术经济标准编制费	（安装工程费 + 拆除工程费）× 0.1%	121
7	其他		3000
7.1	飞行器租赁	（1 × 3000）× 100%	3000
	合计		55898

表 20-51　　基本方案 N-35-DXSD-1 × 240 总概算表　　金额单位：万元

序号	工程或费用名称	含税金额	占工程投资的比例（%）	不含税金额	可抵扣增值税金额
二	安装工程费	9.42	60.7	8.45	0.97
三	拆除工程费	2.17	13.98	1.99	0.18
四	设备购置费				
	其中：编制基准期价差	0.2	1.29	0.2	
五	小计	11.59	74.68	10.44	1.15
	其中：甲供设备材料费	6.02	38.79	5.33	0.69
六	其他费用	3.93	25.32	3.66	0.27
七	基本预备费				
八	特殊项目				
九	工程投资合计	15.52	100	14.1	1.42
	其中：可抵扣增值税金额	1.42			1.42
	其中：施工费	7.22	46.52	6.62	0.6

表 20-52　　基本方案 N-35-DXSD-1×240 安装部分汇总概算表　　金额单位：元

序号	工程或费用名称	安装工程费			设备购置费	合计
		未计价材料费	安装费	小计		
	安装工程	60168	34054	94222		94222
4	架线工程	57732	33595	91327		91327
4.1	架线工程材料工地运输		682	682		682
4.2	导地线架设	57732	32913	90645		90645
5	附件工程	2436	459	2895		2895
5.1	附件安装工程材料工地运输		21	21		21
5.2	绝缘子串及金具安装	2436	438	2874		2874
5.2.1	耐张绝缘子串及金具安装	2436	438	2874		2874
	合计	60168	34054	94222		94222

表 20-53　　基本方案 N-35-DXSD-1×240 拆除部分汇总概算表　　金额单位：元

序号	工程或费用名称	拆除工程费
	拆除工程	21667
4	架线工程	21266
4.1	架线工程材料工地运输	501
4.2	导地线架设	20765
5	附件工程	401
5.1	附件安装工程材料工地运输	16
5.2	绝缘子串及金具安装	385
5.2.1	耐张绝缘子串及金具安装	385
	合计	21667

表 20-54　　基本方案 N-35-DXSD-1×240 其他费用概算表　　金额单位：元

序号	工程或费用项目名称	编制依据及计算说明	合价
1	建设场地征用及清理费		16500
1.2	施工场地租用费		8000
1.2.2	牵张场地租用费及复耕费	（1×8000）×100%	8000
1.5	输电线路走廊清理费		8500
1.5.1	青苗赔偿	（1×0.85×10000）×100%	8500
2	项目管理费		8529
2.1	管理经费	（安装工程费＋拆除工程费）×3.53%	4091

续表

序号	工程或费用项目名称	编制依据及计算说明	合价
2.2	招标费	（安装工程费 + 拆除工程费）×0.4%	464
2.3	工程监理费	（安装工程费 + 拆除工程费）×3.43%	3975
3	项目技术服务费		11265
3.1	前期工作费	安装工程费 ×2.1%	1979
3.3	工程勘察设计费		7749
3.3.2	设计费	设计费 ×100%	7749
3.4	设计文件评审费		479
3.4.1	初步设计文件评审费	基本设计费 ×3.5%	230
3.4.2	施工图文件评审费	基本设计费 ×3.8%	250
3.5	施工过程造价咨询及竣工结算审核费	（安装工程费 + 拆除工程费）×0.38%	800
3.7	工程检测费		141
3.7.1	工程质量检测费	安装工程费 ×0.15%	141
3.9	技术经济标准编制费	（安装工程费 + 拆除工程费）×0.1%	116
7	其他		3000
7.1	飞行器租赁	（1×3000）×100%	3000
	合计		39294

表 20-55　　基本方案 N-35-DXPY-1×240 总概算表　　金额单位：万元

序号	工程或费用名称	含税金额	占工程投资的比例（%）	不含税金额	可抵扣增值税金额
二	安装工程费	8.89	61.18	7.96	0.93
三	拆除工程费	1.83	12.59	1.68	0.15
四	设备购置费				
	其中：编制基准期价差	0.17	1.17	0.17	
五	小计	10.72	73.78	9.64	1.08
	其中：甲供设备材料费	6.02	41.43	5.33	0.69
六	其他费用	3.81	26.22	3.55	0.26
七	基本预备费				
八	特殊项目				
九	工程投资合计	14.53	100	13.19	1.34
	其中：可抵扣增值税金额	1.34			1.34
	其中：施工费	6.35	43.7	5.83	0.52

表 20-56　　基本方案 N-35-DXPY-1×240 安装部分汇总概算表　　金额单位：元

序号	工程或费用名称	安装工程费			设备购置费	合计
		未计价材料费	安装费	小计		
	安装工程	60168	28767	88935		88935
4	架线工程	57732	28347	86079		86079
4.1	架线工程材料工地运输		644	644		644
4.2	导地线架设	57732	27703	85435		85435
5	附件工程	2436	420	2856		2856
5.1	附件安装工程材料工地运输		19	19		19
5.2	绝缘子串及金具安装	2436	401	2837		2837
5.2.1	耐张绝缘子串及金具安装	2436	401	2837		2837
	合计	60168	28767	88935		88935

表 20-57　　基本方案 N-35-DXPY-1×240 拆除部分汇总概算表　　金额单位：元

序号	工程或费用名称	拆除工程费
	拆除工程	18260
4	架线工程	17892
4.1	架线工程材料工地运输	473
4.2	导地线架设	17419
5	附件工程	368
5.1	附件安装工程材料工地运输	15
5.2	绝缘子串及金具安装	353
5.2.1	耐张绝缘子串及金具安装	353
	合计	18260

表 20-58　　基本方案 N-35-DXPY-1×240 其他费用概算表　　金额单位：元

序号	工程或费用项目名称	编制依据及计算说明	合价
1	建设场地征用及清理费		16500
1.2	施工场地租用费		8000
1.2.2	牵张场地租用费及复耕费	（1×8000）×100%	8000
1.5	输电线路走廊清理费		8500
1.5.1	青苗赔偿	（1×0.85×10000）×100%	8500
2	项目管理费		7890
2.1	管理经费	（安装工程费＋拆除工程费）×3.53%	3784

续表

序号	工程或费用项目名称	编制依据及计算说明	合价
2.2	招标费	（安装工程费 + 拆除工程费）×0.4%	429
2.3	工程监理费	（安装工程费 + 拆除工程费）×3.43%	3677
3	项目技术服务费		10675
3.1	前期工作费	安装工程费 ×2.1%	1868
3.3	工程勘察设计费		7315
3.3.2	设计费	设计费 ×100%	7315
3.4	设计文件评审费		453
3.4.1	初步设计文件评审费	基本设计费 ×3.5%	217
3.4.2	施工图文件评审费	基本设计费 ×3.8%	236
3.5	施工过程造价咨询及竣工结算审核费	（安装工程费 + 拆除工程费）×0.38%	800
3.7	工程检测费		133
3.7.1	工程质量检测费	安装工程费 ×0.15%	133
3.9	技术经济标准编制费	（安装工程费 + 拆除工程费）×0.1%	107
7	其他		3000
7.1	飞行器租赁	（1×3000）×100%	3000
	合计		38065

20.4　单位工程参考价

更换导线工程典型方案单位造价见表 20-59。

表 20-59　　更换导线工程典型方案单位造价

方案编号	方案名称	电压等级	地形	型号	单位	单位造价
N-500-DXSD-4×630	更换 500kV4×630 导线（山地、丘陵）	500kV	山地、丘陵	钢芯铝绞线，4×JL/G1A，630/45	万元 /km	89.57
N-500-DXSD-4×400	更换 500kV4×400 导线（山地、丘陵）			钢芯铝绞线，4×JL/G1A，400/35	万元 /km	65.14
N-500-DXPY-4×630	更换 500kV4×630 导线（平地、河网）		平地、河网	钢芯铝绞线，4×JL/G1A，630/45	万元 /km	86.89
N-500-DXPY-4×400	更换 500kV4×400 导线（山地、丘陵）			钢芯铝绞线，4×JL/G1A，400/35	万元 /km	62.69

续表

方案编号	方案名称	电压等级	地形	型号	单位	单位造价
N-220-DXSD-2×630	更换 220kV2×630 导线（山地、丘陵）	220kV	山地、丘陵	钢芯铝绞线，2×JL/G1A，630/45	万元 /km	48.09
N-220-DXSD-2×400	更换 220kV2×400 导线（山地、丘陵）			钢芯铝绞线，2×JL/G1A，400/35	万元 /km	35.31
N-220-DXPY-2×630	更换 220kV2×630 导线（平地、河网）		平地、河网	钢芯铝绞线，2×JL/G1A，630/45	万元 /km	46.36
N-220-DXPY-2×400	更换 220kV2×400 导线（平地、河网）			钢芯铝绞线，2×JL/G1A，400/35	万元 /km	33.83
N-110-DXSD-2×240	更换 110kV2×240 导线（山地、丘陵）	110kV	山地、丘陵	钢芯铝绞线，2×JL/G1A，240/30	万元 /km	26.65
N-110-DXSD-1×300	更换 110kV1×300 导线（山地、丘陵）			钢芯铝绞线，1×JL/G1A，300/40	万元 /km	18.68
N-110-DXPY-2×240	更换 110kV2×240 导线（平地、河网）		平地、河网	钢芯铝绞线，2×JL/G1A，240/30	万元 /km	25.29
N-110-DXPY-1×300	更换 110kV1×300 导线（平地、河网）			钢芯铝绞线，1×JL/G1A，300/40	万元 /km	17.69
N-35-DXSD-1×240	更换 35kV1×240 导线（山地、丘陵）	35kV	山地、丘陵	钢芯铝绞线，1×JL/G1A，240/30	万元 /km	15.52
N-35-DXPY-1×240	更换 35kV1×240 导线（平地、河网）		平地、河网	钢芯铝绞线，1×JL/G1A，240/30	万元 /km	14.53

第 21 章　更换普通地线

21.1　典型方案

本典型方案为更换普通地线工程。更换普通地线工程的主要工作包含：地线的运输、装卸，架线，金具安装及配套拆除工作。

21.2　技术方案

更换普通地线工程典型方案主要技术条件表和主要材料表见表 21-1 和表 21-2。

表 21-1　　　　更换普通地线工程典型方案主要技术条件表

方案编号	方案名称	单位	工程主要技术条件	
O-GWSD-150	更换 150mm^2 普通地线工程（山地、丘陵）	km	工作范围	更换普通地线
			地线类型	架空地线
			是否跨越	否
			规格型号	JLB40-150
			地形	50% 山地，50% 丘陵
			气象条件	覆冰 10mm，最大风速 27m/s
			运距	汽车运距 5km
O-GWPY-150	更换 150mm^2 普通地线工程（平地、河网）	km	工作范围	更换普通地线
			地线类型	架空地线
			是否跨越	否
			规格型号	JLB40-150
			地形	50% 平地，50% 河网
			气象条件	覆冰 10mm，最大风速 27m/s
			运距	汽车运距 5km

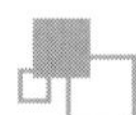

续表

方案编号	方案名称	单位	工程主要技术条件	
O-GWSD-120	更换 120mm^2 普通地线工程（山地、丘陵）	km	工作范围	更换普通地线
			地线类型	架空地线
			是否跨越	否
			规格型号	JLB40-120
			地形	50% 山地，50% 丘陵
			气象条件	覆冰 10mm，最大风速 27m/s
			运距	汽车运距 5km
O-GWPY-120	更换 120mm^2 普通地线工程（平地、河网）	km	工作范围	更换普通地线
			地线类型	架空地线
			是否跨越	否
			规格型号	JLB40-120
			地形	50% 平地，50% 河网
			气象条件	覆冰 10mm，最大风速 27m/s
			运距	汽车运距 5km

表 21-2　　　　更换普通地线工程典型方案主要设备材料表

方案编号	方案名称	设备材料明细	数量	工程量	备注
O-GWSD-150	更换 150mm^2 普通地线工程（山地、丘陵）	铝包钢绞线，JLB40-150	t	0.75	1 根 1km 地线
		保护金具—防震锤，FRYJ-1/2	副	10	1 根 1km 地线
		铝包钢绞线，JLB40-150（拆除）	t	0.75	1 根 1km 地线
		保护金具—防震锤，FRYJ-1/2（拆除）	副	10	1 根 1km 地线
O-GWPY-150	更换 150mm^2 普通地线工程（平地、河网）	铝包钢绞线，JLB40-150	t	0.75	1 根 1km 地线
		保护金具—防震锤，FRYJ-1/2	副	10	1 根 1km 地线
		铝包钢绞线，JLB40-150（拆除）	t	0.75	1 根 1km 地线
		保护金具—防震锤，FRYJ-1/2（拆除）	副	10	1 根 1km 地线
O-GWSD-120	更换 120mm^2 普通地线工程（山地、丘陵）	铝包钢绞线，JLB40-120	t	0.61	1 根 1km 地线
		保护金具—防震锤，FRYJ-1/2	副	10	1 根 1km 地线
		铝包钢绞线，JLB40-150（拆除）	t	0.61	1 根 1km 地线
		保护金具—防震锤，FRYJ-1/2（拆除）	副	10	1 根 1km 地线

续表

方案编号	方案名称	设备材料明细	数量	工程量	备注
O-GWPY-120	更换 120mm² 普通地线工程（平地、河网）	铝包钢绞线，JLB40-120	t	0.61	1 根 1km 地线
		保护金具—防震锤，FRYJ-1/2	副	10	1 根 1km 地线
		铝包钢绞线，JLB40-150（拆除）	t	0.61	1 根 1km 地线
		保护金具—防震锤，FRYJ-1/2（拆除）	副	10	1 根 1km 地线

21.3　概算书

更换普通地线工程典型方案概算书包括总概算表、安装部分汇总概算表、拆除部分汇总概算表、其他费用概算表。基本方案 O-GWSD-150、O-GWPY-150、O-GWSD-120、O-GWPY-120 的上述概算表见表 21-3 ~ 表 21-18。

表 21-3　　基本方案 O-GWSD-150 总概算表　　金额单位：万元

序号	工程或费用名称	含税金额	占工程投资的比例（%）	不含税金额	可抵扣增值税金额
二	安装工程费	3.08	47.24	2.78	0.3
三	拆除工程费	0.6	9.2	0.55	0.05
四	设备购置费				
	其中：编制基准期价差	0.08	1.23	0.08	
五	小计	3.68	56.44	3.33	0.35
	其中：甲供设备材料费	1.45	22.24	1.28	0.17
六	其他费用	2.84	43.56	2.63	0.21
七	基本预备费				
八	特殊项目				
九	工程投资合计	6.52	100	5.96	0.56
	其中：可抵扣增值税金额	0.56			0.56
	其中：施工费	4.08	62.58	3.74	0.34

表 21-4　　基本方案 O-GWSD-150 安装部分汇总概算表　　金额单位：元

序号	工程或费用名称	安装工程费			设备购置费	合计
		未计价材料费	安装费	小计		
	安装工程	14508	16255	30763		30763
4	架线工程	14010	16110	30120		30120

续表

序号	工程或费用名称	安装工程费			设备购置费	合计
		未计价材料费	安装费	小计		
4.1	架线工程材料工地运输		139	139		139
4.2	导地线架设	14010	15970	29981		29981
5	附件工程	497	146	643		643
5.1	附件安装工程材料工地运输		9	9		9
5.2	绝缘子串及金具安装	497	137	635		635
5.2.1	耐张绝缘子串及金具安装	497	137	635		635
	合计	14508	16255	30763		30763

表 21-5　　基本方案 O-GWSD-150 拆除部分汇总概算表　　金额单位：元

序号	工程或费用名称	拆除工程费
	拆除工程	6015
4	架线工程	5887
4.1	架线工程材料工地运输	114
4.2	导地线架设	5773
5	附件工程	128
5.1	附件安装工程材料工地运输	7
5.2	绝缘子串及金具安装	121
5.2.1	耐张绝缘子串及金具安装	121
	合计	6015

表 21-6　　基本方案 O-GWSD-150 其他费用概算表　　金额单位：元

序号	工程或费用项目名称	编制依据及计算说明	合价
1	建设场地征用及清理费		18500
1.2	施工场地租用费		8000
1.2.2	牵张场地租用费及复耕费	（1×8000）×100%	8000
1.5	输电线路走廊清理费		10500
1.5.1	青苗赔偿	（1×0.3×35000）×100%	10500
2	项目管理费		2707
2.1	管理经费	（安装工程费＋拆除工程费）×3.53%	1298
2.2	招标费	（安装工程费＋拆除工程费）×0.4%	147

续表

序号	工程或费用项目名称	编制依据及计算说明	合价
2.3	工程监理费	（安装工程费 + 拆除工程费）× 3.43%	1261
3	项目技术服务费		4216
3.1	前期工作费	安装工程费 × 2.1%	646
3.3	工程勘察设计费		2530
3.3.2	设计费	设计费 × 100%	2530
3.4	设计文件评审费		157
3.4.1	初步设计文件评审费	基本设计费 × 3.5%	75
3.4.2	施工图文件评审费	基本设计费 × 3.8%	81
3.5	施工过程造价咨询及竣工结算审核费	（安装工程费 + 拆除工程费）× 0.38%	800
3.7	工程检测费		46
3.7.1	工程质量检测费	安装工程费 × 0.15%	46
3.9	技术经济标准编制费	（安装工程费 + 拆除工程费）× 0.1%	37
7	其他		3000
7.1	飞行器租赁	（1 × 3000）× 100%	3000
	合计		28422

表 21-7　　基本方案 O-GWPY-150 总概算表　　金额单位：万元

序号	工程或费用名称	含税金额	占工程投资的比例（%）	不含税金额	可抵扣增值税金额
二	安装工程费	2.83	46.17	2.55	0.28
三	拆除工程费	0.51	8.32	0.47	0.04
四	设备购置费				
	其中：编制基准期价差	0.07	1.14	0.07	
五	小计	3.34	54.49	3.02	0.32
	其中：甲供设备材料费	1.45	23.65	1.28	0.17
六	其他费用	2.79	45.51	2.58	0.21
七	基本预备费				
八	特殊项目				
九	工程投资合计	6.13	100	5.6	0.53
	其中：可抵扣增值税金额	0.53			0.53
	其中：施工费	3.73	60.85	3.42	0.31

表 21-8　　基本方案 O-GWPY-150 安装部分汇总概算表　　金额单位：元

序号	工程或费用名称	安装工程费			设备购置费	合计
		未计价材料费	安装费	小计		
	安装工程	14508	13755	28263		28263
4	架线工程	14010	13621	27632		27632
4.1	架线工程材料工地运输		133	133		133
4.2	导地线架设	14010	13489	27499		27499
5	附件工程	497	134	631		631
5.1	附件安装工程材料工地运输		8	8		8
5.2	绝缘子串及金具安装	497	126	623		623
5.2.1	耐张绝缘子串及金具安装	497	126	623		623
	合计	14508	13755	28263		28263

表 21-9　　基本方案 O-GWPY-150 拆除部分汇总概算表　　金额单位：元

序号	工程或费用名称	拆除工程费
	拆除工程	5063
4	架线工程	4946
4.1	架线工程材料工地运输	109
4.2	导地线架设	4837
5	附件工程	117
5.1	附件安装工程材料工地运输	6
5.2	绝缘子串及金具安装	111
5.2.1	耐张绝缘子串及金具安装	111
	合计	5063

表 21-10　　基本方案 O-GWPY-150 其他费用概算表　　金额单位：元

序号	工程或费用项目名称	编制依据及计算说明	合价
1	建设场地征用及清理费		18500
1.2	施工场地租用费		8000
1.2.2	牵张场地租用费及复耕费	（1×8000）×100%	8000
1.5	输电线路走廊清理费		10500
1.5.1	青苗赔偿	（1×0.3×35000）×100%	10500
2	项目管理费		2453
2.1	管理经费	（安装工程费 + 拆除工程费）×3.53%	1176

续表

序号	工程或费用项目名称	编制依据及计算说明	合价
2.2	招标费	（安装工程费＋拆除工程费）×0.4%	133
2.3	工程监理费	（安装工程费＋拆除工程费）×3.43%	1143
3	项目技术服务费		3975
3.1	前期工作费	安装工程费 ×2.1%	594
3.3	工程勘察设计费		2360
3.3.2	设计费	设计费 ×100%	2360
3.4	设计文件评审费		146
3.4.1	初步设计文件评审费	基本设计费 ×3.5%	70
3.4.2	施工图文件评审费	基本设计费 ×3.8%	76
3.5	施工过程造价咨询及竣工结算审核费	（安装工程费＋拆除工程费）×0.38%	800
3.7	工程检测费		42
3.7.1	工程质量检测费	安装工程费 ×0.15%	42
3.9	技术经济标准编制费	（安装工程费＋拆除工程费）×0.1%	33
7	其他		3000
7.1	飞行器租赁	（1×3000）×100%	3000
	合计		27928

表 21-11　　基本方案 O-GWSD-120 总概算表　　金额单位：万元

序号	工程或费用名称	含税金额	占工程投资的比例（%）	不含税金额	可抵扣增值税金额
二	安装工程费	2.8	45.16	2.53	0.27
三	拆除工程费	0.6	9.68	0.55	0.05
四	设备购置费				
	其中：编制基准期价差	0.08	1.29	0.08	
五	小计	3.4	54.84	3.08	0.32
	其中：甲供设备材料费	1.18	19.03	1.04	0.14
六	其他费用	2.8	45.16	2.59	0.21
七	基本预备费				
八	特殊项目				
九	工程投资合计	6.2	100	5.67	0.53
	其中：可抵扣增值税金额	0.53			0.53
	其中：施工费	4.07	65.65	3.73	0.34

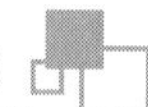

表 21-12　　基本方案 O-GWSD-120 安装部分汇总概算表　　金额单位：元

序号	工程或费用名称	安装工程费			设备购置费	合计
		未计价材料费	安装费	小计		
	安装工程	11755	16230	27985		27985
4	架线工程	11258	16085	27342		27342
4.1	架线工程材料工地运输		114	114		114
4.2	导地线架设	11258	15970	27228		27228
5	附件工程	497	146	643		643
5.1	附件安装工程材料工地运输		9	9		9
5.2	绝缘子串及金具安装	497	137	635		635
5.2.1	耐张绝缘子串及金具安装	497	137	635		635
	合计	11755	16230	27985		27985

表 21-13　　基本方案 O-GWSD-120 拆除部分汇总概算表　　金额单位：元

序号	工程或费用名称	拆除工程费
	拆除工程	5993
4	架线工程	5866
4.1	架线工程材料工地运输	93
4.2	导地线架设	5773
5	附件工程	128
5.1	附件安装工程材料工地运输	7
5.2	绝缘子串及金具安装	121
5.2.1	耐张绝缘子串及金具安装	121
	合计	5993

表 21-14　　基本方案 O-GWSD-120 其他费用概算表　　金额单位：元

序号	工程或费用项目名称	编制依据及计算说明	合价
1	建设场地征用及清理费		18500
1.2	施工场地租用费		8000
1.2.2	牵张场地租用费及复耕费	（1×8000）×100%	8000
1.5	输电线路走廊清理费		10500
1.5.1	青苗赔偿	（1×0.3×35000）×100%	10500
2	项目管理费		2501

续表

序号	工程或费用项目名称	编制依据及计算说明	合价
2.1	管理经费	（安装工程费 + 拆除工程费）×3.53%	1199
2.2	招标费	（安装工程费 + 拆除工程费）×0.4%	136
2.3	工程监理费	（安装工程费 + 拆除工程费）×3.43%	1165
3	项目技术服务费		3970
3.1	前期工作费	安装工程费 ×2.1%	588
3.3	工程勘察设计费		2360
3.3.2	设计费	设计费 ×100%	2360
3.4	设计文件评审费		146
3.4.1	初步设计文件评审费	基本设计费 ×3.5%	70
3.4.2	施工图文件评审费	基本设计费 ×3.8%	76
3.5	施工过程造价咨询及竣工结算审核费	（安装工程费 + 拆除工程费）×0.38%	800
3.7	工程检测费		42
3.7.1	工程质量检测费	安装工程费 ×0.15%	42
3.9	技术经济标准编制费	（安装工程费 + 拆除工程费）×0.1%	34
7	其他		3000
7.1	飞行器租赁	（1×3000）×100%	3000
	合计		27970

表 21-15 基本方案 O-GWPY-120 总概算表 金额单位：万元

序号	工程或费用名称	含税金额	占工程投资的比例（%）	不含税金额	可抵扣增值税金额
二	安装工程费	2.55	43.81	2.3	0.25
三	拆除工程费	0.5	8.59	0.46	0.04
四	设备购置费				
	其中：编制基准期价差	0.07	1.2	0.07	
五	小计	3.05	52.41	2.76	0.29
	其中：甲供设备材料费	1.18	20.27	1.04	0.14
六	其他费用	2.77	47.59	2.57	0.2
七	基本预备费				
八	特殊项目				
九	工程投资合计	5.82	100	5.33	0.49
	其中：可抵扣增值税金额	0.49			0.49
	其中：施工费	3.73	64.09	3.42	0.31

表 21-16　　基本方案 O-GWPY-120 安装部分汇总概算表　　金额单位：元

序号	工程或费用名称	安装工程费			设备购置费	合计
		未计价材料费	安装费	小计		
	安装工程	11755	13731	25486		25486
4	架线工程	11258	13597	24855		24855
4.1	架线工程材料工地运输		109	109		109
4.2	导地线架设	11258	13489	24746		24746
5	附件工程	497	134	631		631
5.1	附件安装工程材料工地运输		8	8		8
5.2	绝缘子串及金具安装	497	126	623		623
5.2.1	耐张绝缘子串及金具安装	497	126	623		623
	合计	11755	13731	25486		25486

表 21-17　　基本方案 O-GWPY-120 拆除部分汇总概算表　　金额单位：元

序号	工程或费用名称	拆除工程费
	拆除工程	5042
4	架线工程	4925
4.1	架线工程材料工地运输	88
4.2	导地线架设	4837
5	附件工程	117
5.1	附件安装工程材料工地运输	6
5.2	绝缘子串及金具安装	111
5.2.1	耐张绝缘子串及金具安装	111
	合计	5042

表 21-18　　基本方案 O-GWPY-120 其他费用概算表　　金额单位：元

序号	工程或费用项目名称	编制依据及计算说明	合价
1	建设场地征用及清理费		18500
1.2	施工场地租用费		8000
1.2.2	牵张场地租用费及复耕费	（1 × 8000）× 100%	8000
1.5	输电线路走廊清理费		10500
1.5.1	青苗赔偿	（1 × 0.3 × 35000）× 100%	10500
2	项目管理费		2247

续表

序号	工程或费用项目名称	编制依据及计算说明	合价
2.1	管理经费	（安装工程费 + 拆除工程费）× 3.53%	1078
2.2	招标费	（安装工程费 + 拆除工程费）× 0.4%	122
2.3	工程监理费	（安装工程费 + 拆除工程费）× 3.43%	1047
3	项目技术服务费		3910
3.1	前期工作费	安装工程费 × 2.1%	535
3.3	工程勘察设计费		2360
3.3.2	设计费	设计费 × 100%	2360
3.4	设计文件评审费		146
3.4.1	初步设计文件评审费	基本设计费 × 3.5%	70
3.4.2	施工图文件评审费	基本设计费 × 3.8%	76
3.5	施工过程造价咨询及竣工结算审核费	（安装工程费 + 拆除工程费）× 0.38%	800
3.7	工程检测费		38
3.7.1	工程质量检测费	安装工程费 × 0.15%	38
3.9	技术经济标准编制费	（安装工程费 + 拆除工程费）× 0.1%	31
7	其他		3000
7.1	飞行器租赁	（1 × 3000）× 100%	3000
	合计		27657

21.4　单位工程参考价

更换普通地线工程典型方案单位造价见表 21-19。

表 21-19　　更换普通地线工程典型方案单位造价

方案编号	方案名称	电压等级	地形	型号	单位	单位造价
P-GWSD-150	更换 150mm² 普通地线工程（山地、丘陵）		山地、丘陵	铝包钢绞线，150	万元 /km	6.52
P-GWPY-150	更换 150mm² 普通地线工程（平地、河网）		平地、河网	铝包钢绞线，150	万元 /km	6.13
P-GWSD-120	更换 120mm² 普通地线工程（山地、丘陵）		山地、丘陵	铝包钢绞线，120	万元 /km	6.2
P-GWPY-120	更换 120mm² 普通地线工程（平地、河网）		平地、河网	铝包钢绞线，120	万元 /km	5.82

第 22 章　更换光缆

22.1　典型方案

本典型方案为更换光缆工程。更换光缆工程的主要工作包含光缆的运输、装卸，架线，金具安装及配套拆除工作。

22.2　技术方案

更换光缆工程典型方案主要技术条件表和设备材料表分别见表 22-1 和表 22-2。

表 22-1　　更换光缆工程典型方案主要技术条件表

方案编号	方案名称	单位	工程主要技术条件	
P-OPSD-72	更换 72 芯光缆工程（山地、丘陵）	km	工作范围	更换光缆
			光缆类型	72 芯，150mm^2
			规格型号	OPGW
			地形	50% 山地，50% 丘陵
			气象条件	覆冰 10mm，最大风速 27m/s
			运距	汽车运距 5km
P-OPPY-72	更换 72 芯光缆工程（平地、河网）	km	工作范围	更换光缆
			光缆类型	72 芯，150mm^2
			规格型号	OPGW
			地形	50% 平地，50% 河网
			气象条件	覆冰 10mm，最大风速 27m/s
			运距	汽车运距 5km

续表

方案编号	方案名称	单位	工程主要技术条件	
P-OPSD-48	更换48芯光缆工程（山地、丘陵）	km	工作范围	更换光缆
			光缆类型	48芯，120mm^2
			规格型号	OPGW
			地形	50%山地，50%丘陵
			气象条件	覆冰10mm，最大风速27m/s
			运距	汽车运距5km
P-OPPY-48	更换48芯光缆工程（平地、河网）	km	工作范围	更换光缆
			光缆类型	48芯，120mm^2
			规格型号	OPGW
			地形	50%平地，50%河网
			气象条件	覆冰10mm，最大风速27m/s
			运距	汽车运距5km

表22-2　　更换光缆工程典型方案主要设备材料表

方案编号	方案名称	设备材料明细	数量	工程量	备注
P-OPSD-72	更换72芯光缆工程（山地、丘陵）	OPGW-120-2	t	0.81	1根1km地线
		保护金具—防震锤，FRYJ-1/2	副	10	1根1km地线
		OPGW光缆（拆除）	t	0.81	1根1km地线
		保护金具—防震锤，FRYJ-1/2（拆除）	副	10	1根1km地线
P-OPPY-72	更换72芯光缆工程（平地、河网）	OPGW-120-2	t	0.81	1根1km地线
		保护金具—防震锤，FRYJ-1/2	副	10	1根1km地线
		OPGW光缆（拆除）	t	0.81	1根1km地线
		保护金具—防震锤，FRYJ-1/2（拆除）	副	10	1根1km地线
P-OPSD-48	更换48芯光缆工程（山地、丘陵）	OPGW-120-2	t	0.81	1根1km地线
		保护金具—防震锤，FRYJ-1/2	副	10	1根1km地线
		OPGW光缆（拆除）	t	0.81	1根1km地线
		保护金具—防震锤，FRYJ-1/2（拆除）	副	10	1根1km地线

续表

方案编号	方案名称	设备材料明细	数量	工程量	备注
P-OPPY-48	更换 48 芯光缆工程（平地、河网）	OPGW-120-2	t	0.81	1 根 1km 地线
		保护金具—防震锤，FRYJ-1/2	副	10	1 根 1km 地线
		OPGW 光缆（拆除）	t	0.81	1 根 1km 地线
		保护金具—防震锤，FRYJ-1/2（拆除）	副	10	1 根 1km 地线

22.3　概算书

更换光缆工程典型方案概算书包括总概算表、安装部分汇总概算表、拆除部分汇总概算表、其他费用概算表。基本方案 P-OPSD-72、P-OPPY-72、P-OPSD-48、P-OPPY-48 的上述概算表见表 22-3 ~ 表 22-18。

表 22-3　　基本方案 P-OPSD-72 总概算表　　金额单位：万元

序号	工程或费用名称	含税金额	占工程投资的比例（%）	不含税金额	可抵扣增值税金额
二	安装工程费	6.39	63.9	5.81	0.58
三	拆除工程费	0.65	6.5	0.6	0.05
四	设备购置费				
	其中：编制基准期价差	0.19	1.9	0.19	
五	小计	7.04	70.4	6.41	0.63
	其中：甲供设备材料费	1.77	17.7	1.57	0.2
六	其他费用	2.96	29.6	2.76	0.2
七	基本预备费				
八	特殊项目				
九	工程投资合计	10	100	9.17	0.83
	其中：可抵扣增值税金额	0.83			0.83
	其中：施工费	6.62	66.2	6.07	0.55

表 22-4　　基本方案 P-OPSD-72 安装部分汇总概算表　　金额单位：元

序号	工程或费用名称	安装工程费			设备购置费	合计
		未计价材料费	安装费	小计		
	安装工程	17716	46152	63868		63868

续表

序号	工程或费用名称	安装工程费			设备购置费	合计
		未计价材料费	安装费	小计		
4	架线工程	17716	45969	63685		63685
4.1	架线工程材料工地运输		210	210		210
4.2	导地线架设	17716	45759	63475		63475
5	附件工程		183	183		183
5.2	绝缘子串及金具安装		183	183		183
5.2.1	耐张绝缘子串及金具安装		183	183		183
	合计	17716	46152	63868		63868

表 22-5　　基本方案 P-OPSD-72 拆除部分汇总概算表　　金额单位：元

序号	工程或费用名称	拆除工程费
	拆除工程	6517
4	架线工程	6357
4.1	架线工程材料工地运输	136
4.2	导地线架设	6221
5	附件工程	160
5.2	绝缘子串及金具安装	160
5.2.1	耐张绝缘子串及金具安装	160
	合计	6517

表 22-6　　基本方案 P-OPSD-72 其他费用概算表　　金额单位：元

序号	工程或费用项目名称	编制依据及计算说明	合价
1	建设场地征用及清理费		13500
1.2	施工场地租用费		3000
1.2.2	牵张场地租用费及复耕费	（1×3000）×100%	3000
1.5	输电线路走廊清理费		10500
1.5.1	青苗赔偿	（1×0.3×35000）×100%	10500
2	项目管理费		5180
2.1	管理经费	（安装工程费＋拆除工程费）×3.53%	2485
2.2	招标费	（安装工程费＋拆除工程费）×0.4%	282
2.3	工程监理费	（安装工程费＋拆除工程费）×3.43%	2414

续表

序号	工程或费用项目名称	编制依据及计算说明	合价
3	项目技术服务费		7885
3.1	前期工作费	安装工程费 ×2.1%	1341
3.3	工程勘察设计费		5253
3.3.2	设计费	设计费 ×100%	5253
3.4	设计文件评审费		325
3.4.1	初步设计文件评审费	基本设计费 ×3.5%	156
3.4.2	施工图文件评审费	基本设计费 ×3.8%	169
3.5	施工过程造价咨询及竣工结算审核费	（安装工程费 + 拆除工程费）×0.38%	800
3.7	工程检测费		96
3.7.1	工程质量检测费	安装工程费 ×0.15%	96
3.9	技术经济标准编制费	（安装工程费 + 拆除工程费）×0.1%	70
7	其他		3000
7.1	飞行器租赁	（1×3000）×100%	3000
	合计		29566

表 22-7　　基本方案 P-OPPY-72 总概算表　　金额单位：万元

序号	工程或费用名称	含税金额	占工程投资的比例（%）	不含税金额	可抵扣增值税金额
二	安装工程费	5.91	63.41	5.36	0.55
三	拆除工程费	0.55	5.9	0.5	0.05
四	设备购置费				
	其中：编制基准期价差	0.17	1.82	0.17	
五	小计	6.46	69.31	5.86	0.6
	其中：甲供设备材料费	1.77	18.99	1.57	0.2
六	其他费用	2.86	30.69	2.66	0.2
七	基本预备费				
八	特殊项目				
九	工程投资合计	9.32	100	8.52	0.8
	其中：可抵扣增值税金额	0.8			0.8
	其中：施工费	6.04	64.81	5.54	0.5

表 22-8　　基本方案 P-OPPY-72 安装部分汇总概算表　　金额单位：元

序号	工程或费用名称	安装工程费			设备购置费	合计
		未计价材料费	安装费	小计		
	安装工程	17716	41404	59120		59120
4	架线工程	17716	41237	58953		58953
4.1	架线工程材料工地运输		199	199		199
4.2	导地线架设	17716	41038	58754		58754
5	附件工程		167	167		167
5.2	绝缘子串及金具安装		167	167		167
5.2.1	耐张绝缘子串及金具安装		167	167		167
	合计	17716	41404	59120		59120

表 22-9　　基本方案 P-OPPY-72 拆除部分汇总概算表　　金额单位：元

序号	工程或费用名称	拆除工程费
	拆除工程	5488
4	架线工程	5341
4.1	架线工程材料工地运输	128
4.2	导地线架设	5212
5	附件工程	147
5.2	绝缘子串及金具安装	147
5.2.1	耐张绝缘子串及金具安装	147
	合计	5488

表 22-10　　基本方案 P-OPPY-72 其他费用概算表　　金额单位：元

序号	工程或费用项目名称	编制依据及计算说明	合价
1	建设场地征用及清理费		13500
1.2	施工场地租用费		3000
1.2.2	牵张场地租用费及复耕费	（1×3000）×100%	3000
1.5	输电线路走廊清理费		10500
1.5.1	青苗赔偿	（1×0.3×35000）×100%	10500
2	项目管理费		4755
2.1	管理经费	（安装工程费＋拆除工程费）×3.53%	2281

续表

序号	工程或费用项目名称	编制依据及计算说明	合价
2.2	招标费	（安装工程费 + 拆除工程费）×0.4%	258
2.3	工程监理费	（安装工程费 + 拆除工程费）×3.43%	2216
3	项目技术服务费		7358
3.1	前期工作费	安装工程费 ×2.1%	1242
3.3	工程勘察设计费		4862
3.3.2	设计费	设计费 ×100%	4862
3.4	设计文件评审费		301
3.4.1	初步设计文件评审费	基本设计费 ×3.5%	144
3.4.2	施工图文件评审费	基本设计费 ×3.8%	157
3.5	施工过程造价咨询及竣工结算审核费	（安装工程费 + 拆除工程费）×0.38%	800
3.7	工程检测费		89
3.7.1	工程质量检测费	安装工程费 ×0.15%	89
3.9	技术经济标准编制费	（安装工程费 + 拆除工程费）×0.1%	65
7	其他		3000
7.1	飞行器租赁	（1×3000）×100%	3000
	合计		28613

表 22-11　　基本方案 P-OPSD-48 总概算表　　金额单位：万元

序号	工程或费用名称	含税金额	占工程投资的比例（%）	不含税金额	可抵扣增值税金额
二	安装工程费	5.61	61.85	5.09	0.52
三	拆除工程费	0.65	7.17	0.6	0.05
四	设备购置费				
	其中：编制基准期价差	0.17	1.87	0.17	
五	小计	6.26	69.02	5.69	0.57
	其中：甲供设备材料费	1.65	18.19	1.46	0.19
六	其他费用	2.81	30.98	2.62	0.19
七	基本预备费				
八	特殊项目				
九	工程投资合计	9.07	100	8.31	0.76
	其中：可抵扣增值税金额	0.76			0.76
	其中：施工费	5.96	65.71	5.47	0.49

表 22-12 基本方案 P-OPSD-48 安装部分汇总概算表 金额单位：元

序号	工程或费用名称	安装工程费			设备购置费	合计
		未计价材料费	安装费	小计		
	安装工程	16480	39589	56069		56069
4	架线工程	16480	39406	55886		55886
4.1	架线工程材料工地运输		206	206		206
4.2	导地线架设	16480	39200	55680		55680
5	附件工程		183	183		183
5.2	绝缘子串及金具安装		183	183		183
5.2.1	耐张绝缘子串及金具安装		183	183		183
	合计	16480	39589	56069		56069

表 22-13 基本方案 P-OPSD-48 拆除部分汇总概算表 金额单位：元

序号	工程或费用名称	拆除工程费
	拆除工程	6517
4	架线工程	6357
4.1	架线工程材料工地运输	136
4.2	导地线架设	6221
5	附件工程	160
5.2	绝缘子串及金具安装	160
5.2.1	耐张绝缘子串及金具安装	160
	合计	6517

表 22-14 基本方案 P-OPSD-48 其他费用概算表 金额单位：元

序号	工程或费用项目名称	编制依据及计算说明	合价
1	建设场地征用及清理费		13500
1.2	施工场地租用费		3000
1.2.2	牵张场地租用费及复耕费	（1×3000）×100%	3000
1.5	输电线路走廊清理费		10500
1.5.1	青苗赔偿	（1×0.3×35000）×100%	10500
2	项目管理费		4606

续表

序号	工程或费用项目名称	编制依据及计算说明	合价
2.1	管理经费	（安装工程费 + 拆除工程费）×3.53%	2209
2.2	招标费	（安装工程费 + 拆除工程费）×0.4%	250
2.3	工程监理费	（安装工程费 + 拆除工程费）×3.43%	2147
3	项目技术服务费		7021
3.1	前期工作费	安装工程费 ×2.1%	1177
3.3	工程勘察设计费		4611
3.3.2	设计费	设计费 ×100%	4611
3.4	设计文件评审费		285
3.4.1	初步设计文件评审费	基本设计费 ×3.5%	137
3.4.2	施工图文件评审费	基本设计费 ×3.8%	149
3.5	施工过程造价咨询及竣工结算审核费	（安装工程费 + 拆除工程费）×0.38%	800
3.7	工程检测费		84
3.7.1	工程质量检测费	安装工程费 ×0.15%	84
3.9	技术经济标准编制费	（安装工程费 + 拆除工程费）×0.1%	63
7	其他		3000
7.1	飞行器租赁	（1×3000）×100%	3000
	合计		28127

表 22-15　　基本方案 P-OPPY-48 总概算表　　金额单位：万元

序号	工程或费用名称	含税金额	占工程投资的比例（%）	不含税金额	可抵扣增值税金额
二	安装工程费	5.18	61.23	4.7	0.48
三	拆除工程费	0.55	6.5	0.5	0.05
四	设备购置费				
	其中：编制基准期价差	0.15	1.77	0.15	
五	小计	5.73	67.73	5.2	0.53
	其中：甲供设备材料费	1.65	19.5	1.46	0.19
六	其他费用	2.73	32.27	2.54	0.19
七	基本预备费				
八	特殊项目				

续表

序号	工程或费用名称	含税金额	占工程投资的比例（%）	不含税金额	可抵扣增值税金额
九	工程投资合计	8.46	100	7.74	0.72
	其中：可抵扣增值税金额	0.72			0.72
	其中：施工费	5.43	64.18	4.98	0.45

表 22-16　　基本方案 P-OPPY-48 安装部分汇总概算表　　金额单位：元

序号	工程或费用名称	安装工程费			设备购置费	合计
		未计价材料费	安装费	小计		
	安装工程	16480	35319	51799		51799
4	架线工程	16480	35151	51631		51631
4.1	架线工程材料工地运输		194	194		194
4.2	导地线架设	16480	34957	51437		51437
5	附件工程		167	167		167
5.2	绝缘子串及金具安装		167	167		167
5.2.1	耐张绝缘子串及金具安装		167	167		167
	合计	16480	35319	51799		51799

表 22-17　　基本方案 P-OPPY-48 拆除部分汇总概算表　　金额单位：元

序号	工程或费用名称	拆除工程费
	拆除工程	5488
4	架线工程	5341
4.1	架线工程材料工地运输	128
4.2	导地线架设	5212
5	附件工程	147
5.2	绝缘子串及金具安装	147
5.2.1	耐张绝缘子串及金具安装	147
	合计	5488

表 22-18　　基本方案 P-OPPY-48 其他费用概算表　　金额单位：元

序号	工程或费用项目名称	编制依据及计算说明	合价
1	建设场地征用及清理费		13500
1.2	施工场地租用费		3000
1.2.2	牵张场地租用费及复耕费	（1×3000）×100%	3000
1.5	输电线路走廊清理费		10500
1.5.1	青苗赔偿	（1×0.3×35000）×100%	10500
2	项目管理费		4216
2.1	管理经费	（安装工程费 + 拆除工程费）×3.53%	2022
2.2	招标费	（安装工程费 + 拆除工程费）×0.4%	229
2.3	工程监理费	（安装工程费 + 拆除工程费）×3.43%	1965
3	项目技术服务费		6547
3.1	前期工作费	安装工程费 ×2.1%	1088
3.3	工程勘察设计费		4260
3.3.2	设计费	设计费 ×100%	4260
3.4	设计文件评审费		264
3.4.1	初步设计文件评审费	基本设计费 ×3.5%	126
3.4.2	施工图文件评审费	基本设计费 ×3.8%	137
3.5	施工过程造价咨询及竣工结算审核费	（安装工程费 + 拆除工程费）×0.38%	800
3.7	工程检测费		78
3.7.1	工程质量检测费	安装工程费 ×0.15%	78
3.9	技术经济标准编制费	（安装工程费 + 拆除工程费）×0.1%	57
7	其他		3000
7.1	飞行器租赁	（1×3000）×100%	3000
	合计		27263

22.4　单位工程参考价

更换光缆工程典型方案单位造价见表 22-19。

表 22-19　　更换光缆工程典型方案单位造价

方案编号	方案名称	电压等级	地形	型号	单位	单位造价
P-OPSD-72	更换 72 芯光缆工程（山地、丘陵）		山地、丘陵	OPGW，72 芯	万元 /km	10

续表

方案编号	方案名称	电压等级	地形	型号	单位	单位造价
P-OPPY-72	更换 72 芯光缆工程（平地、河网）		平地、河网	OPGW，72 芯	万元 /km	9.32
P-OPSD-48	更换 48 芯光缆工程（山地、丘陵）		山地、丘陵	OPGW，48 芯	万元 /km	9.07
P-OPPY-48	更换 48 芯光缆工程（平地、河网）		平地、河网	OPGW，48 芯	万元 /km	8.46

第 23 章　更换线路避雷器

23.1　典型方案

本典型方案为更换线路避雷器工程，电压等级采用 500、220、110、35kV。更换线路避雷器的主要工作包含：避雷器及其附件检查及组装；避雷器配套复合绝缘子检查及安装；避雷器安装；避雷器配套金具安装；避雷器附件安装及调整施工。

23.2　技术方案

更换线路避雷器工程典型方案主要技术条件表和主要设备材料表分别见表 23-1 和表 23-2。

表 23-1　　更换线路避雷器工程典型方案主要技术条件表

方案编号	方案名称	单位	工程主要技术条件	
Q-500-BLQSD	更换 500kV 线路避雷器工程（山地、丘陵）	组	电压等级	500kV
			工作范围	更换线路避雷器
			规格型号	交流避雷器，AC500kV，396kV，硅橡胶，1050kV，不带间隙
			地形	50% 山地，50% 丘陵
			气象条件	覆冰 10mm，最大风速 27m/s
			运距	汽车运距 5km
Q-500-BLQPY	更换 500kV 线路避雷器工程（平地、河网）	组	电压等级	500kV
			工作范围	更换线路避雷器
			规格型号	交流避雷器，AC500kV，396kV，硅橡胶，1050kV，不带间隙
			地形	50% 平地，50% 河网
			气象条件	覆冰 10mm，最大风速 27m/s
			运距	汽车运距 5km

续表

方案编号	方案名称	单位	工程主要技术条件	
Q-220-BLQSD	更换 220kV 线路避雷器工程（山地、丘陵）	组	电压等级	220kV
			工作范围	更换线路避雷器
			规格型号	交流避雷器，AC220kV，204kV，硅橡胶，592kV，不带间隙
			地形	50% 山地，50% 丘陵
			气象条件	覆冰 10mm，最大风速 27m/s
			运距	汽车运距 5km
Q-220-BLQPY	更换 220kV 线路避雷器工程（平地、河网）	组	电压等级	220kV
			工作范围	更换线路避雷器
			规格型号	交流避雷器，AC220kV，204kV，硅橡胶，592kV，不带间隙
			地形	50% 平地，50% 河网
			气象条件	覆冰 10mm，最大风速 27m/s
			运距	汽车运距 5km
Q-110-BLQSD	更换 110kV 线路避雷器工程（山地、丘陵）	组	电压等级	110kV
			工作范围	更换线路避雷器
			规格型号	交流避雷器，AC110kV，102kV，硅橡胶，296kV，不带间隙
			地形	50% 山地，50% 丘陵
			气象条件	覆冰 10mm，最大风速 27m/s
			运距	汽车运距 5km
Q-110-BLQPY	更换 110kV 线路避雷器工程（平地、河网）	组	电压等级	110kV
			工作范围	更换线路避雷器
			规格型号	交流避雷器，AC110kV，102kV，硅橡胶，296kV，不带间隙
			地形	50% 平地，50% 河网
			气象条件	覆冰 10mm，最大风速 27m/s
			运距	汽车运距 5km

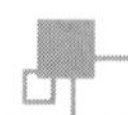

续表

方案编号	方案名称	单位	工程主要技术条件	
Q-35-BLQSD	更换 35kV 线路避雷器工程（山地、丘陵）	组	电压等级	35kV
			工作范围	更换线路避雷器
			规格型号	交流避雷器，AC35kV，51kV，硅橡胶，134kV，不带间隙
			地形	50% 山地，50% 丘陵
			气象条件	覆冰 10mm，最大风速 27m/s
			运距	汽车运距 5km
Q-35-BLQPY	更换 35kV 线路避雷器工程（平地、河网）	组	电压等级	35kV
			工作范围	更换线路避雷器
			规格型号	交流避雷器，AC35kV，51kV，硅橡胶，134kV，不带间隙
			地形	50% 平地，50% 河网
			气象条件	覆冰 10mm，最大风速 27m/s
			运距	汽车运距 5km

表 23-2　　更换线路避雷器工程典型方案主要设备材料表

方案编号	方案名称	单位	设备材料明细	数量
Q-500-BLQSD	更换 500kV 线路避雷器工程（山地、丘陵）	台	交流避雷器，AC500kV，396kV，硅橡胶，1050kV，不带间隙	1
			交流避雷器（拆除）	1
Q-500-BLQPY	更换 500kV 线路避雷器工程（平地、河网）	台	交流避雷器，AC500kV，396kV，硅橡胶，1050kV，不带间隙	1
			交流避雷器（拆除）	1
Q-220-BLQSD	更换 220kV 线路避雷器工程（山地、丘陵）	台	交流避雷器，AC220kV，204kV，硅橡胶，592kV，不带间隙	1
			交流避雷器（拆除）	1
Q-220-BLQPY	更换 220kV 线路避雷器工程（平地、河网）	台	交流避雷器，AC220kV，204kV，硅橡胶，592kV，不带间隙	1
			交流避雷器（拆除）	1
Q-110-BLQSD	更换 110kV 线路避雷器工程（山地、丘陵）	台	交流避雷器，AC110kV，102kV，硅橡胶，296kV，不带间隙	1
			交流避雷器（拆除）	1

续表

方案编号	方案名称	单位	设备材料明细	数量
Q-110-BLQPY	更换 110kV 线路避雷器工程（平地、河网）	台	交流避雷器，AC110kV，102kV，硅橡胶，296kV，不带间隙	1
			交流避雷器（拆除）	1
Q-35-BLQSD	更换 35kV 线路避雷器工程（山地、丘陵）	台	交流避雷器，AC35kV，51kV，硅橡胶，134kV，不带间隙	1
			交流避雷器（拆除）	1
Q-35-BLQPY	更换 35kV 线路避雷器工程（平地、河网）	台	交流避雷器，AC35kV，51kV，硅橡胶，134kV，不带间隙	1
			交流避雷器（拆除）	1

23.3　概算书

更换线路避雷器工程典型方案概算书包括总概算表、安装部分汇总概算表、拆除部分汇总概算表、其他费用概算表。基本方案 Q-500-BLQSD、Q-500-BLQPY、Q-220-BLQSD、Q-220-BLQPY、Q-110-BLQSD、Q-110-BLQPY、Q-35-BLQSD、Q-35-BLQPY 的上述概算表见表 23-3 ~ 表 23-34。

表 23-3　　基本方案 Q-500-BLQSD 总概算表　　金额单位：万元

序号	工程或费用名称	含税金额	占工程投资的比例（%）	不含税金额	可抵扣增值税金额
二	安装工程费	0.72	10.23	0.66	0.06
三	拆除工程费	0.62	8.81	0.57	0.05
四	设备购置费	5	71.02	4.42	0.58
	其中：编制基准期价差	0.05	0.71	0.05	
五	小计	6.34	90.06	5.65	0.69
	其中：甲供设备材料费	5	71.02	4.42	0.58
六	其他费用	0.7	9.94	0.66	0.04
七	基本预备费				
八	特殊项目				
九	工程投资合计	7.04	100	6.31	0.73
	其中：可抵扣增值税金额	0.73			0.73
	其中：施工费	1.35	19.18	1.24	0.11

表 23-4　　基本方案 Q-500-BLQSD 安装部分汇总概算表　　金额单位：元

序号	工程或费用名称	安装工程费			设备购置费	合计
		未计价材料费	安装费	小计		
	安装工程		7234	7234	50000	57234
6	辅助工程		7234	7234	50000	57234
6.7	杆塔上装的各类辅助生产装置		7234	7234	50000	57234
	合计		7234	7234	50000	57234

表 23-5　　基本方案 Q-500-BLQSD 拆除部分汇总概算表　　金额单位：元

序号	工程或费用名称	拆除工程费
	拆除工程	6231
6	辅助工程	6231
6.7	杆塔上装的各类辅助生产装置	6231
	合计	6231

表 23-6　　基本方案 Q-500-BLQSD 其他费用概算表　　金额单位：元

序号	工程或费用项目名称	编制依据及计算说明	合价
2	项目管理费		991
2.1	管理经费	（安装工程费 + 拆除工程费）× 3.53%	475
2.2	招标费	（安装工程费 + 拆除工程费）× 0.4%	54
2.3	工程监理费	（安装工程费 + 拆除工程费）× 3.43%	462
3	项目技术服务费		5975
3.1	前期工作费	安装工程费 × 2.1%	152
3.3	工程勘察设计费		4707
3.3.2	设计费	设计费 × 100%	4707
3.4	设计文件评审费		291
3.4.1	初步设计文件评审费	基本设计费 × 3.5%	140
3.4.2	施工图文件评审费	基本设计费 × 3.8%	152
3.5	施工过程造价咨询及竣工结算审核费	（安装工程费 + 拆除工程费）× 0.38%	800
3.7	工程检测费		11
3.7.1	工程质量检测费	安装工程费 × 0.15%	11
3.9	技术经济标准编制费	（安装工程费 + 拆除工程费）× 0.1%	13
	合计		6966

表 23-7　　基本方案 Q-500-BLQPY 总概算表　　金额单位：万元

序号	工程或费用名称	含税金额	占工程投资的比例（%）	不含税金额	可抵扣增值税金额
二	安装工程费	0.66	9.55	0.61	0.05
三	拆除工程费	0.57	8.25	0.52	0.05
四	设备购置费	5	72.36	4.42	0.58
	其中：编制基准期价差	0.05	0.72	0.05	
五	小计	6.23	90.16	5.55	0.68
	其中：甲供设备材料费	5	72.36	4.42	0.58
六	其他费用	0.68	9.84	0.64	0.04
七	基本预备费				
八	特殊项目				
九	工程投资合计	6.91	100	6.19	0.72
	其中：可抵扣增值税金额	0.72			0.72
	其中：施工费	1.23	17.8	1.13	0.1

表 23-8　　基本方案 Q-500-BLQPY 安装部分汇总概算表　　金额单位：元

序号	工程或费用名称	安装工程费			设备购置费	合计
		未计价材料费	安装费	小计		
	安装工程		6601	6601	50000	56601
6	辅助工程		6601	6601	50000	56601
6.7	杆塔上装的各类辅助生产装置		6601	6601	50000	56601
	合计		6601	6601	50000	56601

表 23-9　　基本方案 Q-500-BLQPY 拆除部分汇总概算表　　金额单位：元

序号	工程或费用名称	拆除工程费
	拆除工程	5687
6	辅助工程	5687
6.7	杆塔上装的各类辅助生产装置	5687
	合计	5687

表 23-10　　基本方案 Q-500-BLQPY 其他费用概算表　　金额单位：元

序号	工程或费用项目名称	编制依据及计算说明	合价
2	项目管理费		904
2.1	管理经费	（安装工程费 + 拆除工程费）×3.53%	434
2.2	招标费	（安装工程费 + 拆除工程费）×0.4%	49
2.3	工程监理费	（安装工程费 + 拆除工程费）×3.43%	422
3	项目技术服务费		5904
3.1	前期工作费	安装工程费 ×2.1%	139
3.3	工程勘察设计费		4655
3.3.2	设计费	设计费 ×100%	4655
3.4	设计文件评审费		288
3.4.1	初步设计文件评审费	基本设计费 ×3.5%	138
3.4.2	施工图文件评审费	基本设计费 ×3.8%	150
3.5	施工过程造价咨询及竣工结算审核费	（安装工程费 + 拆除工程费）×0.38%	800
3.7	工程检测费		10
3.7.1	工程质量检测费	安装工程费 ×0.15%	10
3.9	技术经济标准编制费	（安装工程费 + 拆除工程费）×0.1%	12
	合计		6808

表 23-11　　基本方案 Q-220-BLQSD 总概算表　　金额单位：万元

序号	工程或费用名称	含税金额	占工程投资的比例（%）	不含税金额	可抵扣增值税金额
二	安装工程费	0.25	18.52	0.23	0.02
三	拆除工程费	0.22	16.3	0.2	0.02
四	设备购置费	0.51	37.78	0.45	0.06
	其中：编制基准期价差	0.02	1.48	0.02	
五	小计	0.98	72.59	0.88	0.1
	其中：甲供设备材料费	0.51	37.78	0.45	0.06
六	其他费用	0.37	27.41	0.35	0.02
七	基本预备费				
八	特殊项目				
九	工程投资合计	1.35	100	1.23	0.12
	其中：可抵扣增值税金额	0.12			0.12
	其中：施工费	0.46	34.07	0.42	0.04

表 23-12　　基本方案 Q-220-BLQSD 安装部分汇总概算表　　金额单位：元

序号	工程或费用名称	安装工程费			设备购置费	合计
		未计价材料费	安装费	小计		
	安装工程		2491	2491	5060	7551
6	辅助工程		2491	2491	5060	7551
6.7	杆塔上装的各类辅助生产装置		2491	2491	5060	7551
	合计		2491	2491	5060	7551

表 23-13　　基本方案 Q-220-BLQSD 拆除部分汇总概算表　　金额单位：元

序号	工程或费用名称	拆除工程费
	拆除工程	2153
6	辅助工程	2153
6.7	杆塔上装的各类辅助生产装置	2153
	合计	2153

表 23-14　　基本方案 Q-220-BLQSD 其他费用概算表　　金额单位：元

序号	工程或费用项目名称	编制依据及计算说明	合价
2	项目管理费		342
2.1	管理经费	（安装工程费 + 拆除工程费）×3.53%	164
2.2	招标费	（安装工程费 + 拆除工程费）×0.4%	19
2.3	工程监理费	（安装工程费 + 拆除工程费）×3.43%	159
3	项目技术服务费		3367
3.1	前期工作费	安装工程费 ×2.1%	52
3.3	工程勘察设计费		2360
3.3.2	设计费	设计费 ×100%	2360
3.4	设计文件评审费		146
3.4.1	初步设计文件评审费	基本设计费 ×3.5%	70
3.4.2	施工图文件评审费	基本设计费 ×3.8%	76
3.5	施工过程造价咨询及竣工结算审核费	（安装工程费 + 拆除工程费）×0.38%	800
3.7	工程检测费		4
3.7.1	工程质量检测费	安装工程费 ×0.15%	4
3.9	技术经济标准编制费	（安装工程费 + 拆除工程费）×0.1%	5
	合计		3709

表 23-15　　基本方案 Q-220-BLQPY 总概算表　　金额单位：万元

序号	工程或费用名称	含税金额	占工程投资的比例（%）	不含税金额	可抵扣增值税金额
二	安装工程费	0.23	17.56	0.21	0.02
三	拆除工程费	0.2	15.27	0.18	0.02
四	设备购置费	0.51	38.93	0.45	0.06
	其中：编制基准期价差	0.02	1.53	0.02	
五	小计	0.94	71.76	0.84	0.1
	其中：甲供设备材料费	0.51	38.93	0.45	0.06
六	其他费用	0.37	28.24	0.35	0.02
七	基本预备费				
八	特殊项目				
九	工程投资合计	1.31	100	1.19	0.12
	其中：可抵扣增值税金额	0.12			0.12
	其中：施工费	0.42	32.06	0.38	0.04

表 23-16　　基本方案 Q-220-BLQPY 安装部分汇总概算表　　金额单位：元

序号	工程或费用名称	安装工程费			设备购置费	合计
		未计价材料费	安装费	小计		
	安装工程		2275	2275	5060	7335
6	辅助工程		2275	2275	5060	7335
6.7	杆塔上装的各类辅助生产装置		2275	2275	5060	7335
	合计		2275	2275	5060	7335

表 23-17　　基本方案 Q-220-BLQPY 拆除部分汇总概算表　　金额单位：元

序号	工程或费用名称	拆除工程费
	拆除工程	1967
6	辅助工程	1967
6.7	杆塔上装的各类辅助生产装置	1967
	合计	1967

表 23-18　　基本方案 Q-220-BLQPY 其他费用概算表　　金额单位：元

序号	工程或费用项目名称	编制依据及计算说明	合价
2	项目管理费		312
2.1	管理经费	（安装工程费 + 拆除工程费）×3.53%	150
2.2	招标费	（安装工程费 + 拆除工程费）×0.4%	17
2.3	工程监理费	（安装工程费 + 拆除工程费）×3.43%	146
3	项目技术服务费		3361
3.1	前期工作费	安装工程费 ×2.1%	48
3.3	工程勘察设计费		2360
3.3.2	设计费	设计费 ×100%	2360
3.4	设计文件评审费		146
3.4.1	初步设计文件评审费	基本设计费 ×3.5%	70
3.4.2	施工图文件评审费	基本设计费 ×3.8%	76
3.5	施工过程造价咨询及竣工结算审核费	（安装工程费 + 拆除工程费）×0.38%	800
3.7	工程检测费		3
3.7.1	工程质量检测费	安装工程费 ×0.15%	3
3.9	技术经济标准编制费	（安装工程费 + 拆除工程费）×0.1%	4
	合计		3674

表 23-19　　基本方案 Q-110-BLQSD 总概算表　　金额单位：万元

序号	工程或费用名称	含税金额	占工程投资的比例（%）	不含税金额	可抵扣增值税金额
二	安装工程费	0.13	14.44	0.12	0.01
三	拆除工程费	0.11	12.22	0.1	0.01
四	设备购置费	0.31	34.44	0.27	0.04
	其中：编制基准期价差	0.01	1.11	0.01	
五	小计	0.55	61.11	0.49	0.06
	其中：甲供设备材料费	0.31	34.44	0.27	0.04
六	其他费用	0.35	38.89	0.33	0.02
七	基本预备费				
八	特殊项目				
九	工程投资合计	0.9	100	0.82	0.08
	其中：可抵扣增值税金额	0.08			0.08
	其中：施工费	0.24	26.67	0.22	0.02

表 23-20　　基本方案 Q-110-BLQSD 安装部分汇总概算表　　金额单位：元

序号	工程或费用名称	安装工程费			设备购置费	合计
		未计价材料费	安装费	小计		
	安装工程		1279	1279	3110	4389
6	辅助工程		1279	1279	3110	4389
6.7	杆塔上装的各类辅助生产装置		1279	1279	3110	4389
	合计		1279	1279	3110	4389

表 23-21　　基本方案 Q-110-BLQSD 拆除部分汇总概算表　　金额单位：元

序号	工程或费用名称	拆除工程费
	拆除工程	1106
6	辅助工程	1106
6.7	杆塔上装的各类辅助生产装置	1106
	合计	1106

表 23-22　　基本方案 Q-110-BLQSD 其他费用概算表　　金额单位：元

序号	工程或费用项目名称	编制依据及计算说明	合价
2	项目管理费		176
2.1	管理经费	（安装工程费 + 拆除工程费）×3.53%	84
2.2	招标费	（安装工程费 + 拆除工程费）×0.4%	10
2.3	工程监理费	（安装工程费 + 拆除工程费）×3.43%	82
3	项目技术服务费		3337
3.1	前期工作费	安装工程费 ×2.1%	27
3.3	工程勘察设计费		2360
3.3.2	设计费	设计费 ×100%	2360
3.4	设计文件评审费		146
3.4.1	初步设计文件评审费	基本设计费 ×3.5%	70
3.4.2	施工图文件评审费	基本设计费 ×3.8%	76
3.5	施工过程造价咨询及竣工结算审核费	（安装工程费 + 拆除工程费）×0.38%	800
3.7	工程检测费		2
3.7.1	工程质量检测费	安装工程费 ×0.15%	2
3.9	技术经济标准编制费	（安装工程费 + 拆除工程费）×0.1%	2
	合计		3513

表 23-23　　基本方案 Q-110-BLQPY 总概算表　　金额单位：万元

序号	工程或费用名称	含税金额	占工程投资的比例（%）	不含税金额	可抵扣增值税金额
二	安装工程费	0.12	13.64	0.11	0.01
三	拆除工程费	0.1	11.36	0.09	0.01
四	设备购置费	0.31	35.23	0.27	0.04
	其中：编制基准期价差	0.01	1.14	0.01	
五	小计	0.53	60.23	0.47	0.06
	其中：甲供设备材料费	0.31	35.23	0.27	0.04
六	其他费用	0.35	39.77	0.33	0.02
七	基本预备费				
八	特殊项目				
九	工程投资合计	0.88	100	0.8	0.08
	其中：可抵扣增值税金额	0.08			0.08
	其中：施工费	0.22	25	0.2	0.02

表 23-24　　基本方案 Q-110-BLQPY 安装部分汇总概算表　　金额单位：元

序号	工程或费用名称	安装工程费			设备购置费	合计
		未计价材料费	安装费	小计		
	安装工程		1170	1170	3110	4280
6	辅助工程		1170	1170	3110	4280
6.7	杆塔上装的各类辅助生产装置		1170	1170	3110	4280
	合计		1170	1170	3110	4280

表 23-25　　基本方案 Q-110-BLQPY 拆除部分汇总概算表　　金额单位：元

序号	工程或费用名称	拆除工程费
	拆除工程	1013
6	辅助工程	1013
6.7	杆塔上装的各类辅助生产装置	1013
	合计	1013

表 23-26　　基本方案 Q-110-BLQPY 其他费用概算表　　金额单位：元

序号	工程或费用项目名称	编制依据及计算说明	合价
2	项目管理费		161
2.1	管理经费	（安装工程费 + 拆除工程费）×3.53%	77
2.2	招标费	（安装工程费 + 拆除工程费）×0.4%	9
2.3	工程监理费	（安装工程费 + 拆除工程费）×3.43%	75
3	项目技术服务费		3335
3.1	前期工作费	安装工程费 ×2.1%	25
3.3	工程勘察设计费		2360
3.3.2	设计费	设计费 ×100%	2360
3.4	设计文件评审费		146
3.4.1	初步设计文件评审费	基本设计费 ×3.5%	70
3.4.2	施工图文件评审费	基本设计费 ×3.8%	76
3.5	施工过程造价咨询及竣工结算审核费	（安装工程费 + 拆除工程费）×0.38%	800
3.7	工程检测费		2
3.7.1	工程质量检测费	安装工程费 ×0.15%	2
3.9	技术经济标准编制费	（安装工程费 + 拆除工程费）×0.1%	2
	合计		3495

表 23-27　　基本方案 Q-35-BLQSD 总概算表　　金额单位：万元

序号	工程或费用名称	含税金额	占工程投资的比例（%）	不含税金额	可抵扣增值税金额
二	安装工程费	0.2	18.02	0.18	0.02
三	拆除工程费	0.06	5.41	0.06	
四	设备购置费	0.5	45.05	0.44	0.06
	其中：编制基准期价差	0.01	0.9	0.01	
五	小计	0.76	68.47	0.68	0.08
	其中：甲供设备材料费	0.5	45.05	0.44	0.06
六	其他费用	0.35	31.53	0.33	0.02
七	基本预备费				
八	特殊项目				
九	工程投资合计	1.11	100	1.01	0.1
	其中：可抵扣增值税金额	0.1			0.1
	其中：施工费	0.26	23.42	0.24	0.02

表 23-28　　基本方案 Q-35-BLQSD 安装部分汇总概算表　　金额单位：元

序号	工程或费用名称	安装工程费			设备购置费	合计
		未计价材料费	安装费	小计		
	安装工程		2036	2036	4980	7016
6	辅助工程		2036	2036	4980	7016
6.7	杆塔上装的各类辅助生产装置		2036	2036	4980	7016
	合计		2036	2036	4980	7016

表 23-29　　基本方案 Q-35-BLQSD 拆除部分汇总概算表　　金额单位：元

序号	工程或费用名称	拆除工程费
	拆除工程	589
6	辅助工程	589
6.7	杆塔上装的各类辅助生产装置	589
	合计	589

表 23-30　　基本方案 Q-35-BLQSD 其他费用概算表　　金额单位：元

序号	工程或费用项目名称	编制依据及计算说明	合价
2	项目管理费		193
2.1	管理经费	（安装工程费 + 拆除工程费）× 3.53%	93
2.2	招标费	（安装工程费 + 拆除工程费）× 0.4%	11
2.3	工程监理费	（安装工程费 + 拆除工程费）× 3.43%	90
3	项目技术服务费		3354
3.1	前期工作费	安装工程费 × 2.1%	43
3.3	工程勘察设计费		2360
3.3.2	设计费	设计费 × 100%	2360
3.4	设计文件评审费		146
3.4.1	初步设计文件评审费	基本设计费 × 3.5%	70
3.4.2	施工图文件评审费	基本设计费 × 3.8%	76
3.5	施工过程造价咨询及竣工结算审核费	（安装工程费 + 拆除工程费）× 0.38%	800
3.7	工程检测费		3
3.7.1	工程质量检测费	安装工程费 × 0.15%	3
3.9	技术经济标准编制费	（安装工程费 + 拆除工程费）× 0.1%	3
	合计		3548

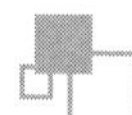

表 23-31　　基本方案 Q-35-BLQPY 总概算表　　金额单位：万元

序号	工程或费用名称	含税金额	占工程投资的比例（%）	不含税金额	可抵扣增值税金额
二	安装工程费	0.19	17.27	0.17	0.02
三	拆除工程费	0.06	5.45	0.06	
四	设备购置费	0.5	45.45	0.44	0.06
	其中：编制基准期价差	0.01	0.91	0.01	
五	小计	0.75	68.18	0.67	0.08
	其中：甲供设备材料费	0.5	45.45	0.44	0.06
六	其他费用	0.35	31.82	0.33	0.02
七	基本预备费				
八	特殊项目				
九	工程投资合计	1.1	100	1	0.1
	其中：可抵扣增值税金额	0.1			0.1
	其中：施工费	0.25	22.73	0.23	0.02

表 23-32　　基本方案 Q-35-BLQPY 安装部分汇总概算表　　金额单位：元

序号	工程或费用名称	安装工程费			设备购置费	合计
		未计价材料费	安装费	小计		
	安装工程		1908	1908	4980	6888
6	辅助工程		1908	1908	4980	6888
6.7	杆塔上装的各类辅助生产装置		1908	1908	4980	6888
	合计		1908	1908	4980	6888

表 23-33　　基本方案 Q-35-BLQPY 拆除部分汇总概算表　　金额单位：元

序号	工程或费用名称	拆除工程费
	拆除工程	552
6	辅助工程	552
6.7	杆塔上装的各类辅助生产装置	552
	合计	552

表 23-34　　基本方案 Q-35-BLQPY 其他费用概算表　　金额单位：元

序号	工程或费用项目名称	编制依据及计算说明	合价
2	项目管理费		181
2.1	管理经费	（安装工程费 + 拆除工程费）×3.53%	87
2.2	招标费	（安装工程费 + 拆除工程费）×0.4%	10
2.3	工程监理费	（安装工程费 + 拆除工程费）×3.43%	84
3	项目技术服务费		3351
3.1	前期工作费	安装工程费 ×2.1%	40
3.3	工程勘察设计费		2360
3.3.2	设计费	设计费 ×100%	2360
3.4	设计文件评审费		146
3.4.1	初步设计文件评审费	基本设计费 ×3.5%	70
3.4.2	施工图文件评审费	基本设计费 ×3.8%	76
3.5	施工过程造价咨询及竣工结算审核费	（安装工程费 + 拆除工程费）×0.38%	800
3.7	工程检测费		3
3.7.1	工程质量检测费	安装工程费 ×0.15%	3
3.9	技术经济标准编制费	（安装工程费 + 拆除工程费）×0.1%	2
	合计		3532

23.4　单位工程参考价

更换线路避雷器工程典型方案单位造价见表 23-35。

表 23-35　　更换线路避雷器工程典型方案单位造价

方案编号	方案名称	电压等级	型号	单位	单位造价
Q-500-BLQSD	更换 500kV 线路避雷器工程（山地、丘陵）	500kV	交流避雷器，AC500kV，396kV，硅橡胶，1050kV，不带间隙	万元 / 台	7.04
Q-500-BLQPY	更换 500kV 线路避雷器工程（平地、河网）	500kV	交流避雷器，AC500kV，396kV，硅橡胶，1050kV，不带间隙	万元 / 台	6.91
Q-220-BLQSD	更换 220kV 线路避雷器工程（山地、丘陵）	220kV	交流避雷器，AC220kV，204kV，硅橡胶，592kV，不带间隙	万元 / 台	1.35

续表

方案编号	方案名称	电压等级	型号	单位	单位造价
Q-220-BLQPY	更换 220kV 线路避雷器工程（平地、河网）	220kV	交流避雷器，AC220kV，204kV，硅橡胶，592kV，不带间隙	万元 / 台	1.31
Q-110-BLQSD	更换 110kV 线路避雷器工程（山地、丘陵）	110kV	交流避雷器，AC110kV，102kV，硅橡胶，296kV，不带间隙	万元 / 台	0.9
Q-110-BLQPY	更换 110kV 线路避雷器工程（平地、河网）	110kV	交流避雷器，AC110kV，102kV，硅橡胶，296kV，不带间隙	万元 / 台	0.88
Q-35-BLQSD	更换 35kV 线路避雷器工程（山地、丘陵）	35kV	交流避雷器，AC35kV，51kV，硅橡胶，134kV，不带间隙	万元 / 台	1.11
Q-35-BLQPY	更换 35kV 线路避雷器工程（平地、河网）	35kV	交流避雷器，AC35kV，51kV，硅橡胶，134kV，不带间隙	万元 / 台	1.1

第 24 章　更换绝缘子

24.1　典型方案

本典型方案为更换绝缘子工程，电压等级采用 500、220、110、35kV。更换绝缘子工程的主要工作包含：绝缘子串的运输、装卸、安装及配套的拆除工作。绝缘子串的材质包括玻璃绝缘子、瓷绝缘子和合成绝缘子。按单回路算，若为双回路，则单位造价可按照 2 倍考虑。

24.2　技术方案

更换绝缘子工程典型方案主要技术条件表和主要设备材料表分别见表 24–1 和表 24–2。

表 24–1　　　　更换绝缘子工程典型方案主要技术条件表

方案编号	方案名称	单位	工程主要技术条件	
S–500–JYZSD–NZBL	更换 500kV 耐张玻璃绝缘子串（山地、丘陵）	串	电压等级	500kV
			工作范围	线路更换耐张玻璃绝缘子串
			规格型号	导线耐张串：5N2–5050（60）–40P（630/45）
			地形	50% 山地，50% 丘陵
			气象条件	覆冰 10mm，最大风速 27m/s
			运距	汽车运距 5km
S–500–JYZSD–NZC	更换 500kV 耐张瓷绝缘子串（山地、丘陵）	串	电压等级	500kV
			工作范围	线路更换耐张瓷绝缘子串
			规格型号	导线耐张串：5N2–5050（60）–40P（630/45）

续表

方案编号	方案名称	单位	工程主要技术条件	
S-500-JYZSD-NZC	更换 500kV 耐张瓷绝缘子串（山地、丘陵）	串	地形	50% 山地，50% 丘陵
			气象条件	覆冰 10mm，最大风速 27m/s
			运距	汽车运距 5km
S-500-JYZSD-ZXBL	更换 500kV 直线玻璃绝缘子串（山地、丘陵）	串	电压等级	500kV
			工作范围	线路更换直线玻璃绝缘子串
			规格型号	导线悬垂串：5XC1K-50-16P
			地形	50% 山地，50% 丘陵
			气象条件	覆冰 10mm，最大风速 27m/s
			运距	汽车运距 5km
S-500-JYZSD-ZXC	更换 500kV 直线瓷绝缘子串（山地、丘陵）	串	电压等级	500kV
			工作范围	线路更换直线瓷绝缘子
			规格型号	导线悬垂串：5XC1K-50-16P
			地形	50% 山地，50% 丘陵
			气象条件	覆冰 10mm，最大风速 27m/s
S-500-JYZSD-ZXHC	更换 500kV 直线合成绝缘子串（山地、丘陵）	串	电压等级	500kV
			工作范围	线路更换直线合成绝缘子串
			规格型号	导线悬垂串：5XC1K-50-16P
			地形	50% 山地，50% 丘陵
			气象条件	覆冰 10mm，最大风速 27m/s
S-500-JYZPY-NZBL	更换 500kV 耐张玻璃绝缘子串（平地、河网）	串	电压等级	500kV
			工作范围	线路更换耐张玻璃绝缘子串
			规格型号	导线耐张串：5N2-5050（60）-40P（630/45）
			地形	50% 平地，50% 河网
			气象条件	覆冰 10mm，最大风速 27m/s
			运距	汽车运距 5km

续表

<table>
<tr><th>方案编号</th><th>方案名称</th><th>单位</th><th colspan="2">工程主要技术条件</th></tr>
<tr><td rowspan="6">S-500-JYZPY-NZC</td><td rowspan="6">更换 500kV 耐张瓷绝缘子串（平地、河网）</td><td rowspan="6">串</td><td>电压等级</td><td>500kV</td></tr>
<tr><td>工作范围</td><td>线路更换耐张瓷绝缘子串</td></tr>
<tr><td>规格型号</td><td>导线耐张串：5N2-5050（60）-40P（630/45）</td></tr>
<tr><td>地形</td><td>50% 平地，50% 河网</td></tr>
<tr><td>气象条件</td><td>覆冰 10mm，最大风速 27m/s</td></tr>
<tr><td>运距</td><td>汽车运距 5km</td></tr>
<tr><td rowspan="6">S-500-JYZPY-ZXBL</td><td rowspan="6">更换 500kV 直线玻璃绝缘子串(平地、河网）</td><td rowspan="6">串</td><td>电压等级</td><td>500kV</td></tr>
<tr><td>工作范围</td><td>线路更换直线玻璃绝缘子串</td></tr>
<tr><td>规格型号</td><td>导线悬垂串：5XC1K-50-16P</td></tr>
<tr><td>地形</td><td>50% 平地，50% 河网</td></tr>
<tr><td>气象条件</td><td>覆冰 10mm，最大风速 27m/s</td></tr>
<tr><td>运距</td><td>汽车运距 5km</td></tr>
<tr><td rowspan="5">S-500-JYZPY-ZXC</td><td rowspan="5">更换 500kV 直线瓷绝缘子串（平地、河网）</td><td rowspan="5">串</td><td>电压等级</td><td>500kV</td></tr>
<tr><td>工作范围</td><td>线路更换直线瓷绝缘子</td></tr>
<tr><td>规格型号</td><td>导线悬垂串：5XC1K-50-16P</td></tr>
<tr><td>地形</td><td>50% 平地，50% 河网</td></tr>
<tr><td>气象条件</td><td>覆冰 10mm，最大风速 27m/s</td></tr>
<tr><td rowspan="5">S-500-JYZPY-ZXHC</td><td rowspan="5">更换 500kV 直线合成绝缘子串(平地、河网）</td><td rowspan="5">串</td><td>电压等级</td><td>500kV</td></tr>
<tr><td>工作范围</td><td>线路更换直线合成绝缘子串</td></tr>
<tr><td>规格型号</td><td>导线悬垂串：5XC1K-50-16P</td></tr>
<tr><td>地形</td><td>50% 平地，50% 河网</td></tr>
<tr><td>气象条件</td><td>覆冰 10mm，最大风速 27m/s</td></tr>
<tr><td rowspan="5">S-220-JYZSD-NZBL</td><td rowspan="5">更换 220kV 耐张玻璃绝缘子串(山地、丘陵）</td><td rowspan="5">串</td><td>电压等级</td><td>220kV</td></tr>
<tr><td>工作范围</td><td>线路更换耐张玻璃绝缘子串</td></tr>
<tr><td>规格型号</td><td>导线耐张串：2N21Y-4040-12P（H）</td></tr>
<tr><td>地形</td><td>50% 山地，50% 丘陵</td></tr>
<tr><td>气象条件</td><td>覆冰 10mm，最大风速 27m/s</td></tr>
</table>

续表

方案编号	方案名称	单位	工程主要技术条件	
S-220-JYZSD-NZC	更换 220kV 耐张瓷绝缘子串（山地、丘陵）	串	电压等级	220kV
			工作范围	线路更换耐张瓷绝缘子串
			规格型号	导线耐张串：2N21Y-4040-12P（H）
			地形	50% 山地，50% 丘陵
			气象条件	覆冰 10mm，最大风速 27m/s
S-220-JYZSD-ZXBL	更换 220kV 直线玻璃绝缘子串(山地、丘陵）	串	电压等级	220kV
			工作范围	线路更换直线玻璃绝缘子串
			规格型号	导线悬垂串：2XZ22S-4040-12P（H）-1D
			地形	50% 山地，50% 丘陵
			气象条件	覆冰 10mm，最大风速 27m/s
S-220-JYZSD-ZXC	更换 220kV 直线瓷绝缘子串（山地、丘陵）	串	电压等级	220kV
			工作范围	线路更换直线瓷绝缘子串
			规格型号	导线悬垂串：2XZ22S-4040-12P（H）-1D
			地形	50% 山地，50% 丘陵
			气象条件	覆冰 10mm，最大风速 27m/s
S-220-JYZSD-ZXHC	更换 220kV 直线合成绝缘子串(山地、丘陵）	串	电压等级	220kV
			工作范围	线路更换直线合成绝缘子串
			规格型号	导线悬垂串：2XZ22S-4040-12P（H）-1D
			地形	50% 山地，50% 丘陵
			气象条件	覆冰 10mm，最大风速 27m/s
S-220-JYZPY-NZBL	更换 220kV 耐张玻璃绝缘子串(平地、河网）	串	电压等级	220kV
			工作范围	线路更换耐张玻璃绝缘子串
			规格型号	导线耐张串：2N21Y-4040-12P（H）
			地形	50% 平地，50% 河网
			气象条件	覆冰 10mm，最大风速 27m/s

续表

方案编号	方案名称	单位	工程主要技术条件	
S-220-JYZPY-NZC	更换 220kV 耐张瓷绝缘子串（平地、河网）	串	电压等级	220kV
			工作范围	线路更换耐张瓷绝缘子串
			规格型号	导线耐张串：2N21Y-4040-12P（H）
			地形	50% 平地，50% 河网
			气象条件	覆冰 10mm，最大风速 27m/s
S-220-JYZPY-ZXBL	更换 220kV 直线玻璃绝缘子串（平地、河网）	串	电压等级	220kV
			工作范围	线路更换直线玻璃绝缘子串
			规格型号	导线悬垂串：2XZ22S-4040-12P（H）-1D
			地形	50% 平地，50% 河网
			气象条件	覆冰 10mm，最大风速 27m/s
S-220-JYZPY-ZXC	更换 220kV 直线瓷绝缘子串（平地、河网）	串	电压等级	220kV
			工作范围	线路更换直线瓷绝缘子串
			规格型号	导线悬垂串：2XZ22S-4040-12P（H）-1D
			地形	50% 平地，50% 河网
			气象条件	覆冰 10mm，最大风速 27m/s
S-220-JYZPY-ZXHC	更换 220kV 直线合成绝缘子串（平地、河网）	串	电压等级	220kV
			工作范围	线路更换直线合成绝缘子串
			规格型号	导线悬垂串：2XZ22S-4040-12P（H）-1D
			地形	50% 平地，50% 河网
			气象条件	覆冰 10mm，最大风速 27m/s
S-110-JYZSD-NZBL	更换 110kV 耐张玻璃绝缘子串（山地、丘陵）	串	电压等级	110kV
			工作范围	线路更换耐张玻璃绝缘子串
			规格型号	导线耐张串：1ND11Y-0000-10P（H）
			地形	50% 山地，50% 丘陵
			气象条件	覆冰 10mm，最大风速 27m/s

续表

方案编号	方案名称	单位	工程主要技术条件	
S-110-JYZSD-NZC	更换 110kV 耐张瓷绝缘子串（山地、丘陵）	串	电压等级	110kV
			工作范围	线路更换耐张瓷绝缘子串
			规格型号	导线耐张串：1ND11Y-0000-10P（H）
			地形	50% 山地，50% 丘陵
			气象条件	覆冰 10mm，最大风速 27m/s
S-110-JYZSD-ZXHC	更换 110kV 直线合成绝缘子串（山地、丘陵）	串	电压等级	110kV
			工作范围	线路更换直线合成绝缘子串
			规格型号	导线悬垂串：1XD22CLS-0045-07P（H）-1D
			地形	50% 山地，50% 丘陵
			气象条件	覆冰 10mm，最大风速 27m/s
S-110-JYZPY-NZBL	更换 110kV 耐张玻璃绝缘子串（平地、河网）	串	电压等级	110kV
			工作范围	线路更换耐张玻璃绝缘子串
			规格型号	导线耐张串：1ND11Y-0000-10P（H）
			地形	50% 平地，50% 河网
			气象条件	覆冰 10mm，最大风速 27m/s
S-110-JYZPY-NZC	更换 110kV 耐张瓷绝缘子串（平地、河网）	串	电压等级	110kV
			工作范围	线路更换耐张瓷绝缘子串
			规格型号	导线耐张串：1ND11Y-0000-10P（H）
			地形	50% 平地，50% 河网
			气象条件	覆冰 10mm，最大风速 27m/s
S-110-JYZPY-ZXHC	更换 110kV 直线合成绝缘子串（平地、河网）	串	电压等级	110kV
			工作范围	线路更换直线合成绝缘子串
			规格型号	导线悬垂串：1XD22CLS-0045-07P（H）-1D
			地形	50% 平地，50% 河网
			气象条件	覆冰 10mm，最大风速 27m/s

续表

方案编号	方案名称	单位	工程主要技术条件	
S-35-JYZSD-NZHC	更换 35kV 耐张合成绝缘子串（山地、丘陵）	串	电压等级	35kV
			工作范围	线路更换耐张合成绝缘子串
			规格型号	导线耐张串：03N21Y-40-07P（H）Z（D）1A
			地形	50% 山地，50% 丘陵
			气象条件	覆冰 10mm，最大风速 27m/s
S-35-JYZSD-ZXHC	更换 35kV 直线合成绝缘子串（山地、丘陵）	串	电压等级	35kV
			工作范围	线路更换直线合成绝缘子串
			规格型号	导线悬垂串: 03XC11-00-07P(H)-1A
			地形	50% 山地，50% 丘陵
			气象条件	覆冰 10mm，最大风速 27m/s
S-35-JYZPY-NZHC	更换 35kV 耐张合成绝缘子串（平地、河网）	串	电压等级	35kV
			工作范围	线路更换耐张合成绝缘子串
			规格型号	导线耐张串：03N21Y-40-07P（H）Z（D）1A
			地形	50% 平地，50% 河网
			气象条件	覆冰 10mm，最大风速 27m/s
S-35-JYZPY-ZXHC	更换 35kV 直线合成绝缘子串（平地、河网）	串	电压等级	35kV
			工作范围	线路更换直线合成绝缘子串
			规格型号	导线悬垂串: 03XC11-00-07P(H)-1A
			地形	50% 平地，50% 河网
			气象条件	覆冰 10mm，最大风速 27m/s

表 24-2　　　更换绝缘子工程典型方案主要设备材料表

方案编号	方案名称	单位	设备材料明细	数量
S-500-JYZSD-NZBL	更换 500kV 耐张玻璃绝缘子串（山地、丘陵）	片	U420B/205，360，550 玻璃绝缘子	60
		支	FXBW-500/120-3，4900，16000 复合绝缘子	6
		串	导线耐张串：5N2-5050（60）-40P（630/45）	6
		串	导线跳线串：5T-50-10H	6
		串	地线耐张串：BN1BG-10	4

续表

方案编号	方案名称	单位	设备材料明细	数量
S-500-JYZSD-NZBL	更换 500kV 耐张玻璃绝缘子串（山地、丘陵）	吨	钢芯铝绞线，4×JL/G1A，630/45	0.8
		副	跳线间隔棒：FJZS-445/34B	12
		项	等同原材料拆除、返库	1
S-500-JYZSD-NZC	更换 500kV 耐张瓷绝缘子串（山地、丘陵）	片	U420B/205，360，550 瓷绝缘子	60
		支	FXBW-500/120-3，4900，16000 复合绝缘子	6
		串	导线耐张串：5N2-5050（60）-40P（630/45）	6
		串	导线跳线串：5T-50-10H	6
		串	地线耐张串：BN1BG-10	4
		吨	钢芯铝绞线，4×JL/G1A，630/45	0.8
		副	跳线间隔棒：FJZS-445/34B	12
		项	等同原材料拆除、返库	1
S-500-JYZSD-ZXBL	更换 500kV 直线玻璃绝缘子串（山地、丘陵）	片	U160BP/155T，330，550 玻璃绝缘子	66
		串	导线悬垂串：5XC1K-50-16P	6
		串	地线悬垂串：BX1S-12	2
		项	等同原材料拆除、返库	1
S-500-JYZSD-ZXC	更换 500kV 直线瓷绝缘子串（山地、丘陵）	片	U160BP/155T，330，545 瓷绝缘子	66
		串	导线悬垂串：5XC1K-50-16P	6
		串	地线悬垂串：BX1S-12	2
		项	等同原材料拆除、返库	1
S-500-JYZSD-ZXHC	更换 500kV 直线合成绝缘子串（山地、丘陵）	支	FXBW-500/160-3，4900，16000 复合绝缘子	6
		串	导线悬垂串：5XC1K-50-16P	6
		串	地线悬垂串：BX1S-12	2
		项	等同原材料拆除、返库	1
S-500-JYZPY-NZBL	更换 500kV 耐张玻璃绝缘子串（平地、河网）	片	U420B/205，360，550 玻璃绝缘子	60
		支	FXBW-500/120-3，4900，16000 复合绝缘子	6
		串	导线耐张串：5N2-5050（60）-40P（630/45）	6
		串	导线跳线串：5T-50-10H	6
		串	地线耐张串：BN1BG-10	4
		吨	钢芯铝绞线，4×JL/G1A，630/45	0.8
		副	跳线间隔棒：FJZS-445/34B	12
		项	等同原材料拆除、返库	1

续表

方案编号	方案名称	单位	设备材料明细	数量
S-500-JYZPY-NZC	更换 500kV 耐张瓷绝缘子串（平地、河网）	片	U420B/205，360，550 瓷绝缘子	60
		支	FXBW-500/120-3，4900，16000 复合绝缘子	6
		串	导线耐张串：5N2-5050（60）-40P（630/45）	6
		串	导线跳线串：5T-50-10H	6
		串	地线耐张串：BN1BG-10	4
		吨	钢芯铝绞线，4×JL/G1A，630/45	0.8
		副	跳线间隔棒：FJZS-445/34B	12
		项	等同原材料拆除、返库	1
S-500-JYZPY-ZXBL	更换 500kV 直线玻璃绝缘子串（平地、河网）	片	U160BP/155T，330，550 玻璃绝缘子	66
		串	导线悬垂串：5XC1K-50-16P	6
		串	地线悬垂串：BX1S-12	2
		项	等同原材料拆除、返库	1
S-500-JYZPY-ZXC	更换 500kV 直线瓷绝缘子串（平地、河网）	片	U160BP/155T，330，545 瓷绝缘子	66
		串	导线悬垂串：5XC1K-50-16P	6
		串	地线悬垂串：BX1S-12	2
		项	等同原材料拆除、返库	1
S-500-JYZPY-ZXHC	更换 500kV 直线合成绝缘子串（平地、河网）	支	FXBW-500/160-3，4900，16000 复合绝缘子	6
		串	导线悬垂串：5XC1K-50-16P	6
		串	地线悬垂串：BX1S-12	2
		项	等同原材料拆除、返库	1
S-220-JYZSD-NZBL	更换 220kV 耐张玻璃绝缘子串（山地、丘陵）	片	U120BP/146-1，280，450 玻璃绝缘子	36
		串	FXBW-220/120-3，2470，7040 复合绝缘子	6
		串	导线耐张串：2N21Y-4040-12P（H）	6
		串	导线跳线串：2TP-20-10H（P）Z	6
		串	地线耐张串：BN1BG-10	4
		t	钢芯铝绞线，2×JL/G1A，400/35	0.16
		副	跳线间隔棒：FJG-220/27	12
		项	等同原材料拆除、返库	1

续表

方案编号	方案名称	单位	设备材料明细	数量
S-220-JYZSD-NZC	更换 220kV 耐张瓷绝缘子串（山地、丘陵）	片	U120BP/146D，280，450 瓷绝缘子	36
		串	FXBW-220/120-3，2470，7040 复合绝缘子	6
		串	导线耐张串：2N21Y-4040-12P（H）	6
		串	导线跳线串：2TP-20-10H（P）Z	6
		串	地线耐张串：BN1BG-10	4
		t	钢芯铝绞线，2×JL/G1A，400/35	0.16
		副	跳线间隔棒：FJG-220/27	12
		项	等同原材料拆除、返库	1
S-220-JYZSD-ZXBL	更换 220kV 直线玻璃绝缘子串（山地、丘陵）	片	U120BP/146-1，280，450 玻璃绝缘子	36
		串	导线悬垂串：2XZ22S-4040-12P（H）-1D	3
		串	地线悬垂串：BX1S-12	2
		项	等同原材料拆除、返库	1
S-220-JYZSD-ZXC	更换 220kV 直线瓷绝缘子串（山地、丘陵）	片	U120BP/146D，280，450 瓷绝缘子	36
		串	导线悬垂串：2XZ22S-4040-12P（H）-1D	3
		串	地线悬垂串：BX1S-12	2
		项	等同原材料拆除、返库	1
S-220-JYZSD-ZXHC	更换 220kV 直线合成绝缘子串（山地、丘陵）	支	FXBW-220/120-3，2470，7040 复合绝缘子	6
		串	导线悬垂串：2XZ22S-4040-12P（H）-1D	3
		串	地线悬垂串：BX1S-12	2
		项	等同原材料拆除、返库	1
S-220-JYZPY-NZBL	更换 220kV 耐张玻璃绝缘子串（平地、河网）	片	U120BP/146-1，280，450 玻璃绝缘子	36
		串	FXBW-220/120-3，2470，7040 复合绝缘子	6
		串	导线耐张串：2N21Y-4040-12P（H）	6
		串	导线跳线串：2TP-20-10H（P）Z	6
		串	地线耐张串：BN1BG-10	4
		t	钢芯铝绞线，2×JL/G1A，400/35	0.16
		副	跳线间隔棒：FJG-220/27	12
		项	等同原材料拆除、返库	1

续表

方案编号	方案名称	单位	设备材料明细	数量
S-220-JYZPY-NZC	更换 220kV 耐张瓷绝缘子串（平地、河网）	片	U120BP/146D，280，450 瓷绝缘子	36
		串	FXBW-220/120-3，2470，7040 复合绝缘子	6
		串	导线耐张串：2N21Y-4040-12P（H）	6
		串	导线跳线串：2TP-20-10H（P）Z	6
		串	地线耐张串：BN1BG-10	4
		t	钢芯铝绞线，2×JL/G1A，400/35	0.16
		副	跳线间隔棒：FJG-220/27	12
		项	等同原材料拆除、返库	1
S-220-JYZPY-ZXBL	更换 220kV 直线玻璃绝缘子串（平地、河网）	片	U120BP/146-1，280，450 玻璃绝缘子	36
		串	导线悬垂串：2XZ22S-4040-12P（H）-1D	3
		串	地线悬垂串：BX1S-12	2
		项	等同原材料拆除、返库	1
S-220-JYZPY-ZXC	更换 220kV 直线瓷绝缘子串（平地、河网）	片	U120BP/146D，280，450 瓷绝缘子	36
		串	导线悬垂串：2XZ22S-4040-12P（H）-1D	3
		串	地线悬垂串：BX1S-12	2
		项	等同原材料拆除、返库	1
S-220-JYZPY-ZXHC	更换 220kV 直线合成绝缘子串（平地、河网）	支	FXBW-220/120-3，2470，7040 复合绝缘子	6
		串	导线悬垂串：2XZ22S-4040-12P（H）-1D	3
		串	地线悬垂串：BX1S-12	2
		项	等同原材料拆除、返库	1
S-110-JYZSD-NZBL	更换 110kV 耐张玻璃绝缘子串（山地、丘陵）	片	U70BP/146-1，280，450 玻璃绝缘子	18
		支	FXBW-110/70-3，1440，3520 复合绝缘子	6
		串	导线耐张串：1ND11Y-0000-10P（H）	6
		串	导线跳线串：1TD-00-07H（P）Z	6
		串	地线耐张串：BN2X-G-07	4
		t	钢芯铝绞线，1×JL/G1A，300/40	0.1
		项	等同原材料拆除、返库	1

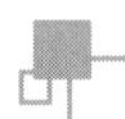

续表

方案编号	方案名称	单位	设备材料明细	数量
S-110-JYZSD-NZC	更换 110kV 耐张瓷绝缘子串（山地、丘陵）	片	U70BP/146D，280，450 瓷绝缘子	18
		支	FXBW-110/70-3，1440，3520 复合绝缘子	6
		串	导线耐张串：1ND11Y-0000-10P（H）	6
		串	导线跳线串：1TD-00-07H（P）Z	6
		串	地线耐张串：BN2X-G-07	4
		t	钢芯铝绞线，1×JL/G1A，300/40	0.1
		项	等同原材料拆除、返库	1
S-110-JYZSD-ZXHC	更换 110kV 直线合成绝缘子串（山地、丘陵）	支	FXBW-110/70-3，1440，3520 复合绝缘子	6
		串	导线悬垂串：1XD22CLS-0045-07P（H）-1D	3
		串	地线悬垂串：BX2-G-07	2
		项	等同原材料拆除、返库	1
S-110-JYZPY-NZBL	更换 110kV 耐张玻璃绝缘子串（平地、河网）	片	U70BP/146-1，280，450 玻璃绝缘子	18
		支	FXBW-110/70-3，1440，3520 复合绝缘子	6
		串	导线耐张串：1ND11Y-0000-10P（H）	6
		串	导线跳线串：1TD-00-07H（P）Z	6
		串	地线耐张串：BN2X-G-07	4
		t	钢芯铝绞线，1×JL/G1A，300/40	0.1
		项	等同原材料拆除、返库	1
S-110-JYZPY-NZC	更换 110kV 耐张瓷绝缘子串（平地、河网）	片	U70BP/146D，280，450 瓷绝缘子	18
		支	FXBW-110/70-3，1440，3520 复合绝缘子	6
		串	导线耐张串：1ND11Y-0000-10P（H）	6
		串	导线跳线串：1TD-00-07H（P）Z	6
		串	地线耐张串：BN2X-G-07	4
		t	钢芯铝绞线，1×JL/G1A，300/40	0.1
		项	等同原材料拆除、返库	1
S-110-JYZPY-ZXHC	更换 110kV 直线合成绝缘子串（平地、河网）	支	FXBW-110/70-3，1440，3520 复合绝缘子	6
		串	导线悬垂串：1XD22CLS-0045-07P（H）-1D	3
		串	地线悬垂串：BX2-G-07	2
		项	等同原材料拆除、返库	1

续表

方案编号	方案名称	单位	设备材料明细	数量
S-35-JYZSD-NZHC	更换 35kV 耐张合成绝缘子串（山地、丘陵）	支	FXBW-35/70-2，670，1015 复合绝缘子	6
		串	导线耐张串：03N21Y-40-07P（H）Z（D）1A	6
		串	导线跳线串：03T-07P（H）1A	3
		串	地线耐张串：BNX-G-07-1C	4
		t	钢芯铝绞线，1×JL/G1A，240/40	0.1
		项	等同原材料拆除、返库	1
S-35-JYZSD-ZXHC	更换 35kV 直线合成绝缘子串（山地、丘陵）	支	FXBW-35/70-2，670，1015 复合绝缘子	6
		串	导线悬垂串：03XC11-00-07P（H）-1A	6
		串	地线悬垂串：BX-G-07-1A	2
		项	等同原材料拆除、返库	1
S-35-JYZPY-NZHC	更换 35kV 耐张合成绝缘子串（平地、河网）	支	FXBW-35/70-2，670，1015 复合绝缘子	6
		串	导线耐张串：03N21Y-40-07P（H）Z（D）1A	6
		串	导线跳线串：03T-07P（H）1A	3
		串	地线耐张串：BNX-G-07-1C	4
		t	钢芯铝绞线，1×JL/G1A，240/40	0.1
		项	等同原材料拆除、返库	1
S-35-JYZPY-ZXHC	更换 35kV 直线合成绝缘子串（平地、河网）	支	FXBW-35/70-2，670，1015 复合绝缘子	6
		串	导线悬垂串：03XC11-00-07P（H）-1A	6
		串	地线悬垂串：BX-G-07-1A	2
		项	等同原材料拆除、返库	1

24.3　概算书

更换绝缘子工程典型方案概算书包括总概算表、安装部分汇总概算表、拆除部分汇总概算表、其他费用概算表。基本方案 S-500-JYZSD-NZBL、S-500-JYZSD-NZC、S-500-JYZSD-ZXBL、S-500-JYZSD-ZXC、S-500-JYZSD-ZXHC、S-500-JYZPY-NZBL、S-500-JYZPY-NZC、S-500-JYZPY-ZXBL、S-500-JYZPY-ZXC、S-500-JYZPY-ZXHC、S-220-JYZSD-NZBL、S-220-JYZSD-NZC、S-220-JYZSD-ZXBL、S-220-JYZSD-ZXC、S-220-JYZSD-ZXHC、S-220-JYZPY-NZBL、S-220-JYZPY-NZC、S-220-JYZPY-ZXBL、S-220-JYZPY-ZXC、S-220-JYZPY-ZXHC、S-110-JYZSD-NZBL、S-110-JYZSD-NZC、S-110-JYZSD-ZXHC、S-110-JYZPY-NZBL、S-110-JYZPY-NZC、S-110-JYZPY-ZXHC、S-35-JYZSD-NZHC、S-35-JYZSD-ZXHC、S-35-JYZPY-NZHC、S-35-JYZPY-ZXHC 的上述概算表见表 24-3～表 24-122。

表 24-3　　基本方案 S-500-JYZSD-NZBL 总概算表　　金额单位：万元

序号	工程或费用名称	含税金额	占工程投资的比例（%）	不含税金额	可抵扣增值税金额
二	安装工程费	22.73	59.71	20.5	2.23
三	拆除工程费	10.26	26.95	9.41	0.85
四	设备购置费				
	其中：编制基准期价差	0.77	2.02	0.77	
五	小计	32.99	86.66	29.91	3.08
	其中：甲供设备材料费	10.87	28.55	9.62	1.25
六	其他费用	5.08	13.34	4.79	0.29
七	基本预备费				
八	特殊项目				
九	工程投资合计	38.07	100	34.7	3.37
	其中：可抵扣增值税金额	3.37			3.37
	其中：施工费	22.12	58.1	20.29	1.83

表 24-4　　基本方案 S-500-JYZSD-NZBL 安装部分汇总概算表　　金额单位：元

序号	工程或费用名称	安装工程费			设备购置费	合计
		未计价材料费	安装费	小计		
	安装工程	108697	118590	227287		227287
4	架线工程	16410	2594	19004		19004
4.1	架线工程材料工地运输		208	208		208
4.2	导地线架设	16410	2386	18797		18797
5	附件工程	92287	115996	208282		208282
5.1	附件安装工程材料工地运输		535	535		535
5.2	绝缘子串及金具安装	92287	115461	207747		207747
5.2.1	耐张绝缘子串及金具安装	92287	110432	202719		202719
5.2.2	悬垂绝缘子串及金具安装		5028	5028		5028
	合计	108697	118590	227287		227287

表 24-5　　基本方案 S-500-JYZSD-NZBL 拆除部分汇总概算表　　金额单位：元

序号	工程或费用名称	拆除工程费
	拆除工程	102610
4	架线工程	2060
4.1	架线工程材料工地运输	151
4.2	导地线架设	1909
5	附件工程	100550
5.1	附件安装工程材料工地运输	462
5.2	绝缘子串及金具安装	100088
5.2.1	耐张绝缘子串及金具安装	95721
5.2.2	悬垂绝缘子串及金具安装	4367
	合计	102610

表 24-6　　基本方案 S-500-JYZSD-NZBL 其他费用概算表　　金额单位：元

序号	工程或费用项目名称	编制依据及计算说明	合价
2	项目管理费		24280
2.1	管理经费	（安装工程费＋拆除工程费）×3.53%	11645
2.2	招标费	（安装工程费＋拆除工程费）×0.4%	1320
2.3	工程监理费	（安装工程费＋拆除工程费）×3.43%	11315
3	项目技术服务费		26547
3.1	前期工作费	安装工程费 ×2.1%	4773
3.3	工程勘察设计费		18693
3.3.2	设计费	设计费 ×100%	18693
3.4	设计文件评审费		1156
3.4.1	初步设计文件评审费	基本设计费 ×3.5%	554
3.4.2	施工图文件评审费	基本设计费 ×3.8%	602
3.5	施工过程造价咨询及竣工结算审核费	（安装工程费＋拆除工程费）×0.38%	1254
3.7	工程检测费		341
3.7.1	工程质量检测费	安装工程费 ×0.15%	341
3.9	技术经济标准编制费	（安装工程费＋拆除工程费）×0.1%	330
	合计		50828

表 24-7　　基本方案 S-500-JYZSD-NZC 总概算表　　金额单位：万元

序号	工程或费用名称	含税金额	占工程投资的比例（%）	不含税金额	可抵扣增值税金额
二	安装工程费	23.95	60.6	21.58	2.37
三	拆除工程费	10.26	25.96	9.41	0.85
四	设备购置费				
	其中：编制基准期价差	0.77	1.95	0.77	
五	小计	34.21	86.56	30.99	3.22
	其中：甲供设备材料费	12.09	30.59	10.7	1.39
六	其他费用	5.31	13.44	5.01	0.3
七	基本预备费				
八	特殊项目				
九	工程投资合计	39.52	100	36	3.52
	其中：可抵扣增值税金额	3.52			3.52
	其中：施工费	22.12	55.97	20.29	1.83

表 24-8　　基本方案 S-500-JYZSD-NZC 安装部分汇总概算表　　金额单位：元

序号	工程或费用名称	安装工程费			设备购置费	合计
		未计价材料费	安装费	小计		
	安装工程	120937	118590	239527		239527
4	架线工程	16410	2594	19004		19004
4.1	架线工程材料工地运输		208	208		208
4.2	导地线架设	16410	2386	18797		18797
5	附件工程	104527	115996	220522		220522
5.1	附件安装工程材料工地运输		535	535		535
5.2	绝缘子串及金具安装	104527	115461	219987		219987
5.2.1	耐张绝缘子串及金具安装	104527	110432	214959		214959
5.2.2	悬垂绝缘子串及金具安装		5028	5028		5028
	合计	120937	118590	239527		239527

表 24-9　　基本方案 S-500-JYZSD-NZC 拆除部分汇总概算表　　金额单位：元

序号	工程或费用名称	拆除工程费
	拆除工程	102610
4	架线工程	2060
4.1	架线工程材料工地运输	151
4.2	导地线架设	1909
5	附件工程	100550
5.1	附件安装工程材料工地运输	462
5.2	绝缘子串及金具安装	100088
5.2.1	耐张绝缘子串及金具安装	95721
5.2.2	悬垂绝缘子串及金具安装	4367
	合计	102610

表 24-10　　基本方案 S-500-JYZSD-NZC 其他费用概算表　　金额单位：元

序号	工程或费用项目名称	编制依据及计算说明	合价
2	项目管理费		25181
2.1	管理经费	（安装工程费 + 拆除工程费）× 3.53%	12077
2.2	招标费	（安装工程费 + 拆除工程费）× 0.4%	1369
2.3	工程监理费	（安装工程费 + 拆除工程费）× 3.43%	11735
3	项目技术服务费		27950
3.1	前期工作费	安装工程费 × 2.1%	5030
3.3	工程勘察设计费		19700
3.3.2	设计费	设计费 × 100%	19700
3.4	设计文件评审费		1219
3.4.1	初步设计文件评审费	基本设计费 × 3.5%	584
3.4.2	施工图文件评审费	基本设计费 × 3.8%	634
3.5	施工过程造价咨询及竣工结算审核费	（安装工程费 + 拆除工程费）× 0.38%	1300
3.7	工程检测费		359
3.7.1	工程质量检测费	安装工程费 × 0.15%	359
3.9	技术经济标准编制费	（安装工程费 + 拆除工程费）× 0.1%	342
	合计		53132

表 24-11　　基本方案 S-500-JYZSD-ZXBL 总概算表　　金额单位：万元

序号	工程或费用名称	含税金额	占工程投资的比例（%）	不含税金额	可抵扣增值税金额
二	安装工程费	3.24	73.64	2.88	0.36
三	拆除工程费	0.45	10.23	0.41	0.04
四	设备购置费				
	其中：编制基准期价差	0.03	0.68	0.03	
五	小计	3.69	83.86	3.29	0.4
	其中：甲供设备材料费	2.72	61.82	2.41	0.31
六	其他费用	0.71	16.14	0.67	0.04
七	基本预备费				
八	特殊项目				
九	工程投资合计	4.4	100	3.96	0.44
	其中：可抵扣增值税金额	0.44			0.44
	其中：施工费	0.97	22.05	0.89	0.08

表 24-12　　基本方案 S-500-JYZSD-ZXBL 安装部分汇总概算表　　金额单位：元

序号	工程或费用名称	安装工程费			设备购置费	合计
		未计价材料费	安装费	小计		
	安装工程	27230	5199	32429		32429
5	附件工程	27230	5199	32429		32429
5.1	附件安装工程材料工地运输		171	171		171
5.2	绝缘子串及金具安装	27230	5028	32258		32258
5.2.2	悬垂绝缘子串及金具安装	27230	5028	32258		32258
	合计	27230	5199	32429		32429

表 24-13　　基本方案 S-500-JYZSD-ZXBL 拆除部分汇总概算表　　金额单位：元

序号	工程或费用名称	拆除工程费
	拆除工程	4457
5	附件工程	4457
5.1	附件安装工程材料工地运输	90
5.2	绝缘子串及金具安装	4367
5.2.2	悬垂绝缘子串及金具安装	4367
	合计	4457

表 24-14 基本方案 S-500-JYZSD-ZXBL 其他费用概算表 金额单位：元

序号	工程或费用项目名称	编制依据及计算说明	合价
2	项目管理费		2715
2.1	管理经费	（安装工程费 + 拆除工程费）×3.53%	1302
2.2	招标费	（安装工程费 + 拆除工程费）×0.4%	148
2.3	工程监理费	（安装工程费 + 拆除工程费）×3.43%	1265
3	项目技术服务费		4399
3.1	前期工作费	安装工程费 ×2.1%	681
3.3	工程勘察设计费		2667
3.3.2	设计费	设计费 ×100%	2667
3.4	设计文件评审费		165
3.4.1	初步设计文件评审费	基本设计费 ×3.5%	79
3.4.2	施工图文件评审费	基本设计费 ×3.8%	86
3.5	施工过程造价咨询及竣工结算审核费	（安装工程费 + 拆除工程费）×0.38%	800
3.7	工程检测费		49
3.7.1	工程质量检测费	安装工程费 ×0.15%	49
3.9	技术经济标准编制费	（安装工程费 + 拆除工程费）×0.1%	37
	合计		7114

表 24-15 基本方案 S-500-JYZSD-ZXC 总概算表 金额单位：万元

序号	工程或费用名称	含税金额	占工程投资的比例（%）	不含税金额	可抵扣增值税金额
二	安装工程费	4	75.47	3.56	0.44
三	拆除工程费	0.45	8.49	0.41	0.04
四	设备购置费				
	其中：编制基准期价差	0.03	0.57	0.03	
五	小计	4.45	83.96	3.97	0.48
	其中：甲供设备材料费	3.48	65.66	3.08	0.4
六	其他费用	0.85	16.04	0.8	0.05
七	基本预备费				
八	特殊项目				
九	工程投资合计	5.3	100	4.77	0.53
	其中：可抵扣增值税金额	0.53			0.53
	其中：施工费	0.97	18.3	0.89	0.08

表 24-16 基本方案 S-500-JYZSD-ZXC 安装部分汇总概算表 金额单位：元

序号	工程或费用名称	安装工程费			设备购置费	合计
		未计价材料费	安装费	小计		
	安装工程	34770	5199	39969		39969
5	附件工程	34770	5199	39969		39969
5.1	附件安装工程材料工地运输		171	171		171
5.2	绝缘子串及金具安装	34770	5028	39798		39798
5.2.2	悬垂绝缘子串及金具安装	34770	5028	39798		39798
	合计	34770	5199	39969		39969

表 24-17 基本方案 S-500-JYZSD-ZXC 拆除部分汇总概算表 金额单位：元

序号	工程或费用名称	拆除工程费
	拆除工程	4457
5	附件工程	4457
5.1	附件安装工程材料工地运输	90
5.2	绝缘子串及金具安装	4367
5.2.2	悬垂绝缘子串及金具安装	4367
	合计	4457

表 24-18 基本方案 S-500-JYZSD-ZXC 其他费用概算表 金额单位：元

序号	工程或费用项目名称	编制依据及计算说明	合价
2	项目管理费		3270
2.1	管理经费	（安装工程费＋拆除工程费）×3.53%	1568
2.2	招标费	（安装工程费＋拆除工程费）×0.4%	178
2.3	工程监理费	（安装工程费＋拆除工程费）×3.43%	1524
3	项目技术服务费		5234
3.1	前期工作费	安装工程费 ×2.1%	839
3.3	工程勘察设计费		3287
3.3.2	设计费	设计费 ×100%	3287
3.4	设计文件评审费		203
3.4.1	初步设计文件评审费	基本设计费 ×3.5%	98
3.4.2	施工图文件评审费	基本设计费 ×3.8%	106
3.5	施工过程造价咨询及竣工结算审核费	（安装工程费＋拆除工程费）×0.38%	800

续表

序号	工程或费用项目名称	编制依据及计算说明	合价
3.7	工程检测费		60
3.7.1	工程质量检测费	安装工程费 ×0.15%	60
3.9	技术经济标准编制费	（安装工程费＋拆除工程费）×0.1%	44
	合计		8504

表 24-19　　基本方案 S-500-JYZSD-ZXHC 总概算表　　金额单位：万元

序号	工程或费用名称	含税金额	占工程投资的比例（%）	不含税金额	可抵扣增值税金额
二	安装工程费	1.58	62.2	1.41	0.17
三	拆除工程费	0.44	17.32	0.4	0.04
四	设备购置费				
	其中：编制基准期价差	0.03	1.18	0.03	
五	小计	2.02	79.53	1.81	0.21
	其中：甲供设备材料费	1.08	42.52	0.96	0.12
六	其他费用	0.52	20.47	0.49	0.03
七	基本预备费				
八	特殊项目				
九	工程投资合计	2.54	100	2.3	0.24
	其中：可抵扣增值税金额	0.24			0.24
	其中：施工费	0.95	37.4	0.87	0.08

表 24-20　　基本方案 S-500-JYZSD-ZXHC 安装部分汇总概算表　　金额单位：元

序号	工程或费用名称	安装工程费			设备购置费	合计
		未计价材料费	安装费	小计		
	安装工程	10766	5076	15843		15843
5	附件工程	10766	5076	15843		15843
5.1	附件安装工程材料工地运输		48	48		48
5.2	绝缘子串及金具安装	10766	5028	15794		15794
5.2.2	悬垂绝缘子串及金具安装	10766	5028	15794		15794
	合计	10766	5076	15843		15843

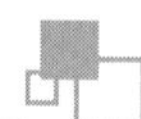

表 24-21　　基本方案 S-500-JYZSD-ZXHC 拆除部分汇总概算表　　金额单位：元

序号	工程或费用名称	拆除工程费
	拆除工程	4387
5	附件工程	4387
5.1	附件安装工程材料工地运输	20
5.2	绝缘子串及金具安装	4367
5.2.2	悬垂绝缘子串及金具安装	4367
	合计	4387

表 24-22　　基本方案 S-500-JYZSD-ZXHC 其他费用概算表　　金额单位：元

序号	工程或费用项目名称	编制依据及计算说明	合价
2	项目管理费		1489
2.1	管理经费	（安装工程费 + 拆除工程费）×3.53%	714
2.2	招标费	（安装工程费 + 拆除工程费）×0.4%	81
2.3	工程监理费	（安装工程费 + 拆除工程费）×3.43%	694
3	项目技术服务费		3683
3.1	前期工作费	安装工程费 ×2.1%	333
3.3	工程勘察设计费		2360
3.3.2	设计费	设计费 ×100%	2360
3.4	设计文件评审费		146
3.4.1	初步设计文件评审费	基本设计费 ×3.5%	70
3.4.2	施工图文件评审费	基本设计费 ×3.8%	76
3.5	施工过程造价咨询及竣工结算审核费	（安装工程费 + 拆除工程费）×0.38%	800
3.7	工程检测费		24
3.7.1	工程质量检测费	安装工程费 ×0.15%	24
3.9	技术经济标准编制费	（安装工程费 + 拆除工程费）×0.1%	20
	合计		5172

表 24-23　　基本方案 S-500-JYZPY-NZBL 总概算表　　金额单位：万元

序号	工程或费用名称	含税金额	占工程投资的比例（%）	不含税金额	可抵扣增值税金额
二	安装工程费	21.66	60.49	19.52	2.14
三	拆除工程费	9.34	26.08	8.57	0.77
四	设备购置费				

续表

序号	工程或费用名称	含税金额	占工程投资的比例（%）	不含税金额	可抵扣增值税金额
	其中：编制基准期价差	0.7	1.95	0.7	
五	小计	31	86.57	28.09	2.91
	其中：甲供设备材料费	10.87	30.35	9.62	1.25
六	其他费用	4.81	13.43	4.54	0.27
七	基本预备费				
八	特殊项目				
九	工程投资合计	35.81	100	32.63	3.18
	其中：可抵扣增值税金额	3.18			3.18
	其中：施工费	20.13	56.21	18.47	1.66

表 24-24　基本方案 S-500-JYZPY-NZBL 安装部分汇总概算表　金额单位：元

序号	工程或费用名称	安装工程费			设备购置费	合计
		未计价材料费	安装费	小计		
	安装工程	108697	107932	216629		216629
4	架线工程	16410	2197	18608		18608
4.1	架线工程材料工地运输		195	195		195
4.2	导地线架设	16410	2002	18413		18413
5	附件工程	92287	105735	198022		198022
5.1	附件安装工程材料工地运输		498	498		498
5.2	绝缘子串及金具安装	92287	105237	197524		197524
5.2.1	耐张绝缘子串及金具安装	92287	100655	192942		192942
5.2.2	悬垂绝缘子串及金具安装		4582	4582		4582
	合计	108697	107932	216629		216629

表 24-25　基本方案 S-500-JYZPY-NZBL 拆除部分汇总概算表　金额单位：元

序号	工程或费用名称	拆除工程费
	拆除工程	93405
4	架线工程	1745
4.1	架线工程材料工地运输	142
4.2	导地线架设	1603

续表

序号	工程或费用名称	拆除工程费
5	附件工程	91661
5.1	附件安装工程材料工地运输	430
5.2	绝缘子串及金具安装	91231
5.2.1	耐张绝缘子串及金具安装	87251
5.2.2	悬垂绝缘子串及金具安装	3979
	合计	93405

表 24-26　　基本方案 S-500-JYZPY-NZBL 其他费用概算表　　金额单位：元

序号	工程或费用项目名称	编制依据及计算说明	合价
2	项目管理费		22819
2.1	管理经费	（安装工程费 + 拆除工程费）× 3.53%	10944
2.2	招标费	（安装工程费 + 拆除工程费）× 0.4%	1240
2.3	工程监理费	（安装工程费 + 拆除工程费）× 3.43%	10634
3	项目技术服务费		25281
3.1	前期工作费	安装工程费 × 2.1%	4549
3.3	工程勘察设计费		17817
3.3.2	设计费	设计费 × 100%	17817
3.4	设计文件评审费		1102
3.4.1	初步设计文件评审费	基本设计费 × 3.5%	528
3.4.2	施工图文件评审费	基本设计费 × 3.8%	574
3.5	施工过程造价咨询及竣工结算审核费	（安装工程费 + 拆除工程费）× 0.38%	1178
3.7	工程检测费		325
3.7.1	工程质量检测费	安装工程费 × 0.15%	325
3.9	技术经济标准编制费	（安装工程费 + 拆除工程费）× 0.1%	310
	合计		48100

表 24-27　　基本方案 S-500-JYZPY-NZC 总概算表　　金额单位：万元

序号	工程或费用名称	含税金额	占工程投资的比例（%）	不含税金额	可抵扣增值税金额
二	安装工程费	22.89	61.42	20.61	2.28
三	拆除工程费	9.34	25.06	8.57	0.77

续表

序号	工程或费用名称	含税金额	占工程投资的比例（%）	不含税金额	可抵扣增值税金额
四	设备购置费				
	其中：编制基准期价差	0.7	1.88	0.7	
五	小计	32.23	86.48	29.18	3.05
	其中：甲供设备材料费	12.09	32.44	10.7	1.39
六	其他费用	5.04	13.52	4.75	0.29
七	基本预备费				
八	特殊项目				
九	工程投资合计	37.27	100	33.93	3.34
	其中：可抵扣增值税金额	3.34			3.34
	其中：施工费	20.13	54.01	18.47	1.66

表 24-28 基本方案 S-500-JYZPY-NZC 安装部分汇总概算表 金额单位：元

序号	工程或费用名称	安装工程费			设备购置费	合计
		未计价材料费	安装费	小计		
	安装工程	120937	107932	228869		228869
4	架线工程	16410	2197	18608		18608
4.1	架线工程材料工地运输		195	195		195
4.2	导地线架设	16410	2002	18413		18413
5	附件工程	104527	105735	210262		210262
5.1	附件安装工程材料工地运输		498	498		498
5.2	绝缘子串及金具安装	104527	105237	209764		209764
5.2.1	耐张绝缘子串及金具安装	104527	100655	205182		205182
5.2.2	悬垂绝缘子串及金具安装		4582	4582		4582
	合计	120937	107932	228869		228869

表 24-29 基本方案 S-500-JYZPY-NZC 拆除部分汇总概算表 金额单位：元

序号	工程或费用名称	拆除工程费
	拆除工程	93405
4	架线工程	1745

续表

序号	工程或费用名称	拆除工程费
4.1	架线工程材料工地运输	142
4.2	导地线架设	1603
5	附件工程	91661
5.1	附件安装工程材料工地运输	430
5.2	绝缘子串及金具安装	91231
5.2.1	耐张绝缘子串及金具安装	87251
5.2.2	悬垂绝缘子串及金具安装	3979
	合计	93405

表 24-30　　基本方案 S-500-JYZPY-NZC 其他费用概算表　　金额单位：元

序号	工程或费用项目名称	编制依据及计算说明	合价
2	项目管理费		23719
2.1	管理经费	（安装工程费 + 拆除工程费）× 3.53%	11376
2.2	招标费	（安装工程费 + 拆除工程费）× 0.4%	1289
2.3	工程监理费	（安装工程费 + 拆除工程费）× 3.43%	11054
3	项目技术服务费		26685
3.1	前期工作费	安装工程费 × 2.1%	4806
3.3	工程勘察设计费		18824
3.3.2	设计费	设计费 × 100%	18824
3.4	设计文件评审费		1165
3.4.1	初步设计文件评审费	基本设计费 × 3.5%	558
3.4.2	施工图文件评审费	基本设计费 × 3.8%	606
3.5	施工过程造价咨询及竣工结算审核费	（安装工程费 + 拆除工程费）× 0.38%	1225
3.7	工程检测费		343
3.7.1	工程质量检测费	安装工程费 × 0.15%	343
3.9	技术经济标准编制费	（安装工程费 + 拆除工程费）× 0.1%	322
	合计		50404

表 24-31　　基本方案 S-500-JYZPY-ZXBL 总概算表　　金额单位：万元

序号	工程或费用名称	含税金额	占工程投资的比例（%）	不含税金额	可抵扣增值税金额
二	安装工程费	3.2	74.25	2.85	0.35
三	拆除工程费	0.41	9.51	0.38	0.03
四	设备购置费				
	其中：编制基准期价差	0.03	0.7	0.03	
五	小计	3.61	83.76	3.23	0.38
	其中：甲供设备材料费	2.72	63.11	2.41	0.31
六	其他费用	0.7	16.24	0.66	0.04
七	基本预备费				
八	特殊项目				
九	工程投资合计	4.31	100	3.89	0.42
	其中：可抵扣增值税金额	0.42			0.42
	其中：施工费	0.88	20.42	0.81	0.07

表 24-32　　基本方案 S-500-JYZPY-ZXBL 安装部分汇总概算表　　金额单位：元

序号	工程或费用名称	安装工程费			设备购置费	合计
		未计价材料费	安装费	小计		
	安装工程	27230	4741	31971		31971
5	附件工程	27230	4741	31971		31971
5.1	附件安装工程材料工地运输		159	159		159
5.2	绝缘子串及金具安装	27230	4582	31812		31812
5.2.2	悬垂绝缘子串及金具安装	27230	4582	31812		31812
	合计	27230	4741	31971		31971

表 24-33　　基本方案 S-500-JYZPY-ZXBL 拆除部分汇总概算表　　金额单位：元

序号	工程或费用名称	拆除工程费
	拆除工程	4064
5	附件工程	4064
5.1	附件安装工程材料工地运输	84
5.2	绝缘子串及金具安装	3979
5.2.2	悬垂绝缘子串及金具安装	3979
	合计	4064

表 24-34　　基本方案 S-500-JYZPY-ZXBL 其他费用概算表　　金额单位：元

序号	工程或费用项目名称	编制依据及计算说明	合价
2	项目管理费		2652
2.1	管理经费	（安装工程费 + 拆除工程费）×3.53%	1272
2.2	招标费	（安装工程费 + 拆除工程费）×0.4%	144
2.3	工程监理费	（安装工程费 + 拆除工程费）×3.43%	1236
3	项目技术服务费		4348
3.1	前期工作费	安装工程费 ×2.1%	671
3.3	工程勘察设计费		2630
3.3.2	设计费	设计费 ×100%	2630
3.4	设计文件评审费		163
3.4.1	初步设计文件评审费	基本设计费 ×3.5%	78
3.4.2	施工图文件评审费	基本设计费 ×3.8%	85
3.5	施工过程造价咨询及竣工结算审核费	（安装工程费 + 拆除工程费）×0.38%	800
3.7	工程检测费		48
3.7.1	工程质量检测费	安装工程费 ×0.15%	48
3.9	技术经济标准编制费	（安装工程费 + 拆除工程费）×0.1%	36
	合计		7000

表 24-35　　基本方案 S-500-JYZPY-ZXC 总概算表　　金额单位：万元

序号	工程或费用名称	含税金额	占工程投资的比例（%）	不含税金额	可抵扣增值税金额
二	安装工程费	3.95	75.96	3.51	0.44
三	拆除工程费	0.41	7.88	0.38	0.03
四	设备购置费				
	其中：编制基准期价差	0.03	0.58	0.03	
五	小计	4.36	83.85	3.89	0.47
	其中：甲供设备材料费	3.48	66.92	3.08	0.4
六	其他费用	0.84	16.15	0.79	0.05
七	基本预备费				
八	特殊项目				
九	工程投资合计	5.2	100	4.68	0.52
	其中：可抵扣增值税金额	0.52			0.52
	其中：施工费	0.88	16.92	0.81	0.07

表 24-36　　基本方案 S-500-JYZPY-ZXC 安装部分汇总概算表　　金额单位：元

序号	工程或费用名称	安装工程费			设备购置费	合计
		未计价材料费	安装费	小计		
	安装工程	34770	4741	39511		39511
5	附件工程	34770	4741	39511		39511
5.1	附件安装工程材料工地运输		159	159		159
5.2	绝缘子串及金具安装	34770	4582	39352		39352
5.2.2	悬垂绝缘子串及金具安装	34770	4582	39352		39352
	合计	34770	4741	39511		39511

表 24-37　　基本方案 S-500-JYZPY-ZXC 拆除部分汇总概算表　　金额单位：元

序号	工程或费用名称	拆除工程费
	拆除工程	4064
5	附件工程	4064
5.1	附件安装工程材料工地运输	84
5.2	绝缘子串及金具安装	3979
5.2.2	悬垂绝缘子串及金具安装	3979
	合计	4064

表 24-38　　基本方案 S-500-JYZPY-ZXC 其他费用概算表　　金额单位：元

序号	工程或费用项目名称	编制依据及计算说明	合价
2	项目管理费		3207
2.1	管理经费	（安装工程费 + 拆除工程费）× 3.53%	1538
2.2	招标费	（安装工程费 + 拆除工程费）× 0.4%	174
2.3	工程监理费	（安装工程费 + 拆除工程费）× 3.43%	1495
3	项目技术服务费		5183
3.1	前期工作费	安装工程费 × 2.1%	830
3.3	工程勘察设计费		3250
3.3.2	设计费	设计费 × 100%	3250
3.4	设计文件评审费		201
3.4.1	初步设计文件评审费	基本设计费 × 3.5%	96
3.4.2	施工图文件评审费	基本设计费 × 3.8%	105

续表

序号	工程或费用项目名称	编制依据及计算说明	合价
3.5	施工过程造价咨询及竣工结算审核费	（安装工程费 + 拆除工程费）× 0.38%	800
3.7	工程检测费		59
3.7.1	工程质量检测费	安装工程费 × 0.15%	59
3.9	技术经济标准编制费	（安装工程费 + 拆除工程费）× 0.1%	44
	合计		8390

表 24-39 基本方案 S-500-JYZPY-ZXHC 总概算表 金额单位：万元

序号	工程或费用名称	含税金额	占工程投资的比例（%）	不含税金额	可抵扣增值税金额
二	安装工程费	1.54	62.86	1.38	0.16
三	拆除工程费	0.4	16.33	0.37	0.03
四	设备购置费				
	其中：编制基准期价差	0.03	1.22	0.03	
五	小计	1.94	79.18	1.75	0.19
	其中：甲供设备材料费	1.08	44.08	0.96	0.12
六	其他费用	0.51	20.82	0.48	0.03
七	基本预备费				
八	特殊项目				
九	工程投资合计	2.45	100	2.23	0.22
	其中：可抵扣增值税金额	0.22			0.22
	其中：施工费	0.86	35.1	0.79	0.07

表 24-40 基本方案 S-500-JYZPY-ZXHC 安装部分汇总概算表 金额单位：元

序号	工程或费用名称	安装工程费			设备购置费	合计
		未计价材料费	安装费	小计		
	安装工程	10766	4627	15393		15393
5	附件工程	10766	4627	15393		15393
5.1	附件安装工程材料工地运输		45	45		45
5.2	绝缘子串及金具安装	10766	4582	15348		15348
5.2.2	悬垂绝缘子串及金具安装	10766	4582	15348		15348
	合计	10766	4627	15393		15393

表 24-41 基本方案 S-500-JYZPY-ZXHC 拆除部分汇总概算表 金额单位：元

序号	工程或费用名称	拆除工程费
	拆除工程	3998
5	附件工程	3998
5.1	附件安装工程材料工地运输	19
5.2	绝缘子串及金具安装	3979
5.2.2	悬垂绝缘子串及金具安装	3979
	合计	3998

表 24-42 基本方案 S-500-JYZPY-ZXHC 其他费用概算表 金额单位：元

序号	工程或费用项目名称	编制依据及计算说明	合价
2	项目管理费		1427
2.1	管理经费	（安装工程费 + 拆除工程费）×3.53%	685
2.2	招标费	（安装工程费 + 拆除工程费）×0.4%	78
2.3	工程监理费	（安装工程费 + 拆除工程费）×3.43%	665
3	项目技术服务费		3672
3.1	前期工作费	安装工程费 ×2.1%	323
3.3	工程勘察设计费		2360
3.3.2	设计费	设计费 ×100%	2360
3.4	设计文件评审费		146
3.4.1	初步设计文件评审费	基本设计费 ×3.5%	70
3.4.2	施工图文件评审费	基本设计费 ×3.8%	76
3.5	施工过程造价咨询及竣工结算审核费	（安装工程费 + 拆除工程费）×0.38%	800
3.7	工程检测费		23
3.7.1	工程质量检测费	安装工程费 ×0.15%	23
3.9	技术经济标准编制费	（安装工程费 + 拆除工程费）×0.1%	19
	合计		5099

表 24-43 基本方案 S-220-JYZSD-NZBL 总概算表 金额单位：万元

序号	工程或费用名称	含税金额	占工程投资的比例（%）	不含税金额	可抵扣增值税金额
二	安装工程费	7.32	53.86	6.65	0.67
三	拆除工程费	4.5	33.11	4.13	0.37
四	设备购置费				

续表

序号	工程或费用名称	含税金额	占工程投资的比例（%）	不含税金额	可抵扣增值税金额
	其中：编制基准期价差	0.34	2.5	0.34	
五	小计	11.82	86.98	10.78	1.04
	其中：甲供设备材料费	2.14	15.75	1.89	0.25
六	其他费用	1.77	13.02	1.67	0.1
七	基本预备费				
八	特殊项目				
九	工程投资合计	13.59	100	12.45	1.14
	其中：可抵扣增值税金额	1.14			1.14
	其中：施工费	9.69	71.3	8.89	0.8

表 24-44　基本方案 S-220-JYZSD-NZBL 安装部分汇总概算表　金额单位：元

序号	工程或费用名称	安装工程费			设备购置费	合计
		未计价材料费	安装费	小计		
	安装工程	21358	51869	73227		73227
5	附件工程	21358	51869	73227		73227
5.1	附件安装工程材料工地运输		147	147		147
5.2	绝缘子串及金具安装	21358	51723	73081		73081
5.2.1	耐张绝缘子串及金具安装	21358	50069	71427		71427
5.2.2	悬垂绝缘子串及金具安装		1654	1654		1654
	合计	21358	51869	73227		73227

表 24-45　基本方案 S-220-JYZSD-NZBL 拆除部分汇总概算表　金额单位：元

序号	工程或费用名称	拆除工程费
	拆除工程	45018
5	附件工程	45018
5.1	附件安装工程材料工地运输	127
5.2	绝缘子串及金具安装	44892
5.2.1	耐张绝缘子串及金具安装	43453
5.2.2	悬垂绝缘子串及金具安装	1439
	合计	45018

表 24-46　　基本方案 S-220-JYZSD-NZBL 其他费用概算表　　金额单位：元

序号	工程或费用项目名称	编制依据及计算说明	合价
2	项目管理费		8703
2.1	管理经费	（安装工程费 + 拆除工程费）×3.53%	4174
2.2	招标费	（安装工程费 + 拆除工程费）×0.4%	473
2.3	工程监理费	（安装工程费 + 拆除工程费）×3.43%	4056
3	项目技术服务费		8961
3.1	前期工作费	安装工程费 ×2.1%	1538
3.3	工程勘察设计费		6023
3.3.2	设计费	设计费 ×100%	6023
3.4	设计文件评审费		373
3.4.1	初步设计文件评审费	基本设计费 ×3.5%	179
3.4.2	施工图文件评审费	基本设计费 ×3.8%	194
3.5	施工过程造价咨询及竣工结算审核费	（安装工程费 + 拆除工程费）×0.38%	800
3.7	工程检测费		110
3.7.1	工程质量检测费	安装工程费 ×0.15%	110
3.9	技术经济标准编制费	（安装工程费 + 拆除工程费）×0.1%	118
	合计		17664

表 24-47　　基本方案 S-220-JYZSD-NZC 总概算表　　金额单位：万元

序号	工程或费用名称	含税金额	占工程投资的比例（%）	不含税金额	可抵扣增值税金额
二	安装工程费	7.46	54.25	6.77	0.69
三	拆除工程费	4.5	32.73	4.13	0.37
四	设备购置费				
	其中：编制基准期价差	0.34	2.47	0.34	
五	小计	11.96	86.98	10.9	1.06
	其中：甲供设备材料费	2.28	16.58	2.02	0.26
六	其他费用	1.79	13.02	1.69	0.1
七	基本预备费				
八	特殊项目				
九	工程投资合计	13.75	100	12.59	1.16
	其中：可抵扣增值税金额	1.16			1.16
	其中：施工费	9.69	70.47	8.89	0.8

表 24-48　基本方案 S-220-JYZSD-NZC 安装部分汇总概算表　金额单位：元

序号	工程或费用名称	安装工程费			设备购置费	合计
		未计价材料费	安装费	小计		
	安装工程	22773	51869	74642		74642
5	附件工程	22773	51869	74642		74642
5.1	附件安装工程材料工地运输		147	147		147
5.2	绝缘子串及金具安装	22773	51723	74496		74496
5.2.1	耐张绝缘子串及金具安装	22773	50069	72842		72842
5.2.2	悬垂绝缘子串及金具安装		1654	1654		1654
	合计	22773	51869	74642		74642

表 24-49　基本方案 S-220-JYZSD-NZC 拆除部分汇总概算表　金额单位：元

序号	工程或费用名称	拆除工程费
	拆除工程	45018
5	附件工程	45018
5.1	附件安装工程材料工地运输	127
5.2	绝缘子串及金具安装	44892
5.2.1	耐张绝缘子串及金具安装	43453
5.2.2	悬垂绝缘子串及金具安装	1439
	合计	45018

表 24-50　基本方案 S-220-JYZSD-NZC 其他费用概算表　金额单位：元

序号	工程或费用项目名称	编制依据及计算说明	合价
2	项目管理费		8807
2.1	管理经费	（安装工程费 + 拆除工程费）×3.53%	4224
2.2	招标费	（安装工程费 + 拆除工程费）×0.4%	479
2.3	工程监理费	（安装工程费 + 拆除工程费）×3.43%	4104
3	项目技术服务费		9118
3.1	前期工作费	安装工程费 ×2.1%	1567
3.3	工程勘察设计费		6139
3.3.2	设计费	设计费 ×100%	6139
3.4	设计文件评审费		380
3.4.1	初步设计文件评审费	基本设计费 ×3.5%	182

续表

序号	工程或费用项目名称	编制依据及计算说明	合价
3.4.2	施工图文件评审费	基本设计费 ×3.8%	198
3.5	施工过程造价咨询及竣工结算审核费	（安装工程费 + 拆除工程费）×0.38%	800
3.7	工程检测费		112
3.7.1	工程质量检测费	安装工程费 ×0.15%	112
3.9	技术经济标准编制费	（安装工程费 + 拆除工程费）×0.1%	120
	合计		17925

表 24-51　　基本方案 S-220-JYZSD-ZXBL 总概算表　　金额单位：万元

序号	工程或费用名称	含税金额	占工程投资的比例（%）	不含税金额	可抵扣增值税金额
二	安装工程费	1.27	70.17	1.13	0.14
三	拆除工程费	0.08	4.42	0.07	0.01
四	设备购置费				
	其中：编制基准期价差	0.01	0.55	0.01	
五	小计	1.35	74.59	1.2	0.15
	其中：甲供设备材料费	1.18	65.19	1.04	0.14
六	其他费用	0.46	25.41	0.43	0.03
七	基本预备费				
八	特殊项目				
九	工程投资合计	1.81	100	1.63	0.18
	其中：可抵扣增值税金额	0.18			0.18
	其中：施工费	0.17	9.39	0.16	0.01

表 24-52　　基本方案 S-220-JYZSD-ZXBL 安装部分汇总概算表　　金额单位：元

序号	工程或费用名称	安装工程费			设备购置费	合计
		未计价材料费	安装费	小计		
	安装工程	11800	908	12708		12708
5	附件工程	11800	908	12708		12708
5.1	附件安装工程材料工地运输		81	81		81
5.2	绝缘子串及金具安装	11800	827	12627		12627
5.2.2	悬垂绝缘子串及金具安装	11800	827	12627		12627
	合计	11800	908	12708		12708

表 24-53　　基本方案 S-220-JYZSD-ZXBL 拆除部分汇总概算表　　金额单位：元

序号	工程或费用名称	拆除工程费
	拆除工程	789
5	附件工程	789
5.1	附件安装工程材料工地运输	70
5.2	绝缘子串及金具安装	719
5.2.2	悬垂绝缘子串及金具安装	719
	合计	789

表 24-54　　基本方案 S-220-JYZSD-ZXBL 其他费用概算表　　金额单位：元

序号	工程或费用项目名称	编制依据及计算说明	合价
2	项目管理费		993
2.1	管理经费	（安装工程费 + 拆除工程费）×3.53%	476
2.2	招标费	（安装工程费 + 拆除工程费）×0.4%	54
2.3	工程监理费	（安装工程费 + 拆除工程费）×3.43%	463
3	项目技术服务费		3605
3.1	前期工作费	安装工程费 ×2.1%	267
3.3	工程勘察设计费		2360
3.3.2	设计费	设计费 ×100%	2360
3.4	设计文件评审费		146
3.4.1	初步设计文件评审费	基本设计费 ×3.5%	70
3.4.2	施工图文件评审费	基本设计费 ×3.8%	76
3.5	施工过程造价咨询及竣工结算审核费	（安装工程费 + 拆除工程费）×0.38%	800
3.7	工程检测费		19
3.7.1	工程质量检测费	安装工程费 ×0.15%	19
3.9	技术经济标准编制费	（安装工程费 + 拆除工程费）×0.1%	14
	合计		4599

表 24-55　　基本方案 S-220-JYZSD-ZXC 总概算表　　金额单位：万元

序号	工程或费用名称	含税金额	占工程投资的比例（%）	不含税金额	可抵扣增值税金额
二	安装工程费	1.44	72	1.28	0.16
三	拆除工程费	0.08	4	0.07	0.01
四	设备购置费				

续表

序号	工程或费用名称	含税金额	占工程投资的比例（%）	不含税金额	可抵扣增值税金额
	其中：编制基准期价差	0.01	0.5	0.01	
五	小计	1.52	76	1.35	0.17
	其中：甲供设备材料费	1.35	67.5	1.2	0.15
六	其他费用	0.48	24	0.45	0.03
七	基本预备费				
八	特殊项目				
九	工程投资合计	2	100	1.8	0.2
	其中：可抵扣增值税金额	0.2			0.2
	其中：施工费	0.17	8.5	0.16	0.01

表 24-56　　基本方案 S-220-JYZSD-ZXC 安装部分汇总概算表　　金额单位：元

序号	工程或费用名称	安装工程费			设备购置费	合计
		未计价材料费	安装费	小计		
	安装工程	13453	908	14360		14360
5	附件工程	13453	908	14360		14360
5.1	附件安装工程材料工地运输		81	81		81
5.2	绝缘子串及金具安装	13453	827	14279		14279
5.2.2	悬垂绝缘子串及金具安装	13453	827	14279		14279
	合计	13453	908	14360		14360

表 24-57　　基本方案 S-220-JYZSD-ZXC 拆除部分汇总概算表　　金额单位：元

序号	工程或费用名称	拆除工程费
	拆除工程	789
5	附件工程	789
5.1	附件安装工程材料工地运输	70
5.2	绝缘子串及金具安装	719
5.2.2	悬垂绝缘子串及金具安装	719
	合计	789

表 24-58　　基本方案 S-220-JYZSD-ZXC 其他费用概算表　　金额单位：元

序号	工程或费用项目名称	编制依据及计算说明	合价
2	项目管理费		1115
2.1	管理经费	（安装工程费 + 拆除工程费）×3.53%	535
2.2	招标费	（安装工程费 + 拆除工程费）×0.4%	61
2.3	工程监理费	（安装工程费 + 拆除工程费）×3.43%	520
3	项目技术服务费		3644
3.1	前期工作费	安装工程费 ×2.1%	302
3.3	工程勘察设计费		2360
3.3.2	设计费	设计费 ×100%	2360
3.4	设计文件评审费		146
3.4.1	初步设计文件评审费	基本设计费 ×3.5%	70
3.4.2	施工图文件评审费	基本设计费 ×3.8%	76
3.5	施工过程造价咨询及竣工结算审核费	（安装工程费 + 拆除工程费）×0.38%	800
3.7	工程检测费		22
3.7.1	工程质量检测费	安装工程费 ×0.15%	22
3.9	技术经济标准编制费	（安装工程费 + 拆除工程费）×0.1%	15
	合计		4759

表 24-59　　基本方案 S-220-JYZSD-ZXHC 总概算表　　金额单位：万元

序号	工程或费用名称	含税金额	占工程投资的比例（%）	不含税金额	可抵扣增值税金额
二	安装工程费	0.5	52.63	0.45	0.05
三	拆除工程费	0.07	7.37	0.06	0.01
四	设备购置费				
	其中：编制基准期价差	0.01	1.05	0.01	
五	小计	0.57	60	0.51	0.06
	其中：甲供设备材料费	0.41	43.16	0.36	0.05
六	其他费用	0.38	40	0.36	0.02
七	基本预备费				
八	特殊项目				
九	工程投资合计	0.95	100	0.87	0.08
	其中：可抵扣增值税金额	0.08			0.08
	其中：施工费	0.16	16.84	0.15	0.01

表 24-60 基本方案 S-220-JYZSD-ZXHC 安装部分汇总概算表 金额单位：元

序号	工程或费用名称	安装工程费			设备购置费	合计
		未计价材料费	安装费	小计		
	安装工程	4113	854	4967		4967
5	附件工程	4113	854	4967		4967
5.1	附件安装工程材料工地运输		27	27		27
5.2	绝缘子串及金具安装	4113	827	4940		4940
5.2.2	悬垂绝缘子串及金具安装	4113	827	4940		4940
	合计	4113	854	4967		4967

表 24-61 基本方案 S-220-JYZSD-ZXHC 拆除部分汇总概算表 金额单位：元

序号	工程或费用名称	拆除工程费
	拆除工程	743
5	附件工程	743
5.1	附件安装工程材料工地运输	23
5.2	绝缘子串及金具安装	719
5.2.2	悬垂绝缘子串及金具安装	719
	合计	743

表 24-62 基本方案 S-220-JYZSD-ZXHC 其他费用概算表 金额单位：元

序号	工程或费用项目名称	编制依据及计算说明	合价
2	项目管理费		420
2.1	管理经费	（安装工程费 + 拆除工程费）×3.53%	202
2.2	招标费	（安装工程费 + 拆除工程费）×0.4%	23
2.3	工程监理费	（安装工程费 + 拆除工程费）×3.43%	196
3	项目技术服务费		3423
3.1	前期工作费	安装工程费 ×2.1%	104
3.3	工程勘察设计费		2360
3.3.2	设计费	设计费 ×100%	2360
3.4	设计文件评审费		146
3.4.1	初步设计文件评审费	基本设计费 ×3.5%	70
3.4.2	施工图文件评审费	基本设计费 ×3.8%	76

续表

序号	工程或费用项目名称	编制依据及计算说明	合价
3.5	施工过程造价咨询及竣工结算审核费	（安装工程费 + 拆除工程费）×0.38%	800
3.7	工程检测费		7
3.7.1	工程质量检测费	安装工程费 ×0.15%	7
3.9	技术经济标准编制费	（安装工程费 + 拆除工程费）×0.1%	6
	合计		3844

表 24-63　　基本方案 S-220-JYZPY-NZBL 总概算表　　金额单位：万元

序号	工程或费用名称	含税金额	占工程投资的比例（%）	不含税金额	可抵扣增值税金额
二	安装工程费	6.86	54.4	6.22	0.64
三	拆除工程费	4.1	32.51	3.76	0.34
四	设备购置费				
	其中：编制基准期价差	0.31	2.46	0.31	
五	小计	10.96	86.92	9.98	0.98
	其中：甲供设备材料费	2.14	16.97	1.89	0.25
六	其他费用	1.65	13.08	1.56	0.09
七	基本预备费				
八	特殊项目				
九	工程投资合计	12.61	100	11.54	1.07
	其中：可抵扣增值税金额	1.07			1.07
	其中：施工费	8.83	70.02	8.1	0.73

表 24-64　　基本方案 S-220-JYZPY-NZBL 安装部分汇总概算表　　金额单位：元

序号	工程或费用名称	安装工程费			设备购置费	合计
		未计价材料费	安装费	小计		
	安装工程	21358	47290	68648		68648
5	附件工程	21358	47290	68648		68648
5.1	附件安装工程材料工地运输		136	136		136
5.2	绝缘子串及金具安装	21358	47153	68511		68511
5.2.1	耐张绝缘子串及金具安装	21358	45646	67004		67004
5.2.2	悬垂绝缘子串及金具安装		1507	1507		1507
	合计	21358	47290	68648		68648

表 24-65　　基本方案 S-220-JYZPY-NZBL 拆除部分汇总概算表　　金额单位：元

序号	工程或费用名称	拆除工程费
	拆除工程	41048
5	附件工程	41048
5.1	附件安装工程材料工地运输	118
5.2	绝缘子串及金具安装	40930
5.2.1	耐张绝缘子串及金具安装	39619
5.2.2	悬垂绝缘子串及金具安装	1311
	合计	41048

表 24-66　　基本方案 S-220-JYZPY-NZBL 其他费用概算表　　金额单位：元

序号	工程或费用项目名称	编制依据及计算说明	合价
2	项目管理费		8074
2.1	管理经费	（安装工程费 + 拆除工程费）×3.53%	3872
2.2	招标费	（安装工程费 + 拆除工程费）×0.4%	439
2.3	工程监理费	（安装工程费 + 拆除工程费）×3.43%	3763
3	项目技术服务费		8450
3.1	前期工作费	安装工程费 ×2.1%	1442
3.3	工程勘察设计费		5646
3.3.2	设计费	设计费 ×100%	5646
3.4	设计文件评审费		349
3.4.1	初步设计文件评审费	基本设计费 ×3.5%	167
3.4.2	施工图文件评审费	基本设计费 ×3.8%	182
3.5	施工过程造价咨询及竣工结算审核费	（安装工程费 + 拆除工程费）×0.38%	800
3.7	工程检测费		103
3.7.1	工程质量检测费	安装工程费 ×0.15%	103
3.9	技术经济标准编制费	（安装工程费 + 拆除工程费）×0.1%	110
	合计		16523

表 24-67　　基本方案 S-220-JYZPY-NZC 总概算表　　金额单位：万元

序号	工程或费用名称	含税金额	占工程投资的比例（%）	不含税金额	可抵扣增值税金额
二	安装工程费	7.03	54.88	6.37	0.66
三	拆除工程费	4.1	32.01	3.76	0.34

续表

序号	工程或费用名称	含税金额	占工程投资的比例（%）	不含税金额	可抵扣增值税金额
四	设备购置费				
	其中：编制基准期价差	0.31	2.42	0.31	
五	小计	11.13	86.89	10.13	1
	其中：甲供设备材料费	2.3	17.95	2.04	0.26
六	其他费用	1.68	13.11	1.58	0.1
七	基本预备费				
八	特殊项目				
九	工程投资合计	12.81	100	11.71	1.1
	其中：可抵扣增值税金额	1.1			1.1
	其中：施工费	8.83	68.93	8.1	0.73

表 24-68　基本方案 S-220-JYZPY-NZC 安装部分汇总概算表　金额单位：元

序号	工程或费用名称	安装工程费			设备购置费	合计
		未计价材料费	安装费	小计		
	安装工程	23010	47290	70300		70300
5	附件工程	23010	47290	70300		70300
5.1	附件安装工程材料工地运输		136	136		136
5.2	绝缘子串及金具安装	23010	47153	70164		70164
5.2.1	耐张绝缘子串及金具安装	23010	45646	68657		68657
5.2.2	悬垂绝缘子串及金具安装		1507	1507		1507
	合计	23010	47290	70300		70300

表 24-69　基本方案 S-220-JYZPY-NZC 拆除部分汇总概算表　金额单位：元

序号	工程或费用名称	拆除工程费
	拆除工程	41048
5	附件工程	41048
5.1	附件安装工程材料工地运输	118
5.2	绝缘子串及金具安装	40930
5.2.1	耐张绝缘子串及金具安装	39619
5.2.2	悬垂绝缘子串及金具安装	1311
	合计	41048

表 24-70　　基本方案 S-220-JYZPY-NZC 其他费用概算表　　金额单位：元

序号	工程或费用项目名称	编制依据及计算说明	合价
2	项目管理费		8195
2.1	管理经费	（安装工程费 + 拆除工程费）×3.53%	3931
2.2	招标费	（安装工程费 + 拆除工程费）×0.4%	445
2.3	工程监理费	（安装工程费 + 拆除工程费）×3.43%	3819
3	项目技术服务费		8633
3.1	前期工作费	安装工程费 ×2.1%	1476
3.3	工程勘察设计费		5782
3.3.2	设计费	设计费 ×100%	5782
3.4	设计文件评审费		358
3.4.1	初步设计文件评审费	基本设计费 ×3.5%	172
3.4.2	施工图文件评审费	基本设计费 ×3.8%	186
3.5	施工过程造价咨询及竣工结算审核费	（安装工程费 + 拆除工程费）×0.38%	800
3.7	工程检测费		105
3.7.1	工程质量检测费	安装工程费 ×0.15%	105
3.9	技术经济标准编制费	（安装工程费 + 拆除工程费）×0.1%	111
	合计		16828

表 24-71　　基本方案 S-220-JYZPY-ZXBL 总概算表　　金额单位：万元

序号	工程或费用名称	含税金额	占工程投资的比例（%）	不含税金额	可抵扣增值税金额
二	安装工程费	1.26	70.39	1.12	0.14
三	拆除工程费	0.07	3.91	0.06	0.01
四	设备购置费				
	其中：编制基准期价差	0.01	0.56	0.01	
五	小计	1.33	74.3	1.18	0.15
	其中：甲供设备材料费	1.18	65.92	1.04	0.14
六	其他费用	0.46	25.7	0.43	0.03
七	基本预备费				
八	特殊项目				
九	工程投资合计	1.79	100	1.61	0.18
	其中：可抵扣增值税金额	0.18			0.18
	其中：施工费	0.15	8.38	0.14	0.01

表 24-72　　基本方案 S-220-JYZPY-ZXBL 安装部分汇总概算表　　金额单位：元

序号	工程或费用名称	安装工程费			设备购置费	合计
		未计价材料费	安装费	小计		
	安装工程	11800	829	12629		12629
5	附件工程	11800	829	12629		12629
5.1	附件安装工程材料工地运输		75	75		75
5.2	绝缘子串及金具安装	11800	754	12554		12554
5.2.2	悬垂绝缘子串及金具安装	11800	754	12554		12554
	合计	11800	829	12629		12629

表 24-73　　基本方案 S-220-JYZPY-ZXBL 拆除部分汇总概算表　　金额单位：元

序号	工程或费用名称	拆除工程费
	拆除工程	721
5	附件工程	721
5.1	附件安装工程材料工地运输	65
5.2	绝缘子串及金具安装	656
5.2.2	悬垂绝缘子串及金具安装	656
	合计	721

表 24-74　　基本方案 S-220-JYZPY-ZXBL 其他费用概算表　　金额单位：元

序号	工程或费用项目名称	编制依据及计算说明	合价
2	项目管理费		983
2.1	管理经费	（安装工程费 + 拆除工程费）× 3.53%	471
2.2	招标费	（安装工程费 + 拆除工程费）× 0.4%	53
2.3	工程监理费	（安装工程费 + 拆除工程费）× 3.43%	458
3	项目技术服务费		3604
3.1	前期工作费	安装工程费 × 2.1%	265
3.3	工程勘察设计费		2360
3.3.2	设计费	设计费 × 100%	2360
3.4	设计文件评审费		146
3.4.1	初步设计文件评审费	基本设计费 × 3.5%	70
3.4.2	施工图文件评审费	基本设计费 × 3.8%	76
3.5	施工过程造价咨询及竣工结算审核费	（安装工程费 + 拆除工程费）× 0.38%	800

续表

序号	工程或费用项目名称	编制依据及计算说明	合价
3.7	工程检测费		19
3.7.1	工程质量检测费	安装工程费 ×0.15%	19
3.9	技术经济标准编制费	（安装工程费 + 拆除工程费）×0.1%	13
	合计		4586

表 24-75　　基本方案 S-220-JYZPY-ZXC 总概算表　　金额单位：万元

序号	工程或费用名称	含税金额	占工程投资的比例（%）	不含税金额	可抵扣增值税金额
二	安装工程费	1.43	72.59	1.27	0.16
三	拆除工程费	0.07	3.55	0.06	0.01
四	设备购置费				
	其中：编制基准期价差	0.01	0.51	0.01	
五	小计	1.5	76.14	1.33	0.17
	其中：甲供设备材料费	1.35	68.53	1.2	0.15
六	其他费用	0.47	23.86	0.44	0.03
七	基本预备费				
八	特殊项目				
九	工程投资合计	1.97	100	1.77	0.2
	其中：可抵扣增值税金额	0.2			0.2
	其中：施工费	0.15	7.61	0.14	0.01

表 24-76　　基本方案 S-220-JYZPY-ZXC 安装部分汇总概算表　　金额单位：元

序号	工程或费用名称	安装工程费			设备购置费	合计
		未计价材料费	安装费	小计		
	安装工程	13453	829	14281		14281
5	附件工程	13453	829	14281		14281
5.1	附件安装工程材料工地运输		75	75		75
5.2	绝缘子串及金具安装	13453	754	14206		14206
5.2.2	悬垂绝缘子串及金具安装	13453	754	14206		14206
	合计	13453	829	14281		14281

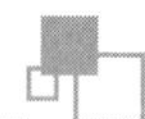

表 24-77　　基本方案 S-220-JYZPY-ZXC 拆除部分汇总概算表　　金额单位：元

序号	工程或费用名称	拆除工程费
	拆除工程	721
5	附件工程	721
5.1	附件安装工程材料工地运输	65
5.2	绝缘子串及金具安装	656
5.2.2	悬垂绝缘子串及金具安装	656
	合计	721

表 24-78　　基本方案 S-220-JYZPY-ZXC 其他费用概算表　　金额单位：元

序号	工程或费用项目名称	编制依据及计算说明	合价
2	项目管理费		1104
2.1	管理经费	（安装工程费 + 拆除工程费）×3.53%	530
2.2	招标费	（安装工程费 + 拆除工程费）×0.4%	60
2.3	工程监理费	（安装工程费 + 拆除工程费）×3.43%	515
3	项目技术服务费		3642
3.1	前期工作费	安装工程费 ×2.1%	300
3.3	工程勘察设计费		2360
3.3.2	设计费	设计费 ×100%	2360
3.4	设计文件评审费		146
3.4.1	初步设计文件评审费	基本设计费 ×3.5%	70
3.4.2	施工图文件评审费	基本设计费 ×3.8%	76
3.5	施工过程造价咨询及竣工结算审核费	（安装工程费 + 拆除工程费）×0.38%	800
3.7	工程检测费		21
3.7.1	工程质量检测费	安装工程费 ×0.15%	21
3.9	技术经济标准编制费	（安装工程费 + 拆除工程费）×0.1%	15
	合计		4746

表 24-79　　基本方案 S-220-JYZPY-ZXHC 总概算表　　金额单位：万元

序号	工程或费用名称	含税金额	占工程投资的比例（%）	不含税金额	可抵扣增值税金额
二	安装工程费	0.49	52.13	0.44	0.05
三	拆除工程费	0.07	7.45	0.06	0.01
四	设备购置费				

续表

序号	工程或费用名称	含税金额	占工程投资的比例（%）	不含税金额	可抵扣增值税金额
	其中：编制基准期价差				
五	小计	0.56	59.57	0.5	0.06
	其中：甲供设备材料费	0.41	43.62	0.36	0.05
六	其他费用	0.38	40.43	0.36	0.02
七	基本预备费				
八	特殊项目				
九	工程投资合计	0.94	100	0.86	0.08
	其中：可抵扣增值税金额	0.08			0.08
	其中：施工费	0.15	15.96	0.14	0.01

表 24-80　基本方案 S-220-JYZPY-ZXHC 安装部分汇总概算表　金额单位：元

序号	工程或费用名称	安装工程费			设备购置费	合计
		未计价材料费	安装费	小计		
	安装工程	4113	779	4892		4892
5	附件工程	4113	779	4892		4892
5.1	附件安装工程材料工地运输		25	25		25
5.2	绝缘子串及金具安装	4113	754	4867		4867
5.2.2	悬垂绝缘子串及金具安装	4113	754	4867		4867
	合计	4113	779	4892		4892

表 24-81　基本方案 S-220-JYZPY-ZXHC 拆除部分汇总概算表　金额单位：元

序号	工程或费用名称	拆除工程费
	拆除工程	677
5	附件工程	677
5.1	附件安装工程材料工地运输	22
5.2	绝缘子串及金具安装	656
5.2.2	悬垂绝缘子串及金具安装	656
	合计	677

表 24-82　　基本方案 S-220-JYZPY-ZXHC 其他费用概算表　　金额单位：元

序号	工程或费用项目名称	编制依据及计算说明	合价
2	项目管理费		410
2.1	管理经费	（安装工程费 + 拆除工程费）×3.53%	197
2.2	招标费	（安装工程费 + 拆除工程费）×0.4%	22
2.3	工程监理费	（安装工程费 + 拆除工程费）×3.43%	191
3	项目技术服务费		3422
3.1	前期工作费	安装工程费 ×2.1%	103
3.3	工程勘察设计费		2360
3.3.2	设计费	设计费 ×100%	2360
3.4	设计文件评审费		146
3.4.1	初步设计文件评审费	基本设计费 ×3.5%	70
3.4.2	施工图文件评审费	基本设计费 ×3.8%	76
3.5	施工过程造价咨询及竣工结算审核费	（安装工程费 + 拆除工程费）×0.38%	800
3.7	工程检测费		7
3.7.1	工程质量检测费	安装工程费 ×0.15%	7
3.9	技术经济标准编制费	（安装工程费 + 拆除工程费）×0.1%	6
	合计		3832

表 24-83　　基本方案 S-110-JYZSD-NZBL 总概算表　　金额单位：万元

序号	工程或费用名称	含税金额	占工程投资的比例（%）	不含税金额	可抵扣增值税金额
二	安装工程费	2.88	51.71	2.62	0.26
三	拆除工程费	1.93	34.65	1.77	0.16
四	设备购置费				
	其中：编制基准期价差	0.14	2.51	0.14	
五	小计	4.81	86.36	4.39	0.42
	其中：甲供设备材料费	0.66	11.85	0.58	0.08
六	其他费用	0.76	13.64	0.72	0.04
七	基本预备费				
八	特殊项目				
九	工程投资合计	5.57	100	5.11	0.46
	其中：可抵扣增值税金额	0.46			0.46
	其中：施工费	4.16	74.69	3.82	0.34

表 24-84　基本方案 S-110-JYZSD-NZBL 安装部分汇总概算表　金额单位：元

序号	工程或费用名称	安装工程费			设备购置费	合计
		未计价材料费	安装费	小计		
	安装工程	6567	22274	28840		28840
5	附件工程	6567	22274	28840		28840
5.1	附件安装工程材料工地运输		42	42		42
5.2	绝缘子串及金具安装	6567	22231	28798		28798
5.2.1	耐张绝缘子串及金具安装	6567	21172	27739		27739
5.2.2	悬垂绝缘子串及金具安装		1059	1059		1059
	合计	6567	22274	28840		28840

表 24-85　基本方案 S-110-JYZSD-NZBL 拆除部分汇总概算表　金额单位：元

序号	工程或费用名称	拆除工程费
	拆除工程	19337
5	附件工程	19337
5.1	附件安装工程材料工地运输	37
5.2	绝缘子串及金具安装	19301
5.2.1	耐张绝缘子串及金具安装	18384
5.2.2	悬垂绝缘子串及金具安装	916
	合计	19337

表 24-86　基本方案 S-110-JYZSD-NZBL 其他费用概算表　金额单位：元

序号	工程或费用项目名称	编制依据及计算说明	合价
2	项目管理费		3546
2.1	管理经费	（安装工程费 + 拆除工程费）× 3.53%	1701
2.2	招标费	（安装工程费 + 拆除工程费）× 0.4%	193
2.3	工程监理费	（安装工程费 + 拆除工程费）× 3.43%	1653
3	项目技术服务费		4016
3.1	前期工作费	安装工程费 × 2.1%	606
3.3	工程勘察设计费		2372
3.3.2	设计费	设计费 × 100%	2372
3.4	设计文件评审费		147
3.4.1	初步设计文件评审费	基本设计费 × 3.5%	70
3.4.2	施工图文件评审费	基本设计费 × 3.8%	76

续表

序号	工程或费用项目名称	编制依据及计算说明	合价
3.5	施工过程造价咨询及竣工结算审核费	（安装工程费 + 拆除工程费）×0.38%	800
3.7	工程检测费		43
3.7.1	工程质量检测费	安装工程费 ×0.15%	43
3.9	技术经济标准编制费	（安装工程费 + 拆除工程费）×0.1%	48
	合计		7562

表 24-87　　基本方案 S-110-JYZSD-NZC 总概算表　　金额单位：万元

序号	工程或费用名称	含税金额	占工程投资的比例（%）	不含税金额	可抵扣增值税金额
二	安装工程费	2.96	52.3	2.69	0.27
三	拆除工程费	1.93	34.1	1.77	0.16
四	设备购置费				
	其中：编制基准期价差	0.14	2.47	0.14	
五	小计	4.89	86.4	4.46	0.43
	其中：甲供设备材料费	0.74	13.07	0.66	0.08
六	其他费用	0.77	13.6	0.73	0.04
七	基本预备费				
八	特殊项目				
九	工程投资合计	5.66	100	5.19	0.47
	其中：可抵扣增值税金额	0.47			0.47
	其中：施工费	4.16	73.5	3.82	0.34

表 24-88　　基本方案 S-110-JYZSD-NZC 安装部分汇总概算表　　金额单位：元

序号	工程或费用名称	安装工程费			设备购置费	合计
		未计价材料费	安装费	小计		
	安装工程	7356	22274	29630		29630
5	附件工程	7356	22274	29630		29630
5.1	附件安装工程材料工地运输		42	42		42
5.2	绝缘子串及金具安装	7356	22231	29588		29588
5.2.1	耐张绝缘子串及金具安装	7356	21172	28528		28528
5.2.2	悬垂绝缘子串及金具安装		1059	1059		1059
	合计	7356	22274	29630		29630

表 24-89　　基本方案 S-110-JYZSD-NZC 拆除部分汇总概算表　　金额单位：元

序号	工程或费用名称	拆除工程费
	拆除工程	19337
5	附件工程	19337
5.1	附件安装工程材料工地运输	37
5.2	绝缘子串及金具安装	19301
5.2.1	耐张绝缘子串及金具安装	18384
5.2.2	悬垂绝缘子串及金具安装	916
	合计	19337

表 24-90　　基本方案 S-110-JYZSD-NZC 其他费用概算表　　金额单位：元

序号	工程或费用项目名称	编制依据及计算说明	合价
2	项目管理费		3604
2.1	管理经费	（安装工程费 + 拆除工程费）×3.53%	1729
2.2	招标费	（安装工程费 + 拆除工程费）×0.4%	196
2.3	工程监理费	（安装工程费 + 拆除工程费）×3.43%	1680
3	项目技术服务费		4103
3.1	前期工作费	安装工程费 ×2.1%	622
3.3	工程勘察设计费		2437
3.3.2	设计费	设计费 ×100%	2437
3.4	设计文件评审费		151
3.4.1	初步设计文件评审费	基本设计费 ×3.5%	72
3.4.2	施工图文件评审费	基本设计费 ×3.8%	78
3.5	施工过程造价咨询及竣工结算审核费	（安装工程费 + 拆除工程费）×0.38%	800
3.7	工程检测费		44
3.7.1	工程质量检测费	安装工程费 ×0.15%	44
3.9	技术经济标准编制费	（安装工程费 + 拆除工程费）×0.1%	49
	合计		7707

表 24-91　　基本方案 S-110-JYZSD-ZXHC 总概算表　　金额单位：万元

序号	工程或费用名称	含税金额	占工程投资的比例（%）	不含税金额	可抵扣增值税金额
二	安装工程费	0.31	43.06	0.28	0.03
三	拆除工程费	0.05	6.94	0.05	
四	设备购置费				
	其中：编制基准期价差				
五	小计	0.36	50	0.33	0.03
	其中：甲供设备材料费	0.25	34.72	0.22	0.03
六	其他费用	0.36	50	0.34	0.02
七	基本预备费				
八	特殊项目				
九	工程投资合计	0.72	100	0.67	0.05
	其中：可抵扣增值税金额	0.05			0.05
	其中：施工费	0.1	13.89	0.09	0.01

表 24-92　　基本方案 S-110-JYZSD-ZXHC 安装部分汇总概算表　　金额单位：元

序号	工程或费用名称	安装工程费			设备购置费	合计
		未计价材料费	安装费	小计		
	安装工程	2512	547	3059		3059
5	附件工程	2512	547	3059		3059
5.1	附件安装工程材料工地运输		17	17		17
5.2	绝缘子串及金具安装	2512	530	3042		3042
5.2.2	悬垂绝缘子串及金具安装	2512	530	3042		3042
	合计	2512	547	3059		3059

表 24-93　　基本方案 S-110-JYZSD-ZXHC 拆除部分汇总概算表　　金额单位：元

序号	工程或费用名称	拆除工程费
	拆除工程	473
5	附件工程	473
5.1	附件安装工程材料工地运输	15
5.2	绝缘子串及金具安装	458
5.2.2	悬垂绝缘子串及金具安装	458
	合计	473

表 24-94　　基本方案 S-110-JYZSD-ZXHC 其他费用概算表　　金额单位：元

序号	工程或费用项目名称	编制依据及计算说明	合价
2	项目管理费		260
2.1	管理经费	（安装工程费 + 拆除工程费）×3.53%	125
2.2	招标费	（安装工程费 + 拆除工程费）×0.4%	14
2.3	工程监理费	（安装工程费 + 拆除工程费）×3.43%	121
3	项目技术服务费		3378
3.1	前期工作费	安装工程费 ×2.1%	64
3.3	工程勘察设计费		2360
3.3.2	设计费	设计费 ×100%	2360
3.4	设计文件评审费		146
3.4.1	初步设计文件评审费	基本设计费 ×3.5%	70
3.4.2	施工图文件评审费	基本设计费 ×3.8%	76
3.5	施工过程造价咨询及竣工结算审核费	（安装工程费 + 拆除工程费）×0.38%	800
3.7	工程检测费		5
3.7.1	工程质量检测费	安装工程费 ×0.15%	5
3.9	技术经济标准编制费	（安装工程费 + 拆除工程费）×0.1%	4
	合计		3638

表 24-95　　基本方案 S-110-JYZPY-NZBL 总概算表　　金额单位：万元

序号	工程或费用名称	含税金额	占工程投资的比例（%）	不含税金额	可抵扣增值税金额
二	安装工程费	2.69	52.03	2.45	0.24
三	拆除工程费	1.76	34.04	1.61	0.15
四	设备购置费				
	其中：编制基准期价差	0.13	2.51	0.13	
五	小计	4.45	86.07	4.06	0.39
	其中：甲供设备材料费	0.66	12.77	0.58	0.08
六	其他费用	0.72	13.93	0.68	0.04
七	基本预备费				
八	特殊项目				
九	工程投资合计	5.17	100	4.74	0.43
	其中：可抵扣增值税金额	0.43			0.43
	其中：施工费	3.79	73.31	3.48	0.31

表 24-96　基本方案 S-110-JYZPY-NZBL 安装部分汇总概算表　金额单位：元

序号	工程或费用名称	安装工程费			设备购置费	合计
		未计价材料费	安装费	小计		
	安装工程	6567	20300	26867		26867
5	附件工程	6567	20300	26867		26867
5.1	附件安装工程材料工地运输		39	39		39
5.2	绝缘子串及金具安装	6567	20261	26828		26828
5.2.1	耐张绝缘子串及金具安装	6567	19295	25862		25862
5.2.2	悬垂绝缘子串及金具安装		965	965		965
	合计	6567	20300	26867		26867

表 24-97　基本方案 S-110-JYZPY-NZBL 拆除部分汇总概算表　金额单位：元

序号	工程或费用名称	拆除工程费
	拆除工程	17625
5	附件工程	17625
5.1	附件安装工程材料工地运输	34
5.2	绝缘子串及金具安装	17591
5.2.1	耐张绝缘子串及金具安装	16756
5.2.2	悬垂绝缘子串及金具安装	835
	合计	17625

表 24-98　基本方案 S-110-JYZPY-NZBL 其他费用概算表　金额单位：元

序号	工程或费用项目名称	编制依据及计算说明	合价
2	项目管理费		3275
2.1	管理经费	（安装工程费 + 拆除工程费）×3.53%	1571
2.2	招标费	（安装工程费 + 拆除工程费）×0.4%	178
2.3	工程监理费	（安装工程费 + 拆除工程费）×3.43%	1526
3	项目技术服务费		3955
3.1	前期工作费	安装工程费 ×2.1%	564
3.3	工程勘察设计费		2360
3.3.2	设计费	设计费 ×100%	2360
3.4	设计文件评审费		146
3.4.1	初步设计文件评审费	基本设计费 ×3.5%	70

续表

序号	工程或费用项目名称	编制依据及计算说明	合价
3.4.2	施工图文件评审费	基本设计费 ×3.8%	76
3.5	施工过程造价咨询及竣工结算审核费	（安装工程费＋拆除工程费）×0.38%	800
3.7	工程检测费		40
3.7.1	工程质量检测费	安装工程费 ×0.15%	40
3.9	技术经济标准编制费	（安装工程费＋拆除工程费）×0.1%	44
	合计		7230

表 24-99　　基本方案 S-110-JYZPY-NZC 总概算表　　金额单位：万元

序号	工程或费用名称	含税金额	占工程投资的比例（%）	不含税金额	可抵扣增值税金额
二	安装工程费	2.77	52.66	2.52	0.25
三	拆除工程费	1.76	33.46	1.61	0.15
四	设备购置费				
	其中：编制基准期价差	0.13	2.47	0.13	
五	小计	4.53	86.12	4.13	0.4
	其中：甲供设备材料费	0.74	14.07	0.66	0.08
六	其他费用	0.73	13.88	0.69	0.04
七	基本预备费				
八	特殊项目				
九	工程投资合计	5.26	100	4.82	0.44
	其中：可抵扣增值税金额	0.44			0.44
	其中：施工费	3.79	72.05	3.48	0.31

表 24-100　基本方案 S-110-JYZPY-NZC 安装部分汇总概算表　金额单位：元

序号	工程或费用名称	安装工程费			设备购置费	合计
		未计价材料费	安装费	小计		
	安装工程	7356	20300	27656		27656
5	附件工程	7356	20300	27656		27656
5.1	附件安装工程材料工地运输		39	39		39
5.2	绝缘子串及金具安装	7356	20261	27617		27617
5.2.1	耐张绝缘子串及金具安装	7356	19295	26652		26652
5.2.2	悬垂绝缘子串及金具安装		965	965		965
	合计	7356	20300	27656		27656

表 24-101 基本方案 S-110-JYZPY-NZC 拆除部分汇总概算表 金额单位：元

序号	工程或费用名称	拆除工程费
	拆除工程	17625
5	附件工程	17625
5.1	附件安装工程材料工地运输	34
5.2	绝缘子串及金具安装	17591
5.2.1	耐张绝缘子串及金具安装	16756
5.2.2	悬垂绝缘子串及金具安装	835
	合计	17625

表 24-102 基本方案 S-110-JYZPY-NZC 其他费用概算表 金额单位：元

序号	工程或费用项目名称	编制依据及计算说明	合价
2	项目管理费		3333
2.1	管理经费	（安装工程费 + 拆除工程费）× 3.53%	1598
2.2	招标费	（安装工程费 + 拆除工程费）× 0.4%	181
2.3	工程监理费	（安装工程费 + 拆除工程费）× 3.43%	1553
3	项目技术服务费		3974
3.1	前期工作费	安装工程费 × 2.1%	581
3.3	工程勘察设计费		2360
3.3.2	设计费	设计费 × 100%	2360
3.4	设计文件评审费		146
3.4.1	初步设计文件评审费	基本设计费 × 3.5%	70
3.4.2	施工图文件评审费	基本设计费 × 3.8%	76
3.5	施工过程造价咨询及竣工结算审核费	（安装工程费 + 拆除工程费）× 0.38%	800
3.7	工程检测费		41
3.7.1	工程质量检测费	安装工程费 × 0.15%	41
3.9	技术经济标准编制费	（安装工程费 + 拆除工程费）× 0.1%	45
	合计		7306

表 24-103 基本方案 S-110-JYZPY-ZXHC 总概算表 金额单位：万元

序号	工程或费用名称	含税金额	占工程投资的比例（%）	不含税金额	可抵扣增值税金额
二	安装工程费	0.3	42.86	0.27	0.03
三	拆除工程费	0.04	5.71	0.04	
四	设备购置费				
	其中：编制基准期价差				
五	小计	0.34	48.57	0.31	0.03
	其中：甲供设备材料费	0.25	35.71	0.22	0.03
六	其他费用	0.36	51.43	0.34	0.02
七	基本预备费				
八	特殊项目				
九	工程投资合计	0.7	100	0.65	0.05
	其中：可抵扣增值税金额	0.05			0.05
	其中：施工费	0.09	12.86	0.08	0.01

表 24-104 基本方案 S-110-JYZPY-ZXHC 安装部分汇总概算表 金额单位：元

序号	工程或费用名称	安装工程费			设备购置费	合计
		未计价材料费	安装费	小计		
	安装工程	2512	499	3011		3011
5	附件工程	2512	499	3011		3011
5.1	附件安装工程材料工地运输		16	16		16
5.2	绝缘子串及金具安装	2512	483	2995		2995
5.2.2	悬垂绝缘子串及金具安装	2512	483	2995		2995
	合计	2512	499	3011		3011

表 24-105 基本方案 S-110-JYZPY-ZXHC 拆除部分汇总概算表 金额单位：元

序号	工程或费用名称	拆除工程费
	拆除工程	431
5	附件工程	431
5.1	附件安装工程材料工地运输	14
5.2	绝缘子串及金具安装	417
5.2.2	悬垂绝缘子串及金具安装	417
	合计	431

表 24-106　　基本方案 S-110-JYZPY-ZXHC 其他费用概算表　　金额单位：元

序号	工程或费用项目名称	编制依据及计算说明	合价
2	项目管理费		253
2.1	管理经费	（安装工程费 + 拆除工程费）×3.53%	122
2.2	招标费	（安装工程费 + 拆除工程费）×0.4%	14
2.3	工程监理费	（安装工程费 + 拆除工程费）×3.43%	118
3	项目技术服务费		3377
3.1	前期工作费	安装工程费 ×2.1%	63
3.3	工程勘察设计费		2360
3.3.2	设计费	设计费 ×100%	2360
3.4	设计文件评审费		146
3.4.1	初步设计文件评审费	基本设计费 ×3.5%	70
3.4.2	施工图文件评审费	基本设计费 ×3.8%	76
3.5	施工过程造价咨询及竣工结算审核费	（安装工程费 + 拆除工程费）×0.38%	800
3.7	工程检测费		5
3.7.1	工程质量检测费	安装工程费 ×0.15%	5
3.9	技术经济标准编制费	（安装工程费 + 拆除工程费）×0.1%	3
	合计		3631

表 24-107　　基本方案 S-35-JYZSD-NZHC 总概算表　　金额单位：万元

序号	工程或费用名称	含税金额	占工程投资的比例（%）	不含税金额	可抵扣增值税金额
二	安装工程费	1.72	49.86	1.57	0.15
三	拆除工程费	1.15	33.33	1.06	0.09
四	设备购置费				
	其中：编制基准期价差	0.08	2.32	0.08	
五	小计	2.87	83.19	2.63	0.24
	其中：甲供设备材料费	0.38	11.01	0.34	0.04
六	其他费用	0.58	16.81	0.55	0.03
七	基本预备费				
八	特殊项目				
九	工程投资合计	3.45	100	3.18	0.27
	其中：可抵扣增值税金额	0.27			0.27
	其中：施工费	2.48	71.88	2.27	0.21

表 24-108　基本方案 S-35-JYZSD-NZHC 安装部分汇总概算表　金额单位：元

序号	工程或费用名称	安装工程费			设备购置费	合计
		未计价材料费	安装费	小计		
	安装工程	3773	13387	17160		17160
4	架线工程	2206	1183	3389		3389
4.1	架线工程材料工地运输		26	26		26
4.2	导地线架设	2206	1157	3363		3363
5	附件工程	1566	12204	13770		13770
5.1	附件安装工程材料工地运输		11	11		11
5.2	绝缘子串及金具安装	1566	12193	13759		13759
5.2.1	耐张绝缘子串及金具安装	1566	11926	13492		13492
5.2.2	悬垂绝缘子串及金具安装		267	267		267
	合计	3773	13387	17160		17160

表 24-109　基本方案 S-35-JYZSD-NZHC 拆除部分汇总概算表　金额单位：元

序号	工程或费用名称	拆除工程费
	拆除工程	11455
4	架线工程	850
4.1	架线工程材料工地运输	19
4.2	导地线架设	831
5	附件工程	10606
5.1	附件安装工程材料工地运输	10
5.2	绝缘子串及金具安装	10596
5.2.1	耐张绝缘子串及金具安装	10363
5.2.2	悬垂绝缘子串及金具安装	233
	合计	11455

表 24-110　基本方案 S-35-JYZSD-NZHC 其他费用概算表　金额单位：元

序号	工程或费用项目名称	编制依据及计算说明	合价
2	项目管理费		2106
2.1	管理经费	（安装工程费 + 拆除工程费）×3.53%	1010
2.2	招标费	（安装工程费 + 拆除工程费）×0.4%	114
2.3	工程监理费	（安装工程费 + 拆除工程费）×3.43%	981

续表

序号	工程或费用项目名称	编制依据及计算说明	合价
3	项目技术服务费		3721
3.1	前期工作费	安装工程费 ×2.1%	360
3.3	工程勘察设计费		2360
3.3.2	设计费	设计费 ×100%	2360
3.4	设计文件评审费		146
3.4.1	初步设计文件评审费	基本设计费 ×3.5%	70
3.4.2	施工图文件评审费	基本设计费 ×3.8%	76
3.5	施工过程造价咨询及竣工结算审核费	（安装工程费 + 拆除工程费）×0.38%	800
3.7	工程检测费		26
3.7.1	工程质量检测费	安装工程费 ×0.15%	26
3.9	技术经济标准编制费	（安装工程费 + 拆除工程费）×0.1%	29
	合计		5827

表 24-111　　基本方案 S-35-JYZSD-ZXHC 总概算表　　金额单位：万元

序号	工程或费用名称	含税金额	占工程投资的比例（%）	不含税金额	可抵扣增值税金额
二	安装工程费	0.21	34.43	0.19	0.02
三	拆除工程费	0.05	8.2	0.05	
四	设备购置费				
	其中：编制基准期价差				
五	小计	0.26	42.62	0.24	0.02
	其中：甲供设备材料费	0.16	26.23	0.14	0.02
六	其他费用	0.35	57.38	0.33	0.02
七	基本预备费				
八	特殊项目				
九	工程投资合计	0.61	100	0.57	0.04
	其中：可抵扣增值税金额	0.04			0.04
	其中：施工费	0.1	16.39	0.09	0.01

表 24-112 基本方案 S-35-JYZSD-ZXHC 安装部分汇总概算表 金额单位：元

序号	工程或费用名称	安装工程费			设备购置费	合计
		未计价材料费	安装费	小计		
	安装工程	1566	544	2111		2111
5	附件工程	1566	544	2111		2111
5.1	附件安装工程材料工地运输		11	11		11
5.2	绝缘子串及金具安装	1566	533	2099		2099
5.2.2	悬垂绝缘子串及金具安装	1566	533	2099		2099
	合计	1566	544	2111		2111

表 24-113 基本方案 S-35-JYZSD-ZXHC 拆除部分汇总概算表 金额单位：元

序号	工程或费用名称	拆除工程费
	拆除工程	470
5	附件工程	470
5.1	附件安装工程材料工地运输	5
5.2	绝缘子串及金具安装	465
5.2.2	悬垂绝缘子串及金具安装	465
	合计	470

表 24-114 基本方案 S-35-JYZSD-ZXHC 其他费用概算表 金额单位：元

序号	工程或费用项目名称	编制依据及计算说明	合价
2	项目管理费		190
2.1	管理经费	（安装工程费 + 拆除工程费）×3.53%	91
2.2	招标费	（安装工程费 + 拆除工程费）×0.4%	10
2.3	工程监理费	（安装工程费 + 拆除工程费）×3.43%	89
3	项目技术服务费		3356
3.1	前期工作费	安装工程费 ×2.1%	44
3.3	工程勘察设计费		2360
3.3.2	设计费	设计费 ×100%	2360
3.4	设计文件评审费		146
3.4.1	初步设计文件评审费	基本设计费 ×3.5%	70
3.4.2	施工图文件评审费	基本设计费 ×3.8%	76

续表

序号	工程或费用项目名称	编制依据及计算说明	合价
3.5	施工过程造价咨询及竣工结算审核费	（安装工程费 + 拆除工程费）×0.38%	800
3.7	工程检测费		3
3.7.1	工程质量检测费	安装工程费 ×0.15%	3
3.9	技术经济标准编制费	（安装工程费 + 拆除工程费）×0.1%	3
	合计		3546

表 24-115　　基本方案 S-35-JYZPY-NZHC 总概算表　　金额单位：万元

序号	工程或费用名称	含税金额	占工程投资的比例（%）	不含税金额	可抵扣增值税金额
二	安装工程费	1.59	49.84	1.45	0.14
三	拆除工程费	1.04	32.6	0.95	0.09
四	设备购置费				
	其中：编制基准期价差	0.08	2.51	0.08	
五	小计	2.63	82.45	2.4	0.23
	其中：甲供设备材料费	0.38	11.91	0.34	0.04
六	其他费用	0.56	17.55	0.53	0.03
七	基本预备费				
八	特殊项目				
九	工程投资合计	3.19	100	2.93	0.26
	其中：可抵扣增值税金额	0.26			0.26
	其中：施工费	2.25	70.53	2.06	0.19

表 24-116　基本方案 S-35-JYZPY-NZHC 安装部分汇总概算表　金额单位：元

序号	工程或费用名称	安装工程费			设备购置费	合计
		未计价材料费	安装费	小计		
	安装工程	3773	12116	15888		15888
4	架线工程	2206	995	3201		3201
4.1	架线工程材料工地运输		25	25		25
4.2	导地线架设	2206	970	3176		3176
5	附件工程	1566	11121	12687		12687
5.1	附件安装工程材料工地运输		11	11		11

续表

序号	工程或费用名称	安装工程费			设备购置费	合计
		未计价材料费	安装费	小计		
5.2	绝缘子串及金具安装	1566	11111	12677		12677
5.2.1	耐张绝缘子串及金具安装	1566	10868	12434		12434
5.2.2	悬垂绝缘子串及金具安装		243	243		243
	合计	3773	12116	15888		15888

表 24-117　基本方案 S-35-JYZPY-NZHC 拆除部分汇总概算表　金额单位：元

序号	工程或费用名称	拆除工程费
	拆除工程	10380
4	架线工程	715
4.1	架线工程材料工地运输	18
4.2	导地线架设	697
5	附件工程	9665
5.1	附件安装工程材料工地运输	9
5.2	绝缘子串及金具安装	9656
5.2.1	耐张绝缘子串及金具安装	9444
5.2.2	悬垂绝缘子串及金具安装	212
	合计	10380

表 24-118　基本方案 S-35-JYZPY-NZHC 其他费用概算表　金额单位：元

序号	工程或费用项目名称	编制依据及计算说明	合价
2	项目管理费		1933
2.1	管理经费	（安装工程费 + 拆除工程费）× 3.53%	927
2.2	招标费	（安装工程费 + 拆除工程费）× 0.4%	105
2.3	工程监理费	（安装工程费 + 拆除工程费）× 3.43%	901
3	项目技术服务费		3690
3.1	前期工作费	安装工程费 × 2.1%	334
3.3	工程勘察设计费		2360
3.3.2	设计费	设计费 × 100%	2360
3.4	设计文件评审费		146
3.4.1	初步设计文件评审费	基本设计费 × 3.5%	70

续表

序号	工程或费用项目名称	编制依据及计算说明	合价
3.4.2	施工图文件评审费	基本设计费 ×3.8%	76
3.5	施工过程造价咨询及竣工结算审核费	（安装工程费 + 拆除工程费）×0.38%	800
3.7	工程检测费		24
3.7.1	工程质量检测费	安装工程费 ×0.15%	24
3.9	技术经济标准编制费	（安装工程费 + 拆除工程费）×0.1%	26
	合计		5623

表 24-119　　基本方案 S-35-JYZPY-ZXHC 总概算表　　金额单位：万元

序号	工程或费用名称	含税金额	占工程投资的比例（%）	不含税金额	可抵扣增值税金额
二	安装工程费	0.21	35	0.19	0.02
三	拆除工程费	0.04	6.67	0.04	
四	设备购置费				
	其中：编制基准期价差				
五	小计	0.25	41.67	0.23	0.02
	其中：甲供设备材料费	0.16	26.67	0.14	0.02
六	其他费用	0.35	58.33	0.33	0.02
七	基本预备费				
八	特殊项目				
九	工程投资合计	0.6	100	0.56	0.04
	其中：可抵扣增值税金额	0.04			0.04
	其中：施工费	0.09	15	0.08	0.01

表 24-120　基本方案 S-35-JYZPY-ZXHC 安装部分汇总概算表　金额单位：元

序号	工程或费用名称	安装工程费			设备购置费	合计
		未计价材料费	安装费	小计		
	安装工程	1566	496	2063		2063
5	附件工程	1566	496	2063		2063
5.1	附件安装工程材料工地运输		11	11		11
5.2	绝缘子串及金具安装	1566	486	2052		2052
5.2.2	悬垂绝缘子串及金具安装	1566	486	2052		2052
	合计	1566	496	2063		2063

表 24-121　　基本方案 S-35-JYZPY-ZXHC 拆除部分汇总概算表　　金额单位：元

序号	工程或费用名称	拆除工程费
	拆除工程	428
5	附件工程	428
5.1	附件安装工程材料工地运输	4
5.2	绝缘子串及金具安装	424
5.2.2	悬垂绝缘子串及金具安装	424
	合计	428

表 24-122　　基本方案 S-35-JYZPY-ZXHC 其他费用概算表　　金额单位：元

序号	工程或费用项目名称	编制依据及计算说明	合价
2	项目管理费		183
2.1	管理经费	（安装工程费 + 拆除工程费）×3.53%	88
2.2	招标费	（安装工程费 + 拆除工程费）×0.4%	10
2.3	工程监理费	（安装工程费 + 拆除工程费）×3.43%	85
3	项目技术服务费		3355
3.1	前期工作费	安装工程费 ×2.1%	43
3.3	工程勘察设计费		2360
3.3.2	设计费	设计费 ×100%	2360
3.4	设计文件评审费		146
3.4.1	初步设计文件评审费	基本设计费 ×3.5%	70
3.4.2	施工图文件评审费	基本设计费 ×3.8%	76
3.5	施工过程造价咨询及竣工结算审核费	（安装工程费 + 拆除工程费）×0.38%	800
3.7	工程检测费		3
3.7.1	工程质量检测费	安装工程费 ×0.15%	3
3.9	技术经济标准编制费	（安装工程费 + 拆除工程费）×0.1%	2
	合计		3538

24.4　单位工程参考价

更换绝缘子工程典型方案单位造价见表 24-123。

表 24-123　　　　更换绝缘子工程典型方案单位造价

方案编号	方案名称	电压等级	型号	单位	单位造价
S-500-JYZSD-NZBL	更换 500kV 耐张玻璃绝缘子串（山地、丘陵）	500kV	耐张玻璃绝缘子串	万元 / 基	38.07
S-500-JYZSD-NZC	更换 500kV 耐张瓷绝缘子串（山地、丘陵）	500kV	耐张瓷绝缘子串	万元 / 基	39.52
S-500-JYZSD-ZXBL	更换 500kV 直线玻璃绝缘子串（山地、丘陵）	500kV	直线玻璃绝缘子串	万元 / 基	4.4
S-500-JYZSD-ZXC	更换 500kV 直线瓷绝缘子串（山地、丘陵）	500kV	直线瓷绝缘子串	万元 / 基	5.3
S-500-JYZSD-ZXHC	更换 500kV 直线合成绝缘子串（山地、丘陵）	500kV	直线合成绝缘子串	万元 / 基	2.54
S-500-JYZPY-NZBL	更换 500kV 耐张玻璃绝缘子串（平地、河网）	500kV	耐张玻璃绝缘子串	万元 / 基	35.81
S-500-JYZPY-NZC	更换 500kV 耐张瓷绝缘子串（平地、河网）	500kV	耐张瓷绝缘子串	万元 / 基	37.27
S-500-JYZPY-ZXBL	更换 500kV 直线玻璃绝缘子串（平地、河网）	500kV	直线玻璃绝缘子串	万元 / 基	4.31
S-500-JYZPY-ZXC	更换 500kV 直线瓷绝缘子串（平地、河网）	500kV	直线瓷绝缘子串	万元 / 基	5.2
S-500-JYZPY-ZXHC	更换 500kV 直线合成绝缘子串（平地、河网）	500kV	直线合成绝缘子串	万元 / 基	2.45
S-220-JYZSD-NZBL	更换 220kV 耐张玻璃绝缘子串（山地、丘陵）	220kV	耐张玻璃绝缘子串	万元 / 基	13.59
S-220-JYZSD-NZC	更换 220kV 耐张瓷绝缘子串（山地、丘陵）	220kV	耐张瓷绝缘子串	万元 / 基	13.75
S-220-JYZSD-ZXBL	更换 220kV 直线玻璃绝缘子串（山地、丘陵）	220kV	直线玻璃绝缘子串	万元 / 基	1.81
S-220-JYZSD-ZXC	更换 220kV 直线瓷绝缘子串（山地、丘陵）	220kV	直线瓷绝缘子串	万元 / 基	2
S-220-JYZSD-ZXHC	更换 220kV 直线合成绝缘子串（山地、丘陵）	220kV	直线合成绝缘子串	万元 / 基	0.95
S-220-JYZPY-NZBL	更换 220kV 耐张玻璃绝缘子串（平地、河网）	220kV	耐张玻璃绝缘子串	万元 / 基	12.61
S-220-JYZPY-NZC	更换 220kV 耐张瓷绝缘子串（平地、河网）	220kV	耐张瓷绝缘子串	万元 / 基	12.81
S-220-JYZPY-ZXBL	更换 220kV 直线玻璃绝缘子串（平地、河网）	220kV	直线玻璃绝缘子串	万元 / 基	1.79

续表

方案编号	方案名称	电压等级	型号	单位	单位造价
S-220-JYZPY-ZXC	更换 220kV 直线瓷绝缘子串（平地、河网）	220kV	直线瓷绝缘子串	万元 / 基	1.97
S-220-JYZPY-ZXHC	更换 220kV 直线合成绝缘子串（平地、河网）	220kV	直线合成绝缘子串	万元 / 基	0.94
S-110-JYZSD-NZBL	更换 110kV 耐张玻璃绝缘子串（山地、丘陵）	110kV	耐张玻璃绝缘子串	万元 / 基	5.57
S-110-JYZSD-NZC	更换 110kV 耐张瓷绝缘子串（山地、丘陵）	110kV	耐张瓷绝缘子串	万元 / 基	5.66
S-110-JYZSD-ZXHC	更换 110kV 直线合成绝缘子串（山地、丘陵）	110kV	直线合成绝缘子串	万元 / 基	0.72
S-110-JYZPY-NZBL	更换 110kV 耐张玻璃绝缘子串（平地、河网）	110kV	耐张玻璃绝缘子串	万元 / 基	5.17
S-110-JYZPY-NZC	更换 110kV 耐张瓷绝缘子串（平地、河网）	110kV	耐张瓷绝缘子串	万元 / 基	5.26
S-110-JYZPY-ZXHC	更换 110kV 直线合成绝缘子串（平地、河网）	110kV	直线合成绝缘子串	万元 / 基	0.7
S-35-JYZSD-NZHC	更换 35kV 耐张合成绝缘子串（山地、丘陵）	35kV	耐张合成绝缘子串	万元 / 基	3.45
S-35-JYZSD-ZXHC	更换 35kV 直线合成绝缘子串（山地、丘陵）	35kV	直线合成绝缘子串	万元 / 基	0.61
S-35-JYZPY-NZHC	更换 35kV 耐张合成绝缘子串（平地、河网）	35kV	耐张合成绝缘子串	万元 / 基	3.19
S-35-JYZPY-ZXHC	更换 35kV 直线合成绝缘子串（平地、河网）	35kV	直线合成绝缘子串	万元 / 基	0.6

第 25 章　应用案例

25.1　国网安徽 × × 公司 500kV× × 线 43 ~ 74 号防雷设施安装

国网安徽 × × 公司 500kV × × 线 43 ~ 74 号防雷设施安装：500kV 古亭线风区位于 29m/s 风区，冰区位于 10mm 及 15mm 冰区，反击雷害为 II 级、III 级风险区，绕击雷害 II 级风险区，地闪密度涉及 B1、B2、C1；涉及线路地形 30% 山地，50% 丘陵，20% 平地，根据国网安徽省电力有限公司电力科学研究院防雷评估结果，500kV × × 线有 28.95% 的杆塔绕击防雷不理想，有 15.79% 的杆塔反击防雷性能不理想，有 28.95% 的杆塔防雷性能不理想，雷击闪络风险很高。

本程计划对线路防雷性能不理想杆塔进行避雷器安装。

38 ×（Q–500–BLQSD）=38 × 7.04=267.52 万元

本工程投资比典型方案组合造价低 38.99 万元。主要是因为：

（1）安装工程费低 3.67 万元，主要原因是地形占比，本工程地形 30% 山地，50% 丘陵，20% 平地，典型方案中地形为山地 50%，丘陵 50%。

（2）设备购置费高 23.54 万元，主要原因为本工程避雷器加了 0.7% 的设备运杂费，且设备价格上涨，所以设备费增加。

（3）拆除工程费低 3.76 万元，主要原因是地形占比，本工程地形 30% 山地，50% 丘陵，20% 平地，典型方案中地形为山地 50%，丘陵 50%。

（4）其他费低 8.02 万元，主要原因为其他费的取费基数为安装工程费 + 拆除工程费，所以本工程其他费低。

本案例概算表见表 25–1 ~ 表 25–3。

表 25–1　　国网安徽 × × 公司 500kV × × 线 43 ~ 74 号防雷设施安装工程技术改造工程总概算汇总表

序号	工程或费用名称	含税金额	占工程投资的比例（%）	不含税金额	可抵扣增值税金额
二	安装工程费	23.69	10.37	21.73	1.96

续表

序号	工程或费用名称	含税金额	占工程投资的比例（%）	不含税金额	可抵扣增值税金额
三	拆除工程费	19.8	8.66	18.16	1.64
四	设备购置费	166.46	72.84	147.35	19.11
	其中：编制基准期价差	0.73	0.32	0.73	
五	小计	209.95	91.87	187.24	22.71
	其中：甲供设备材料费	166.46	72.84	147.35	19.11
六	其他费用	18.58	8.13	17.53	1.05
七	基本预备费				
八	特殊项目				
九	工程投资合计	228.53	100	204.77	23.76
	其中：可抵扣增值税金额	23.76			23.76
	其中：施工费	43.5	19.03	39.91	3.59

表 25-2　国网安徽 ×× 公司 500kV×× 线 43~74 号防雷设施安装工程技术改造安装部分汇总概算表

序号	工程或费用名称	安装工程费			设备购置费	合计
		未计价材料费	安装费	小计		
	安装工程		236944	236944	1664571	1901515
6	辅助工程		236944	236944	1664571	1901515
6.7	杆塔上装的各类辅助生产装置		236944	236944	1664571	1901515
	合计		236944	236944	1664571	1901515

表 25-3　国网安徽 ×× 公司 500kV×× 线 43~74 号防雷设施安装工程其他费用概算表

序号	工程或费用项目名称	编制依据及计算说明	合价
2	项目管理费		32015
2.1	管理经费	（安装工程费 + 拆除工程费）×3.53%	15355
2.2	招标费	（安装工程费 + 拆除工程费）×0.4%	1740
2.3	工程监理费	（安装工程费 + 拆除工程费）×3.43%	14920
3	项目技术服务费		153752
3.1	前期工作费	安装工程费 ×2.1%	4976

续表

序号	工程或费用项目名称	编制依据及计算说明	合价
3.3	工程勘察设计费		138217
3.3.2	设计费	设计费 ×100%	138217
3.4	设计文件评审费		8551
3.4.1	初步设计文件评审费	基本设计费 ×3.5%	4100
3.4.2	施工图文件评审费	基本设计费 ×3.8%	4451
3.5	施工过程造价咨询及竣工结算审核费	（安装工程费 + 拆除工程费）×0.38%	1653
3.7	工程检测费		355
3.7.1	工程质量检测费	安装工程费 ×0.15%	355
	合计		185767

25.2　500kV×× 线路 ×× 支线改造工程

本改造线路为 500kV×× 线路 ×× 支线改造工程，共 1 基。本期改造新建耐张塔 1 基；新建双回架线长度约 0.27km。导线采用 4×JL/G1A–400–35 钢芯铝绞线，地线采用两根 72 芯 OPGW 光缆。拆除原线路 0.2km，拆除共 1 基铁塔。

本工程新建耐张塔 1 基，新建双回架线长度约 0.2km，导线采用 4×JL/G1A–400–35 钢芯铝绞线，地线采用两根 72 芯 OPGW 光缆。

2×（S–500–JYZ–NZBL）+2×0.2（P–OP–72）+1×（M–500–GTPY–SHNZJGT400）+ 2×0.2×（N–500–DX–4–400）=207.72 万元。

本工程的工程投资合计为 235.99 万元，采用的典型方案为，典型方案投资为 207.72 万元，工程投资比典型方案投资多 28.87 万元，主要原因为：

（1）安装工程费高 34.44 万元，主要原因为典型造价方案的基础尺寸与杆塔尺寸比实际工程 500kV×× 线路 ×× 支线改造工程小，塔重也比较轻。

（2）拆除工程费低 16.42 万元，主要为杆塔基础典型造价方案没有拆除，且 500kV×× 线路 ×× 支线改造工程中只拆除原线路 0.2km 与 1 基塔，典型造价方案中的拆除是等同于新建的工程量。

（3）其他费用高 10.25 万元，主要因为本工程本体费用高于典型造价方案，且其他费取费基数为安装工程费 + 拆除工程费，所以其他费用高于典型造价方案。

本案例概算表见表 25–4 ~ 表 25–7。

表 25-4　500kV××线路××支线技术改造工程总概算汇总表

序号	工程或费用名称	含税金额	占工程投资的比例（%）	不含税金额	可抵扣增值税金额
二	安装工程费	185.56	78.63	178.89	6.67
三	拆除工程费	4.54	1.92	4.16	0.38
四	设备购置费				
	其中：编制基准期价差	1.59	0.67	1.59	
五	小计	190.1	80.55	183.05	7.05
	其中：甲供设备材料费	104.81	44.41	88.23	16.58
六	其他费用	45.89	19.45	42.9	2.99
七	基本预备费				
八	特殊项目				
九	工程投资合计	235.99	100	225.95	10.04
	其中：可抵扣增值税金额	10.04			10.04
	其中：施工费	100.22	42.47	91.94	8.28

表 25-5　500kV××线路××支线技术改造安装部分汇总概算表

序号	工程或费用名称	安装工程费			设备购置费	合计
		未计价材料费	安装费	小计		
	安装工程	1262938	592617	1855554		1855554
1	基础工程	201281	168670	369951		369951
1.1	基础工程材料工地运输		32592	32592		32592
1.2	基础土石方工程		43113	43113		43113
1.3	基础砌筑	201281	92965	294247		294247
1.3.2	现浇基础	201281	92965	294247		294247
2	杆塔工程	627878	84990	712868		712868
2.1	杆塔工程材料工地运输		8342	8342		8342
2.2	杆塔组立	627878	76648	704525		704525
2.2.2	铁塔、钢管杆组立	627878	76648	704525		704525
3	接地工程	890	1695	2585		2585
3.1	接地工程材料工地运输		15	15		15
3.2	接地土石方		1297	1297		1297
3.3	接地安装	890	382	1272		1272
4	架线工程	161386	73736	235122		235122

续表

序号	工程或费用名称	安装工程费			设备购置费	合计
		未计价材料费	安装费	小计		
4.1	架线工程材料工地运输		1501	1501		1501
4.2	导地线架设	161386	72235	233620		233620
5	附件工程	252323	157977	410301		410301
5.1	附件安装工程材料工地运输		1482	1482		1482
5.2	绝缘子串及金具安装	252323	156495	408818		408818
5.2.1	耐张绝缘子串及金具安装	252323	156495	408818		408818
6	辅助工程	19179	105549	124728		124728
0	杆塔上装的各类辅助生产装置	19179	12937	32116		32116
6.8	输电线路试运		92613	92613		92613
	合计	1262938	592617	1855554		1855554

表 25-6　　500kV×× 线路 ×× 支线拆除工程专业汇总概算表

序号	工程或费用名称	拆除工程费
	拆除工程	45439
1	基础工程	6261
1.3	基础砌筑	6261
1.3.2	现浇基础	6261
2	杆塔工程	29180
2.2	杆塔组立	29180
2.2.2	铁塔、钢管杆组立	29180
4	架线工程	8423
4.2	导地线架设	8423
5	附件工程	1574
5.2	绝缘子串及金具安装	1574
5.2.1	耐张绝缘子串及金具安装	1574
	合计	45439

表 25-7　　500kV×× 线路 ×× 支线其他费用概算表

序号	工程或费用项目名称	编制依据及计算说明	合价
1	建设场地征用及清理费		149297
1.1	占地补偿费	（1×0.45×60000）×100%	27000

续表

序号	工程或费用项目名称	编制依据及计算说明	合价
1.2	施工场地租用费	（8000×2+100000）×100%	116000
1.3	临时占地补偿	（100×3.5/667×12000）×100%	6297
2	项目管理费		72808
2.2	招标费	（安装工程费 + 拆除工程费）×0.4%	7604
2.3	工程监理费	（安装工程费 + 拆除工程费）×3.43%	65204
3	项目技术服务费		236845
3.1	前期工作费	安装工程费 ×2.1%	38967
3.2	工程勘察设计费		179486
3.2.1	勘察费	勘察费 ×100%	43953
3.2.2	设计费	设计费 ×100%	135533
3.3	设计文件评审费		8385
3.3.1	初步设计文件评审费	基本设计费 ×3.5%	4020
3.3.2	施工图文件评审费	基本设计费 ×3.8%	4365
3.4	施工过程造价咨询及竣工结算审核费	（安装工程费 + 拆除工程费）×0.38%	7224
3.5	工程检测费		2783
3.5.1	工程质量检测费	安装工程费 ×0.15%	2783
	合计		458950

附录 A　交流变（配）电工程、继电保护技改单位工程参考价汇总表

交流变（配）电工程、继电保护技改单位工程参考价汇总表见表 A-1。

表 A-1　交流变（配）电工程、继电保护技改单位工程参考价汇总表

工程分类	方案编号	项目名称	电压等级	型号	单位	建筑工程费	安装工程费	拆除工程费	设备购置费	其他费用	单位造价
交流变（配）电工程	A-500-ZB	更换变压器	500kV	500kV，334MVA，单相，500/220/35，无励磁，三绕组自耦	万元 / 组	77.58	171.18	25.94	2774.1	166.93	3215.73
	A-220-ZB		220kV	220kV，240MVA，三相，220/110/35，有载，三绕组	万元 / 组	40.66	64.08	12.25	818.57	71.59	1007.15
	A-110-ZB		110kV	110kV，50MVA，110/35/10，有载，三绕组	万元 / 组	23.74	40.95	5.56	296.37	37.17	403.79
	A-35-ZB		35kV	35kV，20MVA，35/10，有载	万元 / 组	9.27	15.18	1.56	130.75	17.95	174.71
	B-35-DK	更换电抗器	35kV	AC35kV，60Mvar，油浸，铁芯	万元 / 组	4.79	15.83	1.14	196.37	20.36	238.49
	B-10-DK		10kV	AC10kV，6Mvar，干式，铁芯	万元 / 组	3	8.04	0.8	62.61	9.53	83.98

续表

工程分类	方案编号	项目名称	电压等级	型号	单位	建筑工程费	安装工程费	拆除工程费	设备购置费	其他费用	单位造价
交流变（配）电工程	C-500-DLQ	更换断路器	500kV	SF_6 瓷柱式断路器，4000A，63kA	万元 / 台	4.2	35.78	2.25	69.58	16.21	128.02
	C-220-DLQ		220kV	SF_6 瓷柱式断路器，4000A，50kA	万元 / 台	2.4	18.75	1.08	24.91	8.21	55.35
	C-110-DLQ		110kV	SF_6 瓷柱式断路器，3150A，40kA	万元 / 台	1.8	11.96	0.62	11.92	5.27	31.57
	C-35-DLQ		35kV	SF_6 瓷柱式断路器，2500A，40kA	万元 / 台	1.5	6.52	0.55	9.06	2.74	20.37
	C-10-DLQ		10kV	真空瓷柱式断路器，1250A，25kA	万元 / 台	0.9	3.95	0.37	1.02	1.27	7.51
	D-500-KG	更换隔离开关	500kV	4000A，63kA，综合	万元 / 台	7.79	25.48	2.27	39.78	12.33	87.65
	D-220-KG		220kV	3150A，50kA，综合	万元 / 台	2.7	16.4	0.83	23.53	7.59	51.05
	D-110-KG		110kV	3150A，40kA，综合	万元 / 台	1.2	9.24	0.46	10.59	4.41	25.9
	D-35-KG		35kV	2500A，40kA，综合	万元 / 台	0.9	4.46	0.37	6.45	1.9	14.08
	D-10-KG		10kV	1250A，31.5kA，综合	万元 / 台	0.9	3.9	0.27	1.56	1.3	7.93
	E-35-KGG	更换高压开关柜	35kV	1250A，31.5kA，真空，馈线柜	万元 / 面		1.6	0.07	18.77	1.84	22.28
	E-10-KGG		10kV	1250A，31.5kA，真空，馈线柜	万元 / 面		1.11	0.07	7.32	1.03	9.53
	F-500-CT	更换电流互感器	500kV	油浸式	万元 / 台	1.19	23.93	0.5	23.97	8.87	58.46
	F-220-CT		220kV	油浸式	万元 / 台	0.73	13.95	0.46	5.65	4.86	25.65
	F-110-CT		110kV	油浸式	万元 / 台	0.59	9.19	0.26	3.23	3.55	16.82
	F-35-CT		35kV	油浸式	万元 / 台	0.43	4.63	0.19	3.37	1.52	10.14
	F-10-CT		10kV	干式	万元 / 台	0.37	2.72	0.11	0.17	0.87	5.19

续表

工程分类	方案编号	项目名称	电压等级	型号	单位	建筑工程费	安装工程费	拆除工程费	设备购置费	其他费用	单位造价
交流变（配）电工程	G–500–PT	更换电压互感器	500kV	电容式	万元 / 台	0.76	24.18	0.48	13.44	7.86	46.72
	G–220–PT		220kV	电容式	万元 / 台	0.56	13.82	0.21	5.33	4.74	24.66
	G–110–PT		110kV	电容式	万元 / 台	0.44	9.19	0.2	5.33	3.71	18.87
	G–35–PT–1		35kV	电容式	万元 / 台	0.36	4.32	0.13	5.58	1.64	12.03
	G–10–PT		10kV	电容式	万元 / 台	0.32	3.55	0.1	0.6	0.99	5.56
	H–35–C–1	更换并联电容器	35kV	框架，10MVA	万元 / 台	5.01	19.6	1.25	24.83	8.91	59.6
	H–35–C–2		35kV	集合，10MVA	万元 / 台	5.17	20.65	1.25	69.68	13.33	110.08
	H–10–C–1		10kV	框架，10MVA	万元 / 台	3.06	15.1	0.83	24.6	7.48	51.07
	H–10–C–2		10kV	集合，6MVA	万元 / 台	3.07	14.6	0.86	38.35	8.69	65.57
	I–500–BLQ	更换避雷器	500kV		万元 / 只	0.59	20.82	0.42	7.6	6.52	35.95
	I–220–BLQ		220kV		万元 / 只	0.37	11.46	0.13	1.13	3.78	16.87
	I–110–BLQ		110kV		万元 / 只	0.37	6.22	0.13	0.56	2.58	9.86
	I–35–BLQ		35kV		万元 / 只	0.3	2.57	0.1	0.28	0.74	3.99
交流继电保护	J–500–ZBBH	更换主变保护	500kV	2 套 / 间隔	万元 / 间隔		52.27	5.42	51.78	16.3	125.77
	J–220–ZBBH		220kV	2 套 / 间隔	万元 / 间隔		37.06	3.8	24.85	10.74	76.45
	J–110–ZBBH		110kV	1 套 / 间隔	万元 / 间隔		14.1	0.96	7.6	3.87	26.53
	J–35–ZBBH		35kV	1 套 / 间隔	万元 / 间隔		6.46	0.56	3.37	1.82	12.21
	J–10–ZBBH		10kV	1 套 / 间隔	万元 / 间隔		5.4	0.56	3.02	1.56	10.54

续表

工程分类	方案编号	项目名称	电压等级	型号	单位	建筑工程费	安装工程费	拆除工程费	设备购置费	其他费用	单位造价
交流继电保护	K–500–MCBH	更换母差保护	500kV	4 套 / 组	万元 / 组		53.71	5.68	53.65	16.77	129.81
	K–220–MCBH		220kV	1 套 / 组	万元 / 组		18.48	2.11	11.17	5.27	37.03
	K–110–MCBH		110kV	1 套 / 组	万元 / 组		8.26	0.76	7.9	2.62	19.54
	L–500–XLBH	更换线路保护	500kV	2 套 / 间隔	万元 / 间隔		21.7	2.22	20.48	6.8	51.2
	L–220–XLBH		220kV	2 套 / 间隔	万元 / 间隔		16.96	1.82	19.33	5.62	43.73
	L–110–XLBH		110V	1 套 / 间隔	万元 / 间隔		5.96	0.48	5.8	1.92	14.16
	L–35–XLBH		35kV	1 套 / 间隔	万元 / 间隔		5.45	0.56	2.64	1.54	10.19
	L–10–XLBH		10kV	1 套 / 间隔	万元 / 间隔		4.96	0.56	2.17	1.39	9.08

附录 B　交流变（配）电工程、继电保护技改工程方案设置一览表

交流变（配）电工程、继电保护工程方案设置一览表见表 B-1。

表 B-1　　交流变（配）电工程、继电保护工程方案设置一览表

工程分类	方案编号	项目名称	电压等级	方案	单位
交流变（配）电工程	A-500-ZB	更换变压器	500kV		万元 / 组
	A-220-ZB		220kV		
	A-110-ZB		110kV		
	A-35-ZB		35kV		
	B-35-DK	更换电抗器	35kV	油浸，铁芯	万元 / 组
	B-10-DK		10kV	干式，铁芯	
	C-500-DLQ	更换断路器	500kV	SF_6 瓷柱式	万元 / 台
	C-220-DLQ		220kV	SF_6 瓷柱式	
	C-110-DLQ		110kV	SF_6 瓷柱式	
	C-35-DLQ		35kV	SF_6 瓷柱式	
	C-10-DLQ		10kV	真空瓷柱式	
	D-500-KG	更换隔离开关	500kV	综合	万元 / 台
	D-220-KG		220kV	综合	
	D-110-KG		110kV	综合	
	D-35-KG		35kV	综合	
	D-10-KG		10kV	综合	
	E-35-KGG	更换高压开关柜	35kV	真空	万元 / 面
	E-10-KGG		10kV	真空	

续表

工程分类	方案编号	项目名称	电压等级	方案	单位
交流变（配）电工程	F-500-CT	更换电流互感器	500kV	油浸式	万元 / 台
	F-220-CT		220kV	油浸式	
	F-110-CT		110kV	油浸式	
	F-35-CT		35kV	油浸式	
	F-10-CT		10kV	干式	
	G-500-PT	更换电压互感器	500kV	电容式	万元 / 台
	G-220-PT		220kV	电容式	
	G-110-PT		110kV	电容式	
	G-35-PT		35kV	电容式	
	G-10-PT		10kV	电磁式	
	H-35-C-1	更换并联电容器	35kV	框架	万元 / 组
	H-35-C-2		35kV	集合	
	H-10-C-1		10kV	框架	
	H-10-C-2		10kV	集合	
	I-500-BLQ	更换避雷器	500kV		万元 / 只
	I-220-BLQ		220kV		
	I-110-BLQ		110kV		
	I-35-BLQ		35kV		
交流继电保护工程	J-500-ZBBH	更换主变保护	500kV	2 套 / 间隔	万元 / 间隔
	J-220-ZBBH		220kV	2 套 / 间隔	
	J-110-ZBBH		110kV	1 套 / 间隔	
	J-35-ZBBH		35kV	1 套 / 间隔	
	J-10-ZBBH		10kV	1 套 / 间隔	
	K-500-MCBH	更换母差保护	500kV	4 套 / 组	万元 / 组
	K-220-MCBH		220kV	1 套 / 组	
	K-110-MCBH		110kV	1 套 / 组	
	L-500-XLBH	更换线路保护	500kV	2 套 / 间隔	万元 / 间隔
	L-220-XLBH		220kV	2 套 / 间隔	
	L-110-XLBH		110V	1 套 / 间隔	
	L-35-XLBH		35kV	1 套 / 间隔	
	L-10-XLBH		10kV	1 套 / 间隔	

附录 C　架空输电线路技改单位工程参考价汇总表

架空输电线路技改单位工程参考价汇总表见表 C-1。

表 C-1　架空输电线路技改单位工程参考价汇总表

方案编号	方案名称	电压等级	地形	方案	方案规模	方案投资	单位工程参考价
三	架空输电线路工程						
M	杆塔改造工程					万元	万元 / 基
M-500-GTSD-DHZXJGT630	新建 500kV 单回直线角钢塔 4×630（山地、丘陵）	500kV	山地、丘陵	单回直线角钢塔（4×630）	1 基	59.84	59.84
M-500-GTSD-DHZXJGT400	新建 500kV 单回直线角钢塔 4×400（山地、丘陵）			单回直线角钢塔（4×400）	1 基	52.87	52.87
M-500-GTSD-DHNZJGT630	新建 500kV 单回耐张角钢塔 4×630（山地、丘陵）			单回耐张角钢塔（4×630）	1 基	82.87	82.87
M-500-GTSD-DHNZJGT400	新建 500kV 单回耐张角钢塔 4×400（山地、丘陵）			单回耐张角钢塔（4×400）	1 基	67.48	67.48

续表

方案编号	方案名称	电压等级	地形	方案	方案规模	方案投资	单位工程参考价
M-500-GTSD-SHZXJGT630	新建 500kV 双回直线角钢塔 4×630（山地、丘陵）	500kV	山地、丘陵	双回直线角钢塔（4×630）	1 基	98.35	98.35
M-500-GTSD-SHZXJGT400	新建 500kV 双回直线角钢塔 4×400（山地、丘陵）			双回直线角钢塔（4×400）	1 基	90.13	90.13
M-500-GTSD-SHNZJGT630	新建 500kV 双回耐张角钢塔 4×630（山地、丘陵）			双回耐张角钢塔（4×630）	1 基	172.9	172.9
M-500-GTSD-SHNZJGT400	新建 500kV 双回耐张角钢塔 4×400（山地、丘陵）			双回耐张角钢塔（4×400）	1 基	151.08	151.08
M-500-GTPY-DHZXJGT630	新建 500kV 单回直线角钢塔 4×630（平地、河网）	500kV	平地、河网	单回直线角钢塔（4×630）	1 基	34.98	34.98
M-500-GTPY-DHZXJGT400	新建 500kV 单回直线角钢塔 4×400（平地、河网）			单回直线角钢塔（4×400）	1 基	34.94	34.94
M-500-GTPY-DHNZJGT630	新建 500kV 单回耐张角钢塔 4×630（平地、河网）			单回耐张角钢塔（4×630）	1 基	53.55	53.55
M-500-GTPY-DHNZJGT400	新建 500kV 单回耐张角钢塔 4×400（平地、河网）			单回耐张角钢塔（4×400）	1 基	46.15	46.15
M-500-GTPY-SHZXJGT630	新建 500kV 双回直线角钢塔 4×630（平地、河网）			双回直线角钢塔（4×630）	1 基	68.34	68.34
M-500-GTPY-SHZXJGT400	新建 500kV 双回直线角钢塔 4×400（平地、河网）			双回直线角钢塔（4×400）	1 基	69.82	69.82
M-500-GTPY-SHNZJGT630	新建 500kV 双回耐张角钢塔 4×630（平地、河网）			双回耐张角钢塔（4×630）	1 基	128.5	128.5
M-500-GTPY-SHNZJGT400	新建 500kV 双回耐张角钢塔 4×400（平地、河网）			双回耐张角钢塔（4×400）	1 基	107.3	107.3

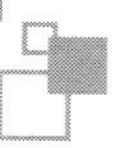

续表

方案编号	方案名称	电压等级	地形	方案	方案规模	方案投资	单位工程参考价
M-220-GTSD-DHZXJGT400	新建 220kV 单回直线角钢塔 2×400（山地、丘陵）	220kV	山地、丘陵	单回直线角钢塔（2×400）	1 基	28.45	28.45
M-220-GTSD-DHNZJGT400	新建 220kV 单回耐张角钢塔 2×400（山地、丘陵）			单回耐张角钢塔（2×400）	1 基	36.92	36.92
M-220-GTSD-SHZXJGT630	新建 220kV 双回直线角钢塔 2×630（山地、丘陵）			双回直线角钢塔（2×630）	1 基	39.26	39.26
M-220-GTSD-SHZXJGT400	新建 220kV 双回直线角钢塔 2×400（山地、丘陵）			双回直线角钢塔（2×400）	1 基	36.22	36.22
M-220-GTSD-SHNZJGT630	新建 220kV 双回耐张角钢塔 2×630（山地、丘陵）			双回耐张角钢塔（2×630）	1 基	76.44	76.44
M-220-GTSD-SHNZJGT400	新建 220kV 双回耐张角钢塔 2×400（山地、丘陵）			双回耐张角钢塔（2×400）	1 基	61.21	61.21
M-220-GTPY-DHZXJGT400	新建 220kV 单回直线角钢塔 2×400（平地、河网）	220kV	平地、河网	单回直线角钢塔（2×400）	1 基	20.01	20.01
M-220-GTPY-DHNZJGT400	新建 220kV 单回耐张角钢塔 2×400（平地、河网）			单回耐张角钢塔（2×400）	1 基	24.82	24.82
M-220-GTPY-SHZXJGT630	新建 220kV 双回直线角钢塔 2×630（平地、河网）			双回直线角钢塔（2×630）	1 基	31.63	31.63
M-220-GTPY-SHZXJGT400	新建 220kV 双回直线角钢塔 2×400（平地、河网）			双回直线角钢塔（2×400）	1 基	27	27
M-220-GTPY-SHNZJGT630	新建 220kV 双回耐张角钢塔 2×630（平地、河网）			双回耐张角钢塔（2×630）	1 基	51.9	51.9

续表

方案编号	方案名称	电压等级	地形	方案	方案规模	方案投资	单位工程参考价
M-220-GTPY-SHNZJGT400	新建 220kV 双回耐张角钢塔 2×400（平地、河网）	220kV	平地、河网	双回耐张角钢塔（2×400）	1 基	45.38	45.38
M-220-GTPY-SHZXZJT630	新建 220kV 双回直线窄基钢管塔 2×630（平地、河网）			双回直线窄基钢管塔（2×630）	1 基	54.49	54.49
M-220-GTPY-SHZXZJT400	新建 220kV 双回直线窄基钢管塔 2×400（平地、河网）			双回直线窄基钢管塔（2×400）	1 基	53.12	53.12
M-220-GTPY-SHNZZJT630	新建 220kV 双回耐张窄基钢管塔 2×630（平地、河网）			双回耐张窄基钢管塔（2×630）	1 基	68.5	68.5
M-220-GTPY-SHNZZJT400	新建 220kV 双回耐张窄基钢管塔 2×400（平地、河网）			双回耐张窄基钢管塔（2×400）	1 基	57.12	57.12
M-220-GTPY-SHZXGGG630	新建 220kV 双回直线钢管杆 2×630（平地、河网）			双回直线钢管杆（2×630）	1 基	37.28	37.28
M-220-GTPY-SHZXGGG400	新建 220kV 双回直线钢管杆 2×400（平地、河网）			双回直线钢管杆（2×400）	1 基	35.42	35.42
M-220-GTPY-SHNZGGG630	新建 220kV 双回直线钢管杆 2×630（平地、河网）			双回耐张钢管杆（2×630）	1 基	62.86	62.86
M-220-GTPY-SHNZGGG400	新建 220kV 双回耐张钢管杆 2×400（平地、河网）			双回耐张钢管杆（2×400）	1 基	53.45	53.45
M-110-GTSD-DHZXJGT240	新建 110kV 单回直线角钢塔 2×240（山地、丘陵）	110kV	山地、丘陵	单回直线角钢塔（2×240）	1 基	15.6	15.6
M-110-GTSD-DHZXJGT300	新建 110kV 单回直线角钢塔 1×300（山地、丘陵）			单回直线角钢塔（1×300）	1 基	13.18	13.18

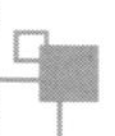

续表

方案编号	方案名称	电压等级	地形	方案	方案规模	方案投资	单位工程参考价
M-110-GTSD-DHNZJGT240	新建 110kV 单回耐张角钢塔 2×240（山地、丘陵）	110kV	山地、丘陵	单回耐张角钢塔（2×240）	1 基	21.16	21.16
M-110-GTSD-DHNZJGT300	新建 110kV 单回耐张角钢塔 1×300（山地、丘陵）			单回耐张角钢塔（1×300）	1 基	18.93	18.93
M-110-GTSD-SHZXJGT240	新建 110kV 双回直线角钢塔 2×240（山地、丘陵）			双回直线角钢塔（2×240）	1 基	25.66	25.66
M-110-GTSD-SHZXJGT300	新建 110kV 双回直线角钢塔 1×300（山地、丘陵）			双回直线角钢塔（1×300）	1 基	17.81	17.81
M-110-GTSD-SHNZJGT240	新建 110kV 双回耐张角钢塔 2×240（山地、丘陵）			双回耐张角钢塔（2×240）	1 基	35.64	35.64
M-110-GTSD-SHNZJGT300	新建 110kV 双回耐张角钢塔 1×300（山地、丘陵）			双回耐张角钢塔（1×300）	1 基	25.85	25.85
M-110-GTPY-DHZXJGT240	新建 110kV 单回直线角钢塔 2×240（平地、河网）		平地、河网	单回直线角钢塔（2×240）	1 基	11.89	11.89
M-110-GTPY-DHZXJGT300	新建 110kV 单回直线角钢塔 1×300（平地、河网）			单回直线角钢塔（1×300）	1 基	10.78	10.78
M-110-GTPY-DHNZJGT240	新建 110kV 单回耐张角钢塔 2×240（平地、河网）			单回耐张角钢塔（2×240）	1 基	17.05	17.05
M-110-GTPY-DHNZJGT300	新建 110kV 单回耐张角钢塔 1×300（平地、河网）			单回耐张角钢塔（1×300）	1 基	16.09	16.09
M-110-GTPY-SHZXJGT240	新建 110kV 双回直线角钢塔 2×240（平地、河网）			双回直线角钢塔（2×240）	1 基	15.59	15.59

续表

方案编号	方案名称	电压等级	地形	方案	方案规模	方案投资	单位工程参考价
M-110-GTPY-SHZXJGT300	新建 110kV 双回直线角钢塔 1×300（平地、河网）	110kV	平地、河网	双回直线角钢塔（1×300）	1 基	14.37	14.37
M-110-GTPY-SHNZJGT240	新建 110kV 双回耐张角钢塔 2×240（平地、河网）			双回耐张角钢塔（2×240）	1 基	30.37	30.37
M-110-GTPY-SHNZJGT300	更换 110kV 双回耐张角钢塔 1×300（平地、河网）			双回耐张角钢塔（1×300）	1 基	24.48	24.48
M-110-GTPY-SHZXGGG240	新建 110kV 双回直线钢管杆 1×240（平地、河网）			双回直线钢管杆（2×240）	1 基	23.02	23.02
M-110-GTPY-SHZXGGG300	新建 110kV 双回直线张钢管杆 1×300（平地、河网）			双回直线钢管杆（1×300）	1 基	19.16	19.16
M-110-GTPY-SHNZGGG240	新建 110kV 双回耐张钢管杆 1×240（平地、河网）			双回耐张钢管杆（2×240）	1 基	31.26	31.26
M-110-GTPY-SHNZGGG300	新建 110kV 双回耐张钢管杆 1×300（平地、河网）			双回耐张钢管杆（1×300）	1 基	27.17	27.17
M-35-GTSD-DHZXJGT	新建 35kV 单回直线角钢塔（山区、丘陵）	35kV	山地、丘陵	单回直线角钢塔	1 基	20.82	20.82
M-35-GTSD-DHNZJGT	新建 35kV 单回耐张角钢塔（山区、丘陵）			单回耐张角钢塔	1 基	25.02	25.02
M-35-GTPY-DHZXJGT	新建 35kV 单回直线角钢塔（平地、河网）		平地、河网	单回直线角钢塔	1 基	7.17	7.17
M-35-GTPY-DHNZJGT	新建 35kV 单回耐张角钢塔（平地、河网）			单回耐张角钢塔	1 基	15.61	15.61
M-35-GTPY-DHZXGGG	新建 35kV 单回直线钢管杆（平地、河网）			单回直线钢管杆	1 基	9.59	9.59
M-35-GTPY-DHNZGGG	新建 35kV 单回耐张钢管杆（平地、河网）			单回耐张钢管杆	1 基	13.11	13.11

续表

方案编号	方案名称	电压等级	地形	方案	方案规模	方案投资	单位工程参考价
N	**更换导线工程**						
N-500-DXSD-4×630	更换 500kV4×630 导线（山地、丘陵）	500kV	山地、丘陵	4×630	1km	89.57	89.57
N-500-DXSD-4×400	更换 500kV4×400 导线（山地、丘陵）			4×400	1km	65.14	65.14
N-500-DXPY-4×630	更换 500kV4×630 导线（平地、河网）	500kV	平地、河网	4×630	1km	86.89	86.89
N-500-DXPY-4×400	更换 500kV4×400 导线（山地、丘陵）			4×400	1km	62.69	62.69
N-220-DXSD-2×630	更换 220kV2×630 导线（山地、丘陵）	220kV	山地、丘陵	2×630	1km	48.09	48.09
N-220-DXSD-2×400	更换 220kV2×400 导线（山地、丘陵）			2×400	1km	35.31	35.31
N-220-DXPY-2×630	更换 220kV2×630 导线（平地、河网）	220kV	平地、河网	2×630	1km	46.36	46.36
N-220-DXPY-2×400	更换 220kV2×400 导线（平地、河网）			2×400	1km	33.83	33.83
N-110-DXSD-2×240	更换 110kV2×240 导线（山地、丘陵）	110kV	山地、丘陵	2×240	1km	26.65	26.65
N-110-DXSD-1×300	更换 110kV1×300 导线（山地、丘陵）			1×300	1km	18.68	18.68
N-110-DXPY-2×240	更换 110kV2×240 导线（平地、河网）	110kV	平地、河网	2×240	1km	25.29	25.29
N-110-DXPY-1×300	更换 110kV1×300 导线（平地、河网）			1×300	1km	17.69	17.69
N-35-DXSD-1×240	更换 35kV1×240 导线（山地、丘陵）	35kV	山地、丘陵	1×240	1km	15.52	15.52
N-35-DXPY-1×240	更换 35kV1×240 导线（平地、河网）	35kV	平地、河网	1×240	1km	14.53	14.53
O	**更换普通地线工程**						
O-GWSD-150	更换 $150mm^2$ 普通地线工程（山地、丘陵）		山地、丘陵	铝包钢绞线，150	1km	6.52	6.52
O-GWPY-150	更换 $150mm^2$ 普通地线工程（平地、河网）		平地、河网	铝包钢绞线，150	1km	6.13	6.13
O-GWSD-120	更换 $120mm^2$ 普通地线工程（山地、丘陵）		山地、丘陵	铝包钢绞线，120	1km	6.2	6.2
O-GWPY-120	更换 $120mm^2$ 普通地线工程（平地、河网）		平地、河网	铝包钢绞线，120	1km	5.82	5.82

续表

方案编号	方案名称	电压等级	地形	方案	方案规模	方案投资	单位工程参考价
p	**更换光缆工程**						
P–OPSD–72	更换 72 芯光缆工程（山地、丘陵）		山地、丘陵	OPGW，72 芯	1km	10	10
P–OPPY–72	更换 72 芯光缆工程（平地、河网）		平地、河网	OPGW，72 芯	1km	9.32	9.32
P–OPSD–48	更换 48 芯光缆工程（山地、丘陵）		山地、丘陵	OPGW，48 芯	1km	9.07	9.07
P–OPPY–48	更换 48 芯光缆工程（平地、河网）		平地、河网	OPGW，48 芯	1km	8.46	8.46
Q	**更换线路避雷器工程**						
Q–500–BLQSD	更换 500kV 线路避雷器工程（山地、丘陵）	500kV	山地、丘陵		1 组	7.04	7.04
Q–500–BLQPY	更换 500kV 线路避雷器工程（平地、河网）	500kV	平地、河网		1 组	6.91	6.91
Q–220–BLQSD	更换 220kV 线路避雷器工程（山地、丘陵）	220kV	山地、丘陵		1 组	1.35	1.35
Q–220–BLQPY	更换 220kV 线路避雷器工程（平地、河网）	220kV	平地、河网		1 组	1.31	1.31
Q–110–BLQSD	更换 110kV 线路避雷器工程（山地、丘陵）	110kV	山地、丘陵		1 组	0.9	0.9
Q–110–BLQPY	更换 110kV 线路避雷器工程（平地、河网）	110kV	平地、河网		1 组	0.88	0.88
Q–35–BLQSD	更换 35kV 线路避雷器工程（山地、丘陵）	35kV	山地、丘陵		1 组	1.11	1.11
Q–35–BLQPY	更换 35kV 线路避雷器工程（平地、河网）	35kV	平地、河网		1 组	1.1	1.1
S	**更换绝缘子工程**						
S–500–JYZSD–NZBL	更换 500kV 耐张玻璃绝缘子串（山地、丘陵）	500kV	山地、丘陵	耐张玻璃绝缘子	1 串	38.07	38.07
S–500–JYZSD–NZC	更换 500kV 耐张瓷绝缘子串（山地、丘陵）			耐张瓷绝缘子	1 串	39.52	39.52
S–500–JYZSD–ZXBL	更换 500kV 直线玻璃绝缘子串（山地、丘陵）			直线玻璃绝缘子	1 串	4.4	4.4
S–500–JYZSD–ZXC	更换 500kV 直线瓷绝缘子串（山地、丘陵）			直线瓷绝缘子	1 串	5.3	5.3
S–500–JYZSD–ZXHC	更换 500kV 直线合成绝缘子串（山地、丘陵）			直线合成绝缘子	1 串	2.54	2.54

续表

方案编号	方案名称	电压等级	地形	方案	方案规模	方案投资	单位工程参考价
S–500–JYZPY–NZBL	更换 500kV 耐张玻璃绝缘子串（平地、河网）	500kV	平地、河网	耐张玻璃绝缘子	1 串	35.81	35.81
S–500–JYZPY–NZC	更换 500kV 耐张瓷绝缘子串（平地、河网）			耐张瓷绝缘子	1 串	37.27	37.27
S–500–JYZPY–ZXBL	更换 500kV 直线玻璃绝缘子串（平地、河网）			直线玻璃绝缘子	1 串	4.31	4.31
S–500–JYZPY–ZXC	更换 500kV 直线瓷绝缘子串（平地、河网）			直线瓷绝缘子	1 串	5.2	5.2
S–500–JYZPY–ZXHC	更换 500kV 直线合成绝缘子串（平地、河网）			直线合成绝缘子	1 串	2.45	2.45
S–220–JYZSD–NZBL	更换 220kV 耐张玻璃绝缘子串（山地、丘陵）	220kV	山地、丘陵	耐张玻璃绝缘子	1 串	13.59	13.59
S–220–JYZSD–NZC	更换 220kV 耐张瓷绝缘子串（山地、丘陵）			耐张瓷绝缘子	1 串	13.75	13.75
S–220–JYZSD–ZXBL	更换 220kV 直线玻璃绝缘子串（山地、丘陵）			直线玻璃绝缘子	1 串	1.81	1.81
S–220–JYZSD–ZXC	更换 220kV 直线瓷绝缘子串（山地、丘陵）			直线瓷绝缘子	1 串	2	2
S–220–JYZSD–ZXHC	更换 220kV 直线合成绝缘子串（山地、丘陵）			直线合成绝缘子	1 串	0.95	0.95
S–220–JYZPY–NZBL	更换 220kV 耐张玻璃绝缘子串（平地、河网）	220kV	平地、河网	耐张玻璃绝缘子	1 串	12.61	12.61
S–220–JYZPY–NZC	更换 220kV 耐张瓷绝缘子串（平地、河网）			耐张瓷绝缘子	1 串	12.81	12.81
S–220–JYZPY–ZXBL	更换 220kV 直线玻璃绝缘子串（平地、河网）			直线玻璃绝缘子	1 串	1.79	1.79
S–220–JYZPY–ZXC	更换 220kV 直线瓷绝缘子串（平地、河网）			直线瓷绝缘子	1 串	1.97	1.97
S–220–JYZPY–ZXHC	更换 220kV 直线合成绝缘子串（平地、河网）			直线合成绝缘子	1 串	0.94	0.94
S–110–JYZSD–NZBL	更换 110kV 耐张玻璃绝缘子串（山地、丘陵）	110kV	山地、丘陵	耐张玻璃绝缘子	1 串	5.57	5.57
S–110–JYZSD–NZC	更换 110kV 耐张瓷绝缘子串（山地、丘陵）			耐张瓷绝缘子	1 串	5.66	5.66
S–110–JYZSD–ZXHC	更换 110kV 直线合成绝缘子串（山地、丘陵）			直线合成绝缘子	1 串	0.72	0.72

续表

方案编号	方案名称	电压等级	地形	方案	方案规模	方案投资	单位工程参考价
S–110–JYZPY–NZBL	更换 110kV 耐张玻璃绝缘子串（平地、河网）	110kV	平地、河网	耐张玻璃绝缘子	1 串	5.17	5.17
S–110–JYZPY–NZC	更换 110kV 耐张瓷绝缘子串（平地、河网）			耐张瓷绝缘子	1 串	5.26	5.26
S–110–JYZPY–ZXHC	更换 110kV 直线合成绝缘子串（平地、河网）			直线合成绝缘子	1 串	0.7	0.7
S–35–JYZSD–NZHC	更换 35kV 耐张合成绝缘子串（山地、丘陵）	35kV	山地、丘陵	耐张合成绝缘子	1 串	3.45	3.45
S–35–JYZSD–ZXHC	更换 35kV 直线合成绝缘子串（山地、丘陵）			直线合成绝缘子	1 串	0.61	0.61
S–35–JYZPY–NZHC	更换 35kV 耐张合成绝缘子串（平地、河网）	35kV	平地、河网	耐张合成绝缘子	1 串	3.19	3.19
S–35–JYZPY–ZXHC	更换 35kV 直线合成绝缘子串（平地、河网）			直线合成绝缘子	1 串	0.6	0.6

附录 D　架空输电线路技改工程方案设置一览表

架空输电线路技改工程方案设置一览表见表 D-1。

表 D-1　　　　架空输电线路技改工程方案设置一览表

方案编号	方案名称	电压等级	地形	方案	单位
M-500-GTSD-DHZXJGT630	新建 500kV 单回直线角钢塔 4×630（山地、丘陵）	500kV	山地、丘陵	单回直线角钢塔（4×630）	万元/基
M-500-GTSD-DHZXJGT400	新建 500kV 单回直线角钢塔 4×400（山地、丘陵）			单回直线角钢塔（4×400）	
M-500-GTSD-DHNZJGT630	新建 500kV 单回耐张角钢塔 4×630（山地、丘陵）			单回耐张角钢塔（4×630）	
M-500-GTSD-DHNZJGT400	新建 500kV 单回耐张角钢塔 4×400（山地、丘陵）			单回耐张角钢塔（4×400）	
M-500-GTSD-SHZXJGT630	新建 500kV 双回直线角钢塔 4×630（山地、丘陵）			双回直线角钢塔（4×630）	
M-500-GTSD-SHZXJGT400	新建 500kV 双回直线角钢塔 4×400（山地、丘陵）			双回直线角钢塔（4×400）	
M-500-GTSD-SHNZJGT630	新建 500kV 双回耐张角钢塔 4×630（山地、丘陵）			双回耐张角钢塔（4×630）	
M-500-GTSD-SHNZJGT400	新建 500kV 双回耐张角钢塔 4×400（山地、丘陵）			双回耐张角钢塔（4×400）	
M-500-GTPY-DHZXJGT630	新建 500kV 单回直线角钢塔 4×630（平地、河网）		平地、河网	单回直线角钢塔（4×630）	
M-500-GTPY-DHZXJGT400	新建 500kV 单回直线角钢塔 4×400（平地、河网）			单回直线角钢塔（4×400）	
M-500-GTPY-DHNZJGT630	新建 500kV 单回耐张角钢塔 4×630（平地、河网）			单回耐张角钢塔（4×630）	
M-500-GTPY-DHNZJGT400	新建 500kV 单回耐张角钢塔 4×400（平地、河网）			单回耐张角钢塔（4×400）	

续表

方案编号	方案名称	电压等级	地形	方案	单位
M-500-GTPY-SHZXJGT630	新建 500kV 双回直线角钢塔 4×630（平地、河网）	500kV	平地、河网	双回直线角钢塔（4×630）	万元 / 基
M-500-GTPY-SHZXJGT400	新建 500kV 双回直线角钢塔 4×400（平地、河网）			双回直线角钢塔（4×400）	
M-500-GTPY-SHNZJGT630	新建 500kV 双回耐张角钢塔 4×630（平地、河网）			双回耐张角钢塔（4×630）	
M-500-GTPY-SHNZJGT400	新建 500kV 双回耐张角钢塔 4×400（平地、河网）			双回耐张角钢塔（4×400）	
M-220-GTSD-DHZXJGT400	新建 220kV 单回直线角钢塔 2×400（山地、丘陵）	220kV	山地、丘陵	单回直线角钢塔（2×400）	
M-220-GTSD-DHNZJGT400	新建 220kV 单回耐张角钢塔 2×400（山地、丘陵）			单回耐张角钢塔（2×400）	
M-220-GTSD-SHZXJGT630	新建 220kV 双回直线角钢塔 2×630（山地、丘陵）			双回直线角钢塔（2×630）	
M-220-GTSD-SHZXJGT400	新建 220kV 双回直线角钢塔 2×400（山地、丘陵）			双回直线角钢塔（2×400）	
M-220-GTSD-SHNZJGT630	新建 220kV 双回耐张角钢塔 2×630（山地、丘陵）			双回耐张角钢塔（2×630）	
M-220-GTSD-SHNZJGT400	新建 220kV 双回耐张角钢塔 2×400（山地、丘陵）			双回耐张角钢塔（2×400）	
M-220-GTPY-DHZXJGT400	新建 220kV 单回直线角钢塔 2×400（平地、河网）		平地、河网	单回直线角钢塔（2×400）	
M-220-GTPY-DHNZJGT400	新建 220kV 单回耐张角钢塔 2×400（平地、河网）			单回耐张角钢塔（2×400）	
M-220-GTPY-SHZXJGT630	新建 220kV 双回直线角钢塔 2×630（平地、河网）			双回直线角钢塔（2×630）	
M-220-GTPY-SHZXJGT400	新建 220kV 双回直线角钢塔 2×400（平地、河网）			双回直线角钢塔（2×400）	
M-220-GTPY-SHNZJGT630	新建 220kV 双回耐张角钢塔 2×630（平地、河网）			双回耐张角钢塔（2×630）	
M-220-GTPY-SHNZJGT400	新建 220kV 双回耐张角钢塔 2×400（平地、河网）			双回耐张角钢塔（2×400）	
M-220-GTPY-SHZXZJT630	新建 220kV 双回直线窄基钢管塔 2×630（平地、河网）			双回直线窄基钢管塔（2×630）	
M-220-GTPY-SHZXZJT400	新建 220kV 双回直线窄基钢管塔 2×400（平地、河网）			双回直线窄基钢管塔（2×400）	

续表

方案编号	方案名称	电压等级	地形	方案	单位
M-220-GTPY-SHNZZJT630	新建 220kV 双回耐张窄基钢管塔 2×630（平地、河网）	220kV	平地、河网	双回耐张窄基钢管塔（2×630）	万元 / 基
M-220-GTPY-SHNZZJT400	新建 220kV 双回耐张窄基钢管塔 2×400（平地、河网）			双回耐张窄基钢管塔（2×400）	
M-220-GTPY-SHZXGGG630	新建 220kV 双回直线钢管杆 2×630（平地、河网）			双回直线钢管杆（2×630）	
M-220-GTPY-SHZXGGG400	新建 220kV 双回直线钢管杆 2×400（平地、河网）			双回直线钢管杆（2×400）	
M-220-GTPY-SHNZGGG630	新建 220kV 双回直线钢管杆 2×630（平地、河网）			双回耐张钢管杆（2×630）	
M-220-GTPY-SHNZGGG400	新建 220kV 双回耐张钢管杆 2×400（平地、河网）			双回耐张钢管杆（2×400）	
M-110-GTSD-DHZXJGT240	新建 110kV 单回直线角钢塔 2×240（山地、丘陵）	110kV	山地、丘陵	单回直线角钢塔（2×240）	
M-110-GTSD-DHZXJGT300	新建 110kV 单回直线角钢塔 1×300（山地、丘陵）			单回直线角钢塔（1×300）	
M-110-GTSD-DHNZJGT240	新建 110kV 单回耐张角钢塔 2×240（山地、丘陵）			单回耐张角钢塔（2×240）	
M-110-GTSD-DHNZJGT300	新建 110kV 单回耐张角钢塔 1×300（山地、丘陵）			单回耐张角钢塔（1×300）	
M-110-GTSD-SHZXJGT240	新建 110kV 双回直线角钢塔 2×240（山地、丘陵）			双回直线角钢塔（2×240）	
M-110-GTSD-SHZXJGT300	新建 110kV 双回直线角钢塔 1×300（山地、丘陵）			双回直线角钢塔（1×300）	
M-110-GTSD-SHNZJGT240	新建 110kV 双回耐张角钢塔 2×240（山地、丘陵）			双回耐张角钢塔（2×240）	
M-110-GTSD-SHNZJGT300	新建 110kV 双回耐张角钢塔 1×300（山地、丘陵）			双回耐张角钢塔（1×300）	
M-110-GTPY-DHZXJGT240	新建 110kV 单回直线角钢塔 2×240（平地、河网）		平地、河网	单回直线角钢塔（2×240）	
M-110-GTPY-DHZXJGT300	新建 110kV 单回直线角钢塔 1×300（平地、河网）			单回直线角钢塔（1×300）	
M-110-GTPY-DHNZJGT240	新建 110kV 单回耐张角钢塔 2×240（平地、河网）			单回耐张角钢塔（2×240）	
M-110-GTPY-DHNZJGT300	新建 110kV 单回耐张角钢塔 1×300（平地、河网）			单回耐张角钢塔（1×300）	

续表

方案编号	方案名称	电压等级	地形	方案	单位
M-110-GTPY-SHZXJGT240	新建 110kV 双回直线角钢塔 2×240（平地、河网）	110kV	平地、河网	双回直线角钢塔（2×240）	万元/基
M-110-GTPY-SHZXJGT300	新建 110kV 双回直线角钢塔 1×300（平地、河网）			双回直线角钢塔（1×300）	
M-110-GTPY-SHNZJGT240	新建 110kV 双回耐张角钢塔 2×240（平地、河网）			双回耐张角钢塔（2×240）	
M-110-GTPY-SHNZJGT300	更换 110kV 双回耐张角钢塔 1×300（平地、河网）			双回耐张角钢塔（1×300）	
M-110-GTPY-SHZXGGG240	新建 110kV 双回直线钢管杆 1×240（平地、河网）			双回直线钢管杆（2×240）	
M-110-GTPY-SHZXGGG300	新建 110kV 双回直线张钢管杆 1×300（平地、河网）			双回直线钢管杆（1×300）	
M-110-GTPY-SHNZGGG240	新建 110kV 双回耐张钢管杆 1×240（平地、河网）			双回耐张钢管杆（2×240）	
M-110-GTPY-SHNZGGG300	新建 110kV 双回耐张钢管杆 1×300（平地、河网）			双回耐张钢管杆（1×300）	
M-35-GTSD-DHZXJGT	新建 35kV 单回直线角钢塔（山区、丘陵）	35kV	山地、丘陵	单回直线角钢塔	
M-35-GTSD-DHNZJGT	新建 35kV 单回耐张角钢塔（山区、丘陵）			单回耐张角钢塔	
M-35-GTPY-DHZXJGT	新建 35kV 单回直线角钢塔（平地、河网）		平地、河网	单回直线角钢塔	
M-35-GTPY-DHNZJGT	新建 35kV 单回耐张角钢塔（平地、河网）			单回耐张角钢塔	
M-35-GTPY-DHZXGGG	新建 35kV 单回直线钢管杆（平地、河网）			单回直线钢管杆	
M-35-GTPY-DHNZGGG	新建 35kV 单回耐张钢管杆（平地、河网）			单回耐张钢管杆	
N-500-DXSD-4×630	更换 500kV4×630 导线（山地、丘陵）	500kV	山地、丘陵	4×630	万元/km
N-500-DXSD-4×400	更换 500kV4×400 导线（山地、丘陵）			4×400	
N-500-DXPY-4×630	更换 500kV4×630 导线（平地、河网）		平地、河网	4×630	
N-500-DXPY-4×400	更换 500kV4×400 导线（山地、丘陵）			4×400	

续表

方案编号	方案名称	电压等级	地形	方案	单位
N-220-DXSD-2×630	更换220kV2×630导线（山地、丘陵）	220kV	山地、丘陵	2×630	万元/km
N-220-DXSD-2×400	更换220kV2×400导线（山地、丘陵）			2×400	
N-220-DXPY-2×630	更换220kV2×630导线（平地、河网）	220kV	平地、河网	2×630	
N-220-DXPY-2×400	更换220kV2×400导线（平地、河网）			2×400	
N-110-DXSD-2×240	更换110kV2×240导线（山地、丘陵）	110kV	山地、丘陵	2×240	
N-110-DXSD-1×300	更换110kV1×300导线（山地、丘陵）			1×300	
N-110-DXPY-2×240	更换110kV2×240导线（平地、河网）	110kV	平地、河网	2×240	
N-110-DXPY-1×300	更换110kV1×300导线（平地、河网）			1×300	
N-35-DXSD-1×240	更换35kV1×240导线（山地、丘陵）	35kV	山地、丘陵	1×240	
N-35-DXPY-1×240	更换35kV1×240导线（平地、河网）		平地、河网	1×240	
O-GWSD-150	更换150mm^{2}普通地线工程（山地、丘陵）		山地、丘陵	铝包钢绞线，150	
O-GWPY-150	更换150mm^{2}普通地线工程（平地、河网）		平地、河网	铝包钢绞线，150	
O-GWSD-120	更换120mm^{2}普通地线工程（山地、丘陵）		山地、丘陵	铝包钢绞线，120	
O-GWPY-120	更换120mm^{2}普通地线工程（平地、河网）		平地、河网	铝包钢绞线，120	
P-OPSD-72	更换72芯光缆工程（山地、丘陵）		山地、丘陵	OPGW，72芯	
P-OPPY-72	更换72芯光缆工程（平地、河网）		平地、河网	OPGW，72芯	
P-OPSD-48	更换48芯光缆工程（山地、丘陵）		山地、丘陵	OPGW，48芯	
P-OPPY-48	更换48芯光缆工程（平地、河网）		平地、河网	OPGW，48芯	

续表

方案编号	方案名称	电压等级	地形	方案	单位
Q-500-BLQSD	更换 500kV 线路避雷器工程（山地、丘陵）	500kV	山地、丘陵		万元/台
Q-500-BLQPY	更换 500kV 线路避雷器工程（平地、河网）	500kV	平地、河网		万元/台
Q-220-BLQSD	更换 220kV 线路避雷器工程（山地、丘陵）	220kV	山地、丘陵		万元/台
Q-220-BLQPY	更换 220kV 线路避雷器工程（平地、河网）	220kV	平地、河网		万元/台
Q-110-BLQSD	更换 110kV 线路避雷器工程（山地、丘陵）	110kV	山地、丘陵		万元/台
Q-110-BLQPY	更换 110kV 线路避雷器工程（平地、河网）	110kV	平地、河网		万元/台
Q-35-BLQSD	更换 35kV 线路避雷器工程（山地、丘陵）	35kV	山地、丘陵		万元/台
Q-35-BLQPY	更换 35kV 线路避雷器工程（平地、河网）	35kV	平地、河网		万元/台
S-500-JYZSD-NZBL	更换 500kV 耐张玻璃绝缘子串（山地、丘陵）	500kV	山地、丘陵	耐张玻璃绝缘子	万元/基
S-500-JYZSD-NZC	更换 500kV 耐张瓷绝缘子串（山地、丘陵）	500kV	山地、丘陵	耐张瓷绝缘子	万元/基
S-500-JYZSD-ZXBL	更换 500kV 直线玻璃绝缘子串（山地、丘陵）	500kV	山地、丘陵	直线玻璃绝缘子	万元/基
S-500-JYZSD-ZXC	更换 500kV 直线瓷绝缘子串（山地、丘陵）	500kV	山地、丘陵	直线瓷绝缘子	万元/基
S-500-JYZSD-ZXHC	更换 500kV 直线合成绝缘子串（山地、丘陵）	500kV	山地、丘陵	直线合成绝缘子	万元/基
S-500-JYZPY-NZBL	更换 500kV 耐张玻璃绝缘子串（平地、河网）	500kV	平地、河网	耐张玻璃绝缘子	万元/基
S-500-JYZPY-NZC	更换 500kV 耐张瓷绝缘子串（平地、河网）	500kV	平地、河网	耐张瓷绝缘子	万元/基
S-500-JYZPY-ZXBL	更换 500kV 直线玻璃绝缘子串（平地、河网）	500kV	平地、河网	直线玻璃绝缘子	万元/基
S-500-JYZPY-ZXC	更换 500kV 直线瓷绝缘子串（平地、河网）	500kV	平地、河网	直线瓷绝缘子	万元/基
S-500-JYZPY-ZXHC	更换 500kV 直线合成绝缘子串（平地、河网）	500kV	平地、河网	直线合成绝缘子	万元/基

续表

方案编号	方案名称	电压等级	地形	方案	单位
S-220-JYZSD-NZBL	更换 220kV 耐张玻璃绝缘子串（山地、丘陵）	220kV	山地、丘陵	耐张玻璃绝缘子	万元 / 基
S-220-JYZSD-NZC	更换 220kV 耐张瓷绝缘子串（山地、丘陵）			耐张瓷绝缘子	
S-220-JYZSD-ZXBL	更换 220kV 直线玻璃绝缘子串（山地、丘陵）			直线玻璃绝缘子	
S-220-JYZSD-ZXC	更换 220kV 直线瓷绝缘子串（山地、丘陵）			直线瓷绝缘子	
S-220-JYZSD-ZXHC	更换 220kV 直线合成绝缘子串（山地、丘陵）			直线合成绝缘子	
S-220-JYZPY-NZBL	更换 220kV 耐张玻璃绝缘子串（平地、河网）		平地、河网	耐张玻璃绝缘子	
S-220-JYZPY-NZC	更换 220kV 耐张瓷绝缘子串（平地、河网）			耐张瓷绝缘子	
S-220-JYZPY-ZXBL	更换 220kV 直线玻璃绝缘子串（平地、河网）			直线玻璃绝缘子	
S-220-JYZPY-ZXC	更换 220kV 直线瓷绝缘子串（平地、河网）			直线瓷绝缘子	
S-220-JYZPY-ZXHC	更换 220kV 直线合成绝缘子串（平地、河网）			直线合成绝缘子	
S-110-JYZSD-NZBL	更换 110kV 耐张玻璃绝缘子串（山地、丘陵）	110kV	山地、丘陵	耐张玻璃绝缘子	
S-110-JYZSD-NZC	更换 110kV 耐张瓷绝缘子串（山地、丘陵）			耐张瓷绝缘子	
S-110-JYZSD-ZXHC	更换 110kV 直线合成绝缘子串（山地、丘陵）			直线合成绝缘子	
S-110-JYZPY-NZBL	更换 110kV 耐张玻璃绝缘子串（平地、河网）		平地、河网	耐张玻璃绝缘子	
S-110-JYZPY-NZC	更换 110kV 耐张瓷绝缘子串（平地、河网）			耐张瓷绝缘子	
S-110-JYZPY-ZXHC	更换 110kV 直线合成绝缘子串（平地、河网）			直线合成绝缘子	
S-35-JYZSD-NZHC	更换 35kV 耐张合成绝缘子串（山地、丘陵）	35kV	山地、丘陵	耐张合成绝缘子	
S-35-JYZSD-ZXHC	更换 35kV 直线合成绝缘子串（山地、丘陵）			直线合成绝缘子	

续表

方案编号	方案名称	电压等级	地形	方案	单位
S-35-JYZPY-NZHC	更换 35kV 耐张合成绝缘子串（平地、河网）	35kV	平地、河网	耐张合成绝缘子	万元/基
S-35-JYZPY-ZXHC	更换 35kV 直线合成绝缘子串（平地、河网）			直线合成绝缘子	